福祉＋α 7
Welfare Plus Alpha

［監修］橘木俊詔／宮本太郎

ソーシャル・キャピタル

SOCIAL CAPITAL

坪郷 實［編著］

ミネルヴァ書房

刊行にあたって

現在、国民が何に対してもっとも不安を感じているかといえば、将来の生活に対してであろう。もう少し具体的には、将来の生活費の確保、退職後や老後の年金・介護の問題、現役世代であれば病気や失業したときのこと、さらには家族、地域、社会などにおける絆が弱くなったために、自分一人になったときに助けてくれる人がいるのかといった不安など、枚挙にいとまがない。

本シリーズはこれら国民に蔓延する不安を取り除くために、福祉という視点から議論することを目的としている。ただし福祉という言葉が有する狭い意味に限定せず、福祉をもっと幅の広い視点から考えることにする。なぜ人間が福祉ということを考えるようになったのか、なぜ福祉を必要とする時代となったのか。また、国民に福祉を提供する分野と手段としてどのようなものがあるのか、誰が福祉を提供するのか、その財源と人手を調達するにはどうしたらよいのか。さらには、福祉の提供が少ないとどのような社会になるのか、逆に福祉の提供がありすぎるとどのような弊害があるのか、福祉を効率的、公平に提供する方策のあり方はいかなるものか、といった様々な福祉に関する幅広い課題について論じることとする。

これらの課題はまさに無数にあるが、各巻では一つの課題を選択してそのテーマを徹底的に分析し、かつ議論するものである。監修者は、どのような課題に挑戦するかを選択し、そのテーマに関して一冊の本を編集するのに誰がもっともふさわしいかを指名し、その編者は、特定のテーマに関して一流であることは当然として、歴史、法律、理論、制度、政策といった幅広い視点から適切な分析のできる執筆陣を選んで執筆を依頼するとともに、その本全体の編集責任を負う。

本シリーズのもう一つの特色は、読者対象を必ずしもその分野の専門家や研究者に限定せず、幅広い読者を念頭に置いているということである。すなわち、学生、一般読者、福祉を考えてみたい人、福祉の現場に関わっている人、福祉に関する政策や法律、プロジェクトを考案・作成する機関やＮＰＯに属する人、など幅広い層を想定している。したがって、書き手は福祉のことをほとんど知らない人でも読むことができるよう配慮し、福祉の現状と問題点が明快に理解できるよう書くことを念頭に置いている。そしてそのテーマをもっと深く考えてみたいという人に対しては、これからあたるべき文献なども網羅することによって、さらなる学習への案内となるようにしている。

福祉と関係する学問分野は、社会福祉学、経済学、社会学、法学、政治学、人口論、医学、薬学、農学、工学など多岐にわたる。このシリーズの読者は、これらの専門家によって書かれたわかりやすい分析に接することによって、福祉の全容を理解することが可能になると信じている。そしてそのことから自分の福祉のこと、そして社会における福祉のあり方に関して、自己の考え方を決める際の有効な資料となることを願ってやまない。

2012年10月

橘木俊詔
宮本太郎

目次

第Ⅱ部 ソーシャル・キャピタルとデモクラシー

第Ⅳ部 現場からみたソーシャル・キャピタル

序論

ソーシャル・キャピタルの意義と射程

坪郷　實

ソーシャル・キャピタルは、社会的ネットワーク（人々のつながり）、信頼、互酬性の規範を意味する。社会科学や公共政策の広範な分野で、ソーシャル・キャピタルは、説得力のある魅力的な共通用語として、研究者、政策担当者、市民の間に広く普及している。ソーシャル・キャピタルは、多義的な概念であるが、全体として四つの側面から定義される。ソーシャル・キャピタルを生み出すもの、破壊するものをめぐって多くの見方がある。これには、市民社会（ボランタリー・アソシエーション）、政府や制度、さらに家族など多様な要因が関係している。また、ソーシャル・キャピタルは、市民社会論の中に位置づけることによって、その射程を論じる手がかりが得られる。

1　なぜ、ソーシャル・キャピタルは魅力的なのか

(1) ソーシャル・キャピタルの多様な定義

ソーシャル・キャピタルは、社会的ネットワーク（人々のつながり）、また信頼や互酬性の規範として、理解されている。従来から、多様な分野で、社会的ネットワーク、信頼、互酬性が重要であることが知られていたが、これを表現し、共通して議論できる共通用語や枠組みがなかった。ソーシャル・キャピタルは、この共通用語として、研究者、政策担当者、市民の間に広く普及している。

しかし、代表的論者であるピエール・ブルデュー、ジェームズ・コールマン、ロバート・パットナムによる定義を見るだけでも、多様な概念定

義がある。そのなかでもソーシャル・キャピタルという用語が世界的に普及する大きなインパクトを与えたのは、アメリカ合衆国の政治学者パットナムの著作である。政治学アプローチをとるパットナムは、ソーシャル・キャピタルとは「個人間のつながり、すなわち社会的ネットワークおよびそこから生じる互酬性と信頼性の規範」であり、「『市民的美徳』と呼ばれてきたものと密接に関係している」と定義する（パットナム 二〇〇六：一四）。社会的ネットワークは、例えば市民の自発的な結社・アソシエーションであり、具体的に言えば、福祉NPOや環境NGO、サッカークラブなどである。アソシエーションやNPOの活動を通じて構成メンバーの間に「特定の信頼」が生まれ、こうしたアソシエーションやNPOの活動は、さらに外部効果を持ち、社会全体において「一般的な信頼（他者を信頼する）（制度への信頼）」を生み出すとされる。また、互酬性は、長期的にお互いの利益になるという交換関係を意味する。

　パットナムは、ソーシャル・キャピタルを公共財と位置づけ、デモクラシーの定着のために、活発な市民社会が重要であり、経済発展の分野において、「社会的ネットワークの存在」が発展途上国、先進国を問わずに注目されていると述べる。さらに、公共政策の多様な課題――例えば、よりよい教育、より急速な経済発展、より低い犯罪率、より効率的な政府――を解くカギとしてソーシャル・キャピタルが重要であると述べる（パットナム 二〇〇四：五五―五八）。後述のように、こうしたソーシャル・キャピタル論は、一九九〇年代以降に活発に議論されるようになった市民社会論の議論と重なる分野である。

　他方、ネットワーク論に焦点を当てる社会学アプローチからの論者は、ソーシャル・キャピタルを個人が社会的ネットワークに結合することにより使用できる個人的リソース（個人財）として考える。フランスの社会学者ブルデュー（Bourdieu 1986）は、ソーシャル・キャピタルを社会的不平等の成立と再生産を説明するために使う。これに対して、アメリカ合衆国の社会学者コールマン（二〇〇六）は、人的資本の形成に関する説明に使い、アメリカ合衆国の社会学者マーク・グラノヴェッター（一九九八）は、より具体的に職業地位への望ましいアクセスチャンスを説明するために適用する。

　本書の第1章「ソーシャル・キャピタルの理論的系譜」（河田潤一）では、このようなソーシャル・キャピタルに関する理論的系譜を、社会学の系譜、ネットワーク論の系譜、政治学の系譜に整理して分析する。そして、クラブ型、結束型、仲介型、架橋型（橋渡し型）というソーシャル・キャピタルの四類型を論じている。さらに、第3章「ソーシャル・キャピタルと熟議民主主義」（田村哲樹）では、デモクラシーのなかでも、熟議民主主義を取り上げ、ソーシャル・キャピタルとどのような関係にあるのかを論じる。つまり、ソーシャル・キャピタルが熟議民主主義を促進するという関係、熟議民主主義がソーシャル・キャピタルの形成に寄与するという関係、両者を社会の問題解決において機能的に等価なものと見ること、両者の間のこうした三つの関係について論じる。

　ソーシャル・キャピタルについては、すでに膨大な研究があり、全体を見渡すことは容易ではない。序論では、以下のような若干の重要な論点についてのみ述べたい。まず、「なぜ、ソーシャル・キャピタルは魅力的なのか」について述べ、次に、「何が、ソーシャル・キャピタルを生み出すのか、何が破壊するのか」について、社会中心アプローチ、制度中心アプローチ、家族という要因などを検討する。さらに、市民社会論のなかにソーシャル・キャピタルを位置づけ、両者の特徴を比較する。

（2）ソーシャル・キャピタルの魅力

ソーシャル・キャピタルをめぐって短期間の間に活発な議論が行われたのは、このようにデモクラシーや経済発展から、さらに公共政策の多様な分野にまで、広範囲に応用可能なものであるからである。パットナムによって提起されたいわば共通用語としてのソーシャル・キャピタルが、多くの研究者や政策担当者に魅力あふれるものと理解されたのである。

日本においても、ソーシャル・キャピタルは、多様な社会科学の分野から概念の紹介が行われ、日本における事例研究が行われている。例えば、マクロの観点から、政治、経済、経営・ネットワーク、開発論それぞれとソーシャル・キャピタルについての議論の紹介がある。社会学からのソーシャル・キャピタル理論さらに、公共政策の担い手や課題に関連して、NPO・コミュニティ、犯罪、教育、情報通信技術、健康それぞれとソーシャル・キャピタルについての議論が行われている（例えば、稲葉 二〇〇八；稲葉ほか 二〇一一；カワチほか 二〇一三；稲葉ほか 二〇一四などを参照）。

また、社会学の分野では、関係論的社会学の理論統合を目指してソーシャル・キャピタル論を展開する三隅一人の著作がある（三隅 二〇一三）。政治学では、日本の政治に関して、坂本治也が、ソーシャル・キャピタルとシビック・パワーの観点から、「より良き統治と市民・市民社会組織との関係」に焦点を当て、「シビック・パワー」つまり、とりわけ「政治エリートに対して適切な支持、批判、要求、監視を行う市民の力」について論じている（坂本 二〇一〇：三―五）。さらに、後述するソーシャル・キャピタルの影の側面のうち、とくに「ソーシャル・キャピタルが社会の格差を大きくする可能性があるということ」、「ソーシャル・キャピタルが人々の間や地域社会の間で偏って存在する可能性があること」の側面に焦点を合わせて、「ソーシャル・キャピタルと格差社会」についての著作が出されている（辻・佐藤 二〇一四）。

（3）ソーシャル・キャピタルと集合行為問題

マイケル・ウールコック（Woolcock 2011）は、ソーシャル・キャピタルの魅力に関連して、集合行為問題を取り上げる。パットナムによれば、ソーシャル・キャピタルが、これまで議論されてきた「共有地の悲劇」など集合行為問題を解くカギを提供する。例えば、水や森のような共有財の管理において、個人の利用者が合理的であると考える行為をすることによって、全体として害のある帰結（つまり資源の枯渇や不適切な資源管理が行われる）が生じる事例である。この事例において、ソーシャル・キャピタルが蓄積されていると、個人間の協力が行われ、集合財が適正に管理され、供給されるのである。

この集合行為問題について最も称賛された著作『コモンズ（共有地）を管理する――集合行為のための制度の進化 *Managing the Commons. the Evolution of Institutions for Collective Action*』（Ostrom 1991）の著者であるエリノア・オストロムは、最初ソーシャル・キャピタルの用語を使わなかったが、その後（Ostrom 2000）、熱狂的にその用語を採用し、「利用ルールとしての制度」の意味でソーシャル・キャピタルについて議論している。さらに、ウールコックは、同様に環境問題、コミュニティ・ガバナンス、気候変動問題に関する集合行為問題についての近年の研究がソーシャル・キャピタルの用語を使っていることを指摘している。ウールコックは、こうした事例を援用して、これらの議論にソーシャル・キャピタルという用語が不可欠ではないが、議論をこの用語に鋳直すことによって、広範囲の聴衆を納得させ、大きなインパクトを持ったことに注目している

(Woolcock 2011a : 200)。このことは、ソーシャル・キャピタルの議論を使うことに、より効果的なケースがあるということである。あるいは、これまでみんなが十分納得できるように説明できなかったことを、この用語によって説明可能になったことを意味している。本書の第2章「ソーシャル・キャピタルと集合行為」(森脇俊雅)では、パットナムとマンサー・オルソンの所説を通じて、ソーシャル・キャピタル論と集合行為論の理論的関係を論じる。

(4) 結束型ソーシャル・キャピタル、橋渡し型ソーシャル・キャピタル、連結型ソーシャル・キャピタル

このように、ソーシャル・キャピタルについて多様な定義があり、そのため定義自体が不明確であると批判されるのは、それが多面的側面を持っているからでもある。個人のネットワークに焦点を当てるのか、社会全体のネットワークを念頭に置くのかにより、ソーシャル・キャピタルを個人財として位置づけるのか、公共財として位置づけるのかの違いが生じる。特定のグループに属する個人に焦点を当てて、互酬性や信頼の規範の認知的側面を強調するのか、「グループ内における信頼、ないし社会における信頼」にせよ、「制度に埋め込まれたソーシャル・キャピタル」にせよ、構造的制度的側面を重視するのかの違いがある。

また、パットナムが述べているように、ソーシャル・キャピタルの類型論が展開されている。彼は、「内向きで、排他的なアイデンティティと等質的集団を強化していく」結束型(結合型)ソーシャル・キャピタルと、「外向きで、多様な社会的亀裂を超えて人々を包含する」開かれたネットワークとしての橋渡し型(架橋型)ソーシャル・キャピタル(パットナム 二〇〇六:一九)という二類型を比較している。さらに、こうした水平的関係に対して、垂直的な関係を含む、異なる機能を持つ機関や組織間の連結(リンキング)型ソーシャル・キャピタルが区別されている。また、結束型と橋渡し型を相互補完的に位置づける議論もある。

この類型論の議論とも関連して、ソーシャル・キャピタルの有用性の議論に対して、ソーシャル・キャピタルの影の側面(ダークサイド)の議論が行われている。内向きで排他的なネットワークには、「内輪主義やえこひいき」をもたらし、外部者を排除し個人の自由を制限し不寛容である影の側面がある。このようなソーシャル・キャピタルは、ブルデューが主張するように、社会的排除や不平等の構造を継続させる機能を持つ(Bourdieu 1986)。

(5) ソーシャル・キャピタルの政策的含意

ソーシャル・キャピタルは、公共政策との関連で議論され、政策的意味合いが重視されている。例えば、スウェーデン政府による二〇〇〇年の『スウェーデン・デモクラシーの現状に関する調査報告書』、アイルランド政府の「国民経済・社会フォーラム」による二〇〇三年報告書『ソーシャル・キャピタルの政策的含意』(Rothstein and Stolle 2008 : 293-295)、日本の『ソーシャル・キャピタル――豊かな人間関係と市民活動の好循環を求めて』(内閣府国民生活局 二〇〇三)などがある。加えて、OECDなどいくつかの重要な国際機関がソーシャル・キャピタル研究を行い、活用している。とくに、世界銀行の事例(Bebbington et al. 2004 参照)は大きな影響を与えている。世界銀行発展研究グループ主任研究員であるウールコック(Woolcock 2011 : 199)は、次のように述べている。世界銀行が、社会発展問題部門を新たに設立したそのタイミングに、ソーシャル・キャピタルの議論が提起され、それが世界銀行のこれまでの活動分野である経済分野と他の社会科学を

つなぐ役割を演じると思われた。ソーシャル・キャピタルは、従来の「人的資本（学校と病院）」、「物理的資本（道路、港湾、灌漑システム）」に対して、新たな市民参加を重視し、ソーシャル・キャピタルを活用するプロジェクト、つまり教育や農業プロジェクトに根拠を与えるものであった。なお、この世界銀行のソーシャル・キャピタルのプロジェクトに関しては、批判論がある。これについては後述する。

（6）社会学、政治学、経済学のトロイカ

ソーシャル・キャピタルは、一方で、政治学、社会学、経済学など多くの社会科学に共通の概念を提供し、専門分野を超えて共通の議論が可能になると評価される。しかし、他方で、社会理論に、キャピタルという経済理論を導入することに対して、経済理論による社会理論の浸食であり、社会科学の「マクドナルド化」であるというベン・ファインによる厳しい批判論がある（Fine 2001：2010）。

また、社会学、政治学、経済学の協力により、より生産的議論ができるとする見方がある。ガート・スベンソンとグンナー・スベンソンは、ソーシャル・キャピタルのハンドブック（Svendsen and Svendsen 2009：1-10）を編集するに際して、社会学、政治学、経済学それぞれからのソーシャル・キャピタル研究を同時に制御するトロイカ（これによる相乗効果）が、有形、無形の資産、ないしキャピタルの諸形態を同じ分析レベルにおいて説明しうるとする。これにより、研究の経済的分野と非経済的分野のこれまでの人為的な区分を克服できる。これを「ソーシャル・キャピタルのトロイカ」と呼んでいる。彼女たちは、市民社会研究で知られるH・K・アンハイアーとJ・ケンダルが、信頼研究に際して、経済学の市場取引、社会学の社会的秩序、政治学の社会的靭帯のネットワークという三つのアプローチを統合するのに呼応して、議論をさらに進めようとする。

スベンソンたちによれば、第一に、ソーシャル・キャピタル研究は、政治学のネットワークの見方に限定されるべきではない。経済学と社会学の見方との統合が必要である。第二に、各研究は、ソーシャル・キャピタルの諸側面か、あるいは諸成果か、いずれかに焦点を当てている。経済学と政治学は、主にソーシャル・キャピタルの諸成果に注目する。つまり経済学は、取引コストの削減に、政治学は政治制度の機能の改善に関心を持つ。他方、社会学は、ソーシャル・キャピタルの諸側面、例えば信頼のような規範に焦点を当てる。このソーシャル・キャピタルの諸成果と諸側面の両方を対象とするべきである。第三に、ソーシャル・キャピタルに焦点を当て、キャピタルの「すべて」の形態が相互にどのように転換するのかを説明する新しいキャピタル理論は、シナジー効果を獲得するために、社会学、政治学、経済学のための全体的な枠組みを作るべきである。彼女たちは、このようなソーシャル・キャピタルの学際研究を提唱している。

環境問題の集合行為問題について、ソーシャル・キャピタルの議論が導入され、これまで経済発展の分野において、社会的ネットワークの重要性が議論されている。本書の第Ⅲ部では、「持続可能な発展」を軸にして、経済発展とソーシャル・キャピタルとの関係について論じる。第6章「持続可能な発展からみたソーシャル・キャピタル」（植田和弘）では、パーサ・ダスグプタの持続可能な発展論に基づくと、ソーシャル・キャピタルは福祉の構成要因と福祉の決定要因のいずれにも貢献する可能性があることを指摘する。そして、持続可能な発展を実現するソーシャル・キャピタルの役割という観点から両者の関係を論じる。第7章「東アジアのソーシャル・キャピタルと経済

発展」（吉積巳貴・森晶寿）では、ベトナムの事例を取り上げ、貧しい人々や女性など伝統的に大きな権限を持ってこなかった人々の社会参加を促し、安心感を高める機能をソーシャル・キャピタルが果たすことを論じる。第8章「ソーシャル・キャピタルと産業発展・企業」（長尾伸一）では、ソーシャル・キャピタルが産業や企業の活動や発展を支える役割を持っていることを示し、近代社会のエコロジー的構造転換と呼ばれる新しい経済のあり方への転換において、ソーシャル・キャピタルがさらに大きな役割を果たすことを論じる。

(7) ソーシャル・キャピタルを測定する

ソーシャル・キャピタルのさらなる魅力は、具体的な指標を基にして議論ができるところにある。しかし、これについても数々の異論がある。指標の設定とソーシャル・キャピタルを測定することは容易ではなく、多様な指標のパッケージやリスト化が行われているが、包括的なものは困難である。ソーシャル・キャピタルの測定に関しても、社会全体やコミュニティを対象にするのか、個人間ネットワークを対象にするのか、構造的側面か、認知的側面かという焦点をどこに当てるのかの相違がある。例えば、ソーシャル・キャピタルの世界的な比較に使われてきた定期的に実施されている世界価値観調査は、認知的な価値観を調査するものである。この調査では、アソシエーションへの所属、ボランティア活動への参加、制度（議会、政党、政府、警察、公務員など）への信頼などの項目が含まれている。

市民社会組織に関しても、ジョンズ・ポプキンス大学のレスター・サラモンらのＮＰＯの国際比較調査をはじめとして多くの調査がある。制度や組織といった構造的側面に焦点を当てる調査として、日本の調査と対応関係を持った国際比較調査であり、日本、ドイツ、韓国、米国などで実施されたＪＩＧＳ（日本利益集団研究）調査がある。このなかには、ＮＰＯ等の市民社会組織の調査に基づく『現代日本のＮＰＯ政治』（辻中ほか 二〇一二）が含まれている。

指標に関して多くの研究があるが、最近のものとして、ＯＥＣＤは、ウェルビーイング（総合福祉）を測定するという観点から、ソーシャル・キャピタルを議論している。ＯＥＣＤは、自然資本、人的資本、経済資本、ソーシャル・キャピタルという四つの資本の持続可能性を視野に入れている。具体的に個別のウェルビーイングとして、大きくは、生活の質と物質的条件を挙げ、生活の質には、健康、ワーク・ライフ・バランス、教育・技能、社会関係、市民活動とガバナンス、環境の質、個人の安全、主観的ウェルビーイングが含まれ、物質的条件には、所得、雇用、住宅が含まれる。ＯＥＣＤは、このような指標（・質問項目リスト）のデータベース作りを志向している（OECD 2011）。なお、ウェルビーイングは「幸福度」と訳されることもあるが（OECD 二〇一二）、本書では「総合福祉」（序論）、「福祉」（第6章）、「人間の福利」（第12章）と訳している。ＯＥＣＤは、ソーシャル・キャピタルを指標化するために、ソーシャル・キャピタルの多様な定義を、「個人関係（ネットワークと社会的行動）、社会的ネットワークによる支援、市民活動・参加、信頼と協力規範」という四側面にまとめ、この四つの側面に基づく指標作りを志向している。これは、ソーシャル・キャピタルの

表序-1　ソーシャル・キャピタルのリソースと成果に関する4側面

	構造ないし活動	成　果
個人財	ネットワークのなかの個人	社会的ネットワークによる支援
公共財	市民活動・市民参加（市民社会）	信頼と互酬性の規範

出所：Scrivens and Smith（2013：19）を参照しながら，一部変更を行った。

リソースとそれによる成果に関する指標である（OECD 2011 : Scrivens and Smith 2013 : 10-11, 19-20）。

以上の議論を基にして、ＯＥＣＤのソーシャル・キャピタルの四つの解釈の表（OECD 2013 : 19-20）を参考にしながら、ソーシャル・キャピタルに関するリソースと成果に関する四側面を表序-1にまとめておく。

2　ソーシャル・キャピタルを生み出すもの、破壊するもの

（1）歴史的伝統か、現代的要因か

次に、パットナムの提起したソーシャル・キャピタルをめぐる議論のなかで、「ソーシャル・キャピタルを生み出すものは何か」、「ソーシャル・キャピタルを破壊するものは何か」を取り上げよう（Hooghe and Stolle 2003）。この問題をめぐる議論は、大きくは二つの方向で展開されている。第一の議論は、それぞれの地域や国においてソーシャル・キャピタルが豊かであるか、乏しいか、その相違に関して、歴史的伝統が重要であるのか、むしろ現代的要因が重要なのかをめぐるものである。第二の議論は、現代的要因が重要であるならば、「ソーシャル・キャピタルは、ボランタリー・アソシエーションよって生み出されるのか」「ソーシャル・キャピタルは制度に埋め込まれているので、制度的要因が重要であるのか」いずれなのかをめぐるものである。

ここでは、第一の議論を取り上げよう。パットナム（パットナム 二〇〇一）やフクヤマ（フクヤマ 一九九六）が述べているように、「市民の間の協力を確保する社会の可能性は歴史的経験により決定される」（Stolle 2003 : 22）という見方である。パットナムは、南イタリアの階層的構造を持った封建領主の体制と、北イタリアの相互扶助と経済的協力を促進する水平的関係に基づく北の自治共和国とを対比して、北の「市民性」が自然的破局や政治変動を生き抜いたことを強調する。ストッレが述べているように、社会におけるソーシャル・キャピタルの量が歴史的伝統により強く決定される経路依存性があるならば、ソーシャル・キャピタルの発展を促進することのできる政策的オプションが少ないように思われる。しかし、パットナムは、後の著作（パットナム 二〇一三）で、「ソーシャル・キャピタルの短期的と長期的制度の影響を区別することが必要である」と述べている。一般的信頼、同様に社会的相互行為の形態と密度は、歴史的諸力を通じて形成されるが、しかし現在の社会的、政治的制度と自治体・地域（県）・国の政府がまたインパクトを与えることができるのである（Stolle 2003 : 22）。

（2）社会中心アプローチか、制度中心アプローチか

この現代的要因については、社会的要因、主にボランタリー・アソシエーションであるという見方と、他の制度的要因、主に政府が重要であるという見方の間で、論争が行われている。つまり、第二の議論は、「ソーシャル・キャピタルを生み出すことは可能か」、「その担い手は何か」という問題に関連したものである。この議論では、一方でソーシャル・キャピタルの創出者として市民社会（ボランタリー・アソシエーション）を考える「社会中心アプローチ」（Braun 2011 : Borzaga and Sforzi 2014 : 195-200）と、他方でソーシャル・キャピタルは制度（政府や公共的制度）に埋め込まれていると考える制度中心アプローチという二つの見方がある（Hooghe and Stolle 2003 : 2 : Stolle 2003 : 22-34 : Borzaga and Sforzi 2014 : 194）。さらに、家族が、信頼や互酬性の規範を生み出すもう一つの潜在的リソースであるという見方がある。

次にこれらの見方を概略的にみていこう。

社会中心アプローチは、社会的相互行為とボランタリー・アソシエーションの役割を重視し、アソシエーションが民主的、協力的価値や信頼を社会全体に広げるという社会化効果を持ち、ソーシャル・キャピタルの創出者であり、生産者であると想定する（パットナム 二〇〇一：二〇〇四）。この見方によれば、アソシエーションは「デモクラシーを学ぶ学校」としての機能を持つ。より強力な、密な、水平的そしてより横断的なネットワークのある地域においてアソシエーション（組織）のメンバーから協力的価値と規範が、社会にスピルオーバーする効果（波及効果）がある。このようなネットワークのない地域では、市民的美徳と民主的態度を学ぶ機会は少なく、結果的に信頼は欠如する（パットナム 二〇〇一、二〇〇四：Brem and Rahn 1997：Hooghe 2003：Stolle 2003：22-23：Borzaga and Sforzi 2014：194）。このアプローチでは、ボランタリー・アソシエーションなどのメンバーシップがソーシャル・キャピタルの指標とされる。

他方で、制度中心アプローチは、政府と公共的制度の能力に焦点を当てる。ロートステインは、協力行動に従事する個人の傾向が福祉制度によって影響を受けること、日常生活における境域、公的保健、失業手当、社会サービスによる影響が、ボランティア組織や個人間の関係性の非公式のネットワークによる影響よりも、しばしば大きいこと、福祉国家制度への信頼性が個人の社会認識に基本的な役割を演じ、その協力行動に影響することを述べる（Rothstein 1998）。ストッレ（Stolle 2003）とトルペ（Torpe 2003）は、スカンジナヴィア諸国において、福祉国家の再分配機能により、所得間格差とジェンダー不平等の度合いが小さく、そこでの信頼の広がりが、アメリカ合衆国と比較して増大していると述べている。また、ヴァーバら（Verba et al. 1995）やホール（二〇一三）は、教育政策が長期的にソーシャル・キャピタルの量に影響を与え、市民参加と公教育の間に関係があることを指摘している（Borzaga and Sforzi 2014：194を参照）。

（3）家　族

ストッレは、社会中心アプローチと制度中心アプローチの議論と共に、家族が、信頼や互酬性の規範のような一般的態度のもう一つの潜在的リソースであると述べている。この家族がソーシャル・キャピタルの議論の外に置かれてきたのは、西欧リベラルデモクラシー国において歴史的に公私を分離してきたことと関係すると指摘している。L・ベンニッヒ＝ビョルクマンは、一般的信頼の創出や市民活動の促進のために、子育て実践の重要性について強力な議論を提供している。彼女によれば、家族的背景が、信頼の程度に最も影響力のある決定要因であるという。例えば、子ども時代に両親が見知らぬ人に対してどのように対応するのかが、子どもの将来の一般的信頼についての最も強力な前兆の一つとなる（Stolle 2003：28-29）。

ストッレの整理によれば、これまでの研究では、両親が子どもの態度や規範に三つの方法で影響を及ぼす。「第一に、信頼できる開かれた両親のもとでの環境や自尊心のある寛容な環境のもとで成長した子どもは、信頼し、相互に報いることを望むようである。第二に、両親が子どもにどのように他人を評価するのか、誰と協力するのかを教える。第三に、子どもが協力するのか、離反するのか、についての直接的エピソードを経験するのは、学習の場としての家族の機能による」。全体として、この三つの方法が、子どもの信頼を発展させる重要なリソースである。つまり、家族形態の変動と、支払われる労働と無償労働のジェンダー区分（例えば家族のための女性の労働は無償労働とされること）の変動が、ソーシャル・キャピタルに影響を与えるが、家族という要因はこれまで適切に議論されていない（Stolle 2003：29-30）。

（4）制度に埋め込まれたソーシャル・キャピタル

パットナムのイタリアにおける各州の比較調査（パットナム 二〇〇一）は、歴史的に強い市民的伝統のある地域において、一般的信頼のある市民が存在し、グループ内の信頼がある市民的伝統のある地域においては、一般的信頼が生まれるというテーゼを主張している。このメカニズムは、グループ内ではグループ活動を通じて社会化され、非メンバーへはこのグループの外部効果により波及し、貫徹すると仮定される。これに対して、ロートステインとストッレは、次のような批判をする（Rothstein and Stolle 2008：276-278：坪郷 二〇一五b：七〇）。一般的信頼を生み出すボランタリー組織と、人々の間に不信を生み出す組織やグループ内の信頼のみを生み出す組織とを理論的に区別することが困難であること、個人レベルの社会的相互行為がどのように一般的な社会的信頼を生み出すかについてのミクロ理論がないこと、市民的伝統と集団生活が一般的価値と規範を生み出すというマクロ仮説を論証するデータがないことを指摘している。また、ストッレ（Stolle 2003：24-25）は、一般的信頼に関して、メンバーシップ効果よりも「自己選択効果」がより大きいと批判する。つまり、基本的に、もともと信頼レベルの高いものが自己選択の結果としてアソシエーションに加わるので、アソシエーション活動を通じて信頼が生み出されるかは確実ではない。

彼らは、社会中心アプローチを批判して、ソーシャル・キャピタルを生み出す制度的構造的アプローチを主張する。彼らは、「社会におけるソーシャル・キャピタルの総量は、政治ないし政府における要素から生み出され、主として市民社会部門の要素からではない」と述べている。信頼は、効率的で公正な行政実践のある社会において最も育まれる。ソーシャル・キャピタルは、政治的、行政的、法制度に埋め込まれているのである。とりわけ、公共政策の実施に関する制度が、一般的信頼の形成にとって決定的であると考える（Rothstein and Stolle 2008：276-278：坪郷 二〇一五b：七〇）。

他方、ケネス・ニュートン（Newton 2008：262）は、政治と信頼に関するボトムアップの見方とトップダウンの見方を対比させる。多くの論者が「社会的信頼はデモクラシーを生み出す」というボトムアップの見方を述べ、他方、「民主的制度と良い政府が政治的信頼と社会的信頼の両方を促進する」というトップダウンの見方がある。ニュートンは、両者の見方が必然的に両立しないわけではないとし、信頼と政治の間に「複雑な原因と結果の相互依存関係」があると主張する。一般的信頼の形成には、多様な要因が関係している。

さて、ロートステインは、ミーンズテストによらない、普遍的福祉の原則による普遍的福祉国家において、一般的信頼が生み出される傾向があると述べる（Rothstein 2009）。ソーシャル・キャピタルの国際比較に関しては、福祉国家とソーシャル・キャピタルの関係を軸にして論じる。本書の第13章「普遍的福祉国家とソーシャル・キャピタル」（藪長千乃）では、普遍的福祉国家について述べた上で、北欧諸国を取り上げて、市民の自発的な社会活動の状況、その特徴を生み出した背景などを論じる。さらに、ソーシャル・キャピタルのなかでも信頼に着目して、普遍的福祉国家との関係性について論じる。第14章「イギリスの社会的排除／包摂とソーシャル・キャピタル」（中島智人）では、アングロサクソン型福祉国家であるイギリスを取り上げる。ブレア政権以降の社会的排除／包摂政策を中心に、ソーシャル・キャピタル概念の政策的理解と具体的な政策の展開を通して、社会的排除／包摂とソーシャル・キャピタルとの関係について論じる。第15章「スペインにおける市民社会とソーシャル・キャピタル」（中島晶子）では、南欧型福祉国家であるスペインを取り上げ、未発達であるとみられているスペインの市民社会の性格はどのようなものであるのか、アソシエーションの歴史や、家族や隣人などの非公式ネットワークを中心にして、スペインの事例がソーシャル・キャピタルの理論に与える示唆を検討する。

（5）アドボカシー活動か、協同組合・社会的企業か

カルロ・ボルザガとジャコモ・スフォルツィは、「ソーシャル・キャピタルが市民の間、市民と公的あるいは私的組織との間で発展する相互行為とネットワークを通じて、生みだされ、満たされうる。しかし、社会関係、相互行為、ネットワークは、自然に与えられるものではなく、人々がそれらを作り、制度化するために彼らのリソースを投資しなければならない」（Borzaga and Sforzi 2014：206）と述べている。彼らは、社会中心アプローチが最近までソーシャル・キャピタルの創出者として市民的アソシエーションをのみ取り上げてきたことを批判し、創出者の役割を、財やサービスを生産し提供する協同組合（組合員の出資金により共益的、公益的活動を行う）や社会的企業（社会的目的や環境目的のための出資型非営利法人制度）にまで拡大する。

彼らは、市民社会のすべての組織が一般的信頼や市民的連帯行動を広げる能力を持たないとし、次の三つの理由から、協同組合や社会的企業が、市民的、ボランタリー組織よりも可能性があると述べる。その理由は、第一に、これらの組織が行う活動の違い（アドボカシー活動 対 生産活動）である。市民アソシエーションは、アドボカシー活動（政策提言活動など）を重視するのに対して、協同組合は、組合員と非組合員の両方のための一般的財とサービスを生産する（なお、日本においては、災害時の緊急物資提供などを除いて、非組合員の利用には制限があるが、ヨーロッパでは、非組合員も協同組合の店舗・サービスを利用できる）。とくに、社会的、教育的、保健サービスなどを提供する社会的協同組合は、出資者や所有者よりもコミュニティ全体のための生産を行う（Borzaga and Sforzi 2014：206-207）。

第二に、目指す目標のタイプの相違（単一の目標か、多目的か）である。組織の性格が目標に影響を与え、協同組合は多目的であり、社会的目的を追求することによりコミュニティに寄与する。社会福祉のボランタリー組織は、相対的に高い市民的態度を示すメンバーをリクルートするのに対して、社会的協同組合や社会的企業は、むしろ高い市民的態度を示さない勤労者をリクルートしうる。前述の「自己選択効果」ではなく、信頼度の高くない市民を補充する可能性を持っている（Borzaga and Sforzi 2014：207）。

第三に、その民主的組織の構造の違い（閉鎖的マネジメントか、開かれた参加マネジメントか）である。ソーシャル・キャピタルを生み出す組織は、包摂的で民主的ガバナンス構造の特徴を持つ。協同組合や社会的企業のような、多様なステークホルダー（ボランティア、利用者、ワーカー、マネージャー、自治体、公共機関、民間企業、第三セクター組織等）による組織の場合は、他の組織よりも、多目的であり、多様なリソースを動員し、組織の内外のソーシャル・キャピタルを改善する（Borzaga and Sforzi 2014：207-208）。

ボルザガとスフォルツィは、社会中心アプローチが、市民社会部門の複合性に関して僅かな関心しかなく、主にボランタリー・アソシエーション

に依拠し、協同組合や社会的企業のような他の組織タイプに注意を払わなかったと批判する。アドボカシー活動を主とするアソシエーションは、時折、集合利益よりもメンバーの私的利益を追求する傾向にあり、コミュニティ内の亀裂を悪化させる逆効果を持つ。これに対して、協同組合や社会的企業は、一般的利益ないし公共財を志向し、地域の生活の質を改善する。さらに、協同組合の民主的包括的ガバナンスは、意思決定における一組合員一票ルール、マルチステークホルダーが参加することに基づいて、社会的結束に重要なインパクトを持つ（Borzaga and Sforzi 2014：194-195）。また、ボルザガとスフォルツィは、ソーシャル・キャピタルおよび潜在的な組合員の間の協力行動に対して協同組合が持つインパクトについて、さらなる調査研究が必要であると述べている（Borzaga and Sforzi 2014：208）。協同組合や社会的企業の問題は、「社会的経済」の枠組みで議論されている。本書の第10章「ソーシャル・キャピタルと協同組合・社会的企業」（林和孝）は、日本の事例を中心にして、この協同組合・社会的企業を取り上げ、それらの組織の特質と実態、ソーシャル・キャピタルとの関係を論じ、さらに今後の課題を分析している。

3　ソーシャル・キャピタルと市民社会

（1）ソーシャル・キャピタルを市民社会論に位置づける

これまで見てきたように、パットナムは、ソーシャル・キャピタルを人々のつながりやボランタリー・アソシエーションなど市民社会部門との関係で議論をしている。ボルザガやスフォルツィが強調する協同組合や社会的企業も、市民社会組織の一つである。このように市民社会論とソーシャル・キャピタル論は、相互に関連のあるものであり、重なり合う議論である。ここで、市民社会論について若干の論点を述べた上で、ソーシャル・キャピタル論と市民社会論の特徴を対照しておこう。市民社会論の重要な論点を見ることにより、ソーシャル・キャピタルの射程を考えるてがかりを発見しうる。

近代的市民社会論は、歴史的には一七～一八世紀にまでさかのぼる長い伝統があり、とりわけ現存の政治体制に対する批判的な意味を持つ規範的議論として論じられている。これに対して、現代的市民社会論が、先進国においても、体制移行国や発展途上国においても論じられるようになったのには、歴史的なきっかけがある。サミュエル・ハンチントンが述べるように、そのきっかけは民主化の「第三の波」（ハンチントン 一九九五）、とくに、東欧諸国における「市民平和革命」による体制移行、南米における民主化、南アフリカにおける解放運動などである。この時、「市民社会」が、西ヨーロッパにおける一九七〇年代からの新しい社会運動も含めて、共通の「希望の担い手」であった。日本においても、一九八〇年代にすでに市民活動が活発になっているが、こうした国際動向に影響を受けて、阪神淡路大震災後、一九九八年の特定非営利活動促進法（ＮＰＯ法）の制定により、「市民社会の確立」が市民活動のメンバーによって議論されるようになる（山口 二〇〇四：坪郷 二〇一五ｂ：六二―六三）。このように、市民社会論は、体制移行期や民主化期におけるデモクラシーの担い手の問題として議論されている。さらに、熟議デモクラシーや、住民投票や国民投票、市民イニシアティブ（政策提案と市民投票）、市民討議会や討議型世論調査など参加型デモクラシーの展開における担い手問題など、市民社会組織は新たなデモクラシー論の担い手として注目されている（坪郷 二〇一五ｂ）。ソーシャル・キャピタルに関する議論は、ちょうどこの同じ時期の一九九〇年代以降に活発化する。

（2）市民社会の定義

市民社会概念は、規範的概念と分析道具ないし記述的概念という両義性を持つ。市民社会は、それぞれの国の政治的、経済的、社会的、文化的文脈によって規定され、歴史的に形成され、その社会の影の側面（例えばマフィアや極右団体などの反社会的集団）からも規定されている。さらに、市民社会は世界的規模に拡がり、国内の市民社会と世界市民社会とは密接な関係にある。

さて、市民社会の定義と課題として、次の点が議論されている。第一に、市民社会は、政府、市場、私的生活の間の領域において営まれる市民の自主的組織による領域である。市民社会は、アソシエーション・NPO、社会運動、協同組合などによるダイナミックな緊張に満ちた空間を意味する（坪郷 二〇一五b：六三、七三）。

第二に、政府、市場の領域との対比では、重視する目標と機能の違いとして描かれる。政府部門は、公平性を基本とし、市場部門は財とサービスの効率的配分をするメカニズムとしての機能を持つ。これに対して、市民社会は、「共感・自発性」を基礎にして、「寛容、多様性、承認と敬意、公開性と自由、信頼・協同性、非暴力」を特徴とし、「連帯の構築」を目標にする（坪郷 二〇一五b：六三、七三：Edwards 2011b：7-13）。

第三に、市民社会は、他の領域から独立したものではなく、政府の制度からの影響、市場からの影響、家族などの私的生活からの影響を受ける。ジェフリー・アレクサンダーが述べているように、国家（政府）、市場、私的領域から市民社会への影響には、「支援的入力」、「破壊的侵入」、「市民的修復」の三つの方向がある（Alexander 2006：Part I-2：Roth 2008：76-77）。政治的、社会的市民権の国家的保証が、市民的自主組織に寄与するのに対して、市民権の治安国家的制限（集会・デモ、政党、組織の禁止など）は、破壊的に作用する。他方、労働権と社会政策は、この否定的作用を「修復的に」緩和させる。ジェンダーの主流化（メインストリーム化）のように、冷遇されているグループの促進は、政府による「修復的介入」である。市民活動をする両親は、子どものモデルとして作用し、家父長的家族構造は民主的能力を掘り崩すが、他方、家族的連帯は常に社会的排除に対抗する重要なリソースとなりうる。

さらに、「現実にある市民社会論」を展開しているローランド・ロートは、市民社会の民主的質にとって重要な事例として、ドイツにおける極右主義の問題を取り上げている。極右の思想は、トランスナショナルなネットワークによって広められ、国境を越えた青年文化の提供（とりわけ多様なスキンヘッズ）がこれに加わる。この非市民社会的傾向についての経済的、政治的、社会的な多様な説明があるが、その経済的核心は、ネオリベラリズムのグローバル化とそれに内在する社会的不平等であり、これが世界において移民と避難民を増大させている。潜在的敗者から中間層までが、この右翼ポピュリズムや極右主義の共鳴盤になっている。政府の人権政策や移民政策の不十分さが、極右の動員に影響を与えている。さらに、市民社会における対抗力が十分でないという市民社会的欠陥の問題もある。政府の制度が市民社会の活動の枠組みを作り、企業のコーポレート・シチズンシップや、さらに権威的家族に対して現代的「話し合う家族」の促進が非市民的傾向を押し戻すのである（Roth 2008：79-83：坪郷 二〇一五b：六七―六八）。このように、現実にある市民社会では、市民的側面と非市民的側面が同時に存在し、両者の間に緊張に満ちた対抗関係がある。

(3) 市民社会部門の課題

第四に、参加ガバナンスで議論されるように、市民社会部門をその基盤整備を通じて強化することにより、政府部門、市場部門、市民社会部門の三者間の新たなバランスを作り、三者による公共問題の問題解決を行う新たな仕組みを作ることが、課題として議論されている(坪郷 二〇〇六：二〇一二)。この参加ガバナンスは、国のレベル、自治体レベルにおいて議論されており、この課題の具体化には市民に最も身近な政府である市町村自治体レベルにおける議論が不可欠である。つまり、市町村自治体と市民社会、ソーシャル・キャピタルとの関係性の議論が重要である。

さて、すでにみたように、一方で、ソーシャル・キャピタルの社会中心アプローチでは、市民社会との関係が重視されるが、他方で、制度中心アプローチでは、制度に埋め込まれたソーシャル・キャピタルが議論され、政府や制度の重要性が指摘されている。また、ソーシャル・キャピタルの創出は、市民社会と政府や制度という両者の相互関係、さらに家族との関係からであるという議論が行われている。他方、市民社会論は、政府部門、市場部門、私的生活との関係で議論されている。このように、ソーシャル・キャピタル論と市民社会論には、議論が重なる点も多い。ソーシャル・キャピタル論は、その多様な論争のなかで、社会全体の一般的信頼を生み出し、破壊するものは何かという問題をより具体的に析出している。ソーシャル・キャピタルの影の側面や汚職のある制度は、一般的信頼を破壊する。他方、普遍的福祉国家や、公共政策が公平に実施されているところでは、一般的信頼は生み出される。ソーシャル・キャピタル、市民社会ともに、公共問題の解決に有用であるばかりでなく、それぞれの影の側面の問題がある。ソーシャル・キャピタル論において、影の側面(ダークサイド)が議論されるように、市民社会論においても、「現実にある市民社会」の議論では、非市民社会的側面の議論がその克服の問題が議論されている。

このように、市民社会論とソーシャル・キャピタル論、それぞれの特徴を対照することにより、ソーシャル・キャピタル論の射程が明らかになる。表序-2に、市民社会とソーシャル・キャピタルの特徴を、規範と成果、集団と活動の形態、機能・構造、関係する要因の四側面から、それぞれを対照しておこう。

ソーシャル・キャピタルと市民社会の関係については、まず本書の第4章「ソーシャル・キャピ

表序-2　市民社会とソーシャル・キャピタルの特徴

	市民社会	ソーシャル・キャピタル
規範・成果	連帯（寛容，多様性，承認と敬意，公開性・自由，自発性，信頼・協同性，非暴力）	信頼・互酬性の規範
集団・活動	アソシエーション（NPO・NGO），社会運動，協同組合・社会的企業など	社会的ネットワーク
機能・構造	公共問題の解決 政府・市場・市民社会の新しいバランス	デモクラシーの活性化，経済発展 政策課題の達成
関係する要因	経路依存性 政府・市場・私的生活（家族）との関係 （非市民社会的側面）	経路依存性 社会・制度・家族との関係 （影の側面）

出所：Scrivens and Smith (2013), Edwards (2011b; 2011c), 山口 (2004) を参照しながら，作成。

タルと市民社会」（坪郷實）で、ソーシャル・キャピタルを生み出すのは、市民社会か、制度かという論争について述べ、信頼と市民活動の関連性、ソーシャル・キャピタルは現代の政治的、行政的、法的制度に埋め込まれているのかについて論じる。第5章「ソーシャル・キャピタルと社会運動」（樋口直人）では、市民社会の一分野である社会運動とソーシャル・キャピタルの関係を取り上げる。両者の関係をめぐる学説を振り返り、社会全体のソーシャル・キャピタルと社会運動、個々の運動にとってのソーシャル・キャピタルの役割を論じる。また、インターネットやSNSがソーシャル・キャピタルに依存しない社会運動を生み出している現状を論じる。すでに紹介した第13章、第14章、第15章も、ソーシャル・キャピタルと市民社会を論じている。第16章「EUの市民社会政策とソーシャル・キャピタル」（小川有美）では、EUの市民社会政策とソーシャル・キャピタルを論じる。EUは、「民主主義の赤字批判」や、「ユーロ危機」の衝撃を受け、市民からの信頼を得られるかどうかに直面している。それに対して、ヨーロッパレベルで市民社会を強化しようとするアプローチの有効性について論じる。

さらに、第9章、第10章、第11章、第12章は、日本を事例にしている。第9章「自治体とソーシャル・キャピタル」（伊藤久雄）では、自治体とソーシャル・キャピタルとの相互の関係性について論じる。この場合、市民自治の展開のために分権が不可欠である。日本の分権改革の現状を踏まえて、今後のあり方を考察する。第10章についてはすでに紹介した。第11章「地域自治、市民活動とソーシャル・キャピタル」（三浦一浩）では、NPOの中間支援組織に注目して、地域のなかで組織と組織を橋渡しする役割や、ソーシャル・キャピタルとの関係はどのようなものか、地域自治の試みのなかで市民活動組織が果たす役割を論じる。第12章「地域再生・復興とソーシャル・キャピタル」（早田宰）では、地域再生・復興におけるソーシャル・キャピタルを取り上げる。地震、水害など大規模な自然災害や紛争によって損害を被った社会がいかに個人の生活と社会システムの機能を回復するのか、脆弱コミュニティにおけるソーシャル・キャピタルを生かした復興について論じる。

（4）ソーシャル・キャピタルと権力問題

市民社会論では、公共問題の解決と共に、市民社会の強化により、政府、市場、市民社会の新しいバランスを作り直すという課題が意識されている。これに対応する議論として、ソーシャル・キャピタル論では、政策課題の達成との関係で、新たに、ソーシャル・キャピタルと権力問題が議論されている。最後にこの点についてみていこう。

すでに述べたように、公共政策においてソーシャル・キャピタルが社会的資源として利用されている。ソーシャル・キャピタルが政策ネットワーク内で潤滑油として機能し、あるいは連結型ソーシャル・キャピタルにおいて、つまり政府と多様な主体の間のパートナーシップと協同ガバナンスにおいて有用であるからである。この事例のなかで論争となったものとして、とくに世界銀行によって主導された「コミュニティをベースにした発展計画」に、ソーシャル・キャピタルが利用されている事例（cf. Bebbington et al. 2004）を挙げることができる。このプロジェクトに対して、アジミナ・クリストフォルーは、そのソーシャル・キャピタル概念の適用を批判すると共に、ブルデューのソーシャル・キャピタル概念の再考と再発見を提案している（Christoforou 2014, 65-66, 79）。ブルデューは、ソーシャル・キャピタルの制度への埋め込みを、構造問題として捉え、この構造を変える社会転換の理論を提案している。

クリストフォルーの世界銀行プロジェクトへの

批判は、階層的社会構造がキャピタルと権力の不平等な配分に及ぼすインパクトを見落とし、結局、貧困にあるもののエンパワメントという主要な目標を達成することに失敗した点にある。ブルデューは、文化資本、シンボリック資本の概念と共に、ソーシャル・キャピタル概念を使って、既存の社会構造の再生産、社会階層制と不平等を説明している。しかし、クリストフォルーは、ブルデューのもう一つの重要な論点が見落とされてきたと指摘する。ブルデューは、キャピタルが、社会構造の再生産と同様に、社会構造の変動、つまり社会転換のプロセスにおいて積極的な役割を演じるという見方をしている。彼の後期の論文では、ネオリベラリズムとグローバルな経済統合の帰結との関係で、転換問題に取り組んでおり、その行程は不平等と服従の資本主義的関係の再生産を停止させ、社会権と公共の福祉を獲得することを必要とすると述べている（Christoforou 2014：65-66：Bourdieu 1985：1986：1989 などを参照）。

この社会転換のプロセスにおいて、ソーシャル・キャピタルおよび文化キャピタル・シンボルキャピタルが積極的役割を果たす。つまり、前述のコミュニティをベースにした発展計画において、人々の「ニーズを表現し、社会構造を再構成し、公共の福祉を維持する権利と義務を認識する地域のグループと専門家の間のネットワーク」を形成し、支配されているグループを強化する努力が必要とされている。地球的レベルで、地域で活動する市民社会組織や社会運動の研究者、実践者たちは、不利なグループの動員とエンパワメントのための政治闘争に力を注いでいる。しかし、既存の階層構造と権力関係が継続しているため、実践的に不利なグループのために成果を上げることは稀である。発展プログラムにおいて多様なステークホルダーが係るので、多くのメンバーやグループによるネットワークを確立するのはなかなかむつかしい。したがって、まず次のような認識の変化が伴わねばならない。支配グループによる階層制と不平等の継続的条件により操作されていることに対して、「何が支配されているグループの集合的利益を構成するのか」、「支配されているグループの集合的権力がどのようにして取り戻されるのか」について認識が変わらねばならない。この認識の転換こそが、ブルデューの社会転換アプローチのキー要素である。それは、支配勢力により隠されている真実を明らかにするために、「支配されているグループにより主導され、研究者と実践者により支援される、シンボル的方向づけ、政治的競争、ネットワーク関係のプロセス」に依拠しなければならない（Christoforou 2014, 73-79）。

ブルデューによる「社会転換のためのネットワークとしてのソーシャル・キャピタル」は、新たな発想を提案している。ソーシャル・キャピタルは、一方で既存の階層構造と不平等を再生産するものであるが、他方でシンボリックな闘争と社会転換により、社会変動のリソースとなる（Christoforou 2014, 78）。このようなダイナミズムを持ったものとしてソーシャル・キャピタルを捉えるのである。

本書は、第Ⅰ部「ソーシャル・キャピタルの理論」、第Ⅱ部「ソーシャル・キャピタルとデモクラシー」、第Ⅲ部「ソーシャル・キャピタルと経済発展」、第Ⅳ部「（日本を中心として）現場からみたソーシャル・キャピタル」、第Ⅴ部「国際比較からみたソーシャル・キャピタル」の五部構成からなる。各章のそれぞれのテーマについては、すでに簡単ながら紹介した。各章によってソーシャル・キャピタルの定義や議論の重点が異なっているが、本書の特徴は、多くの章が、ソーシャル・キャピタルを、市民社会・市民活動との関係、政府や制度との関係を軸にして論じていることである。全体を通じて、国際比較の観点から、熟議デモクラシーをはじめとするデモクラシーの新たな発展において、また持続可能性のある経済発展において、ソーシャル・キャピタルが果たす役割を示したい。

最後になるが、本書の刊行にあたって編集部の河野菜穂さんに大変お世話になった。記して感謝を表したい。

【参考文献】


稲葉陽二編著『ソーシャル・キャピタルの潜在力』日本評論社、二〇〇八年。

稲葉陽二『ソーシャル・キャピタル入門』中公新書、二〇一一年。

稲葉陽二・大守隆・近藤克則・宮田加久子・矢野聡・吉野諒三編『ソーシャル・キャピタルのフロンティア――その到達点と可能性』ミネルヴァ書房、二〇一一年。

稲葉陽二・大守隆・金光淳・近藤克則・辻中豊・露口健司・山内直人・吉野諒三『ソーシャル・キャピタル「きずな」の科学とは何か』ミネルヴァ書房、二〇一四年。

カワチ、イチロー・高尾総司・スブラマニアン、S・V編『ソーシャル・キャピタルと健康政策――地域で活用するために』日本評論社、二〇一三年。

グラノヴェター、マーク／渡辺深訳『転職――ネットワークとキャリアの研究』ミネルヴァ書房、一九九八年、二〇五―二四一ページ。

コールマン、ジェームズ／金光淳訳「人的資本の形成における社会関係資本」野沢慎司編・監訳、二〇〇六年所収、二〇五―二四一ページ。

坂本治也『ソーシャル・キャピタルと活動する市民――新時代日本の市民政治』有斐閣、二〇一〇年。

辻竜平・佐藤嘉倫編『ソーシャル・キャピタルと格差社会』東京大学出版会、二〇一四年。

辻中豊・坂本治也・山本英弘編『現代日本のNPO政治』木鐸社、二〇一二年。

坪郷實『参加ガバナンス――社会と組織の運営革新』日本評論社、二〇〇六年。

坪郷實『ドイツの市民自治体――市民社会を強くする方法』生活社、二〇〇七年。

坪郷實「新しい公共空間と市民社会の強化の課題」坪郷實・中村圭介編著『新しい公共と市民活動・労働運動』明石書店、二〇一一年、一五―五一ページ。

坪郷實「市民参加とガバナンス――市民のエンパワーメント」岡澤憲芙編著『比較政治学のフロンティア』ミネルヴァ書房、二〇一五a年、一六四―一七五ページ。

坪郷實「市民社会、ソーシャル・キャピタル、参加ガバナンス」立命館大学『政策科学』第二二巻第三号、二〇一五b年、六一―七六ページ。

トクヴィル、アレクシ・ド／松本礼二訳『アメリカのデモクラシー』第一巻上下、第二巻上下 岩波文庫、第一巻、二〇〇五年、第二巻、二〇〇八年（原著第一巻一八三五年、第二巻一八四〇年）。

内閣府国民生活局編『ソーシャル・キャピタル――豊かな人間関係と市民活動の好循環を求めて』国立印刷局、二〇〇三年。

野沢慎司編・監訳『リーディングス ネットワーク論――家族・コミュニティ・社会関係資本』勁草書房、二〇〇六年。

パットナム、ロバート／河田潤一訳『哲学する民主主義』NTT出版、二〇〇一年（原著一九九三年）。

パットナム、ロバート／坂本治也・山内富美訳「一人でボウリングをする――アメリカにおけるソーシャル・キャピタルの減退」宮川公男・大守隆編、二〇〇四年（原著一九九五年）所収、五五―七六ページ。

パットナム、ロバート／柴内康文訳『孤独なボウリング――米国コミュニティの崩壊と再生』柏書房、二〇〇六年（原著二〇〇〇年）。

パットナム、ロバート編著／猪口孝訳『流動化する民主主義――先進八カ国におけるソーシャル・キャピタル』ミネルヴァ書房、二〇一三年（原著二〇〇一年／二〇〇二年）。

ハンチントン、サミュエル・P／坪郷實・中道寿一・藪野祐三訳『第三の波――二〇世紀後半の民主化』三嶺書房、一九九五年（原著一九九〇年）。

フクヤマ、フランシス／加藤寛訳『「信」無くば立たず』三笠書房、一九九六年（原著一九九五年）。

ホール、ピーター・A／猪口孝訳「イギリス――政府の役割と社会関係資本の配分」パットナム、二〇一三年（原著二〇〇一年／二〇〇二年）所収、一九―四九ページ。

ボルザガ、カルロ／ジャック・ドゥフルニ編著／内山哲朗・石塚秀雄・柳沢敏勝訳『社会的企業――雇用・福祉のEUサードセクター』日本経済評論社、二〇〇四年（原著二〇〇一年）

三隅一人『社会関係資本――理論統合の挑戦』ミネルヴァ書房、二〇一三年。

宮川公男・大守隆編著『ソーシャル・キャピタル――現代経済社会のガバナンスの基礎』東洋経済新報社、二〇〇四年。

山口定『市民社会論――歴史的遺産と新展開』有斐閣、二〇〇四年。

リン、ナン／筒井淳也・石田光規・桜井政成・三輪哲・土岐智賀子訳『ソーシャル・キャピタル――社会構造と行為の理論』ミネルヴァ書房、二〇〇八年（原著二〇〇一年）。

OECD編著『OECD幸福度白書――より良い暮らし指標：生活向上と社会進歩の国際比較』明石書店、二〇一二年。

Alexander, Jeffrey C., *The Civil Sphere*, New York: Oxford University Press, 2006.

Bebbington, A., S. Guggenheim, E. Olson and M. Woolcook, "Exploring Social Capital Debates at the World Bank," *Jounal of Development Studies*, 40, 2004, pp.32-62.

Borzaga, Carlo and Jacopo Sforzi, "Social Capital, Cooperatives and Social Enterprises," in Christoforou and Davis, 2014, pp.193-214.

Bourdieu, P., "The Social Space and the Genesis of Groups," *Theory and Society*, 14(6), 1985, pp.723-744.
Bourdieu, P., "The Forms of Capital," in J. G. Richardson (ed.), *Handbook of Theory and Research for the Sociology of Education*, New York: Greenwood Press, 1986, pp.241-258.
Bourdieu, P., "Social Space and Symbolic Power," *Sociological Theory*, 7(1), 1989, pp.14-25.
Braun, Sebastian "Sozialkapital," in T. Olk und B. Hartnuß (Hrsg.), *Handbuch Bürgerschaftliches Engagement*, 2011, S.53-64.
Brem, J. and W. Rahn, "Individual Level Evidence for the Causes and Consequences of Social Capital," *American Journal of Political Science*, 41, 1997, pp.999-1023.
Castiglione, Dario, Jan W. van Deth and Guglielmo Wolleb (eds.), *The Handbook of Social Capital*, New York: Oxford University Press, 2008.
Christoforou, Aimina, "Social Capital from a Bourdieusian Perspective," in Christoforou and Davis, 2014, pp.65-81.
Christoforou, Asimina and John B. Davis (eds.), *Social Capital and Economics. Social Values, Power and Social Identity*, New York: Routledge, 2014.
Dasguputa, Partha and Ismail Serageldin (eds.), *Social Capital. A Multifaceted Perspective*, Washington, D.C.: The World Bank, 2000.
Edwards, Michael, *The Oxford Handbook of Civil Society*, Oxford: Oxford University Press, 2011a.
Edwards, Michael, "Introduction. Civil Society and Geometry of Human Relations," in Edwards, 2011b, pp.3-14.
Edwards, Michael, "Conclusion. Society as a Necessary and Necessarily Contested Idea," in Edwards, 2011c, pp.480-491.
Edwards, Michael, *Civil Society*, Cambridge: Polity Press, 2014 (Third Edition).
Fine, Ben, *Social Capital vs. Social Theory – Political Economy and Social Science at the Turn of the Millennium*, London and New York: Routledge, 2001.
Fine, Ben, *Theories of Social Capital: Researchers Behaving Badly*, London: Pluto Press, 2010.
Hooghe, Marc, "Voluntary Associations and Democratic Attitudes. Value Conguence as a Causal Mechanism," in Hooghe and Stolle, 2003, pp.89-111.
Hooghe, Marc and Dietlind Stolle (eds.), *Generating Social Capital. Civil Society and Institutions in Comparative Perspective*, New York/Hampshire: Palgrave Macmillan, 2003.
Newton, Kenneth, "Trust and Politics," in Castiglion, van Deth and Wolleb, 2008, pp.241-272.
OECD, *How's Life? Measuring Well-being*, OECD Publishing, 2011. (http://dx.doi.org/10.1787/9789264121164-en 2014.12.01アクセス)
Ostrom, Elinoa, *Managing the Commons. The Evolution of Institutions for Collective Action*, New York: Cambridge University Press, 1991.
Ostrom, Elinoa, "Social Capital. Fad or Fundamental Concept?" in Dasguputa and Seragedin, 2000, pp.172-214.
Roth, Roland, "Exkurs – Die unzivile Zivillgesellschaft," in Serge Embacher und Susanne Lang, *Bürgergesellschaft*, Bonn: Verlag Dietz, 2008, S.68-88.
Rothstein, Bo, *Just Institutions Matter. The Moral and Political Logic of the Universal Welfare State*, Cambridge: Cambridge University Press, 1998.
Rothstein, Bo, "The Universal Welfare State," in Svendsen and Svendsen, 2009, pp.197-211.
Rothstein, Bo and Dietlind Stolle, "Political Institutions and Generalized Trust," in Castiglione, van Deth and Wolleb, 2008, pp.273-302.
Scrivens, Katherine and Conal Smith, *Four Interpretations of Social Capital. An Agenda for Measurement*, OECD Statistics Working Papers, 2013/06, OECD Publishing. (http://dx.doi.org/10.1787/5jzbcx010wmt-en 2014.12.01アクセス)
Stolle, Dietlind, "The Sources of Social Capital," in Hooghe and Stolle, 2003, pp.19-42.
Svendsen, Gert Tinggaard and Gunnar Lind Haase Svendsen, "The troika of sociology, political science and economics," in G. T. Svendsen and G. L. H. Svendsen (eds.), *Handbook of Social Capital: The Troika of Sociology, Political Science and Economics*, Chelteham/Northampton: Edward Elgar, 2009, pp.1-13.
Torpe, Lars, "Social Capital in Denmark: A Deviant Case?," *Scandinavian Political Studies*, 26(1), 2003, pp.27-48.
Verba, Sidney, Kay L. Scholzman and Herry E. Brady, *Voice and Equality: Civic Voluntarism in American Politics*, Cambridge: Harvard University Press, 1995.
Woolcock, Michael, "Civil Society and Social Capital,"in Edwards, 2011a, pp.197-208.

第I部

ソーシャル・キャピタルの理論

第1章　ソーシャル・キャピタルの理論的系譜

河田潤一

「社会科学分野でこの数十年間においてこれほど成功を収めたアイデアはない」（ロバート・パットナム）といわれるソーシャル・キャピタル論をめぐる理論的系譜を、本章では、米国のコミュニティとソーシャル・キャピタルの具体的な関係の検討から始め、順次、コミュニティ論を含む社会学の系譜、ネットワーク論の系譜、パットナムを中心とした政治学の系譜に整理して説明し、最後に、ソーシャル・キャピタルの類型化を試みる。

1　「ソーシャル・キャピタル」のデビュー

(1) コロンブス騎士団周辺

米国ボストン南域を舞台としたマーティン・スコセッシ監督の映画『ディパーテッド』は、ジャック・ニコルソン扮する地元ヤクザ、コステロが、「昔、俺たち（アイルランド系）はカソリック教会しか持っていなかった。コロンブス騎士団は賢かったよ。この街で縄張りを広げた。アイルランド系は差別のせいでまともに就職もできなかったが、二〇年後には大統領になった。安らかに眠れよ」（松竹株式会社事業部出版商品室極秘潜入班、二〇〇七年）という場面で始まる。

コロンブス騎士団は、一八八二年、コネチカット州ニュー・ヘイブンにて、成人男子のみのカトリック信者による社交と相互扶助を目的とする結社として結成された。ソーシャル・キャピタル (social capital) という言葉を人口に膾炙させた二〇〇〇年に出版されたロバート・パットナムの『孤独なボウリング』(*Bowling Alone*) も、このコロンブス騎士団を取り上げ検討している。同書が詳細に検討した三二の市民組織のなかでは同騎士団は、所属率のピーク年が一九五四年と比較的早い割には、ピーク年から九七年に至る所属率の減少は六%と、さほどの衰退を見せていない団体の一つである。

パットナムの計算によれば、全米規模の巨大結社は、平均（中央値で測定）して、一九五一年に所属率の水平期が開始し、五九年に所属率のピークを迎え、六九年に所属率の水平期が終了している。第二次世界大戦中に成人に達した長期市民世代は、その後の世代に比べて積極的な結社参加者であったが、七〇年代に入るとほとんどのタイプの組織で加入者が減り、米国人は、アレクシス・ド・トクヴィルの表現を使えば「結社の芸術」を忘れたかのようである、とされた。

(2) *Bowling Alone*（『孤独なボウリング』）のインパクト

『ディパーテッド』は、二〇〇六年度アカデミー賞の作品賞、監督賞、脚色賞、編集賞四部門を制した。この顰《ひそ》みに倣えば、パットナム主演の『孤独なボウリング』は、二〇〇〇年度の社会科学部門の監督賞、脚本賞、編集賞をかっさらった、と形容できよう。その予告編に当たる「孤独なボウリング」（一九九五年）は、*The Journal of Democracy* というわば小劇場で封切られたにもかかわらず、そのキャッチーなタイトルが評判を呼び、著者ロバート・パットナムは夫人とともに、*People* 誌に写真入りで紹介されたりもした。

「孤独なボウリング」は、米国人の間の社会との関わりの低下、社交の減少、連帯意識の希薄化のメタファーとして第一級であった。米国社会の病理の剔抉と明快な診断・処方箋は、米国人の〈can-do〉アプローチをくすぐり、幅広い歓心を買った。多くの直接、間接の批評、評論も現われ、イタリアを扱った一九九三年公刊の同著者のかなりの専門書である *Making Democracy Work*（『哲学する民主主義』）までもをポピュラーなものとした。

お陰で、「映画」の端役であった無名のライダ・ハニファンからジェーン・ジェイコブズ、ピエール・ブルデュー、ジェームズ・コールマンといった往年の名優たちが、「ソーシャル・キャピタル」論という文脈で生き返った。

また、ソーシャル・キャピタル概念は、政治家や政策担当者にも影響を与えた。クリントン大統領の一般教書演説、ジョージ・W・ブッシュ大統領の保守的な「光の点」作戦、英国トニー・ブレアのニューレイバーのアイデア、イタリアの「オリーブの木」構想、さらにはオバマ大統領の思想と行動にも影響を与えた。バラク・オバマは、パットナムが主催するオリーブの木の米国版サワーロを名に冠したセミナーのオリジナル・メンバーの一人であったからでもある。

本章では、ソーシャル・キャピタルの理論的系譜を、米国コミュニティとソーシャル・キャピタル、コミュニティ論を含む社会学の系譜、ネットワーク論の系譜、パットナムを中心とした政治学の系譜に整理して順次説明し、最後に、ソーシャル・キャピタルの類型化を試みたい。

2　社会学の系譜

(1) パットナムによるハニファンの発見

パットナムは、近隣関係に観察できる親密な社交ネットワークがはらむ価値を「ソーシャル・キャピタル」と命名した名著『アメリカ大都市の死と生』（一九六一年）を著した都市計画家ジェーン・ジェイコブズを、「孤独なボウリング」（一九九五年）で初めての概念使用者として紹介した。その後、『孤独なボウリング』（二〇〇〇年）では、ウェストバージニア州農村学校指導主事ハニファンの一九一六年論文 "The Rural School Community Center"（*Annals*, Vol.67）を印刷物としては最初のもの、として引き合いに出した。

パットナムの州別ソーシャル・キャピタル度でも最下位に近い地帯に広がる米国の「スイス」とも「アフガニスタン」とも呼ばれる、石炭の州ウェストバージニアの過疎化が進む農村社会においてコミュニティの地域センターが果たすべき役割を、ハニファンは次のように説明している。「彼が近隣との交流を行い、そしてその近隣が他の近隣と交流することにより、そこには社会関係資本の蓄積が生まれ、それは直ちに彼の社会的必要を満たし、またコミュニティ全体の生活条件を改善するために充分な社会的力を有するものになるだろう。コミュニティは全体として、その部分全ての協力によって恩恵を受け、また同時に個々人も、その属する組織の中に、隣人たちの援助や共感、そして友情という利益を見いだすこととなる」(Putnam 2000=二〇〇六：一五)、と。

ハニファンの指南書 *The Community Center* (1920) は、ソーシャル・キャピタルの培養を模索する地域社会を基盤とした活動家にとっての実践的課題のリストを多く含むものでもあった。

（2）社会の都鄙化とソーシャル・キャピタルの再発見

ハニファンがコミュニティ・センター論を発表した一九一六年には、全国コミュニティ・センター協会が設立され、また場所によってはコミュニティ・ワーカーの訓練学校も設立されている。丁度その頃、チャールズ・ギャルピンはコミュニティ研究の嚆矢とされる『農村コミュニティの分析』（一九一五年）を著した。彼は、政府の農村政策の基礎資料としての圏域設定の作業を進めるなかで、当時、急速に進みつつある都鄙化現象にも注目していた。

都会へ移る村人が多い当時の米国農村部は、「純粋に農業的ではなく、むしろ著しく商業や工業」（フランクフルト社会研究所 一九八三：一六三）によって規定されるようになっていた。都市の状況は、社会学者アルフレッド・ロスが『社会学原理』（一九二〇年）で分析したように、個人の多様性を伸ばし、社会の領域と人々の感情を開放的にすると同時に社会的孤立と緊張を高め、古い道徳は退潮しつつあった。

革新主義期米国では、非社交的《アンソーシャル》なものは社会的な病巣として懸念された。後の近隣住区運動へと連なるクラレンス・ペリーらの都市コミュニティ・センターやエドワード・ウォードらのソーシャル・センターの着想の原点はこの辺にある。

伝統から近代へ、共同社会から利益社会への移行というフェルディナンド・テンニースのパラダイムは、米国人の経験にとっては余りそぐうものではない。居住の近接性、強い社会的凝集性、親密な相互認知、深い情緒性、共同体感覚を特徴とするゲマインシャフトは、それを故郷とするヨーロッパ農村からの米国移住者が集中した都市部において、ゲゼルシャフト性と混淆し、ジェイコブズがいう「機能的秩序の複雑なシステム」を形成していった。そのシステムを生かすものが、ソーシャル・キャピタルであった。

ジェイコブズは、この点を次のように述べている。「場所の自治が機能するためには、人口の流動の根底に必ず、近隣ネットワークを構築した人々の連続性がなくてはいけないのです。こうしたネットワークは都市の交換不能な社会資本です。どんな理由からであれ、その資本が失われれば、そこから得られるものも消え、新しい資本がゆっくりと運良く蓄積されるまでは決して復活しません」（Jacobs 1961=二〇一〇：一六一―一六二）、と。

(3)「都市の村人たち」と*Better Together*

ボストンのノースエンド地区は、ジェイコブズがこよなく愛した街の一つである。社会学者で都市計画研究家のハーバート・ガンスがいう『都市の村人たち』(*Urban Villagers*, 1962) としてイタリア系移民が多く暮らし、親族集団や近隣集団が、あるいはアイルランド系のコロンブス騎士団と敵対する「イタリアの息子」やギャング集団が肩寄せ合って「機能的秩序の複雑なシステム」を生きていた。

ボストン市は、一九五〇年代半ばに他に先駆けてスラム一掃型市街地開発事業に動き出した。ノースエンドは、ジェイコブズらの反対運動もあって寸前のところで計画を回避できたが、男性教区民の三〇%がホーリー・ネーム協会に属し、それを通じてbowling togetherの機会も多かったイタリア系移民が多く暮らすウェストエンドは事業を受け入れた (Gans 1962=二〇〇六：九三)。スラムは一掃され、跡地に近代的な高層アパートが建てられ、それまでの住区の教会や教区学校、公式的な社交組織、市民組織、政治組織は破壊され、住民間の絆・ネットワークは消失してしまった。

Bowling togetherからbowling aloneへと時代が変化するなか、「都市の村人たち」の再生への糸口はあったのか、あるいはあるのか。あるとすればそれはどのようにしてか。

こうした課題を米国人の〈can-do〉アプローチに結合して成功させたコミュニティ再生事例が、例えば、Putnam, Robert D. and Lewis M. Feldstein (eds.), *Better Together: Restoring the American Community* (2003) にいくつか紹介されている。そのうちの一つが、ボストン南部ロックスベリー地区にあるダドリー街の再生運動である。一九八四年、市が再開発計画に動き出した。住民がこの街を追い出される可能性が出てきたのである。すぐさま住民はダドリー地区再生運動 (The Dudley Street Neighborhood Initiative：DSNI) を結成し、外部支援も受けながら周辺地区とは目立って清潔な「都市の村 (urban village)」を再生させたのである (DSNIスタッフの名刺には、We Are Building Urban Villageと刻名されている)。

(4) 外国人が見た米国の自発的結社

ところでトクヴィルは、一八三〇年代初めに米国を訪れ、米国人は、「年齢、境遇、考え方の如何を問わず、誰もが絶えず団体をつくる。商工業の団体に誰もが属しているだけではない。ありとあらゆる結社が他にある。〈中略〉彼らは結社をつくる。新たな事業の先頭に立つのは、フランスならいつでも政府であり、イギリスならつねに大領主だが、合衆国ではどんな場合にも間違いなくそこに結社の姿が見出される」(Tocqueville 1840=二〇〇八：一八八) と書いた。Voluntary (自発的) という言葉は登場しないが、「正しく理解された自己利益」によって共同の事業に参加する。単なるプロジェクトへの参加ではない。その後、自発的結社への参加が研究者の注目を集めたのは、トクヴィルが強調したようにその参加が権力に関係した意味のためであった点は重要である。

一九世紀末に目を向けてみると、一八八一年に渡米し、一代で財を成し、出身地サンクトペテルブルクにちなんでフロリダ州セントピータースバーグ市を建設したロシア人移民のピーター・デメンズは、一八九五年の旅行記『北米合衆国のスケッチ』において、米国にはどんな小さな村にも教会やメイソン・ロッジ、文芸・読書クラブ、音楽・合唱クラブ、討論クラブがあり、「かなり人が多い農村では、一人で二つ、三つ入っているのが当たり前である」。他にも、ヨットクラブ、狩猟・釣りクラブ、射撃クラブ、庭球クラブ、クリケットクラブと数え上げれば切りがない、と米国事情を紹介している。

また、英国の著名な政治家・歴史家であったジェームズ・ブライスは、一八八八年に著した『米国国家論』のなかで、自発的結社を全米に枝状に広がるネットワーク、一種の政治的組織として描き、世論を発達させるその市民教育的機能に注目した。

さらには、一九〇四年に訪米したマックス・ウェーバーも自発的結社の存在に注目した。しかし、よく知られているように、自発的結社の原型を米国近代資本主義の労働倫理を育んだ教派教会に求めるウェーバーにとって結社は、成員全員が自らの行為に責任を持ち、平等な人々の間の自発的な協働によって結合する道徳的存在であった。トクヴィルが結社を、諸条件の平等を前提にした個人主義が作り上げた「砂の山」と見るのとは対照的に、ウェーバーにあっては、結社のセクト的性格が重視されたのである。

（5）米国における自発的結社と地域社会

トクヴィルやブライス、ウェーバーといった外国人にとって、こうした自発的結社の活動は多大な関心を引いたが、米国人自身が自発的結社に注目しだすのは、コミュニティ・センター運動が下火になり、企業自由主義体制が本格化していく第一次世界大戦以後のことであった。

例えば、経営思想家メアリー・フォレットは、一九一八年の『新しい国家』第一章「集団と新しい心理学」の冒頭で、「政治はアソシエーション（association）の諸法則の理解に基づいた、そして、新しい革新的な社会心理学に基づいた、一つの手法を持たねばならない」（Follet 1918＝一九九三：一六）と述べ、自生的な統制を社会にもたらす結社の力について論じている。

フォレット以降、リンド夫妻の一九二〇—三〇年代のミドルタウン研究、ウィリアム・L・ウォーナーらの三〇—四〇年代のヤンキーシティ、ジョーンズビル研究など都市人類学的研究が、地域社会の地位・勢力の位階制の分析を通して自発的結社の実相に迫ろうとした。ウォーナーらは、結社への参加が上流階級に偏向しており、自発的結社の多元的存在を理想とする多元主義社会の実際は、一部の階級や民族・人種を排除した社会的階層制となっていることを発見した。

彼ら地域社会研究者は、結社の階級交差性の回復と象徴による地域再統合を対処策と考えたが、こうしたいわばヤンキーシティ・パラダイムでは解決しえない社会的《ソシエタル》な統合を、ジェイコブズは「都市の村人たち」の根に蓄積されたソーシャル・キャピタルという視点から考察しようとしたのである。こうした地域は、エミール・デュルケム的にいえば、機械的連帯と有機的連帯という二種の社会的結合に関する機能が混淆して、社会の相補的異質性を形成していた。喧噪と混沌のなかに統合をもたらす「都市の村人たち」は、都市の地域社会に根づく地元紐帯を主成分とするゲマインシャフトの重要性を示したのである。

3　ネットワーク論の系譜

（1）ネットワークとしてのソーシャル・キャピタル

社会学者は、社交ネットワークやコミュニティの発展、規範や価値観の伝達、さらには集団性が持つ意味への注目を強めた。そのお陰で、文化や組織におけるソーシャル・キャピタルに対する理解は相当に深まった。その際の切り口は、社会的ネットワークであり、一般化された信頼、互酬性であった。

先に見たジェイコブズが「ソーシャル・キャピタル」という着想を得たのは、一九五四年、当時の *Architectural Forum* 誌編集部の意向を受けてフィラデルフィアに出向いたときに遡る。同地でジェイコブズは、後にハリウッド・スターとなるケヴィン・ベーコンの父親、都市計画委員会の実務責任者エドモンド・ベーコンと出会う。彼女は、エドモンド・ベーコンの「再生＝種」メタファー（都市、近隣住区はそれ自身のなかに自己再生の種を持つ動態的な有機体である）に得心しながら、高層ビル化予定地に案内されたときに、辺り一帯に「人っ子一人いないのはなぜか」と感じる。着想の瞬間である。

ジェイコブズの『アメリカ大都市の死と生』は、「再生＝種」メタファーを彷彿とさせる一文、「退屈で淀んだ都市には、確かに自らの破壊の種くらいしかありません。でも、生き生きとした多様で活発な都市には再生の種があり、自分たちの外部の問題やニーズにさえ対応できるだけの、あふれるエネルギーがあるのです」（Jacobs 1961＝二〇一〇：四七四―四七五）という文章で締めくくられている。

ところで、ノースエンドの社会的ネットワークの中心に葬儀屋（undertaking、これには事業という意味もある）がいたとすれば、ハリウッドの中心にケヴィン・ベーコンがいることはよく知られた話ではある。

（2）ネットワークの構造化と構造的閉鎖性

フランスの社会学者ピエール・ブルデューは、主にエミール・デュルケムやゲオルグ・ジンメルらの古典的社会学の伝統に依拠して、家族、友人、近隣、専門的、宗教的な諸関係を含む社会的相互作用としてソーシャル・キャピタルを考え、それを次のように定義している。ソーシャル・キャピタルとは、個人にとっての「相互認識（知りあい）と相互承認（認めあい）とからなる、多少なりとも制度化されたもろもろの持続的な関係ネットワークを所有していることと密接にむすびついている、現実的ないしは潜在的資力の総体」であり、「共通の特性を所有しているばかりでなく、永続的で役に立つ結合関係によってひとつにまとまっている、一集団への所属と密接に結びついている資力の総体」（Bourdieu 1980＝一九八六：三一）として「構造化」される。

そして、このソーシャル・キャピタルは、他の二つの資本、すなわち経済資本、文化資本を拡張し、知覚、評価、プラチックなどへの一定の心的諸傾向のシステムであるハビトゥス（habitus）と結合する、とされる。そしてハビトゥスは、「もろもろの正統的交換を有利にし、非正統的交換を排除しようとする諸制度のすべてに従属」して、「集団の存在と存続にとってどの点からみてもふさわしく、可能な限り同質的な諸個人を、あきらかに不作法なやり方で集めつつ、（ラリー、クルージング、狩猟、夜会、レセプションなどといった）しかるべき機会、（上流地域、エリート学校、クラブなどの）場、（上流スポーツ、社交的室内ゲーム、文化セレモニーなどの）プラチック」（Bourdieu 1980＝一九八六：三三―三四）を生み出す。

経済資本を諸資本の根幹と見るブルデューにとって、資源とアクセスの互恵的な交換を基盤とした相互認識と承認をめぐる社会的投資戦略が生み出すソーシャル・キャピタルは、個人の自己実現に関与する資本の形態の一つとして、階級再生産的に蓄積され、政治的支配の資源の一部となると考えられたのである。

よく似た議論を、米国の社会学者ジェームズ・コールマンも行っている。戦後米国の初等・中等教育の補償教育、人種統合教育に多大な影響を与えた大規模な調査を行ってきたコールマンのいわゆる第三報告書『長期データ分析』（一九八一年）とそれに続く『ハイスクールの学業達成』（一九八二年）は、公立・私立高校一〇〇〇校、六万人の生徒を対象とした大規模な調査の分析成果であった。

コールマンは、公立と私学の学力差の原因を究明した。発見された学力差の規定要因は、学校カリキュラムの内容や構造、親の文化教養度の違いではなく、両タイプの学校に蓄積され、生徒に利用可能なソーシャル・キャピタル（「行為者が自己の利益を達成するために利用することができる社会構造の資源としての価値」）の違いにあった。

とくに宗教系私立学校では、同じ宗教組織成員を交差する多重的関係に基づいた世代間の「構造的閉鎖性」ができ上がっており、それが後押しをする学校・教職員・親の関与によって生み出される信頼と互酬性の規範が紡ぎ出す関係性のネットワークを生徒が利用することで学習量が増え、良好な学業成績を生み出す。

コールマンはこのように、クラブ財としてのソーシャル・キャピタルを見いだし、互酬性（人々の間の互酬的な義務と期待）と互酬的関係を保障する規範や制裁のメカニズムを分析し、人的資本論に見られる、人材に投資すれば相手の立場や所属している社交ネットワークに関係なく大きな利益が得られる、という個人主義的な考え方を乗り越えようとしたのである（Coleman 1990=二〇〇四：一二章）。

（3）「弱い絆の強さ」／「構造的隙間」と信頼

ところで、米国の社会学者マーク・グラノヴェッターは、ボストン郊外に住むPTM（専門職、技術者、管理職）の『転職』（一九七四年）研究において、接触相手に「弱い絆」が好影響を与えることを突き止め、それを「弱い絆の強さ（strength of weak ties）」と表現した。彼によれば、共通の友人がいる人々同士の間には制裁の恐れが生じ、それをテコに信頼が生まれると考えられた。共通の友人は、信頼の「構造的埋め込み（structural embeddedness）」の一条件となるのである。

一方、経済社会学者ロナルド・バートは、信頼は、重複しないコンタクト間の構造的な隙間を埋め合わすことによって生まれる、と考えた。彼によれば、二つのコンタクト間の重複しない関係としての構造的隙間を仲介し結合するネットワークがソーシャル・キャピタルを生み出すのである。

バートのソーシャル・キャピタル概念は、「文脈を重視する」という点で人的資本論とは対照的である。彼は、この点について次のように述べている。「人々あるいは集団は、一定の他者や集団とのつながりを持ち、そのうちの誰かを信頼したり、助け合う義務があると考えたり、一定の他者との交換関係に依存して生活している。このような交換構造のなかにひとつの位置を占めていることが、それ自体ひとつの資産であると言える。このような資産こそがまさしく社会関係資本であり、多様に分化した市場のなかに占める位置の効果という考え方である」（Burt 2001=二〇〇六：二四四）。

バートは、ソーシャル・キャピタルを「仲介者になる機会の機能」と捉えた。経済のグローバル化による市場の拡大は、分離している部分間を唯一自分だけが仲介（broker）し、結合できるようなネットワークが、知らない者同士の構造的隙間を埋め、相互的な互酬性を高め、一般的信頼を増進させる。そのことが、新制度論経済学がいう非対称的な情報の相互補完と取引コストの低減を可能とするのである。

ところで、イタリアの経済地理学者アルナルド・バニャスコは、イタリア北中部から北東部へと拡がる地域を「第三のイタリア」と呼んだ。この地域には同業異種の中小企業が集積し、長い時間をかけて蓄積されてきた一般的信頼と互酬性を資本に、クラフト的生産への増大する要求に応えてきた。フォーディズム以後の手工業的熟練技術の水平的分業に基づく「柔軟な専門化」が「第二の産業分水嶺」を形作ったのである。この辺り一帯の市民は、南部を蚕食している情実政治や恩顧＝庇護主義政治には関心がなく、法律を順守し公正に行動する。利潤形成の平等な可能性、信頼、民主主義が地域に埋め込まれたソーシャル・キャピタルの細胞形成（cytogenesis）を支えているのである。

4　政治学の系譜

（1）自発的結社と市民文化論

政治学者のガブリエル・アーモンドとシドニー・ヴァーバは、一九六三年出版の『現代市民の政治文化』（*The Civic Culture*）第一〇章「社会関係と市民的協同」において、自発的結社・団体への加入の仕方・程度が、一国のソーシャル・キャピタルに影響を及ぼすというトクヴィル的認識を検証しようとした。

「現代市民の政治文化」は、トクヴィルが一世紀以上も前に米国人に観察した行動のベースとなる態度に類したもので、政治参加は特定の目標の達成を志向する道具的で合理的な態度に支えられ、市民は、積極的な参加と受動的な政治的役割を均衡させる。過度の民主主義を緩和するこうした市民文化は、自発的な結社の多元的存在とそれへの参加によってまかなわれる。

アーモンドとヴァーバが比較検証した英国、米国、イタリア、西独、メキシコ五カ国のうち、市民文化に近いのは英国と米国であった。それに対してイタリアは、「比較的救い難い政治的疎外、社会的孤立、不信」を特徴とし、市民と政治をつなぐ市民的有力感や市民的協同能力は低い、とされた。

同じような対比は、米国の政治学者エドワード・バンフィールドがすでに行っていた。彼は、イタリア南部ルカニア県の一寒村を参与観察し、『後進社会の道徳的基盤』（一九五八年）において、自発的結社と無縁な「道徳以前の家族主義（amoral familism）」を発見していた。同時期に行っていた米国ユタ州セント・ジョージに、バンフィールドは、網の目のように張り巡った社交ネットワーク、「正しく理解された自己利益」が埋め込まれた市民文化を見いだしたのとは対照的であった。

（2）『哲学する民主主義』

戦後イタリアにおいて、頑迷な政治エリートがもたらす政治的イモビリズム、非効率な政府に対して、一九六〇年代後半左派勢力を中心に激しい挑戦が起こった。彼らが求める地方分権改革は、パットナムが『哲学する民主主義』の共同研究に着手した一九七〇年にようやく実現した。

この分権改革は、政治状況を一般的原理・原則論、抽象的・観念諸理想から演繹的に分析・解釈するイデオロギー型政治家を減少させ、政治的反対派との取引に活路を見いだすプラグマティックな政治家を増加させた。

こうした文脈で、*Making Democracy Work*／*La tradizione civica nelle regioni italiani* プロジェクトが、政治改革の成功は「究極のところ、イタリア半島に散らばった数多くの地方共同体に住むイタリア人の市民的規範の手中にある」としつつも、変化しつつあるエリート政治文化のなかに革新への一縷の希望を託そうとするパットナムが、「イタリア人が味わっている苦しみに十二分に精通した診断とはいえないとしても、より民主的、より効率的な政治システムを近い将来に望む多数のイタリア人が抱く夢にそうものと信じて」（*La tradizione*, 1993 : vii）、進められたことは覚えておいてよい。

『哲学する民主主義』は、アーモンドとヴァーバ、バンフィールドに類するような非市民文化をイタリア南部に見いだした。パットナムによれば、貧困と経済的後進性を特徴とする南部では、社会的・文化的な結社への参加が消極的で、恩顧＝庇護主義的な社会的交換が支配的で、市民文化が容易に発達してこなかった。その結果、住民にとって政治は、地元の名士やボスが勝手にやればいい話で、自分たちの仕事とは考えず、地域政府の制度パフォーマンスも低くなる。この逆パターンが北中部イタリアであった。

パットナムは、こうした南北格差は、州政府の支配政党の色や行政職員の安定度、地域の都市化・教育レベル、工業化や公衆衛生の普及度といった経済的近代化水準ではなく、ソーシャル・キャピタルの蓄積の度合いに関係する、と結論づけた。ソーシャル・キャピタル、すなわち「調整された諸活動を活発にすることによって社会の効率性を改善できる、信頼、規範、ネットワークといった社会組織の特徴」(Putnam 1993＝二〇〇一：二〇六―二〇七) が「集合行為のジレンマ」の解決様式を決め、社会運営の効率性を左右する、というのである。

(3) 民主主義とソーシャル・キャピタル

そのパットナムは、最初期の論文 "Political Attitudes and the Local Community" (1966) 以降、主として民主主義論、政治エリート論、比較政治文化論に取り組んできた。一九八七年米国政治学会シカゴ大会における "Institutional Performance and Political Culture in Italy: Some Puzzles about the Power of the Past" という報告は、従来の政治文化論の閉路である「文化」対「構造」という対立二項を媒介するトクヴィル的要素＝結社に注目したソーシャル・キャピタルの試論といえるものであった。

パットナムにとって、「高いパフォーマンスを誇る民主主義的諸制度は、応答的かつ実効を伴うものでなければならない」(Putnam 1993＝二〇〇一：一二)。そうした代議制度を創出する条件、すなわち民主主義を機能させる (*Making Democracy Work*) には、権力・エリートの民主的統制、権力の分権化以外に、積極的な市民参加、市民的義務の覚醒を下支えするソーシャル・キャピタル (*tradizione civica*) が最も必要な要素と考えられたのである。

『孤独なボウリング』は米国の過去と現在を比較したが、『哲学する民主主義』はイタリアの南北を比較するものであった。後著において指摘された内集団に強い忠誠を求めるソーシャル・キャピタルは、前著では結束型 (bonding) ソーシャル・キャピタルと命名され、架橋型 (bridging) と対比された。

架橋型ソーシャル・キャピタルは、外部の潜在的な資産（政治的支持や仕事）へのアクセス機会を広げ、外の多様な人々との関わりによってより大きなコミュニティにおける義務と責任の感覚を生み出すが、結束型は非社交的《アンソーシャル》なものとして、その規範性や内向性に疑念が向けられた。パットナムはそれを、排他的アイデンティティと同質的集団を強化する単一的な内部志向型のネットワークである、と説明している。

結束型ソーシャル・キャピタルは、階級、あるいは宗教、民族の原基的《プリモーディアル》排他性をベースとした「道徳以前の階級主義者 (amoral classist)」、「道徳以前のコミュナリスト (amoral communalist)」として外集団への嫌悪を生み出し、経済学者がいう「負の外部性」をより広いコミュニティに押し広げ、架橋型ソーシャル・キャピタルのストックを食い尽くす恐れが懸念されるのである。

5　ソーシャル・キャピタルの類型化

(1) 政治学と社会学の系譜の特徴

以上見てきたように、政治学的アプローチは、自発的な結社やネットワークの帰結や様々な社会的《ソシエタル》なアウトカムへの一般化された信頼の拡散に関心があり、ソーシャル・キャピタルの態度次元については、地域や国といった政治的共同体における市民性《シヴィックネス》、市民文化に注目する。

また、政治学は、ソーシャル・キャピタルを集合的資源とみなす傾向が強い。パットナムの「信頼、規範、ネットワークといった社会組織の特徴」に現われる集合的性格が、「調整された諸活動を活発にすることによって社会の効率性を改善」し、ソーシャル・キャピタルが豊かに蓄積されている地域社会の民主主義の質を高める、とされるのである。

一方、社会学的アプローチ（ネットワーク論を含む）は、行為者間の関係、個人と集団間の関係、ネットワークの個人的便益への効果、人的資本の外部性といった社会構造に焦点を当てる。

リチャード・カーピアーノがいうように、ブルデューやコールマンといった社会学者にとってソーシャル・キャピタルは、「人々が活動するために利用する、より実体のある、そしてネットワークに基づく資源を指し、その恩恵は個人やその家族に生じ、パットナムのようにフリーライダーも含めた地域全体に広がるものとは考えない」（Carpiano 2008=二〇〇八：一三三―一三四）。

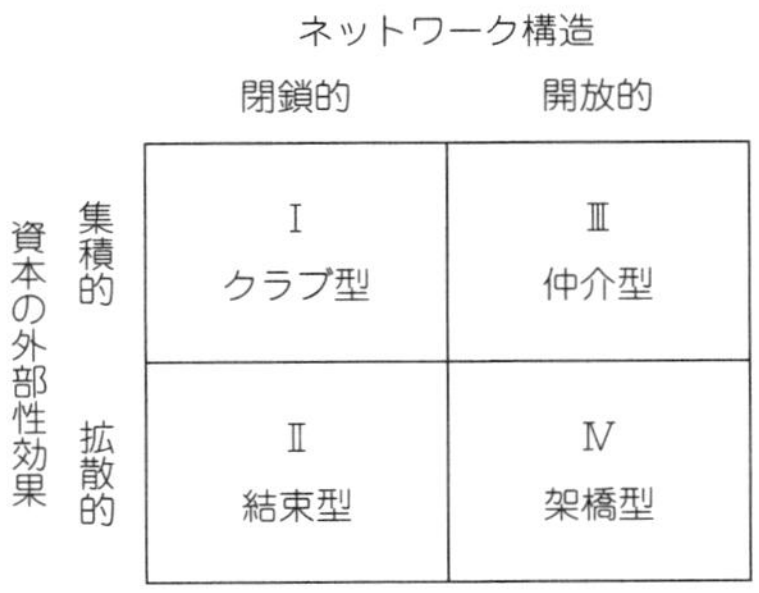

図1-1　ソーシャル・キャピタルの諸類型

(2) ソーシャル・キャピタルの四つの類型

ソーシャルな資本は、現実の社会においてはすでに示唆しておいたように、階級、民族、宗教等をベースに階層的に構造化される。その結果、資源の流れとネットワークへの参加機会は局所化され、ソーシャル・キャピタルの外部的効果も限定される。

図1-1の横軸は、ネットワーク構造の閉鎖性／開放性を表す。閉鎖性を強調する代表的論者は、ブルデューとコールマンである。開放性は、パットナム（とくに架橋型ソーシャル・キャピタル）、グラノヴェッター、バートらが考えるネットワーク構造である。

図1-1の縦軸は、ソーシャル・キャピタルの外部性効果の集積度を示す。集積度が高ければ、便益は個人の投資の見返りとしてのクラブ財的性格を帯びる。逆に、資本の外部的効果が地域やコミュニティ全体に利益／不利益を及ぼす方向を「拡散的」と呼んでおこう。ソーシャル・キャピタルの「レインメーカー」効果が肯定的な外部性を持つか否かは、架橋型／結束型、あるいはソーシャル・キャピタルの構造に依存する。

二つの軸が構成する図のⅠでは、個人は、便益をもたらす利用可能な潜在的資源に投資し、資本の効果はクラブ財として内部に止まる傾向が強い。そして、資本の外部性効果は凝集的に局所化される。自発的結社やブルデューのいう界《シャン》は、階級、あるいは原基《プリモーディアル》的な社会的要因によって構造化され、学力差や文化資本の違いとなって現われる。

Ⅱは、パットナムがいう階層型結社、結束型ソーシャル・キャピタルに相当する。民族性、宗教性、所得格差などの属性や価値を共有する「強い絆」の結社は、外の社会に閉鎖的で、内部に向けては階層的で、成員間の相互性と参加の平等を生み出すことはない。そこでは、ソーシャル・キャピタルの外部性効果の「暗い面《ダークサイド》」が強調される。

図のⅢは、構造的隙間を埋める「仲介型」であり、ネットワークの開放度は高いが、資本の外部性効果は当該ネットワークに止まりやすい。グラノヴェッターの「弱い絆の強さ」は、PTMの転職にとっては有用である。また「仲介者になる機会」としてのソーシャル・キャピタルは、市場における起業家的取引、あるいは産業集積地の中小企業支援に必要な互酬性、信頼を増進しはするが、周りの地域への「近隣効果」は限定的、間接的である。

最後のⅣは、パットナムがいう架橋型ソーシャル・キャピタルに相応する。それは、市民を相互に結合し、彼らが共通の目標を効果的に追求することを可能にする社会的《ソシエタル》な資源として最もポジティブな市民的属性である。階級あるいは原基《プリモーディアル》的要因を交差する結社の連合体は、市民的参加をボトムアップ的に促進させ、政治的有効性感覚を高める。そこに培養される一般化された互酬性の規範、信頼、水平的に組織された市民的積極参加のネットワーク、見知らぬ市民の諸要求との交流・協働活動は、地元コミュニティを超えて国家や市場にも影響を与え、民主主義の運営の効率性を高める可能性を持つ。

ただし、架橋型ソーシャル・キャピタルを無限に「架橋」し合う作業が、協働規範、高い信頼を生み出すとしても、それが必ずしも政治を動かすとは思えない。問題は、架橋型ソーシャル・キャピタルと結束型の緊張を孕む接面における軋轢を、関係的な資本として、国家と市場へと媒介する市民的な「利益媒介の仕組み（intermediary）」をいかに構築するかである。

【参考文献】

カーピアーノ、リチャード／小松裕和訳「健康に影響を及ぼす近隣の実体的・潜在的なリソース」藤澤由和ほか訳『ソーシャル・キャピタルと健康』日本評論社、二〇〇八年（Carpiano, Richard M., "Actual or Potential Neighborhood Resources for Health: What Can Bourdie Offer for Understanding Mechanism Linking Social Capital to Health?" in Ichiro Kawachi et al. (eds.), *Social Capital and Health*, New York: Springer, 2008）。

ガンス、ハーバート／松本康訳『都市の村人たち』ハーベスト社、二〇〇六年（Gans, Herbert J., *The Urban Villagers: Groups and Class in the Life of Italian-Americans*, New York: The Free Press, 1962）。

コールマン、ジェームズ／久慈利武訳『社会理論の基礎』青木書店、二〇〇四年（Coleman, James S., *Foundation of Social Theory*, Cambridge, MA: Harvard University Press, 1990）。

ジェイコブズ、ジェーン／山形浩生訳『アメリカ大都市の死と生』鹿島出版会、二〇一〇年（Jacobs, Jane, *The Death of Great American Cities*, New York: Random House, 1961）。

トクヴィル、アレクシス・ド／松本礼二訳『アメリカのデモクラシー［第二巻（上）］』岩波文庫、二〇〇八年（Tocqueville, Alexis de, *De la démocratie en Amérique*, Paris: Charles Gosselin, 1840）。

パットナム、ロバート／河田潤一訳『哲学する民主主義』NTT出版、二〇〇一年（Putnam, Robert D., *Making Democracy Work: Civic Tradition in Modern Italy*, Princeton, NJ: Princeton University Press, 1993）。

パットナム、ロバート／坂本治也・山内富美訳「一人でボウリング」宮川公男・大守隆編『ソーシャル・キャピタル』東洋経済新報社、二〇〇四年（Putnam, Robert D., "Bowling Alone: America's Declining Social Capital," *The Journal of Democracy*, Vo.6, 1995, pp.65-78）。

パットナム、ロバート／柴内康文訳『孤独なボウリング』柏書房、二〇〇六年（Putnam, Robert D., *Bowling Alone: The Collapse and Revival of American Community*, New York: Simon and Schuster, 2000）。

バート、ロナルド／金光淳訳「社会関係資本をもたらすのは構造的隙間かネットワーク閉鎖性か」野沢慎司編・監訳『リーディングス　ネットワーク論』勁草書房、二〇〇六年（Burt, Ronald S., "Structural Holes versus Network Closure as Social Capital," in Nan Lin, Karen Cook and Ronald Burt (eds.), *Social Capital: Theory and Research*, Hawthorne, NY: Aldine de Gruyter, 2001, pp. 31-56）。

フォレット、メアリー・パーカー／三戸公監訳『新しい国家』文眞堂、一九九三年（Follet, Mary Parker, *The New State: Group Organization the Solution of Popular Government*, New York: Longmans Green and Company, 1918）。

フランクフルト社会研究所編、山本鎮雄訳『現代社会学の諸相』恒星社厚生閣、一九八三年。

ブルデュー、ピエール／福井憲彦訳「『社会資本』とは何か――暫定ノート」『アクト』no.1、一九八六年（Bourdieu, Pierre, "Le capital social: notes provisoires," *Actes de la recherché on sciences socials*, Vol. 31, 1980）。

第2章 ソーシャル・キャピタルと集合行為

森脇俊雅

フリー・ライダーの発生を防止し集合財を供給するために、ソーシャル・キャピタルが重要な役割を果たすことは早くより指摘されている。しかし、ソーシャル・キャピタルが蓄積されていなくても、集合財は実現されることがある。フリー・ライダーの発生とソーシャル・キャピタルの間にはどのような関係があるのか。本章では、ロバート・パットナムとマンサー・オルソンの所説を検討しながら、ソーシャル・キャピタル論と集合行為論の理論的関係を考える。

1 本章の意図と内容

(1) 本章の意図

本章はソーシャル・キャピタル論と集合行為論の関係を扱う。そもそも集合行為問題の解決においてソーシャル・キャピタルが重要な役割を果たすことは、ソーシャル・キャピタル論が展開され始めたときから、すでに指摘されている。集合行為問題とは、集団や社会全体の利益となる財の供給にさいして成員が負担をしないで便益のみを享受しようとする、つまりフリー・ライダーになり供給が困難になることである。そこでフリー・ライダーの発生を防ぎ供給を実現するうえで、成員間の協力をもたらす絆や信頼関係すなわちソーシャル・キャピタルが重要になる。ソーシャル・キャピタルが蓄積されている場合、フリー・ライダーは発生しないので集合財は供給される。したがって集合行為問題は起こらない。

両者の論理的関係は、端的にいえば、以上のようにまとめることができるが、しかし、両者はそれほど単純な関係であろうか。ソーシャル・キャピタルが存在しない場合、フリー・ライダーがかならず発生して集合財は実現できなくなるのであろうか。そのような因果関係が成立するのであろうか。実はかならずしもそうとはいえない。他の要因があれば、フリー・ライダーの発生を防止して集合財を実現しうるのである。では、ソーシャル・キャピタルは集合財供給に不可欠なフリー・ライダー防止の諸要因の一つなのか。他の要因との関係はどうなのか。また、ソーシャル・キャピタル論は最近では経済発展や民主主義とも関連づけて論じられる。集合行為問題はどうなのか。これらの問題についても両者は論理的に整合しているのか。

（2）本章の内容

本章では、上記の問題を検討する。そのため、まずソーシャル・キャピタル論の基本論理を確認する。そのさい、近年のソーシャル・キャピタル論の代表的研究者であるロバート・パットナムの所説を中心に検討する。集合行為問題の基本論理については、同様に代表的研究者であるマンサー・オルソンの所説を取り上げる。そしてソーシャル・キャピタル論と集合行為論が密接に重なり合う部分とそうでないところを明らかにする。また、相互に対立するところも検討する。

2　ソーシャル・キャピタルの論理：パットナムの所説を中心に

（1）パットナムの論理

パットナムにはソーシャル・キャピタルにかんして多数の著作があるが、一九九三年の『哲学する民主主義』（以下、一九九三年著作とする）は彼のソーシャル・キャピタル論の問題意識や特質が最も鮮明に示されている。彼が取り上げるのは、一九七〇年代にイタリアで実施された地方制度改革の成果である。もともとイタリアは一八六一年の統一以後、中央集権化が進行し、第一次大戦後はファシズムが台頭し、独裁者が登場する結果を招いた。第二次大戦後、民主化や分権化が提唱されたものの、中央省庁の抵抗もありなかなか進展しなかった。しかし、経済発展や社会変動が進むなか分権化が不可欠となり、一九七〇年代にようやく州政府創設が実現した。すなわち、二〇州政府が新たに創設され、国からの権限移譲をうけ、それぞれの州の政治を担当することになった。

パットナムが問題とするのは、それら州政府のパーフォーマンスと州民の満足度に顕著な差がみられることである。全体として、北部諸州では満足度が高く、南部諸州では低い。同時期にほぼ同様に州政府として発足しながらなぜそのような差がみられるのか。ここで、制度パーフォーマンスの指標として、政策過程については内閣の安定性、予算の迅速性、統計情報サービス、改革立法、立法におけるイノベーションがあげられ、政策表明としては保育所、家庭医制度、産業政策の手段、農業支出の規模、地域保健機構の支出、住宅・都市開発があげられ、政策執行としては官僚の応答性があげられる。これら一二の指標について州民がどのように評価しているのか。一九七七年一月から一九八八年一二月にかけて計六回にわたり、だいたい二年に一度の割合で州政府のパーフォーマンスへの満足度を質問している。その結果、パーフォーマンスと満足度に高い相関がみられ、州民の満足度の高い州と低い州がみられたというのである。

（2）イタリア州政府改革

成功した北部と成功しなかった南部はどうして起きたのか。パットナムは二つの可能性が考えられるとする。一つは社会経済的近代化であり、いま一つは市民的関与である。前者については、北部諸州は社会経済的近代化が進み、豊かであるのに対し、南部諸州は開発が遅れ、貧しい。州政府のパーフォーマンスにみられる南北の差にこのことが関係しているのであろうか。市民的関与はどうか。市民的関与は市民の積極的参加を示すものであり、そこから市民共同体形成や公共性意識、連帯・信頼・寛容が形成される。それは市民的結社の形成につながり、有効な自治が生まれてくる。市民的関与の低い州では情実政治（恩顧庇護主義）がみられる。すなわち、国民投票に行かず、任意団体に参加せず、新聞も読まない。その一方で州議会議員との接触度は高い。そのような市民度の低い州では垂直的な権威従属関係がみられるという。

（3）市民的関与の重要性

これに対して、市民度の高い州では政治的平等が推進されている。すなわち、自発的結社が十分に発達し、市民が地域の諸問題に参加し、庇護者ではなく争点に投票するような地域では指導者たちも社会的・政治的ヒエラルヒーではなく、民主主義を信じていることが発見されるという。市民的州ではエリートと大衆の間の結び付き（リンケージ）が長い間に形成されているのに対し、市民度の低い州では疎外感や無力感が蔓延しているという。その結果、市民度の高い州では集団活動が活発であり、集団的互酬性がみられる。そのため、公共的問題は市民的な州ほどうまく処理される。

パットナムによれば、現代社会思想では、近代化が進むと、市民的共同体の喪失が生じ、参加は衰退する、そして集合行為問題が発生するとされる。しかし、イタリアでは異なるという。最も市民的な州で近代化が進み、テクノロジーが発達している。同時に連帯感やネットワークも発達しているという。では、イタリアの市民的州においてはどのようにして社会経済的近代化と市民的関与が同時に実現しているのか。市民的な積極的参加の規範とネットワークがどのようにして良い政府を支えているのか。パットナムはイタリアの歴史にその回答を求めていく。

彼は市民的共同体の起源を検討する。イタリア北部では中世より市民的共同体が存在しており、コムーネ共和政が成立し発達していた。南部では、他方、強固な封建的支配構造が存在した。パットナムによれば、「土地に基盤を置くシチリア王国の富とは違い、北イタリアの都市国家の繁栄は財政と商業に基盤を置いた。銀行業や長距離貿易は信用制度の確立に依存した」（パットナム 二〇〇一：一五五）。すなわち、北イタリアではコムーネ共和主義が発達し、そこには市民が存在していた。他方、南部は封建的専制支配が強固にあり、市民ではなく臣民が存在した。一七世紀に入ると政治的混乱のなかで北部・中部イタリア諸都市は共和政を放棄し、コムーネ共和主義は衰退の道をたどる。しかし、消滅はしなかった。その伝統は残存し、一九世紀になると結社の噴出がはじまり、市民的伝統が復活する。それは経済的発展をもたらし、そして現代の制度的成功につながってきているとする。

（4）集合行為問題

パットナムは以上のようにソーシャル・キャピタルと経済的発展そして制度的成功の関係の基本的論理を展開するが、それは集合行為問題と結びつく。彼は一八世紀の哲学者ヒュームが提起した「農民の逸話」（ヒューム 一九五二：一〇七）を引用する。隣の農家の小麦が豊かに稔り収穫の時期を迎えている。自分の小麦の収穫の時期はそのあとにくる。自分が隣の小麦の収穫に協力し、次に自分の小麦の収穫に隣の協力があれば両者にとって利益は大きい。しかし、そのようなことは起こらない。自分が協力しても、隣は裏切るであろう。その方が得だからである。隣も同様に考えている。

結局、協力は成立せず、両者とも収獲の時期を逸してしまう。合理的に計算をすると裏切りが発生する。相互利益のために協力しない集合行為問題の発生である。それは、「共有地の悲劇」、スト破り、「囚人のジレンマ」などでも示されている。

「農民の逸話」の問題を発生させないためには、つまり裏切りを防止し協力を実現するためには、裏切りを処罰する制裁機構が存在しなければならない。これを説いたのが、トマス・ホッブスである。彼は第三者による強力な強制執行を論じた。しかし、第三者機関を設立し、強力な権限を与え、裏切りを監視したり制裁を課することは高いコストを必要とする。そこで自発的協力が重要になる。ゲーム理論では繰り返しゲームをすることにより協力の発生が確認されている。自発的協力がうまれてもそれを持続させ、確実なものにするためには、なんらかのルールや監視体制が必要である。それを検討したのが、エレノア・オストロムである。彼女は共有資源管理理論としてそれを展開している。

（5）自発的協力の意義

パットナムによれば自発的協力が生まれるためにはソーシャル・キャピタルの蓄積が必要である。社会的信頼感、規範意識、社会的ネットワークのようなソーシャル・キャピタルはそれ自体公共財であるとも述べている。では、どのようにすれば社会的信頼感を醸成できるのか。彼は互酬性の規範と市民的積極的参加を重視する。互酬性とは「相互期待を伴う交換の持続する関係」と規定される。互酬性の規範の一般化はソーシャル・キャピタルのきわめて生産的構成要素であり、集合行為問題解決をもたらす。市民的積極的参加は市民間の水平的交流を作り出し、協力を実現させる。北イタリアにみられる市民的伝統は「市民的協力の宝庫である」とパットナムは述べている。

3　集合行為の論理：オルソンの所説を中心に

（1）オルソンの論理

本節では、まず、オルソンの一九六五年の著書（『集合行為論』）から彼の主張する集合行為問題の基本論理を明らかにしよう。オルソンによれば、これまで集団理論は「集団成員は集団目的に賛同し、そしてその実現に協力する」という暗黙の前提のうえに展開されてきた。しかし、その前提は成り立たない。つまり、集団成員は集団目的に賛同して集団に加入したからといって、その実現に協力するとは限らないというのである。これはそれまでの集団理論の根本前提を揺るがす問題提起であった。彼はこの問題提起をサミュエルソンが一九五四年に発表した「公共支出の純粋理論」において提出された公共財概念を用いて説明する（Samuelson 1954：387-389）。

サミュエルソンによれば、財には私的に消費される私的財と集合的に消費される公共財がある。私的財Xは異なる個人xi(i=1,2,3,...n)の間で分割することができる財で次のような関係が成立する。

$$X=x1+x2+x3+...+xn$$

すなわち、各個人の消費量の合計が全体の消費量Xに等しくなる。

これに対して、公共財Yは各個人yi(i=1,2,3,...n)の消費が他のどの個人の消費の減少をもたらさないという意味で全員が共通して享受できる財で次のような関係が成立する。

$$Y=y1=y2=y3=...=yn$$

すなわち、公共財の社会全体の消費量が各個人の消費量に共通して等しいという関係である。等量消費性がみられる。

（2）フリー・ライダー問題

公共財のこのような規定から二つの特性が指摘される。非競合性と非排除性である。非競合性とは他者の消費と競合しないことであり、非排除性とは他者の消費を排除しないことである。これらは私的財にない公共財の特性である。しかし、公共財のこのような特性から公共財供給の負担をしないで便益のみを享受するフリー・ライダーが発生する。フリー・ライダーが続出すると、公共財供給を負担するものがいなくなり、公共財は供給されなくなる。

オルソンは公共財とフリー・ライダー問題を集団とその成員の関係に適用する。彼は、集団全体の目的あるいは集団共通の利益を集合財とよぶ。彼によれば、公共財供給にさいしてフリー・ライダーが発生するように、集団利益である集合財供給活動にも利益のみを享受し、コストを負担しないフリー・ライダーが発生する。フリー・ライダーが続出すると、集団活動は維持できなくなり、集団目的は達成されない。これがオルソンの提起する集合行為問題である。彼は利益集団を例にあげてこの問題を論ずるが、個人と社会さらには個人と国家の関係にもかかわる重大な問題であるとする。

オルソンは、集団目的すなわち集合財が実現されない事態の発生を説明したのち、いかにしてこの問題を解決するのかの議論を展開する。フリー・ライダーの発生を防止して集合財供給を実現するためのさまざまな工夫が考えられるが、彼の重要な理論的貢献は集合行為問題を集団規模と関連づけているところである。

（3）大集団と小集団

オルソンは「ある集団内の成員の数が少数でない場合あるいは共通の利益のために個人を行為させる強制ないし他の特別な工夫がない場合、合理的で利己的な個人は、その共通のあるいは集団的利益の達成をめざして行為しないであろう」（オルソン 一九九六：二）と述べる。また、「小集団、そこでは成員は財なしですますよりはむしろ全費用を自ら支払った場合でもよりよくなるような便益総量の大部分を獲得するような小集団では、集合財は供給されると考えられる」（オルソン 一九九六：三八）という。つまり、集合行為問題は大規模集団で発生しやすく、他方、小規模集団では集合財は供給されやすいというのである。大規模集団では集合財供給のためには「強制ないしは他の特別な工夫」が必要であるのに対して、小規模集団では財なしですますよりは、むしろ全費用を支払ってでも自ら供給しようとする成員がいるからである。なぜならば、集団成員にとっての集合財の価値は集団規模が大きくなるほど小さく、また、集合財供給のための各成員の一人当たりの負担も集団が大きくなるほど少なく、したがって支払わなくてもめだたない、さらに集団が大きくなるほど組織化費用は高くなるからである。小集団では各成員にとって集合財の価値は高く、たとえ全費用を負担しても供給を実現しようとする強い意欲が生ずる。ゆえに集合行為問題は大集団で発生しやすく、そこで各成員を集団目的実現に参加させるためには強制ないしは特別な工夫が必要となる。

オルソンは強制ないしは特別な工夫の例としてアメリカにおける労働組合加入を取り上げる。労働組合は労働者が団結して経営者と交渉し、賃金アップや労働条件の改善などを目的とする集団である。賃金アップや労働条件の改善は労働組合の共通の目的であり、集合財である。しかし、会社側からすればそれらはコストの上昇になるので簡単には受け入れない。そこで労働組合と経営者側との対立が発生する。かつて労働基本権が確立していなかった時代には両者は厳しく対立した。経営者側は労働組合の結成を阻止しようとし、またストライキなどの争議を力で抑え込もうとした。現在、法律により労働者の団結権や争議権は確立しているが、それでも経営者側を譲歩させ、要求を実現するためにはコストが必要である。組合費を徴収し、労働組合活動への参加がなければならない。その結果、組合の要求は受け入れられ、労働者の利益が実現したとする。組合が苦心の末に獲得した成果は全労働者に及ぶ。つまり、労働組合に加入しなくても、また、労働組合活動に参加しなくても、労働組合活動の成果を享受することができる。そこでフリー・ライダーが発生する。

(4) フリー・ライダーの防止

労働組合はフリー・ライダーを防止し、組合活動への参加を促すためにさまざまな工夫を行ってきた。その一つが労働組合活動の成果（集合財）以外の便益、すなわち非集合財を供給することである（副産物）。例えば労働組合が社交的会合やレクリエーションの機会を提供し、それにより組合加入を呼びかける方法である。これらは非集合財であり、組合活動本来の目的ではないが、労働者を組合活動に引き付け、活動に参加させる選択的誘因になりうる。また、保険制度が未発達であった時代には、労働組合が組合員にのみ適用される共済保険を提供したことがやはり有力な加入の誘因になったという。ことに鉱山などの危険な労働に対しては初期の保険会社は加入を認めなかったので、共済保険という便益は組合員の獲得に大いに貢献した。

強制も労働組合の発達に不可欠であった。ユニオンショップやクローズドショップなどの組合員になることを義務づける手段がそうである。むしろ組合員資格の強制がなければ、大規模労働組合の組織化は困難であったといってよい。歴史的にみると、社交的会合やレクリエーションあるいは共済保険が労働組合加入への選択的誘因となったのはもはや過去のことである。娯楽産業の発達や保険制度の普及により、それらは労働組合以外でも供給されるようになった。現代では、ユニオンショップ制やクローズドショップ制といった強制的要因が労働組合加入を支えているといってよい。しかし、強制的要因による組合加入は組合活動への理解と合意によるものではないため、組合員意識は希薄で積極的参加意識は乏しくなる。団結力や行動力は低下しているといわれる。つまり強制にも限界があるのである。

ところで、先述したように、オルソンは集合行為問題は大集団で発生しやすく、小集団で集合財は供給されやすいと述べている。しかし、彼によれば、小集団においては別の集合行為問題が発生するという。それは過少供給問題である。集団成員数が相対的に少ないとき、各成員は集合財の価値をよく認識し、その実現のためにコストを負担する誘因を持つ。だが、彼らはその財の過少量しか供給しない傾向がある。そしてそのさい、欲求度の高い成員が負担を不釣り合いなほど支払う傾向があるという。この問題は次のように説明される。

大集団と比較して小集団では各成員にとっての集合財の価値は大きい。そこで相当の負担を支払っても集合財を実現しようとする成員が出てくる。この場合、他の成員たち、つまり欲求度の高くない成員たちは、集合財の定義から、欲求度の高い成員の負担によって実現した財の便益を受け取ることができるものの、それ以上の供給は欲しない。彼らは自らコストを負担してさらに集合財を供給し続けようとする誘因をもはや有しないのである。オルソンは「集合財を自ら供給する小集団は最適よりも過少な量を供給する傾向があり、それらの供給にかかるコストは恣意的で不公平なやり方で分担される」（オルソン 一九九六：三〇）と述べる。

4 ソーシャル・キャピタル論と集合行為論の展開と関係性

(1) ソーシャル・キャピタルの状況

『孤独なボウリング』（二〇〇〇年）においてパットナムは、「この世紀の前半三分の二の間までは、人々はそのコミュニティでの社会的・政治的生活において、ずっと積極的な役割を担っていた。教会や集会所で、ボウリング場やクラブの部屋の中で、そして委員会のテーブルやトランプのテーブルを囲みながら〈中略〉不可解にも、そして同時多発的に、こういったこと全てを以前よりは行わなくなり始めた」（パットナム 二〇〇六：二二一）と述べている。本のタイトルにもなったボウリングはアメリカ人には人気のあるスポーツで参加者は増え続けている。しかし、一方でチームとして競技に参加するリーグボウリングは減少しているとする。「孤独な」ソロボウラーが増加しているのである。「多くの米国人が、自分はさまざまな組織の『メンバー』であると自称しつづけているが、しかしほとんどの者はコミュニティ組織にはもはや多くの時間を割かなくなっている〈中略〉しかも、教育水準の急速な向上により、以前は市民参加を促していたスキル、資源、関心がかつてなかったほど多く与えられているにもかかわらず、である。すなわち、米国人は、単に政治生活のみからではなく、組織生活全般から、大挙してドロップアウトしつつあるのである」（パットナム 二〇〇六：七一）。パットナムによれば、しかし、無関心なわけではない。「現在でも米国においては、他の諸国よりも市民的参加の度合いは高いがしかし、自分の過去と比較すると、相互のつながりが失われてしまっているのである。人々は今でも、公共の風景を、関心をもちながら、また批判的に眺めてはいる。ゲームには後から口出しはするが、しかし自分ではプレイをしようとはしないのである」（パットナム 二〇〇六：二二一）。

このような事態にいたった原因について、パットナムは豊富なデータを駆使して論証する。彼がまず指摘するのは「時間と金銭面でのプレッシャー」である。とくに共働き家族の増加は社会およびコミュニティへの関与の減少をもたらしているとする。第二は「郊外化、通勤とスプロール現象」があげられる。「植物と同様に人間にとっても、頻繁な植え替えは根をダメにしてしまう」というのである。第三に「電子的娯楽――とくにテレビ」の影響が重視される。テレビの普及とともに人々がテレビをみる時間が増大し、それとともに他者との対話や友人とともに過ごす時間が顕著に減少した。パットナムは「余暇時間の私事化」と呼ぶ。第四のそして最も重要な要因が世代交代である。すなわち、かつての市民的関与に積極的な世代がそうでない世代に代わられつつあるというのである。

(2) 先進八カ国調査

このようにアメリカにおけるソーシャル・キャピタルの問題状況を検討したのち、パットナムは二〇〇二年の編著（『流動化する民主主義』）においてソーシャル・キャピタルの国際比較を行っている。すなわち、アメリカ、イギリス、フランス、ドイツ、スペイン、スウェーデン、オーストラリア、日本の先進八カ国におけるソーシャル・キャピタルの変容と民主主義の関係が検討される。それぞれの国について共通の問題認識のもとにその国の政治学者・社会学者が団体・結社数調査などのマクロデータや既存の全国意識調査などの資料をもちいて検討している。パットナムは最終章において各国調査を概括するとともにまとめの議論を展開している。彼によれば、これら八カ国調査から総じていえばソーシャル・キャピタルの広範な減少はみられない。とはいえ、共通するパターンとして、選挙、政党、組合、教会への参加の減退がみられると述べる。パットナムが懸念するのは不平等の拡大である。社会経済的に恵まれている層とそうでない層の間にソーシャル・キャピタルの格差が発生している。しかもそれは拡大している。それは共通の最も重大な脅威であると結論づけている。

一九九三年の著作においてソーシャル・キャピタルが北イタリアの社会的経済的発展に寄与し、さらに州政府のパーフォーマンスと州民の満足度に貢献することが指摘されたが、それは現代社会のさまざまな深刻な問題にもかかわることが明らかになり注目されるようになった。例えば過疎地域の振興、都市中心部の衰退、学校の荒廃などの問題にも有効との評価が高まり、ソーシャル・キャピタルの醸成や発展が取り上げられるようになってきた。パットナムもそのような課題に取り組み、アメリカをはじめとする各国のソーシャル・キャピタルの状況を検討しているのである。

(3) 経済発展と集合行為問題

つづいて、オルソンの集合行為論の展開をみてみよう。一九六五年の著作以降、彼は経済発展や国家論、さらに民主主義論へと関心を拡大するが、それらの議論の基底には集合行為問題が一貫して提起されている。ことに、一九八三年の著作（『国家興亡論』）は重要で彼の研究生活後半の代表作といってよく、ここで取り上げよう。彼の基本的な問題関心は一国の興隆と衰退をどう説明するのかということである。第二次世界大戦の敗戦国であった西ドイツと日本がめざましい経済発展をとげたのに対し、戦勝国であった国々のなかには経済的停滞が続き、高失業率になやまされているところがある。どうしてこのような差が発生したのか。

彼によれば、ある種の社会集団の活動は効率的な経済の達成を妨げ、社会全体としての発展を阻害し、その国の衰退を招いているという。彼の論理を要約しよう。集団がその成員に配分する利益を増大させるためには、二つの方法がある。第一は「社会が作るパイを大きくすること」である。この結果、成員は以前と同じ割り当てでもより多くの分け前を受け取ることができる。第二は「成員のためにそのパイのより大きな部分を獲得すること」である。そして、第一の方法はめったに選択されず、集団は第二の方法を選択しようとする。つまり、社会全体でパイを大きくする努力をしないで、いまあるパイの分け前をより多く獲得しようとする傾向があるとする。社会全体のパイを拡大するためには、各集団はコストを負担し、達成のために努力をしなければならない。そこに集合行為問題が発生する。各集団は、ことに社会の一部しか代表していない集団ほど社会全体の利益の増大とかその実現への貢献をしようという誘因を持たない。むしろ、「社会の生産物からより多くの分け前を得ようと努力することによって、その成員に最良の利益をもたらすことをめざす」（オルソン 一九九一：九六）。オルソンはこの志向を分配結託と呼ぶ。そしてこの分配結託を追求する集団を特殊利益集団とする。結託はロビー活動であったり、カルテルであったりする。また、その集団は労働組合、業界団体、専門家団体であったりする。

(4) 特殊利益集団

特殊利益集団は、価格の引き上げ、賃金アップあるいは低率の課税措置を求めてロビイングを行う。それらの実現は当該集団成員の利益を増大させるが、社会の効率性は減少する。さらに問題なのは、各集団がこのような結託によって利益を獲得しようとする傾向が出てくると、社会全体の生産を高める、あるいはパイを大きくするという共通の利益の実現努力が低下する。共通利益の実現が低下していくと、さらに分配による利益獲得が激化していく。分配による利益獲得の激化は政治的対立を導くようになる。社会は不安定化し、経済活動に悪影響をもたらす。

特殊利益集団が横行し、分配結託が蔓延するとどのような問題が発生するのであろうか。オルソンがまず指摘するのは「決定するのに時間がかかる」ことである。すなわち、合意のための交渉と意思決定ルールが必要となり、決定の遅延をもたらす。次に問題となるのは、経済成長率の低下をもたらすことである。彼によれば、「分配結託は、経済の変化への対応能力と新たな革新の開発力を損なわせ、その結果、成長率を鈍化させてしまう」のである。分配結託の第三の問題は排他性である。価格カルテルが形成されている場合、カルテルに参加している企業はあらたな企業の参入を好まない。それは自らの利益の減少を招くからである。分配結託の第四の問題は規制の複雑化、手続の煩瑣化および政府介入の増大である。ロビー活動により関税が引き上げられ、利益を得ている業界団体であるとすると、そのために特定の規定や例外措置が必要になる。また、政府の介入も要請される。このように、カルテルのような分配結託が蔓延すると経済の効率性が妨げられ、経済発展を阻害するという。

オルソンは利益集団が分配結託に力を入れる特殊利益集団化するや、経済発展を妨げてしまうと警告する。かつて利益集団活動は参加意識につながり、民主主義の観点から評価されてきているが、オルソンは利益集団活動を無条件に肯定はしない。利益集団を含む社会集団が台頭し、活発に活動することは社会的経済的発展に貢献するとみるパットナムの論理とは異なるように思われる。

5　共通点と相違点

(1) 集団活動と集団規模

パットナムの基本論理では人々の間に信頼感や連帯意識、規範意識があるとき、つまりソーシャル・キャピタルが蓄積されているとき、自発的結社や公共問題への参加が活発化する。市民間の交流は活発化し、政治的有効性感覚も形成される。彼は、このようなソーシャル・キャピタルの状況を市民の自発的結社やさまざまな社会集団への参加状況により把握しようとする。二〇〇〇年の著作で論じているように、かつて参加大国であったアメリカで近年参加の低下が顕著にみられる。それはソーシャル・キャピタルの衰退にほかならない。

これに対して、オルソンの基本論理はやや異なる。彼は大規模集団においてフリー・ライダーが必然的に発生し、集合財の供給は困難になるという。集団成員がフリー・ライダーにならず、集合財供給に参加させるためにはなんらかの選択的誘因もしくは強制を与えなければならない。「副産物」の提供であり、あるいは強制権限をもつ機関の設置である。小規模集団においては成員間に密接な関係があり、成員はフリー・ライダーになることを回避する誘因をもつ。小規模集団において集合財は供給される。

オルソンの議論において集団規模が強調されるが、しかし、具体的な規模については明確ではない。つまり、大規模集団とはどの程度の規模の集団なのか。パットナムの一九九三年の著作において、北イタリア各地の都市国家で中世より存在したコムーネ共和政の伝統が重視される。この場合、コムーネの規模はどの程度なのかはかならずしも明確ではないが、オルソンのいう小規模集団との共通性をみることができるかもしれない。

(2) 経済発展と集団活動

経済発展について両者の議論はどのように関連

するのか、あるいは対立するのか。パットナムにおいては基本的に市民たちの自発的結社や社会集団への参加は肯定的に評価される。オルソンにおいては、前述したように、特殊利益集団による分配結託の蔓延は経済の非効率化をもたらし、発展を阻害してしまう。ただし、特殊利益集団となるのは労働組合や業界団体さらに専門家団体などの利益集団である。コミュニティ組織や自発的結社は該当しないのではないか。そうであるとすれば、両者の議論はかならずしも対立はしない。オルソンは特殊利益集団の活動を問題視しているのであって、集団一般を否定的にみているわけではないからである。

（3）方法論の違い

パットナムとオルソンの議論を検討していくと、両者の論理展開に違いのあることがわかる。方法論の違いといってもよい。オルソンの論理の前提にあるのは合理的選択行動の仮定である。フリー・ライダーになるのもならないのもこの仮定からである。人間は自己利益の最大化を目指して行動することがすべての議論の前提にあり、そこから演繹的に議論が展開される。パットナムの議論にはこのような前提はない。北イタリアにおける市民間の信頼感・連帯意識・規範意識の存在と南イタリアにおける人々の間にみられる権力への不信感や無力感は合理的選択行動によるものなのか。そうではなく、彼は長期にわたり地域社会で形成されたものとみているようである。さまざまな資料やデータを駆使してそれを論証しようとする。帰納的推論といってもよい。

科学方法論においては、演繹的推論と帰納的推論はしばしば対立的にみられるが、実際には補完するところが多い。両方が併用されることも少なくない。パットナムとオルソンは現代社会の問題状況に当面して共通する問題認識をもって取り組んできており、それぞれ補完する面がある。そのことは、研究の深化に資するとともに問題解決にも重要な示唆を与えるものといえる。

【参考文献】


オルソン、マンサー／依田博・森脇俊雅訳『集合行為論』ミネルヴァ書房、一九九六年（原著一九六五年）。

オルソン、マンサー／加藤寛監訳『国家興亡論』PHP研究所、一九九一年（原著一九八三年）。

鹿毛利枝子「『ソーシャル・キャピタル』をめぐる研究動向（一）」『京大法学論叢』一五一巻三号、二〇〇二年、一〇一―一一九ページ。

鹿毛利枝子「『ソーシャル・キャピタル』をめぐる研究動向（二）」『京大法学論叢』一五二巻一号、二〇〇二年、七一―八七ページ。

坂本治也「パットナム社会資本論の意義と課題」『阪大法学』五二巻五号、二〇〇三年、一九一―二一九ページ。

パットナム、ロバート／河田潤一訳『哲学する民主主義』NTT出版、二〇〇一年（原著一九九三年）。

パットナム、ロバート／柴内康文訳『孤独なボウリング』柏書房、二〇〇六年（原著二〇〇〇年）。

パットナム、ロバート／猪口孝訳『流動化する民主主義』ミネルヴァ書房、二〇一三年（原著二〇〇二年）。

ヒューム、デビッド／大槻春彦訳『人性論（四）』岩波文庫、一九五二年。

森脇俊雅『集団・組織』東京大学出版会、二〇〇〇年。

森脇俊雅「アメリカ　参加のモデルから衰退へ」坪郷實編著『比較・政治参加』ミネルヴァ書房、二〇〇九年、一一三―一三七ページ。

Samuelson, Paul, "The Pure Theory of Public Expenditure," *The Review of Economics and Statistics*, Vol. 37, No. 4, November, 1954, pp.387-389.

第Ⅱ部

ソーシャル・キャピタルとデモクラシー

第3章 ソーシャル・キャピタルと熟議民主主義

田村哲樹

本章では、ソーシャル・キャピタルが「熟議民主主義」と呼ばれる民主主義とどのような関係があるのかという問題を扱う。一見すると、両者はよく似たものと思えるかもしれない。これに対して本章では、両者が「似て非なるもの」であることを明確にし、両者の関係について、少なくとも三つの見方ができることを示す。このことによって、ソーシャル・キャピタルと熟議民主主義それぞれについての理解を深めることができるだろう。

1 本章で論じる問題

本章で扱われるのは、ソーシャル・キャピタルと熟議民主主義との関係という問題である。ロバート・パットナムの『民主主義を作動させること（*Making Democracy Work*）』（Putnam 1993=二〇〇一）以来、ソーシャル・キャピタルと民主主義との関係については多くのことが理論的にも経験的にも論じられている。そうだとすれば、ここでさらにソーシャル・キャピタルと熟議民主主義との関係を論じることにどのような意味があるのだろうか。

注意すべきことは、「ソーシャル・キャピタルと民主主義」というテーマで通常想定されている「民主主義」とは何か、という点である。例えば、パットナムの研究において、「民主主義」とは、政府の統治、より具体的には地方政府の「政策過程」「政策表明」「政策執行」の三つの局面におけるパフォーマンス、のことである（Putnam 1993：65ff.=二〇〇一：七七以下）。彼においては、これらの点（およびその測定のための一二の指標）における地方政府の統治の実績の差異をソーシャル・キャピタルが説明する、とされる。坂本治也

（二〇一一：三九―四四）は、ソーシャル・キャピタルと政治との因果関係に関する諸研究をサーベイして、それらにおいてソーシャル・キャピタル研究が主に取り上げている「民主主義」（に関係する要素）とは、①民主主義体制、②政府の統治パフォーマンス、③政府に対する信頼、であると述べている。すなわち、ソーシャル・キャピタルをめぐる多くの研究で取り扱われている「民主主義」とは、政治体制のようなマクロな次元であれ、政策形成の各種実績であれ、大枠としては代表民主主義としての民主主義を指しているように思われる。

これに対して本章が取り上げるのは、熟議民主主義である。熟議民主主義は代表民主主義と同一ではない。熟議民主主義とソーシャル・キャピタルとの関係を考えることは、代表制民主主義（の下での各種パフォーマンス）とソーシャル・キャピタルとの関係を考えることと同じではない。すなわち、前者の関係を考える時には、代表民主主義一般ではなく、「熟議すること」とソーシャル・キャピタルとの関係を考えなければならないのである。

その「関係」にはいくつかのパターンがあり得る。第一に、ソーシャル・キャピタルの存在が熟議民主主義を促進するという関係である。第二に、熟議民主主義がソーシャル・キャピタルの形成に寄与するという関係である。第三に、両者を社会の問題解決において機能的に等価なものと見ることである。以下では、熟議民主主義とは何かを述べたのちに、熟議民主主義とソーシャル・キャピタルとの間の、この三つの関係について順に論じていく。

なお、本章ではソーシャル・キャピタルを、坂本（二〇一〇：六〇）やパットナム（1993=二〇〇一：第六章：2000：19=二〇〇六：一四）に倣って、①一般的信頼、②（長期的に見て成立する）一般化された互酬性の規範、③水平的な社会的ネットワーク、として定義する。このようなソーシャル・キャピタル定義には異論も存在するが、それについては、熟議とソーシャル・キャピタルとの区別という論点との関係で、次節で取り扱うことにする。

2　熟議民主主義はソーシャル・キャピタルか

本節では、まず熟議民主主義とは何かについて概説したのち、それをソーシャル・キャピタルと区別すべきであることを述べる。

（1）熟議民主主義とは何か

熟議民主主義とは、人々が話し合いのなかで熟慮を踏まえて自らの意見や選好を変化させていくことを重視する民主主義の考え方のことである（田村 二〇〇八：ⅱ）。それは、民主主義を「数の力」（投票）や「利益の調整」（交渉）によって特徴づけることとは異なる。その際の「話し合い」とは、最も標準的には「論証」、つまり、他者にも受け容れ可能と想定される「理由」の提示とその妥当性の吟味のプロセスであるとされる。ただし、そのような「理性的な」コミュニケーションは排除的な効果を持ち得るとして、より感情に訴えるタイプのコミュニケーション様式（例えば、あいさつや身振り手振り、レトリック、ストーリー・テリング）をも認めるべきとの見解も多い（齋藤 二〇一二；田村 二〇〇八：第四章）。

熟議民主主義と代表民主主義との関係は、熟議民主主義をめぐる論点の一つである。基本的には、熟議民主主義は代表民主主義の存在を前提とした上で、その民主化を図るためのアイデアとして考えられてきた。しかし、近年では、熟議民主主義を私たちの知っているような代表民主主義の下でのものとしてのみ考える必然性はないのではないか、という主張も見られるようになっている。すなわち、熟議的であるが（通常の意味での）代表制ではないような民主主義もあり得るとの見解も見られるようになっている（Dryzek 2010a：田村 二〇一三a：二〇一四）。この問題は現在進行中の研究テーマの一つである。ここでは、熟議民主主義を論じることと代表民主主義を論じることとは必ずしも同じではない、という点を確認しておくにとどめたい。

(2) ソーシャル・キャピタルとの区別

熟議民主主義とソーシャル・キャピタルとの関係という問題に移ろう。あり得る一つの見解は、熟議民主主義をソーシャル・キャピタルの構成要素として理解すべきというものである。人々の間での話し合い・熟議は、ソーシャル・キャピタルの構成要素の一つである「市民社会のネットワーク」のなかに含まれているのではないだろうか。実際、しばしば市民の政治参加は、ソーシャル・キャピタルの一つの要素と見なされている（Putnam 2000=二〇〇六：Wuthnow 2002=二〇一三）。

このような見解に対して、本章では、熟議民主主義とソーシャル・キャピタルとを区別すべきという立場をとる。すなわち、信頼が存在すること、互酬的であること、あるいはネットワークが存在することと、熟議を行うこととは同じではない。

このような区別は恣意的なものではない。例えば、熟議民主主義論においては、しばしば「熟議」と「参加」との違いが指摘される（Fishkin 2009=二〇一一：田村 二〇一四）。両者は類似した概念として取り扱われることもないではない。しかし、民主主義に「参加」するからといって、その形態が「熟議」的なものであるとは限らない。また、（それをどう評価するかは別として）「参加」を伴わない「熟議」もあり得る。また、ソーシャル・キャピタル論においては、概念の精査を求めるナン・リン（Lin 2001=二〇〇八）の議論が参考になる。彼女は、「信頼」や「規範」をソーシャル・キャピタルと見なすべきではないと主張する。ソーシャル・キャピタルとはあくまで人々の相互行為やネットワークといった「関係財」を指すのであり、信頼や規範などの「集合財」とは区別しなければならない（Lin 2001：26=二〇〇八：三四）。第1節で述べたように、本章では、信頼や互酬性の規範もソーシャル・キャピタルに含めている。したがって、リンによる区別自体を採用するわけではない。しかし、ネットワーク（としてのソーシャル・キャピタル）とそこから生み出され得る信頼や規範とを分析的に区別する彼女の姿勢は参考になる。つまり、彼女が、彼女の観点から見て「似て非なるもの」を同一視しないように注意を促していることそのものが重要なのである。本章における「似て非なるもの」は、ソーシャル・キャピタルと熟議である。後に述べるように、例えば、熟議は、信頼、互酬性あるいはネットワークが存在している方がより促進されるかもしれない。しかし、そのことは、熟議＝信頼／互酬性／ネットワークということを意味するわけではない。また、両者を区別することで、「信頼するからこそ熟議しない」（後に紹介するウォーレンの議論）という事態があり得ることや、「ネットワークがないところでそれを創り出すためにこそ熟議が必要」という考え方ができることも理解できるようになる。このように、熟議民主主義とソーシャル・キャピタルとを区別することで、「熟議」そのものが持つ意味・意義をより明確化することができるのである。

3　ソーシャル・キャピタルが熟議民主主義を促進する

本節では、ソーシャル・キャピタル→熟議民主主義という因果関係についての議論を整理する。

この関係の基本は、「ソーシャル・キャピタルの存在が熟議を促進する」というものである。これは前者が後者に正の影響を及ぼす場合である。しかし同時に、ソーシャル・キャピタルが熟議に負の影響を及ぼす場合について考えておくことも必要である。実際、民主主義全般についても、ソーシャル・キャピタルとの関係は必ずしも積極的なものばかりではないことが指摘されている（cf. van Deth 2008：201-203）。

（1）正の因果関係

「信頼」であれ、「互酬性」であれ、「ネットワーク」であれ、一般的に、ソーシャル・キャピタルが存在している場合には、熟議民主主義をより行いやすいと考えられる。まず、ソーシャル・キャピタル論において、ネットワークの典型としてしばしば言及される自発的結社（アソシエーション）は、熟議民主主義論においても、しばしば熟議が行われることが期待される典型的な場の一つである。ユルゲン・ハーバーマスは、「自生的に成立した団体・組織・運動」こそが、市民社会における熟議の核心であると述べている（Habermas 1992：443=二〇〇三：九七）。ヨシュア・コーエンによれば、その内部の諸案件がそのメンバーの公共的熟議によって統治されているような自発的結社こそが、民主主義そのものを「根本的な政治的理想」と見なすことを可能にする（Cohen 2009：16）。これらの論者たちは、市民社会の様々なネットワーク（としての自発的結社）が熟議民主主義を可能にし、かつ、熟議民主主義を通じて当該ネットワークが統治されることが望ましいと考えているのである。

次に、信頼や互恵性の規範は、それらが存在する方がより誠実な理由の提示とその吟味、あるいは、「感情的な」コミュニケーションの受容可能性を高めることが期待できそうである。なぜなら、それらは、熟議の際に人々にある種の共通性を認識させる手がかりとなり得るからである。さらに言えば、信頼や互恵性の存在は、マーク・ウォーレンが示唆するように、熟議に伴うリスクを限定することで、熟議への参加の敷居を低くすることができる（Warren 1999b：340）。というのも、もしも信頼や互恵性がなければ、熟議の結果はその人の社会関係の全体に及ぶこととなるからである。もちろん、熟議によって既存の（問題のある）社会関係が見直される可能性はある。しかし、同時にそれは、社会関係を偶然的なものとすることで、人々の不安を高めてしまうというリスクももたらす（cf. Warren 1999b：312-313）。すなわち、（第5節で述べるように）熟議を行うことは人々にとってある種の負担の増大を意味する。信頼や互酬性を前提とすることで、そのような負担を軽減することができるのである。

以上のように、ソーシャル・キャピタルによって熟議の敷居が低くなることを期待することができる。

（2）負の因果関係をめぐって

しかしながら、このようにソーシャル・キャピタル→熟議民主主義の正の因果関係だけに焦点を当てることは適切ではない。なぜなら、この因果関係には負のものもあり得るからである。パットナム自身も、ソーシャル・キャピタルを常によいものと想定することはできず、民主主義にとって「破壊的なもの」も存在すると述べている。例えば、人種差別的な集団がそれにあたる（Putnam and Goss 2002：9=二〇一三：六―七）。そこまで極端ではないとしても、類似した属性の似通った人々を結びつける「結束型」（Putnam 2000：22-24=二〇〇六：一九―二一；Putnam and Goss 2002：11-12=二〇一三：九―一〇）の集団・ネットワークにおいては、似たような見解を有する人々の間での熟議の結果として、当該集団・ネットワーク内部の見解がさらに極端化する可能性がある。キャス・サンスティーンの言う「集団極化（group polarization）」である（サンスティーン 二〇一二：第一章）。

　ただし、類似した人々の間での熟議が負の効果だけを持つとは限らないことにも注意が必要である。それが、とりわけ社会的マイノリティに属する人々のエンカレッジメントに貢献する可能性を見落とすべきではない。ナンシー・フレイザーの言う「サバルタン対抗的公共圏（subaltern counter publics）」である（Fraser 1997＝二〇〇三）。マイノリティはマジョリティと同席する場では自分たちの経験や意見をうまく述べることが難しい。しかし、自分たちだけで語り合う場（それが「対抗的公共圏」である）であれば、安心して自らの経験や意見を述べることができる。このような「対抗的公共圏」での熟議の経験が、その人々に対するエンカレッジメントとなり、次の機会には、「異なる」人々と同席する場における発言をも可能にするというわけである。「対抗的公共圏」がこのような機能を有することを理解しつつ、「結束型」のソーシャル・キャピタルが熟議民主主義にもたらし得る負の効果をも認識することが重要なのである。

4　熟議民主主義によってソーシャル・キャピタルを創り出す

（1）もう一つの因果関係

　正の影響であれ負の影響であれ、ソーシャル・キャピタルと熟議民主主義の関係を、前者→後者のそれだけと想定するのは不十分である。それだけではなく、逆の因果関係、すなわち、熟議民主主義がソーシャル・キャピタル形成に貢献する可能性を考えてみることも重要である。もしもソーシャル・キャピタル→熟議民主主義という因果関係だけしか存在しないのであれば、そこから得られる結論は、「ソーシャル・キャピタルがなければ熟議はできない」というものとなるほかはない。そして、この結論は熟議民主主義論にとって良い知らせではない。なぜなら、熟議民主主義論は、人々の間での価値観が多様化し、共通の社会的基盤が失われつつあるなかでどのようにしてそれを再び形成するかという問題に対して、「熟議によって」と答えようとしてきたからである（cf. 田村 二〇〇八：ii—iii）。もしも「ソーシャル・キャピタルがなければ熟議はできない」とすれば、このような「答え」もまた妥当ではないということになってしまうだろう。したがって、熟議民主主義→ソーシャル・キャピタルの可能性を考えることは、熟議民主主義論にとって重要な課題である。

　以下では、熟議民主主義→ソーシャル・キャピタルという因果関係に貢献する二つのアイデアを紹介する。一つは、「社会的学習」としての熟議民主主義であり、もう一つは、「熟議的レトリック」である。

（2）社会的学習

　「社会的学習」としての熟議とは、ボラ・カンラによれば、とりわけ人々の道徳的・文化的差異が顕著な場合に、合意形成と意思決定を目指す以前に、まずはお互いの理解そのものを目標とするような熟議のことである（Kanra 2012）。このような熟議においては、参加者は、ある問題に関する様々な見解を中立的な視点から見るために、他者の立場になって考えようとすることが求められる。ここでは、差異を解釈することが重要であり、合意に到達することが優先されるわけではない。社会的学習としての熟議には、時間や場所が厳密に定められた熟議よりも、より包括的で非公式の枠組みの方が適切である。後者の方が、より十全な形で、差異を表出することができると考えられるからである。したがって、社会的学習としての熟議の場は、意思決定プロセスとは区別された形で設けられることが望ましい（Kanra 2012：2）。

社会的学習としての熟議において、とりわけ重要なことは、参加者が自らの価値や関心を協同的なやり方で自由に表明することである。こうして自由な表明を認めることで、人々は自分たちが尊重されていると感じ、熟議にさらに関わっていくことになる。その結果、熟議参加者たちは、自分たちと熟議の目標との間に結びつきを確立することができるようになる。この結びつきが参加者の自己定義のための参照点を形成するが、それは参加者にとって自分自身を自分が位置づけられている社会的文脈と比較するための基準ともなる。このような基準が形成されることで、各参加者の異なる道徳的立場に基づいて論じられる争点について、参加者たちの間にいくつかの共通性を樹立することができるようになる。こうして樹立される共通性が人々に共通の参照点となることで、人々の態度変化を期待できるようになるのである（Kanra 2012：7-8）。

このように、社会的学習としての熟議が行われることで、人々はステレオタイプを乗り越え、他者をよりよく理解することができるようになる。そして、そのような熟議のプロセスは、参加者の間に信頼をもたらすであろうと期待できるのである（Kanra 2012：9）。

（3）熟議的レトリック

熟議民主主義論においてレトリックは、厳密には論証的ではないが、しばしばその発言が「非理性的」として排除されがちな人々をも熟議に包摂するために有用なコミュニケーション様式の一つとして位置づけられる（田村 二〇〇八：七七―七八）。ここでは、レトリックが異なる人々を架橋するために有用であり、その結果として、ネットワークとしてのソーシャル・キャピタル形成に貢献し得ることを論じたい。

このようなレトリックの役割に注目するのがジョン・ドライゼクである。熟議民主主義において理性的な論証が重視されるのは、それが他者にも広く受け入れ可能な形で自らの見解を述べる（「互恵性（reciprocity）」と呼ばれ、しばしば熟議民主主義の要件の一つとされる）ことに適しているからである。しかし、ドライゼクによれば、レトリックも、「異なる参照枠組みを横断するアピールを行う際に効果的」であり、「単なる論証では到達できないような他者」との間での「互恵的な理解」を目指すことができる（Dryzek 2000：70）。レトリックは、その性質上、範囲の大小の違いはあっても「特定の」聴き手／受け手に対してなされる。その意味では、それは普遍的というよりも個別的なアピールである。しかし、そうであるからこそ、当該の聴き手／受け手の状況を十分に考慮に入れることができる（Dryzek 2010a：68-69）。このような特性を持つがゆえに、レトリックは、「論証では到達できないような他者」との間に共通理解を創り出すことに貢献し得るのである。

恐らくこのようなレトリックの特徴をより明確にするために、ドライゼクは、「結束的な」レトリックと「架橋的な」レトリックとを区別している（Dryzek 2010a: 76-79）。この区別は、ソーシャル・キャピタル論におけるそれを援用したものである（ただし、ドライゼク自身は、パットナムのソーシャル・キャピタルの議論にコミットメントしているわけではないとも述べている）。異なる人々を結びつけるのは、もちろん「架橋的な」レトリックの方である。アメリカ公民権運動の指導者であったマーティン・ルーサー・キングや、南アフリカ反アパルトヘイト運動の指導者であったネルソン・マンデラが、「架橋的な」レトリックの使い手であったとされる。キング牧師の場合は、アメリカ独立宣言の文言に言及することによって、ほとんどの白人がどちらにも部分的には同意するであろう「人種主義的」と「リベラル・普遍主義的」という二つの言説のうち、後者の「リベラル・普遍主義的」な言説へのコミットメントを引き起こし、「人種主義的」な言説を抑えることに成功した。また、マンデラの場合は、アフリカ民族会議の指導者クリス・ハニが暗殺された後に、ハニを「平和の戦士」として称えることで、アパルトヘイトに対する闘争を「暴力」から切り離し、前者を承認しつつ、後者を周辺化しようとした（Dryzek 2010b：324-325）。このように、とりわけ「架橋的な」レトリックは、異なる人々の間に新たなネットワークを創り出すのに貢献し得るのである。

なお、以上のように述べるからといって、「結束的な」レトリックには意義がないというわけではないことを付言しておきたい。前節の「負の影響」のところで、類似した人々の間での熟議にも意義があると述べた。「結束的な」レトリックにも同じことが言える。ドライゼクは、やはり「サバルタン対抗公共圏」（フレイザー）概念を引き合いに出しつつ、「結束的な」レトリックが抑圧された集団内部のメンバーに一定程度の連帯感覚をもたらし、その結果、自分たちの見解を、確信を持ってより広範な公共圏へと届けることができるようになると述べている（Dryzek 2010a：79）。この場合、「結束的な」レトリックを伴う熟議民主主義が、「結束的な」ソーシャル・キャピタル創出に貢献し、最終的にはより「架橋的な」ソーシャル・キャピタル創出にもつながることが期待されている。このように、あるレトリックが「結束的」だからといって必然的に「負の影響」という観点からのみ評価しなければならないというわけではないのである。

5　ソーシャル・キャピタルと熟議民主主義との代替・補完関係

これまで、ソーシャル・キャピタルと熟議民主主義との関係について、前者から後者であれ、後者から前者であれ、両者の因果関係の論理を概観してきた。しかし、両者の関係は、一方から他方への因果関係に止まるものではない。そこで、本節では、両者の関係理解の第三の方法として、両者をそれが果たす機能という観点から理解する方法もあることを示す。具体的には、「（一般的）信頼」と熟議民主主義とが、集合的問題解決のための機能的に等価な、したがって代替可能な方法であることを述べる。また、完全な代替ではなく、両者の補完関係として理解できるような場合もあることも述べる。

（1）熟議と信頼の機能的等価性

この種の議論をとくに重点的に行っているのは、ウォーレンである。彼は、熟議民主主義と信頼は集合的決定の作成と集合行為の組織化とのための「異なるが補完的な方法」であると主張する（Warren 1999a：4）。彼によれば、人々が熟議民主主義のために割くことのできる政治的資源は限られている（Warren 1996：田村 二〇一四）。ここで「政治的資源」とは例えば、熟議民主主義を行うための時間や、それに関心を向けることそのものを指す。人々は様々なことを行わなければならないため、常に熟議民主主義のために時間を割くことも、それに関心を向けることもできるわけではない。そこで必要なのは、重要な問題についてのみ熟議を行い、そうではない問題については、その他の（とりわけ代表制民主主義の）制度やアクターを「民主主義的権威」として信頼し、それらに任せることである。この考え方では、ソーシャル・キャピタルと熟議民主主義との間に、一方から他方への因果関係が想定されているわけではない。そうではなく、両者は、集合的決定を行うための機能的に等価で、かつ、補完的に用いられることで人々の希少な政治的資源を有効活用できるものとして理解されているのである。

（２）ミニ・パブリックスと信頼

ウォーレンらは近年では、熟議民主主義の具体的な制度の一つである「ミニ・パブリックス（mini-publics）」の役割について、「信頼」の観点から新たな解釈を提示している（Mackenzie and Warren 2012）。ミニ・パブリックスとは、一般市民が集まって熟議をするための制度の総称である。通常は、（主に）無作為抽出で人々を集めるものを指すが（篠原 二〇一二）、研究者によっては、そうではない制度を含める場合もある（田村 二〇一四：九五）。ウォーレンらは、ミニ・パブリックスは以下に述べる二つの形で、熟議と信頼との代替または補完関係を実現するものとして理解できると主張する。

第一に、ミニ・パブリックス（における熟議）は、「信頼された情報の代理人」として、それに参加しておらず限定的な情報しか持たない一般市民に、政治的判断のための指針を提供する。この場合の「信頼」は、ミニ・パブリックスに参加していない人々の熟議を代替するものである。すなわち、政治的資源が希少な人々にとって、ミニ・パブリックスに参加し熟議する人々を信頼すれば、この人々が自分の代わりに政治判断のための有用な情報を提供してくれるだろう、というわけである。

第二に、ミニ・パブリックスに、「将来の予想された公衆（anticipatory publics）」として、行政における政策形成・実施に対する信頼を維持する役割を期待することができる。行政が扱う問題には、現時点では政治争点化しているわけではないが、しかし問題の性質上、将来的には論争的となるかもしれないようなものがある。ウォーレンらはこのような問題を、「時間的に複雑な争点（temporally complex issue）」と呼ぶ。典型的には、科学技術に関する問題がこれに相当する。このような「時間的に複雑な争点」について、行政・執行機関が自らの政策形成・実施に対する信頼を維持し続けるためには、未来の人々からの予想される反応をあらかじめ織り込んだ上で政策形成を行うことが必要となる。その際、ミニ・パブリックスにおける熟議が（今はまだ存在しない）未来の人々の判断を予期するために役立つ、というわけである（Mackenzie and Warren 2012：96-97, 103-104, 116-118）。この場合には、ミニ・パブリックスにおける（未来の人々の代替としての）熟議が行政への信頼を補完する、という形になっている。

以上のウォーレンのいくつかの議論が示すように、ソーシャル・キャピタルと熟議民主主義との間には、その機能から見た代替または補完関係も見いだすことができるのである。

6　熟議民主主義研究の課題とソーシャル・キャピタル

本章では、熟議民主主義との関係という観点からソーシャル・キャピタルに接近した。まず、この二つの「似て非なるもの」を概念的に区別した（第２節）。その後に、考えられる両者の関係として、①ソーシャル・キャピタルが熟議民主主義に及ぼす影響、とりわけ前者が後者を促進する可能性（第３節）、②熟議民主主義がソーシャル・キャピタルに及ぼす影響、とりわけ前者が後者を創り出す可能性（第４節）、③熟議民主主義とソーシャル・キャピタルが機能面で代替的または補完的に作用する可能性（第５節）、を取り上げた。このように、熟議民主主義とソーシャル・キャピタルとが「似て非なるもの」であることを理解した上で、両者がどのように関係し得るのかを考えていくことが重要なのである。

この三つの関係のなかで、今後の理論的探求という観点から興味深いのはどれであろうか。①の「ソーシャル・キャピタルが熟議民主主義を促進する」という関係は、現在では、理論的にはそれほど挑戦的なテーマというわけではない。というのも、それは熟議のハード・ケース（熟議困難な事例）ではないからである。熟議民主主義に対しては、しばしば次のような批判が見られる。すなわち、それは社会における何らかの共通性や規範の存在を（暗黙裡に）前提としているため、人々の価値観や立場が大きく異なっているために深刻な分断状態にある社会において、有効な民主主義足り得ない、と。このような批判が真に妥当なものかどうかは、それ自体一つの論点である。しかし、それは熟議の困難性・不可能性についての最も典型的かつ厳しい批判である。このような批判に照らした場合、「集団極化」（サンスティーン）などの可能性があるとしても、①の場合は、むしろ熟議が容易な事例ということになる。

熟議のハード・ケースは、②の熟議民主主義→ソーシャル・キャピタルという因果関係の場合に、より真剣に考慮すべき問題となる。それゆえ、熟議民主主義論は、「分断社会」における熟議民主主義の可能性についての議論を積み重ねてきた（田村 二〇一三b）。②の議論は、このような社会的分断の克服という文脈において意義を持つ。社会が安定的で確実なものであるためには、ソーシャル・キャピタル（とりわけ信頼）の存在が必要である。しかし、価値観の多様化と分断は、ソーシャル・キャピタルの存在を前提とせず、それをどのように創り出すかという課題をますます社会的に重要なものとする。その際、熟議民主主義がその役割を果たし得るのかどうかは、この民主主義論にとって重要な課題の一つとなるだろう。

もっとも、「ハード・ケース」は、アイデンティティや道徳の「分断」だけではない。現代社会において熟議民主主義の重要性が高まっているとしても、他方で、ウォーレンが述べていたように、人々は常にあらゆる問題について熟議するというわけにもいかない。政治に関わることは、現代人にとって必ずしも魅力的なことではないのである。そうだとすれば、③のようにソーシャル・キャピタルが熟議を機能的に代替・補完することで、人々の「負担軽減」を考えていくことも、熟議民主主義を考える際に重要な課題となる。これは、熟議民主主義の役割を単に限定することとは異なる。そうではなく、熟議によって制御される領域そのものを限定することで、結果的に、より多くの「普通の」人々が（それぞれ異なる領域で）熟議に取り組むことが期待できるのである。

【参考文献】


齋藤純一「デモクラシーにおける理性と感情」齋藤純一・田村哲樹編『アクセスデモクラシー論』日本経済評論社、二〇一二年。

坂本治也『ソーシャル・キャピタルと活動する市民——新時代日本の市民政治』有斐閣、二〇一〇年。

坂本治也「政治」稲葉陽二・大守隆・近藤克則・宮田加久子・矢野聡・吉野諒三編『ソーシャル・キャピタルのフロンティア——その到達点と可能性』ミネルヴァ書房、二〇一一年。

サンスティーン、キャス／那須耕介編、監訳『熟議が壊れるとき——民主政と憲法解釈の統治理論』勁草書房、二〇一二年。

篠原一編『討議デモクラシーの挑戦——ミニ・パブリックスが拓く新しい政治』岩波書店、二〇一二年。

田村哲樹『熟議の理由——民主主義の政治理論』勁草書房、二〇〇八年。

田村哲樹「熟議民主主義は自由民主主義的か？——『熟議システム』概念の射程」『政治思想研究』第一三号、二〇一三a年。

田村哲樹「熟議による『和解』の可能性」松尾秀哉・臼井陽一郎編『紛争と和解の政治学』ナカニシヤ出版、二〇一三b年。

田村哲樹「熟議と参加——リベラル・デモクラシーを超えるのか」川崎修編『岩波講座政治哲学6　政治哲学と現代』岩波書店、二〇一四年。

Cohen, Joshua, *Philosophy, Politics, Democracy: Selected Essays*, Harvard University Press, 2009.

Dryzek, John S. *Deliberative Democracy and Beyond: Liberals, Critics, Contestations*, Oxford University Press, 2000.

Dryzek, John S. *Foundations and Frontiers of Delibera-*

tive Governance, Oxford University Press, 2010a.

Dryzek, John S., "Rhetoric in Democracy: A Systemic Appreciation," *Political Theory*, 38 (3), 2010b.

Fishkin, James, *When the People Speak: Deliberative Democracy and Public Consultation*, Oxford University Press, 2009（曽根泰教監修、岩本貴子訳『人々の声が響き合うとき――熟議空間と民主主義』早川書房、二〇一一年）.

Fraser, Nancy, *Justice Interruptus: Critical Reflections on the "Postsocialist" Condition*, Routledge, 1997（仲正昌樹監訳『中断された正義――「ポスト社会主義的」条件をめぐる省察』御茶の水書房、二〇〇三年）.

Habermas, Jürgen, *Faktizität und Geltung: Beiträge zur Diskurstheorie des Rechts und des demokratischen Rechtsstaates*, Suhrkamp, 1992（河上倫逸・耳野健二訳『事実性と妥当性――法と民主的法治国家の討議理論にかんする研究（下）』未來社、二〇〇三年）.

Kanra, Bora, "Binary Deliberation: The Role of Social Learning in Divided Societies," *Journal of Public Deliberation*, 8 (1), 2012.

Lin, Nan, *Social Capital: A Theory of Social Structure and Action*, Cambridge University Press, 2001（筒井淳也・石田光規・桜井政成・三輪哲・土岐智賀子訳『ソーシャル・キャピタル――社会構造と行為の理論』ミネルヴァ書房、二〇〇八年）.

Mackenzie, Michael and Mark E. Warren, "Two Trust-based Uses of Minipublics in Democratic Systems," in John Parkinson and Jane Mansbridge (eds.), *Deliberative Systems: Deliberative Democracy at the Large Scale*, Cambridge University Press, 2012.

Putnam, Robert, *Making Democracy Work: Civic Traditions in Modern Italy*, Princeton University Press, 1993（河田潤一訳『哲学する民主主義――伝統と改革の市民的構造』NTT出版、二〇〇一年）.

Putnam, Robert, *Bowling Alone: The Collapse and Revival of American Community*, Simon & Schuster, 2000（柴内康文訳『孤独なボウリング――米国コミュニティの崩壊と再生』柏書房、二〇〇六年）.

Putnam, Robert D. and Kristin A. Goss, "Introduction," in Robert D. Putnam (ed.), *Democracies in Flux: The Evolution of Social Capital in Contemporary Society*, Oxford University Press, 2002（猪口孝訳「序論」パットナム編著『流動化する民主主義――先進八ヵ国におけるソーシャル・キャピタル』ミネルヴァ書房、二〇一三年所収）.

van Deth, Jan W., "Introduction: Social Capital and Democratic Politics," in Dario Castiglione, Jan W. van Deth and Guglielmo Wolleb (eds.), *The Handbook of Social Capital*, Oxford University Press, 2008.

Warren, Mark E., "Deliberative Democracy and Authority," *American Political Science Review*, 90 (1), 1996.

Warren, Mark E., "Introduction," in Mark E. Warren (ed.), *Democracy and Trust*, Cambridge University Press, 1999a.

Warren, Mark E., "Democratic Theory and Trust," in Warren (ed.), 1999b.

Wuthnow, Robert, "United States: Bridging the Privileged and the Marginalized?," in Putnam (ed.), 2002（猪口孝訳「アメリカ合衆国――特権を持つ者と周辺化される者の橋渡し?」パットナム編著、二〇一三年所収）.

第4章 ソーシャル・キャピタルと市民社会

坪郷　實

活発な市民社会が、デモクラシーの発展や経済発展に寄与することを多くの論者が議論してきた。パットナムは、市民社会を論じるにあたって、「ソーシャル・キャピタル」という新奇な概念を使った。パットナムの問題提起は、ソーシャル・キャピタルを生み出すのは、市民社会か、制度かという論争を引き起こしている。本章では、信頼と市民活動の関連性、「ソーシャル・キャピタルは現代の政治的、行政的、法的制度に埋め込まれているのか」について論じる。

1 ソーシャル・キャピタルと市民社会の関係は？

(1) 活発な市民社会

ロバート・パットナムは、一九九五年に発表した「ひとりでボウリングをする」という論文で、アメリカ合衆国における多様な市民団体や人々のつながりが衰退し、「ソーシャル・キャピタルが、過去一世代にわたって大幅に減退してしまった」（パットナム 二〇〇四：六八）と述べている。

彼は、このソーシャル・キャピタルの減退を議論するに先立って、研究者たちが「デモクラシーの定着のために、たくましくて活発な市民社会の存在が極めて重要である」と強調してきたこと、また経済発展の分野において「社会的ネットワークの役割」が、発展途上国においても、先進工業国においても、注目されていると述べる。さらに、公共政策の多様な課題を説明し、解くカギとしてソーシャル・キャピタルに焦点を合わせる。彼は、多くの分野の研究者たちが、「市民的積極参加と社会的つながりが、さまざまな好結果――より良い学校教育、より急速な経済発展、より低い犯罪率、より効果的な政府――を生み出す仕組み」、「これらの現象を理解するための共通枠組みとして、ソーシャル・キャピタルという概念を提唱している」（パットナム 二〇〇四：五五―五八）と述べる。このように、パットナムは、市民社会を論じるにあたって、「新奇な概念」としてソーシャル・キャピタルを使い、公共政策との関連づけをしている。こうした点が、ソーシャル・キャピタルの魅力になっている。

（2）ソーシャル・キャピタルを生み出すのは、市民社会か？ 制度か？

パットナムのソーシャル・キャピタル論は、社会科学の多様な分野に大きなインパクトを与え、評価されると共に、世論調査や統計的データに基づいて多くの批判的議論を呼び、ソーシャル・キャピタルと市民社会をめぐる論争が行われている（Hooghe and Stolle 2003 を参照）。例えば、「何がソーシャル・キャピタルを生み出し、破壊するのか」、「ソーシャル・キャピタルを生み出すのは、市民社会か、あるいは制度が重要なのか」、「信頼といっても社会的信頼と政治的信頼は異なる。社会的信頼と政治的信頼の関係は？」、「市民社会論から見て、ソーシャル・キャピタル論にはどのような問題点があるのか」（Klein, Kern, Geißel and Berger 2004 を参照）などである。本章では、「ソーシャル・キャピタルと市民社会とは、どのような関係にあるのか」について、いくつかの議論を取り上げて論じたい。

以下では、第一に、パットナムのソーシャル・キャピタルの定義を見たうえで、それとの関係で、市民社会論の特徴について述べる。第二に、ソーシャル・キャピタルの見方として、個人財としてのソーシャル・キャピタルに注目する「個人志向アプローチ」、集合財としての一般的信頼を重視する「社会中心アプローチ」、ソーシャル・キャピタルが制度に埋め込まれているという「制度中心アプローチ」がある。本章では、とくに、信頼と市民活動の関係についての議論と、制度中心アプローチからのソーシャル・キャピタル、市民社会、福祉国家制度の三者の関係についての議論を取り上げる。最後に、公共政策とソーシャル・キャピタルについて若干の議論をしたい。

2 新しい市民社会の捉え方

（1）民主化の第三の波

パットナムは、『孤独なボウリング』のなかで、ソーシャル・キャピタルが「指し示すものは、個人間のつながり、すなわち社会的ネットワーク、およびそこから生じる互酬性と信頼性の規範」であり、さらに「ソーシャル・キャピタルは『市民的美徳』と呼ばれてきたものと密接に関係している」と定義している（パットナム 二〇〇六：一四）。彼の言う社会的ネットワークは、政治参加、市民参加（アソシエーション＝結社、市民活動）、宗教参加、職場関係、社会的つながり、利他主義・ボランティア・フィランソロピーと広範囲にわたる。しかも、ソーシャル・キャピタルは、「市民的美徳」と密接に関係していると述べるように、政治的なものであり、「市民的美徳が最も強力な力を発揮するのは、互酬的な社会関係の密なネットワークに埋め込まれているときである」という。このパットナムのソーシャル・キャピタル概念は、以下で述べるように、市民活動や市民社会の概念と重なっており、市民社会に関する広範囲な議論に持続的に影響を与えてきた。

それでは、市民社会論はどのような議論であろうか。市民社会論の論点を若干なりとも見ながら、市民社会とソーシャル・キャピタルがどのような関係にあるかを見ていこう。近代的市民社会論は、歴史的には一七、一八世紀にまでさかのぼる長い伝統を持ち、これまで政治理論・政治哲学、政治文化や政治参加の研究で議論されており、さらに現存の政治体制に対する批判的な意味を持つ規範的議論として論じられている。先進社会においても、発展途上国においても、現代的な議論が行われるようになったのには、歴史的なきっかけがある。サミュエル・ハンチントンが一九九〇年に出した著書『第三の波』（ハンチントン、一九九五）で述べたように、民主化の第三の波、とくに一九八〇年代末以降の東欧における「市民平和革命」による体制移行（民主化と市場経済化）の波と、南米における民主化の波などが、そのきっかけとなっている。このとき、「市民社会」は、東欧諸国の反体制派・市民運動、西欧デモクラシー国における新しい社会運動、アフリカ、とくに南アフリカにおける解放運動などの共通の「希望の担い手」となった（Simsa und Zimmer 2014 : 16）。しかも、多くの事例は、街頭デモなど市民の非暴力的手段によって民主化が達成された。

（2）市民社会の定義

次に、市民社会の現代的な文脈について見よう。政府部門の失敗、市場部門の失敗といわれるように、グローバル化と個人化の時代における複合的な都市型社会では、問題解決のために、政府を中心とした政治のみでは対応できず、従来の政治の中に市民社会部門を位置づける新たなデモクラシー論が展開されている。市民の多様な参加手法を生み出している「熟議デモクラシー」（討議デモクラシーともいわれる）、アソシエーション（結社）や団体を重視する「アソシエーティブ・デモクラシー」（結社デモクラシー、連帯デモクラシーと訳される）など、以下に述べる市民社会の多様な担い手を主体とする新しいデモクラシー論が、一九八〇年代以降、活発に議論されている（坪郷 二〇〇七：二一一四）。このアソシエーションを重視するデモクラシー論の系譜を、著書『アメリカのデモクラシー』（トクヴィル 二〇〇五、二〇〇八）で、アメリカ合衆国において市民のアソシエーション活動が活発であることを観察したフランス人アレクシス・ド・トクヴィルにちなんで「トクヴィル的伝統」と呼んでいる。パットナムは、「トクヴィルは正しい。民主的政府は、力強い市民社会に直面するとき、強化されるのであり、弱体化するのではない」（パットナム 二〇〇一：二二八＝Putnam 1993 : 182）と述べている。

このような文脈において、市民社会をつぎのように定義しておこう。市民社会は、政府（または国家という用語が使われる）、市場、私生活の間の領域において営まれる市民の自主的組織による活動である。つまり、市民社会とは、自己組織化された結社（組織）、アソシエーション（結社）、ネットワーク、社会運動、市民イニシアティブ（市民たちによる政策提言活動など）によるダイナミックな緊張に満ちた公共的な空間を意味する。このような空間性とともに、市民社会論では、規範性が重視される。その規範は、「自由、平等・公正、友愛」ないし「寛容、多様性、協同性・共感、承認と敬意、非暴力、公開性」である。「公平性」を目標にする政府部門、財とサービスの効率的配分のメカニズムである市場部門に対して、市民社会部門は、「非営利、非政府部門」であり、先の規範性とともに、市場の失敗、政府の失敗、社会の断片化と連帯の欠如を克服する新しい社会構想を提起するものである。しかし、市民社会の領域は、政府、市場、私生活の領域との関係性により影響を受け、それぞれの国において歴史的に形成されたものである。さらに、政府部門、市場部門、市民社会部門、私生活の四者によって構成される問題解決をするための「新しい公共空間」を創出する議論である。この公共空間は、公共政策を決定し、実施する場である。また、市民社会は世界的規模に広がり、国内の市民社会と世界市民社会は密接な影響関係にある（坪郷 二〇〇七：一六―

二〇：二〇一一。以下も参照。コッカ 二〇〇三：二〇一一：第二章：Edwards 2014）。

（3）市民社会のダークサイド

もちろん、市民社会は万能ではない。「ボランティアの失敗」の議論があるように、専門性の欠如や資源・資金の不足で失敗する事例もある。さらに、「ソーシャル・キャピタルのダークサイド」の議論があるように、「市民社会のダークサイド」の議論がある。ソーシャル・キャピタルには、ピエール・ブルデューらが指摘するように、否定的側面があり、社会的、政治的統合を妨げ、排除を伴い、社会的不平等を再生産するという非社会的側面がある。ローラント・ロート（Roth 2004）によれば、現実の市民社会は、「社会的不平等や排除」と無縁ではなく、「マフィアから政治的腐敗まで、国際的テロ組織から税金逃れまで、経済エリートの強引なリベラリズムから外国人敵視の攻撃まで」非市民的行動が含まれている。現実の市民社会には、先の規範を基準にして、市民的傾向と非市民的傾向の両方があり、この両者の紛争に満ちた同時性、相互作用について議論することが必要である。したがって、この問題を克服する政治的戦略が必要である（坪郷 二〇〇七：五六―五八）。

さらに、ソーシャル・キャピタルがしばしば多様な議論を包含しているといわれるのと同様に、市民社会の議論も関連した多様な用語が使われる。市民社会としばしば同義的に使われる用語として「第三セクター論／非営利セクター論」がある。一九七〇年代以後、とくに福祉国家との関係で、政府部門でもない、市場部門でもない、非政府・非営利の組織である「第三の部門」という意味で、とくにヨーロッパにおいて「第三セクター」という用語が使われる。市民社会の多様な担い手を市民社会組織と呼んでいる。この活動を意味するものとして「市民活動」が使われ、その組織を意味するものとして「NPO（民間非営利組織の略）」「NGO（非政府組織の略）」「アソシエーション（結社、社団）」が使われる。以下の議論でもこうした用語が交錯して使用される。

（4）レインメーカー（人工降雨機能）

このように、市民社会とソーシャル・キャピタルの議論は重なっているが、その重点は異なっている。市民社会は、多様な市民社会組織が活動する空間、政府部門や市場部門との相違や三者の関係に焦点を当て、とりわけデモクラシーの活性化との関係で議論される。他方、ソーシャル・キャピタルは、市民活動やNPO・アソシエーションの活動から生じる互酬性と信頼の規範に焦点を当てる。関連して、パットナム、ファー、ダルトンたちは、自発的なアソシエーションや市民活動による「人工降雨機能（レインメーカー）」と名づける説明をしている。彼らによれば、「いかなる市民も（彼／彼女自身の信頼がいかに高いか、彼／彼女の市民活動がいかに活発かは問題ではない）、政府の乏しいパーフォーマンスによって生み出される、また部分的に社会的不満あるいは市民の不活発な活動から生み出される雨から逃げることはできない」（Putnam, Pharr and Dalton 2000：26）。「アソシエーションは、活動的な個人にも、活動的でない個人にも降り注ぐ恵みの雨を生み出す」（Rossteutscher 2008：213. 以下を参照。Newton and Norris 2000：72）。このような表現で、アソシエーションの活動によって生み出されるグループ特定の信頼が、社会全体に及ぶ「一般的信頼」につながることを表現している。また、セバスチャン・ブラウンは、「現代社会におけるソーシャル・キャピタルの『生産者』としての市民活動」という見方について述べている（Braun 2011：53）。こうした見方は、ソーシャル・キャピタルの「社会中心アプローチ」と呼ばれる。この議論は、「ソーシャル・キャピタル、市民社会とデモクラシーの関係は?」「信頼と政治の関係は?」「何が、ソーシャル・キャピタルを生み出し、壊すのか」という問題をめぐる論争へと発展する。若干の議論と論争を見ておこう。

（5）アメリカ合衆国における市民社会の変容

パットナムは、ソーシャル・キャピタルの観点から「十分ネットワーク化された地元コミュニティ」を最も重視する。また、アメリカ合衆国のリベラル派やコミュニティを重視するコミュニタリアンの市民社会論では、パットナムとは違った意味で、「地元コミュニティ、家族、友人、隣人間の交流」を特別扱いしている。しかし、そこでは、「中央政府は、共和主義的美徳にとって、よくて的はずれ、下手をすれば有害だ」とされている。他方、現代アメリカ合衆国の保守主義者は、「積極的な全国政府を健全な市民社会にとって有害である」と描く。こうした論者の議論において、コミュニティレベルの草の根ボランティア主義が重視されるが、それと全国的な民主政治や政府とのダイナミックな関係についてはその視野から遠ざけられる（スコッチポル 二〇〇七：七―八）。これに対して、歴史社会学者のシーダ・スコッチポルは、次のような批判的な見解を述べる。

スコッチポルは、前述のトクヴィルが「活発かつ民主的な政府と政治が、参加的な市民社会を活性化し、補完すると信じていた」と述べる。前述の「草の根ボランティア主義が主としてローカルであった」とする見方とは違って、トクヴィルは、むしろ「民主主義の政治と草の根ボランティア主義」は、相互に影響しあい、両者は手を携えて発展したと考える。彼女は、アメリカ合衆国が、長期的な歴史の過程を通じて、「市民共同体、すなわちメンバーシップ基盤の結社の熱心な組織者、結社好きの国にいかにして、またどのような理由でそうなったのか」を述べるとともに、アメリカ合衆国における市民社会の変容を、「メンバーシップ基盤の自発的結社から、管理的に指導されるアドボカシー（政策提言活動）グループや市民制度への急激な転換（メンバーシップからマネージメントへ）」として捉えている（スコッチポル 二〇〇七：一〇―一六）。

スコッチポルは、草の根ボランタリズムのローカル性という見方を批判し、市民活動（草の根ボランティア主義）と全国的政治や政府の活動が密接に関係していることをテーマ化する。これこそが「トクヴィル的伝統」である。

（6）信頼と政治

また、「信頼と政治」について議論をしているケネス・ニュートンは、「信頼と政治に関するボトムアップの見方」と「トップダウンの見方」について述べている。ボトムアップの見方は、多くの論者によって述べられており、「社会的信頼はデモクラシーを生み出すのを助け、それをよりよく機能させる」と考える。逆に、トップダウンの見方によれば、「民主的制度と良い政府が政治的信頼と社会的信頼の両方を促進する」。両方の見方は必然的に両立しないわけではなく、信頼と政治の間の「複雑な原因と結果の相互依存関係」がある。これは、この複雑な関係を整理することが困難であることを意味する。ニュートンが述べるように、これまでの研究は、社会的信頼と政治的信頼が、相互依存関係にある「エスニック・文化的、社会的、経済的、政治的条件の複合的症候群に統合される部分」であり、そして、宗教、所得の平等、社会的信頼、安定したデモクラシー、経済発展、汚職がないこと、政治的支持と関係していることを示している（Newton 2008：262）。

さらに、オッフェとフュックス（二〇一三）は、ドイツにおけるソーシャル・キャピタルの現状を分析して、ソーシャル・キャピタルと政府の活動の間に活発な相互関係があることを指摘している。また、コーエンとアラートは、その著作『市民社会と政治理論』において、「市民社会の発展は本質的にそれが埋め込まれている政治的諸制度の規範を通じて刻印されている」。その政治制度は、表現の自由の権利、団結権、結社権の保障、統治者の報告義務、司法と執行部の手続きであるとしている（Cohen and Arato 1992：425-429, 440-442）。

　このように、信頼と政治については、ボトムアップとトップダウンの見方があり、ソーシャル・キャピタル、市民社会、それぞれの議論において、政治制度との密接な関係、さらには広範囲な制度との関係が重要であることが指摘されている。

（7）ソーシャル・キャピタル決定論への批判

　ソーシャル・キャピタルないし市民社会とデモクラシーの関係について、いわば「ソーシャル・キャピタル決定論」と「市民社会決定論」の議論がある。福祉多元主義の観点から、ドイツの福祉国家と福祉社会を論じてきたアダルバート・エバースは、この二つの決定論に対して批判を行っている。まず、パットナムが「デモクラシーを機能させるカギ」としてソーシャル・キャピタルが決定的であるとするのに対して、エバースはこの議論の方向を間違っていると批判する。むしろ、彼は、市民活動の発展、ソーシャル・キャピタルの形成において、政治の役割が重要であると述べる。つまり、パットナムの「ソーシャル・キャピタルが、デモクラシーを機能させる」というテーゼは、誤解ではないが、逆も妥当する。「生き生きとしたデモクラシーは、ソーシャル・キャピタルの発展のカギである」（Evers 2002：63, 74）。

　次に、エバースは、パットナムのアソシエーションの形成が信頼と強い関係にあるという仮説については、以下のような多くの経験的研究が、疑問を投げかけていると指摘する（Evers 2002：65-66）。例えば、前述のニュートンは、信頼は一連の異なる要因から形成され、アソシエーションとそのメンバーシップとの関係はむしろ弱いと述べている（Newton 1999：185-186）。ヴァーバ、ショルツマン、ブラディたちは、その重要な要因として、「職場と教育」を確認している（Verba, Scholzman and Brady 1995：320, 514）。さらに、ソーシャル・キャピタルは、それと「権力」や「不平等」の問題との関連について議論が必要である。ニュートンは、ユーロバロメーター（EUの世論調査）や世界価値観調査を基礎にして、一般的社会的信頼がアソシエーションのメンバーや活動的メンバーとではなく、「社会的な勝者」と結びついており、この信頼は、「最も強く教育、生活充足、所得、階級、人種」と結合していると指摘している（Newton 1999：185）。これは、ソーシャル・キャピタルが不均等に配分されていることを示している。ロバート・ウスナウは、アメリカ合衆国におけるソーシャル・キャピタルの一般的縮減について述べるとき、一方でのソーシャル・キャピタルの増大と下層における排除と社会的没落という実際の結果を考慮して、人々のエンパワメント（力を高める）の政治戦略が必要であることを強調している（ウスナウ 二〇一三）。

（8）市民社会決定論への批判

　また「市民社会決定論」への批判論もある（Evers 2002：67-70, 73-74）。例えば、ザイアーロン・リー（Li 1999：409, 411）は、自由市場のダイナミズムが必然的にデモクラシーを導くという単純な議論（自由市場決定論）に代えて、社会におけるアソシエーションとコミュニティ形成が必然的にデモクラシーを導きうるという「市民社会決定論」を批判している。マーガレット・リーヴァイ（Levi 1996：50）が述べるように、「政府も、ソーシャル・キャピタルの源泉でありうる。（政府の）政策パーフォーマンスは、信頼の源泉でありうるし、まさしくその結果だけではない」。

エバースによれば、ニュートン（Newton 1999：174）が指摘するように、トクヴィルの時代において「強いつながりのある小規模の地域コミュニティ」が重要であったが、現代において信頼は「比較的弱いつながりのある広い地域」から成長する。したがって、市民社会における新たな変化（利益代表組織の役割の変化）に注目すべきであると述べる。エバースは、政治的に構成されたソーシャル・キャピタルを「シビック・キャピタル（市民資本）」と呼んでいるが、市民社会は、「政治の場」（「政治的公共団体」）であり、また政府や社会的アクターのデモクラシー的相互作用の場である（Evers 2002：71-72）。

このように、ソーシャル・キャピタルと市民社会をめぐる議論を通じて、ソーシャル・キャピタルの魅力とその重要性と共に、市民社会や市民活動の変容、政治的なものの理解、制度の重要性についての議論が行われている。以下では、世界価値観調査のデータを基にして、理論的、経験的検証を行う二つの議論を取り上げよう。その議論を通じて、以下の二つの問いについて検討をしよう。①「ソーシャル・キャピタル（信頼）と市民社会（市民活動）はどのような関係にあるのだろうか」、②「ソーシャル・キャピタルを生み出すのは、市民社会であろうか、あるいは政府をはじめとする制度が重要なのだろうか」。②の問いに対して、すでに見てきたように、「社会中心アプローチ」と「制度中心アプローチ」という二つのアプローチからの答えがある。前者は、「市民社会とボランタリー・アソシエーションに焦点を当て、ソーシャル・キャピタルを生産するボトムアップのプロセス」について論じる。他方、後者は、「トップダウンのプロセスに焦点を合わせ、ソーシャル・キャピタルが、どのように、政治的制度に埋め込まれ、形成されるかに焦点を当てる」。また、政府活動と市民活動の間のダイナミックな相互作用に注目する。

①の問いに対して次の第3節で、ソーシャル・キャピタルが「活発に関与する市民」を生み出す主要な資源であると仮説を立てるジグリット・ロスティチャーを取り上げる。彼は、ソーシャル・キャピタル（社会的信頼）と市民活動の関係について、世界の六大地域・七〇カ国の比較研究をしている。②の問いに対して第4節で、ソーシャル・キャピタルに関する「社会中心アプローチ」を批判し、「制度中心アプローチ」を提起してきたロートステインとストッレの議論を取り上げる。彼らは、従来の研究動向をレビューするとともに、制度への信頼に関して四〇カ国のデータを検討している。

3　ソーシャル・キャピタルと市民活動

（1）信頼と市民活動

ロスティチャーは、「ソーシャル・キャピタル――信頼とボランタリー・アソシエーションへの参加――が、活発に関与する市民を生み出す中心的資源である」と仮定する（Rossteutscher 2008：210）。ところで、ヴァーバ、ショルツマン、ブラディたちは、政治参加と市民ボランタリズムに関連して、「個人が、彼らができないがゆえ、彼らがそれを望まないがゆえ、あるいは誰もそれを求めないがゆえに、政治的に参加することを選択しない」と述べたうえで、市民が参加しない三つの不利な条件として、「動機づけの欠如、資源の欠如、リクルートの欠如」を挙げている（Verba, Scholzman and Brady 1995：269を参照）。ロスティ

表4－1　世界のソーシャル・キャピタルのストック（6大地域平均データと70カ国中の10カ国を抜粋）

	信頼（%）	アソシエーションへの所属（%）	アソシエーション所属の数（1人当たり）	ボランティア活動（%）	ボランティア活動平均値
西欧地域	37.1	48.2	0.84	24.4	0.35
ドイツ	37.5	40.8	0.57	14.4	0.17
イギリス	28.9	23.8	0.37	38.3	0.66
イタリア	32.6	34.9	0.54	20.5	0.29
オランダ	60.1	84.8	1.88	37.1	0.56
スペイン	36.3	23.5	0.33	11.7	0.15
スウェーデン	66.3	88.3	1.86	45.1	0.67
東欧地域	21.1	25.2	0.38	16.5	0.23
北米地域	37.3	76.2	1.86	51.3	1.02
カナダ	37.0	66.1	1.37	41.8	0.73
アメリカ合衆国	36.3	85.5	2.33	60.8	1.33
中南米地域	18.1	46.6	0.76	33.1	0.47
アフリカ地域	17.9	65.0	1.32	64.8	1.27
アジア地域	35.9	45.3	0.92	38.2	0.72
日　本	43.1	36.0	0.59	13.3	0.18
中　国	54.5	14.5	0.20	71.4	1.53
デモクラシー国	29.4	42.9	0.75	24.4	0.24
非デモクラシー国	25.8	40.3	0.77	35.0	0.63

注：西欧地域はトルコを含まない。アジア地域はイスラエルを含まない。第4回世界価値観調査（1999-2004年）。
出所：Rossteutscher（2008：218-220）より一部を抜粋。

チャーは、ソーシャル・キャピタルがこの三つの不利な条件を克服するのを助けると考える(Rossteutscher 2008：210)。

ロスティチャーは、二〇〇〇年前後に実施された第四回世界価値観調査データをもとにして、七〇カ国における「ソーシャル・キャピタルの分布状態と、それが市民活動と民主的市民に及ぼすインパクトの全体像」(Rossteutscher 2008：234) を描こうとする。データには、デモクラシー国と選挙によらない非デモクラシー国（社会主義国、権威体制、独裁体制など）を含んでいる。表4－1のように、西欧（一九カ国）、東欧（一九カ国）、北米（二カ国）、中南米（六カ国）、アフリカ（八カ国）、アジア（一六カ国）の六大地域に区分されている。市民活動の指標として、アソシエーションへの所属、活動・ボランティアの二指標、一人当たりの所属組織数をとり、組織をスポーツ・レクリエーション団体、職業利益団体、宗教団体の三分類で集計する（Rossteutscher 2008：214-216)。

データ集計のいくつかの重要な特徴を見ておこう。第一に、当然のことながら、「社会的信頼が高い、発達した市民団体セクターの諸国」と「信頼のレベルが低い未発達なアソシエーションの国」があり、また「信頼度が高いが、市民活動が乏しい国」と「市民活動が活発であるが、信頼度が低い国」がある。彼の予測通り、デンマーク、フィンランド、スウェーデン、オランダは信頼度が高いが、彼が驚いたことに、中国、インドネシア、イラン、サウジアラビアも信頼度は同様に高く、過半数の人が信頼している。地域単位では、信頼度が高いのは、西欧、北米、アジアであり、信頼度が低いのは、東欧の旧社会主義国と中南米、アフリカである。西欧とアフリカは地域内での差が大きい。例えば、西欧では、スウェーデン、デンマークが六六％に対して、フランス、ギリシャは二〇％程度、ポルトガルは一二％に過ぎない（Rossteutscher 2008 : 216-218）。

　第二に、アソシエーションへの所属については、社会活動のチャンピオンは、北米の二カ国（一人当たり平均一・九の団体に所属）であり、西欧は全体として低い（四八％、〇・八団体）が、オランダ、アイスランド、スウェーデンは北米二カ国と並んでいる。アジアでは、信頼度が低いバングラデシュは豊かなボランタリーセクター（六一％、一・八団体）がある。ボランティア活動が最も活発な地域は、アフリカであり、六五％の参加率であり、北米が五一％と続く（Rossteutscher 2008 : 218-221）。

（2）ソーシャル・キャピタルは西洋的概念

　第三に、デモクラシー国における信頼度が少し高いが、アソシエーションの所属数に大きな違いはなく、ボランティア活動の参加率は、デモクラシー国よりも非デモクラシー国の方がより高い。

　したがって、表4-1のように、「信頼という文化的要素」と「アソシエーション所属とボランティア活動という構造的要素」の関係を見ることにより、彼は、「ソーシャル・キャピタルは、西洋的概念であり、世界の他の地域での経験的共鳴が余りにも少ない」ことを発見する。西欧と北米では、社会的信頼とアソシエーションへの所属のすべての側面の間――個人レベル、集合レベルでの分析――において積極的な関係がある。「信頼する人は、グループに参加する（あるいは参加は信頼を育む）。信頼度の高い国は、豊かなアソシエーショナリズムを有する（逆もまた同様である）」。これは、東欧には当てはまらず、否定的関係にあり、活発に市民活動をしている社会の信頼度は低い。アフリカのケースでは、信頼とアソシエーショナリズムは対立的である（Rossteutscher 2008 : 222-224）。

　第四に、西洋世界では、ソーシャル・キャピタル（信頼とボランタリー組織への参加）は、明確に積極的に民主的市民（活発に関与する市民）のすべての側面と関連がある。「他人を信頼する人々は、信頼しない個人よりも、政治行動に熱心に従事し、しばしば政治グループのメンバーであり、政治的関心が高い、そして政府を信頼する傾向にあり、デモクラシーへのより高い支持を示す」。このように、信頼は、「民主政治のキーとなる資源」である。しかし、「信頼は、同時に非民主政治のキーとなる資源」であり、社会的信頼は「政権がどのような体制であれ、体制安定的要素である」（Rossteutscher 2008 : 227-229）と述べている。ボランタリー組織への参加は、社会的信頼よりもより明確に一般的に民主的市民を推進する。西洋か非西洋か、デモクラシーか非デモクラシーか、両方で、グループ活動に参加する個人は、ボランタリー活動に参加しない個人よりも広範囲に、政治的に活動し、政治的関心が高く、民主的考えを支持する。例外は、アジアであり、グループ参加は、政治参加に否定的に関係し、デモクラシーの支持も低い。ボランタリー組織への参加と政府への信頼の関係は、デモクラシー国よりも非デモクラシー体制でより強力である（Rossteutscher 2008 : 229-231）。

(3) 民主的市民とアソシエーション活動

第五に、民主的市民とアソシエーションの三類型（スポーツ・レジャークラブ、職業利益団体、宗教グループ）との関係はどうであろうか。西欧、北米、アフリカでは、パットナムが称揚する非政治的スポーツ・レジャークラブは、個人レベルで少し、集合レベルで強力に、民主的市民のすべての側面と積極的に関係している。他の地域の結果は異なり、東欧では、スポーツ組織の活動は政府支持を低下させるが、他方、南米でのレジャー活動は、政治参加の欲求を阻止するのみならず、また政治ゲームへの関心と、一般的にデモクラシーへの支持を減少させる。否定的関係は、アジアにおいてもある。スポーツ活動のレベルは、参加の量、政治的関心のレベルと政府支持の量を減少させる。スポーツ組織と比較すれば、職業的利益団体は、しばしばデモクラシーの重荷と見られる。アジアにおいて、職業団体の活動は、民主的考えに対する低い支持と、非制度的政治参加の減少と同時に進行する。宗教団体は、世界で、積極的に民主的考えの普及に寄与し、政治への関心を高め、政治参加のレベルを増加させる。しかし、再び、アジアは逸脱例である。また、一般的に三つの異なる組織は、民主的市民の発展を促進する傾向への効果を示している。だが、スポーツ・レジャー組織のこの効果はより少ない。あらゆる政府は、一般的にアソシエーションの世界からのように、ボランティア活動から利益を得ている（Rossteutscher 2008：232-234）。

ロストィチャーは、「ソーシャル・キャピタルの世界的な蓄積とそのデモクラシー効果に関するいくつかの証拠」を発見するが、「ソーシャル・キャピタルは、もっぱら西欧的概念」であると結論づける。「ソーシャル・キャピタルが、社会的信頼とネットワークへの参加の間の相互行為の結果であるという見方は……西欧諸国の世界でのみ機能する」。社会的信頼とボランタリー活動は、「政治参加、政治的関心、政府への信頼、民主的価値の普及」と強い関係があるが、社会的信頼には、システム安定化力があり、デモクラシー国であるかどうかにかかわらず、「信頼は、すべての種類の政府にとって有益な資源である」。つまり「信頼は本質的に民主的ではない！」と言明する。他方、彼は、ボランタリー組織における活動が「デモクラシー的インパクト」を持っており、「社会的信頼とは対照的に、ボランタリーセクターは本質的に民主的である」と述べる（Rossteutscher 2008：234-236）。

このように、ソーシャル・キャピタルの計測に基づく国際比較研究は、体制や制度など条件の違う国を比較することの困難さと共に、指標の設定、指標間の因果関係を証明できるかなど、困難な課題に直面する。

4 ソーシャル・キャピタルの制度理論

(1) 社会中心アプローチ、制度中心アプローチ

ソーシャル・キャピタルの「社会中心アプローチ」（パットナム 二〇〇一；フクヤマ 一九九六）によれば、パットナムが、イタリアにおける各州の比較調査研究で示したように、歴史的に市民的伝統の強力な地域において「一般的信頼のある市民」を見いだすことができる。このメカニズムは、グループ内では、社会化（グループ活動を通じて身につける）により、非メンバーはこのグループによる外部効果（前述の人工降雨機能）により作動し、貫徹すると仮定される。ロートステインとストッレは、この見方には重大な躓きの石があるという。それは、一方で「一般的信頼を生み出すボランタリー組織」と、他方で「人々のグループの間に不信を生み出す、あるいは強力なグループ内の信頼のみを生み出す組織」との間に理論的区別をする

ことが困難な点である。また、個人レベルの社会的相互行為がどのように社会的信頼を生み出すのかについてのミクロ理論がないこと、「市民的伝統と集団生活が一般的価値と規範を生み出す」というマクロの仮説を論証する経験的データがないことである。これまでの経験的研究によれば、「アソシエーションと社会的ネットワーク」は、良いものであるが、それが社会全体のためになる人々の間の信頼と互酬性の規範を生み出すとは思われない。そのため、彼らは、理論的、政策的有用性のあるソーシャル・キャピタル創出のオルタナティブなアプローチを呼び出すのである（Rothstein and Stolle 2008：276-278）。

　彼らは、「社会におけるソーシャル・キャピタルの総量は、政治ないし政府における諸要素により生み出され、主として市民社会の部門における要素からではない」と主張する（Rothstein and Stolle 2008：278）。パットナムとゴスは、二〇〇二年の先進八カ国のソーシャル・キャピタルについての比較研究の序章で、「国家がソーシャル・キャピタルの形成を促進し、あるいは妨げる多くの方法は十分に研究されていない」と述べている（パットナム・ゴス 二〇一三：一五）。この比較研究は、ドイツやスウェーデンの事例をはじめとして、ソーシャル・キャピタルや市民社会の促進のために、政府の活動が重要であることを示唆している。ただし、政府の活動が促進的機能を果たす場合も、市民活動に対する阻害要因になる場合もあるという問題がある。

　ロートステインとストッレは、「ソーシャル・キャピタルが、どのように現代の政治的、行政的、法的制度に埋め込まれ、関係しているかを強調しよう」と述べる。彼らによれば、信頼は、「効率的、公平で、公正な行政実践のある社会において最も育まれる」ので、「ストリートレベルの官僚制（マイケル・リプスキー）」として知られる行政実務で市民が経験することに左右されると述べる（Rothstein and Stolle 2008：274-275）。

（2）制度的構造的アプローチ

　ロートステインとストッレは、制度アプローチを、「態度アプローチ」と「制度構造アプローチ」という二つのアプローチに区分する。まず、「態度アプローチ」（Rothstein and Stolle 2008：279-280）は、政治制度に対する人々の信頼（政治的信頼）と他の人々への信頼（社会的信頼ないし一般的信頼）の間に関係を見いだす。例えば、ホール（二〇一三：四七―四八）は、イギリスの事例から両者の関係を検証し、カーゼも、国際比較調査データにより、両者の積極的であるが弱い関係を指摘している。しかし、ロートステインとストッレは、両者の間の因果関係を説明する理論は明確でないと批判する（Rothstein and Stolle 2008：279-280. 以下参照。Newton and Norris 2000）。

　これに対して、制度的構造的アプローチは、リーヴァイ（Levi 1998：85ff）が述べるように、ソーシャル・キャピタルが発生する資源としての国家の役割に焦点を当てて、市民が国家自体を信頼に値するものと考えるならば、政府は人々の間に信頼を生み出す可能性を現実化できると考える。さらにロートステインとストッレは、ソーシャル・キャピタルを生み出すのが制度であるとしても、政府の政治制度は多様であり、社会的信頼を生み出すために重要な制度が何かを具体的に特定することが必要であると考える。つまり、制度への信頼は、「政府への信頼」という一つのラベルで捉えるべきでない（Rothstein and Stolle 2008：281-282）。

（3）制度の二類型

　ロートステインとストッレによれば、制度は、有権者としての市民に対応する政治システムの代

表4－2　多様な制度への信頼：回転要因行列（rotated component matrix）

	要因1 政治的／バイアスのある制度	要因2 中立的，社会秩序制度	要因3 権力のチェック制度
議会への信頼	**0.829**	0.184	0.079
政党への信頼	**0.782**	0.036	0.150
政府への信頼	**0.740**	0.267	0.088
市民サービスへの信頼	**0.576**	0.282	0.172
軍隊への信頼	0.060	**0.796**	0.060
警察への信頼	0.258	**0.694**	0.056
法制度への信頼	0.282	**0.639**	0.241
出版への信頼	0.153	0.118	**0.887**
テレビへの信頼	0.149	0.131	**0.878**
説明変数（Rotation sums of squared loadings）	26%	19%	19%

注：Extraction Method: Principal Component Analysis. Rotation Method: Varimax with Kaiser Normalization.　データ：第3回世界価値観調査（1995-1998年），参加国数56，回答者数64,997。
出所：Rothstein and Stolle（2008：285）。

表者に関する制度と、公共政策の受け手としての市民に対応する公共政策の実施に関する制度に分かれる。代表に関する制度は、党派的なものであり、政党、議会、内閣などであり、公共政策の実施に関する制度は、税務署（税吏）、学校（教員）、警察、年金制度など政策関連の制度（公務員）である。とくに、市民は公共政策を実施する制度に、より公正さと公平さを求める（Rothstein and Stolle 2008：283-284）。

彼らは、この二つの類型のうち、一般的信頼を創出し、促進し、維持するためには、公共政策の実施に関係する制度がより重要であると指摘する。これらの制度が「公平、法の前の平等、人権の尊重、機会の平等、効率性」の規範によって実施されるならば、「犯罪からの保護、ヘルスケアのニーズ」が実現するならば、市民はこうした制度を信頼する。さらに、公共政策の実施のための制度が、この公正の原則で運営されるならば、「たいていの人々は『ルールに従って行動』し、制度を信頼する」、そして「たいていの他の市民」を信頼するのである。逆に、「ストリートレベルにおける官僚制」である地域の公務員や警官、教員や医者による差別と汚職を経験するならば、彼らは、制度を信頼せず、他の人々も信頼しない（Rothstein and Stolle 2008：283-284）。

（4）政治的信頼と制度への信頼

ロートステインとストッレは、政治的信頼を「制度への信頼」に関する指標によって検証するために、第三回世界価値観調査データ（五六カ国）を使う。この調査では、九つの制度への信頼についての質問が含まれている。表4－2が示すように、彼らは、制度についての信頼を選挙される代表者に関する制度（議会、政府、政党、高級公務員）、公共あるいは社会秩序に関する制度（法制度、軍隊、警察）、代表者（権力）のチェック機関（出版・メディア）の三分類で把握する。保健制度や学校制度は、第二の分類に属する。彼らは、すでに以前の世界価値観調査の分析において、第二の分類である公共政策や治安に関する制度と一般的信頼の間に強い積極的関係を観察している（Rothstein and Stolle 2008：285-286）。

彼らは、今後の課題として、個人による信頼あるいは現実の制度の違いが「一般的信頼」の形成のための推進力になるのかどうかの調査が必要であると述べている。さらに、上記で見たように、社会的信頼にとって、政治制度が重要であることを示す二つの経験的事例を検討している。彼らの結論は、第一に、「汚職（公平性の欠如）」とソーシャル・キャピタルの間には、否定的関係があり、第二に、「公共政策における普遍性の原則（普遍的福祉の原則）」が、分配的公正のための他の方法よりも、一般的信頼を生み出す傾向があるという点である。両事例は、コインの両面であり、ソーシャル・キャピタルの発生と破壊に関して、公正で公平な政治制度の重要性についての示唆があると述べる（Rothstein and Stolle 2008：286-287）。

5　公共政策とソーシャル・キャピタル

（1）公共政策の処方箋をめぐって

最後に、すでに述べたように、ソーシャル・キャピタルは、公共政策との関連で議論されているので、前節までに述べたこととの関連で、若干の論点を議論しておきたい。

ロートステインとストッレは、すでに見たように、ソーシャル・キャピタルに関する社会中心のボトムアップ・アプローチを批判し、制度的アプローチと名づけるオルタナティブなアプローチを提起した。彼らが社会中心アプローチを批判するのは、ソーシャル・キャピタルが、政策的な含意をもって議論されているからである。国の政府や政府機関、政治家が取り上げた例としては、オーストラリア（二〇〇二）、シンガポール（二〇〇二）、カナダ政府（二〇〇五）などがあげられる。加えて、いくつかの重要な国際機関がソーシャル・キャピタル研究に関心を持ち、活用しており、とくに世界銀行（Bebbington, Guggenheim, Olson and Woolcook 2004）の事例がある。

このような事例においては、「社会中心アプローチ」がとられ、次のような政策的処方箋が導かれる。その処方箋は、政府が、ボランタリー組織の支援をするが、公共サービスの実施はボランタリー・アソシエーションに転換すべきであること（cf. Theiss-Morse and Hibbing 2005：236－237）である。さらに、この文脈での政治的議論は、「普通の市民が多様なアソシエーションに十分『参加』していないと議論することにより、政府が社会における多様な病理の責任を人々に負わせる」という方向に向かうように思われる。この例として、ロートステインとストッレは、スウェーデン政府による二〇〇〇年の『スウェーデン・デモクラシーの現状に関する調査報告書』、アイルランド政府の「国民経済・社会フォーラム」による二〇〇三年報告書『ソーシャル・キャピタルの政策的含意』をあげている（Rothstein and Stolle 2008：293-295）。このような動向に対して、ロートステインとストッレが提起する制度理論が妥当であれば、政策的処方箋は異なってくる。つまり「行政機関・法機関における汚職や他の機能不全に対する措置」が優先課題になる。「ミーンズテストにより『貧困者』のみを選び出す」のではない、「それに代わって普遍的な原理に基づいて機能する福祉政策」が最も重要である。貧困者のみを対象とする政策ではなく、すべての市民を対象とする福祉政策への転換が要である。彼らによれば、この方向での政治的議論において、「欠陥のある制度に対する政府の責任」（Rothstein and Stolle 2008：293-295）こそが問われねばならない。

（2）政策成果としてのソーシャル・キャピタル

ソーシャル・キャピタルと公共政策を議論する場合、次のような三つのソーシャル・キャピタルの類型化が行われている。ローンデスとプラチェットは、特定のグループ内における閉鎖的な「結束型ソーシャル・キャピタル」、多様なグループ間に開かれた「橋渡し型ソーシャル・キャピタル」に加えて、政策決定・政策実施において少数者グループを包摂することに焦点を当てる参加ガバナンスと共同実施のモデルからの政府をはじめとする多様な主体の「連結型ソーシャル・キャピタル」について述べている。前二者が水平的ネットワークであるのに対して、連結型ソーシャル・キャピタルは垂直的ネットワークを含むものである。

彼女らによれば、公共政策において、すでに社会的資源としてのソーシャル・キャピタルが利用されてきた。その理由は、政策ネットワーク内の潤滑油として機能するからであり、あるいは政府と多様な主体の間におけるパートナーシップと協同ガバナンスの形成のために有用であるからである。その後、関心は、むしろ政策成果としてのソーシャル・キャピタルに向かっている。つまりソーシャル・キャピタルが一般的に経済的、政治的パーフォーマンスに影響を与えることのみならず、目標を定めた政策プログラム（健康、教育、犯罪防止など）の達成がより注目されている（Lowndes and Pratchett 2008 : 703）。そのため、貧困と社会的排除の問題を抱える現代社会においてソーシャル・キャピタルのストックを増加させる（ないし創出する）措置が必要であり、ソーシャル・キャピタルの不均等な配分の現状から、その再配分という課題がある。さらにこれがどのようなメカニズムで行われるのかを問わねばならない。この際、先のロートステインとストッレの主張は、注目すべきものであり、制度、市民社会、ソーシャル・キャピタルの間のそれぞれの相互作用を視野に入れる必要がある。

また、ブルデューのソーシャル・キャピタル論は、ネットワーク論として既存の階層制構造と不平等の再生産を説明する理論としてもっぱら取り上げられてきたが、アジミナ・クリストフォルーが指摘しているように、ブルデューはそれにとどまらず同時に既存の社会構造を転換する社会転換の理論を提示している。ブルデューは、この社会転換のプロセスにおいてソーシャル・キャピタルや文化（シンボル）キャピタルが積極的役割を果たすことに注目する。この議論によれば、世界銀行の提起した発展途上国のコミュニティを基礎にした発展計画において「貧困にあるもののエンパワーメント」が失敗しているのは、キャピタルと権力の不平等な配分への階層制社会構造のインパクトを見落としているからである。したがって、社会構造の転換に向けて、「ニーズを表現し、社会構造を再編成し、公共の福祉を維持する権利と義務を認識する地域グループと専門家の間のネットワークを形成」することにより、地域の住民グループ（「支配されているグループ」）の役割を強化することが不可欠となる（Christforou 2014 : 79）。

このように、公共政策の政策効果を達成するためには、ソーシャル・キャピタル、市民社会、制度の相互作用に注目するとともに、社会構造の転換の議論を組み込むことが必要である。

【参考文献】

ウスナウ、ロバート／猪口孝訳「アメリカ合衆国――特権を持つ者と周辺化される者の橋渡し？」パットナム、二〇一三年（原著二〇〇一／二〇〇二年）所収、五〇―八六ページ。

オッフェ、クラウス・フュックス、ズザンネ／猪口孝訳「ドイツ――社会関係資本の衰退？」パットナム、二〇一三年（原著二〇〇一／二〇〇二年）所収、一六二―二一一ページ。

コッカ、ユルゲン／松葉正文・山井敏章訳「歴史的問題及び約束としての市民社会」『思想』九五三号、二〇〇三年九月号、三四―五七ページ。

コッカ、ユルゲン／松葉正文・山井敏章訳『市民社会と独裁制――ドイツ近現代史の経験』岩波書店、二〇一一年。

スコッチポル、シーダ／河田潤一訳『失われた民主主義――メンバーシップからマネージメントへ』慶應義塾大学出版会、二〇〇七年（原著二〇〇三年）。

スコッチポル、シーダ／猪口孝訳「アメリカ合衆国――会員組織から提唱集団へ」パットナム、二〇一三年（原著二〇〇一年／二〇〇二年）所収、八七―一一七ページ。

坪郷實『ドイツの市民自治体――市民社会を強くする方法』生活社、二〇〇七年。

坪郷實「新しい公共空間と市民社会の強化の課題」坪郷・中村編、二〇一一年所収、一五―五一ページ。

坪郷實・中村圭介編著『新しい公共と市民活動・労働運動』明石書店、二〇一一年。

トクヴィル、アレクシス・ド／松本礼二訳『アメリカのデモクラシー』第一巻（上下）、第二巻（上下）、岩波文庫、第一巻、二〇〇五年、第二巻、二〇〇八年（原著第一巻一八三五年、第二巻一八四〇年）。

パットナム、ロバート／河田潤一訳『哲学する民主主義』NTT出版、二〇〇一年（原著一九九三年）。

パットナム、ロバート／坂本治也・山内富美訳「ひとりでボウリングをする――アメリカにおけるソーシャル・キャピタルの減退」宮川公男・大守隆編『ソーシャル・キャピタル――現代経済社会のガバナンスの基礎』東洋経済新報社、二〇〇四年、五五―七六ページ（Putnam, Robert, "Bowling Alone: Americas Declining Social Capital," *Journal of Democracy*, 6(1), 1995, pp.65-78）。

パットナム、ロバート／柴内康文訳『孤独なボウリング――米国コミュニティの崩壊と再生』柏書房、二〇〇六年（Putnam, Robert, *Bowling Alone: The Collapse and Revival of American Community*, New York: Simon & Schuster 2000）。

パットナム、ロバート編著／猪口孝訳『流動化する民主主義――先進八カ国におけるソーシャル・キャピタル』ミネルヴァ書房、二〇一三年（原著二〇〇一／二〇〇二年）。

パットナム、ロバート・ゴス、クリスティン／猪口孝訳「社会関係資本とは何か」パットナム、二〇一三年（原著二〇〇一／二〇〇二年）所収、一―一七ページ。

ハンチントン、サミュエル・P／坪郷實・中道寿一・藪野祐三訳『第三の波――二〇世紀後半の民主化』三嶺書房、一九九五年（原著一九九〇年）。

フクヤマ、フランシス／加藤寛訳『「信」無くば立たず』三笠書房、一九九六年（Fukuyama, F. *Trust: The Social Virtues and the Creation of Prosperity*, Cambridge: Polity Press, 1995）。

ホール、ピーター・A／猪口孝訳「イギリス――政府の役割と社会関係資本の配分」パットナム、二〇一三年（原著二〇〇一／二〇〇二年）所収、一九―四九ページ。

Bebbington, A., S. Guggenheim, E. Olson and M. Woolcook, "Exploring Social Capital Debates at the World Bank," *Journal of Development Studies*, 40, 2004, pp.32-62.

Braun, Sebastian, "Sozialkapital," in T. Olk und B. Hartnuß (Hrsg.), *Handbuch Bürgerschaftliches Engagement*, 2011, S.53-64.

Castiglione, Dario, Jan W. van Deth and Guglielmo Wolleb (eds.), *The Handbook of Social Capital*, New York: Oxford University Press, 2008.

Christforou, Asimina, "Social capital, inequality and power from a Bourdieusian perspective," in Asimina Christforou and John B. Davis (eds.), *Social Capital and Economics. Social Values, Power and Social Identity*, London and New York: Routledge, 2014, pp.65-81.

Cohen, Jean L. and Andrew Arato, *Civil Society and Political Theory*, Cambridge: MIT Press, 1992.

Edwards, Michael, *Civil Society*, Cambridge: Polity Press, 2014 (Third Edition).

Evers, Adalbert, "Bürgergesellschaft und soziales Kapital. Die politische Leerstelle im Konzept Robert Putnams," in Michael Haus (Hrsg.), *Bürgergesellschaft, soziales Kapital und lokale Politik*, Wiesbaden: Springer Fachmedien, 2002, S.59-75.

Hooghe, Marc and Dietlind Stolle (eds.), *Generating Social Capital. Civil Society and Institutions in Comparative Perspective*, New York/Hampshire: Palgrave Macmillan, 2003.

Klein, Ansgar, Kristine Kern, Brigitte Geißel und Maria Berger (Hrsg.), *Zivilgesellschaft und Sozialkapital. Herausforderungen politischer und sozialer Intergration*, Wiesbaden: VS Verlag, 2004.

Levi, Margaret, "Social and Unsocial Capital: A Review Essay of Robert Putnam's Making Democracy Work," *Politics & Society*, 24(1), 1996, pp.45-55.

Levi, Margaret, "A State of Trust," in V. Braithwaite and M. Levi (eds.), *Trust & Governance*, New York: Rusell Sage Foundation, 1998, pp.77-101.

Li, Xiaron, "Democracy and Uncivil Societies: A Critique of Civil Society Determinism," in Robert K. Fullinwider (ed.), *Civil Society, Democracy and Civic Renewal*, New York/Oxford: Rowman & Littlefield, 1999, pp.403-420.

Lowndes, B. and L. Pratchett, "Public Policy and Social Capital," in Castiglione, van Deth and Wolleb, 2008, pp.677-707.

Newton, Kenneth, "Social and Political Trust in Established Democracies," in Pippa Norris (ed.), *Critical Citizens. Global Support for Democratic Governance*, New York: Oxford University Press, 1999, pp.169-187.

Newton, Kenneth and Pippa Norris, "Confidence in Public Institutions', in Social and Political Trust in Established Democracies," in Pharr and Putnam, 2000, pp.52-73.

Newton, Kenneth, "Trust and Politics," in Castiglione, van Deth and Wolleb, 2008, pp.241-272.

Pharr, Susan J. and Robert Putnam (eds.), *Disaffected Democracies: What's Troubling the Trilateral Countries?*, Chichester: Princeton University Press, 2000.

Putnam, Robert, Susan J. Pharr and Russell J. Dalton, "Introduction: What's Troubling the Trilateral Countries?," in Pharr and Putnam, 2000, pp.3-27.

Roth, Roland, "Die dunkeln Seiten der Zivilgesellschaft. Grenzen einer zivilgesellschaftlichen Fundierung von Democratie," in Klein, Kern, Geißel und Berger, 2004, S.41-64.

Rothstein, Bo, "The Universal Welfare State," in Svendsen and Svendsen, 2009, pp.197-211.

Rothstein, Bo and Dietlind Stolle, "Social Capital, Impartiality and the welfare State: Institutional Approach," in Hooghe and Stolle, 2003, pp.191-209.

Rothstein, Bo and Dietlind Stolle, "Political Institutions and Generalized Trust," in Castiglione, van Deth and

Wolleb, 2008, pp.273-302.

Rossteutscher, Sigrid, "Social Capital and Civic Engagement: A Comparative Perspective," in Castiglione, van Deth and Wolleb, 2008, pp.208-240.

Seubert, Sandra, *Das Konzept des Sozialkapitals. Eine demokratietheoretische Analyse*, Frankfurt/New York: Campus, 2009.

Simsa, Ruth und Annette Zimmer (Hrsg.), "Quo vadis?," in Zimmer und Simsa, 2014, S.1-40.

Svendsen, Gert Tinggaard and Gunnar Lind Haase Svendsen (eds.), *Handbook of Social Capital: The Troika of Sociology, Political Science and Economics*, Chelteham/Northampton: Edward Elgar, 2009.

Theiss-Morse, E. and J. R. Hibbing "Citizenship and Civic Engagement," *Annual Review of Political Sciences*, 8, 2005, pp.227-250.

Verba, Sidney, Kay L. Scholzman and Henry E. Brady, *Voice and Equality: Civic Voluntarism in American Politics*, Cambridge: Harvard University Press, 1995.

Zimmer, Annette, und Ruth Simsa (Hrsg.), *Forschung zu Zivilgesellschaft, NPOs and Engagement. Quo vadis?*, Wiesbaden: Springer VS, 2014.

第5章 ソーシャル・キャピタルと社会運動

樋口直人

ソーシャル・キャピタルと社会運動は、相互強化する関係にあるものとみなされているが、歴史的にみれば必ずしもそうとはいえない。両者の関係をめぐる学説を振り返ったうえで、社会全体のソーシャル・キャピタルと社会運動、個々の運動にとってのソーシャル・キャピタルの役割をみていく。さらに、インターネットやSNSといった技術革新が、ソーシャル・キャピタルに依存しない社会運動を生み出している現状についても考えたい。

1 ソーシャル・キャピタルは社会運動を抑制するのか

「ソーシャル・キャピタル」と「社会運動」――この二つの言葉は相性のよい組み合わせと考えられており、本書でたびたび登場するパットナムは以下のように述べている。「社会運動と社会関係資本（ソーシャル・キャピタル：引用者注）は非常に密接に結びついているので、どちらがニワトリでどちらが卵になるのか判断するのは難しいことがある」（パットナム 二〇〇六：一八〇）。

だが一九六〇年代までは、ソーシャル・キャピタルの欠如が社会運動を誘発すると思われていた。こうした立場をとる議論は古典的社会運動論と呼ばれており、社会運動を暴動やパニックと類似した非合理的で、ややもすると病理的な行動とみなしていた。このような「問題行動」は、個人が社会にきちんと統合されていれば発生しない、そう思われていたのである。

逆にいえば、社会に統合されていない人こそが社会運動の担い手となり、そのための舞台を用意するのが大衆社会といわれる状況である。すなわち、都市化が進んで人口の流動性が高まると、社会統合の役割を担っていた（地域組織や職能組合など）中間集団が衰退する。中間集団というクッションを失って孤立（原子化）した家族は、外部からの扇動に容易に操作されるようになり、日頃の不満を社会運動によって晴らすようになる。すなわち、「原子化された民衆は容易に動員される」（コーンハウザー　一九六一：三四）というわけだ。

　しかし、こうした見方と現代の社会運動論には、以下のような対立点がある。第一に、社会運動は健全とはいえない「異常な」社会現象なのか。社会運動は、隠されていた社会問題を明らかにし、その解決に向けた努力を促す「正常な」行動と現代では考えられている。第二に社会運動の担い手は、内に抱えた不平不満を解消したいだけの「非合理的」な行為者なのか。現代では逆に、運動の目標に向けて最適な戦略をとる「合理的」な行為者たることが前提とされる。第三に、ソーシャル・キャピタルが不足した状態で、本当に組織だった社会運動が可能になるのか。逆にソーシャル・キャピタルは、社会運動に不可欠な組織的基盤になると現代ではみなされている。

　こうした前提に立つ資源動員論と呼ばれる理論は、ソーシャル・キャピタルという言葉こそ使わないものの、「資源」という類似した概念により社会運動を分析してきた（塩原　一九八九）。そこで本章では、資源動員論の知見を用いつつソーシャル・キャピタルと社会運動の関係を概説する。その際、「同時に『私財』でありまた『公共財』であり得る」（パットナム　二〇〇六：一六）というソーシャル・キャピタルの性格に即して、マクロ（第2節）とミクロ（第3節）に分けて論を進めていく。

2　公共財としてのソーシャル・キャピタルと社会運動

(1)　フリーライダー問題とソーシャル・キャピタル

　資源動員論は、社会運動には動員のための資源が必要で、資源の種類や調達方法などによって社会運動の帰趨を説明できると考えた。参加してくれる人、リーダー、資金、物資、社会の共感、メディアなど資源は多岐にわたる。ソーシャル・キャピタルも資源の一つであるが、これは往々にして金銭的資源よりも重要な意味を持つ。お金でビラを作ることはできるし、人を雇うこともできるが、それだけで運動は成功しない。社会運動は多くの人が手弁当で参加して知恵を出すことで支持も広がるし、社会的な影響力も発揮できる。そうした社会運動を生み出す鍵となるのがソーシャル・キャピタルであり、フリーライダー問題といわれる難問を解く際にはソーシャル・キャピタルの活用が不可欠となる。

　フリーライダー問題とは何か。提唱者であるオルソンは、「合理的で利己的個人は、その共通あるいは集団的利益の達成をめざして行為しないであろう」（オルソン　一九八三：二）という。一例を挙げよう。日本の大学の学費は、欧州諸国より高く、米国よりは低いが米国のような奨学金が用意されていない。国際的にみて日本の大学生の学費負担は非常に高いわけで、負担軽減を求める社会運動が生まれる理由は十分にある。そこであなたの大学に、学費値下げを求める学生運動ができたとして、誰が参加するだろうか。この運動に参加してもしなくても、学費が下がればすべての学生が恩恵を受ける。また、「自分一人くらい」参加したところで、結果に影響はしないだろう。そうであれば、参加せずただ乗り（フリーライド）した方が合理的である。それゆえ誰も参加しようとせず、運動はすぐ潰えて学費はそのまま、結局のところ何も変化しなかった。

　これがフリーライダー問題といわれるもので、個々人が合理的（利己的）に行動した結果、全体にとって有益な公共財（学費値下げ）が得られなくなる。前述のように、資源動員論は社会運動の担い手を合理的な行為者とみなしたが、オルソンのいう通りであれば合理的な個人は運動に参加しない。にもかかわらず、現実には社会運動が発生しているのであり、合理的な個人が社会運動に参加するメカニズムを説明する必要がある。

そこでオルソンが提示した回答は、選択的誘因の提供——運動参加者に日当や景品を出すといったことだった。だが、選択的誘因にかかる費用を誰が負担するのかが新たな問題になるし、現実の社会運動は日当や景品目当ての人たちが担っているわけではない。オルソンは「合理的で利己的な」うえに「孤立した」個人を行為者として想定しているが、これでは社会運動の担い手像を捉え損なうのではないか。運動参加者は合理的で利己的かもしれないが、決して孤立して生きているわけではない。

孤立していない人間は、周囲の人に影響されて行動する。自分にとって大事な人が社会運動に参加し、その人から参加するように頼まれれば、運動に加わる確率は格段に高くなる。こうした人間関係に埋め込まれることにより、合理的な個人はフリーライダーになることを思いとどまるようになる。つまり、ソーシャル・キャピタルに恵まれた社会ではフリーライダー問題が克服され、課題解決に必要な社会運動が発生しやすくなるのである。

（2）ソーシャル・キャピタルと社会運動の影響関係

ソーシャル・キャピタルを公共財とする見方には、それが望ましい市民社会——さらには機能的な政府——を作り出すという規範的な期待がある。社会運動は、ソーシャル・キャピタルから生まれて政府の機能不全を告発する点で、こうした期待の担い手となりうる。つまり、ソーシャル・キャピタルの蓄積→社会運動→機能的な政府という道筋で、社会運動は市民社会と国家を媒介する。その意味で、投票など通常の政治参加や利益集団と類似した機能を持ちつつも、社会運動は公共財としてのソーシャル・キャピタルと強く結びついている。

実際、ソーシャル・キャピタルが投票率の上昇につながるのは確かだが、投票にはせいぜい年に何回か投票所に足を運ぶコストしかかからない。社会運動とは異なり投票に組織化は必須ではないため、投票に際してソーシャル・キャピタルの果たす役割は限定される。利益集団は、会員に対する情報やサービスの提供を存立の基盤としており、ソーシャル・キャピタルよりもむしろ選択的誘因に依拠している。つまり、投票や利益集団と比較すると、社会運動にとってソーシャル・キャピタルの重要性は高いといえる。

他方で、社会運動はソーシャル・キャピタルから育つとともに、ソーシャル・キャピタルを作り出す存在でもある（パットナム 二〇〇六：一八〇）。米国の公民権運動は、黒人教会や大学という基盤から生まれつつ、その経験はアフリカ系コミュニティに長期にわたる影響を及ぼした。前節でみたように、社会運動は特定の問題を縁とする新たな人間関係を形成し、それが市民社会や政治のリーダーを育てる基盤となる。社会運動は、こうした過程を通じてソーシャル・キャピタルの質を高めるのに貢献する。

一例として、社会運動出身の政治家を挙げてみよう。日本では、菅直人が市民運動出身の首相第一号だが、他の国では社会運動出身の政治家は珍しくない。ドイツで外相をつとめたヨシュカ・フィッシャー、韓国の大統領だった盧武鉉、アパルトヘイト後の南アフリカで大統領となったネルソン・マンデラなどは、活動家から政治家へと転身している。日本の場合、官僚、政党人、労働組合が政治家の出身母体となってきたが、近年はNPO出身の国会議員も増えてきた（辻中・坂本・山本　二〇一二：五—七）。これは社会運動が作り出したソーシャル・キャピタルが、市民社会と政治をつないだ例といえる。

（3）日米のソーシャル・キャピタルと社会運動

では、日本も他の国と同様にソーシャル・キャピタルが社会運動の母体となっているのか、米国との比較でみていこう。パットナム（二〇〇六）によれば、米国で社会運動のピークだった一九六〇〜七〇年代以降、社会運動が変質を遂げている。当時の社会運動を牽引した公民権運動や女性運動は衰退し、代わって環境運動が爆発的に成長した。しかし、現在の環境運動を支えるのは積極的に関与する無数の活動家ではない。ダイレクトメールの勧誘に応じて寄付するだけの会員と、寄付金で雇用される専従職員という両極からなる組織が定着したのである。これは、米国全体でのソーシャル・キャピタルの衰退と軌を一にしており、社会運動がソーシャル・キャピタルに依存できなくなったことを示す。その結果、会員の積極的な参加というソーシャル・キャピタルを、米国の社会運動組織は生み出しにくくなった。

では日本はどのような特質を持つのか。ソーシャル・キャピタルと社会運動の関係については、むしろ米国と日本で共通点がないことの方が目立つ。ペッカネン（二〇〇八）によれば、日本の市民社会組織は数こそ米国と大差ないものの、全国的な活動が少なく、会員も専従職員も少数、予算も少額にとどまる。その結果、市民社会の組織による政治への働きかけは低調である。米国はメンバーが参加せず、専従職員が突出して政治に働きかける点で、「メンバーなき政策提言」だといえる。逆に日本では、政治に働きかける者が少ない「政策提言なきメンバー」により、市民社会組織が成り立っている（その典型が自治会）。つまり、日本でもソーシャル・キャピタルは蓄積されているものの、それが社会運動へと変換されにくい性質を持つ。

とはいえ、時系列的にみると日本でも一定の変化はみられる。まず、社会運動の組織的基盤は、日本においても一定の転換があった（曽良中ほか　二〇〇四）。既成政党との関連が弱い環境・消費者・福祉・女性・人権運動は、一九七〇年代前半が動員のピークとなるが、その後はピーク以前より高い動員水準を保っている。それに対して、既成政党との関連が強い平和・政治・労働・医療・教育運動は、六〇年代後半のピークから低下し、ピーク以前と比べても衰退した。高度経済成長の終焉とともに政党系列の運動が衰退する一方で、政党から自立した運動が発展したわけである。これは、「新しい社会運動」と呼ばれる運動の比重が増していることを意味しており、脱産業社会に共通する傾向といえる（メルッチ　一九九七）。

次に、政治を忌避する傾向があるとされてきたNPOも、一九九〇年代と比較すれば政治や行政に対して積極的に働きかけるようになった（辻中・坂本・山本　二〇一二：一一四—一一六）。ペッカネン（二〇〇八）は、市民社会組織に対する日本政府の抑圧的な政策が成長を阻んできた、ゆえにNPO法のような規制緩和が活力をもたらすと予想する。実際、NPO法人の多くは昔からあった団体が法人格を取得したわけではなく、NPOとして新たに設立された団体からなる（辻中・坂本・山本　二〇一二）。これは新しいソーシャル・キャピタルの形成であり、市民社会と国家をつなぐ新規の回路ができつつあるとはいえる。こうした回路は、通常は公的な場に出ることなく日常生活に埋没しているが、何かのきっかけにより公共空間へと浮上する性質のものである（メルッチ　一九九七)。

3 私財としてのソーシャル・キャピタルと社会運動

(1) 運動参加におけるソーシャル・キャピタルの役割

私財としてのソーシャル・キャピタルは、以下の三つのメカニズムを通じて、個人にとっての運動参加の障壁を引き下げる役割を果たす。第一に、ソーシャル・キャピタルは運動参加に必要な社会的誘因(人間関係に起因する参加動機)を提供する。前出の学費値上げの例でいえば、サークルの部長に運動への協力を求められたとき、部員は部長との関係を考慮して参加するかどうか決めるだろう。このとき個人は自らが属する集団から、運動に参加することで社会的報酬を得て、不参加により評判が下がるという社会的コストを支払うことになる。ソーシャル・キャピタルは、このような社会的誘因を生み出すことで、フリーライダー問題を少なくとも部分的には解決できる。

第二にソーシャル・キャピタルは、リーダーやコミュニケーションの回路といった組織的基盤を作り出す。大学は、その気になれば人と付き合わなくても卒業できるから、学生は個々ばらばらな存在ともいえる。孤立した学生は、「学費値上げ反対闘争」がキャンパスで起こっていることすら知らないまま卒業するかもしれない。それに対して、学内での付き合いが広い者は自然に情報を入手し、関心を持つなり友人が参加するなりすれば、自分も運動に参加する可能性が高まる。冒頭でコーンハウザーが述べたのとは対照的に、孤立した個人を動員するのは容易ではない。運動は、人間関係に埋め込まれた者と接点を持ちやすく、うまくいけば芋づる式に参加者をリクルートすることも可能になる。

第三に、ソーシャル・キャピタルは運動に対する期待を高める役割を果たす。合理的な個人が運動に参加するには、学費値下げに意義があるとみなし、自分の貢献に意味があると納得する必要がある。自分にとって意味ある他者が運動に参加していれば、その影響を受けて運動を肯定的に捉えるようになるだろう。もちろん、周囲が冷淡な態度をとっていれば、ソーシャル・キャピタルは運動参加の抑制要因になる。その意味で、ソーシャル・キャピタルは常に社会運動を生み出すわけではなく、運動の拡大／縮小を助長する機能を持つと考えた方がよい。

(2) 吉野川可動堰建設をめぐる住民運動

社会運動の担い手が、ソーシャル・キャピタルをいかに活用しているのか、筆者らが調査した吉野川可動堰建設をめぐる住民投票運動の例からみていこう(久保田ほか 二〇〇八)。吉野川は、四国の西側にある石鎚山系を源流とし、四国を南北に二分して徳島市から紀伊水道に流れる、全長一九四キロにわたる全国有数の河川である。この河口近くに二五〇年前から存在した第十堰を取り壊し、近代的な可動堰を建設する計画が持ち上がったのが、住民投票の発端である。

これに対して反対運動が発生し、二〇〇〇年には可動堰建設の是非をめぐって住民投票が実施され、徳島市の有権者約二〇万人の半数が可動堰にノーの意思を示した。その後も、運動が推した候補が県知事になるなど、一時はきわめて強い政治的影響力を持つに至った。結果として、国土交通省に可動堰建設計画を撤回させており、二〇〇〇年代の日本を代表する社会運動といえるだろう。

ソーシャル・キャピタルとの関係で可動堰反対運動に注目するのは、それが住民投票や知事選を通じて無数の徳島県民の参加を促したことによる。反対運動は、徳島市有権者の半数に及ぶ一〇万人分以上の署名を集めて、住民投票を直接請求した。

受任者（署名を集める人）の数も有権者の五%にのぼる一万人弱に達しており、署名や投票の頃には徳島市の各所で住民投票を訴える人が走り回っていた。地方とはいえ人口二六万人の県庁所在地で、かつてない数の人が運動に参加したことになる。

　なぜこれほど多くの人の参加が可能になったのか。この章の課題に即していえば、ソーシャル・キャピタルは住民投票運動にどのような意味を持ったのか。筆者らは、住民投票直後に徳島市の有権者一%（二一〇〇人）を対象とする世論調査を行っており、そのデータから考えていこう（久保田ほか 二〇〇八）。表5-1は、世論調査の回答者のうち団体参加と署名した／受任者になった比率の関係を示したものである。団体参加は、前節でみたソーシャル・キャピタルを具体的に示すものであり、それと具体的な社会運動との関係を浮かび上がらせることができる。

表5-1　住民投票署名・受任者と団体参加

	署　名	受任者
	%	%
住民投票関係者の知り合い	74.5**	13.0**
消費者団体	75.6**	8.9**
PTA	71.3*	8.0
自治会	68.1**	6.1
趣味・学習サークル	68.2	8.0**
環境団体	65.4	19.2**
同業者組合	63.4	9.0*
労働組合	72.2	7.0*
宗教団体	70.4	8.6
農漁業組合	63.7	6.9
政党後援会	58.4	6.2
合　計	64.6	5.2

カイ二乗検定，＊＊＝p<.01　＊＝p<.05

(3) ソーシャル・キャピタルと住民投票運動

　表をみると、住民投票を求める直接請求に署名した人は全体の六四・六%、受任者になった人は五・二%だった（一番下の行）。それより比率が高ければ、ソーシャル・キャピタルと署名／受任者には関係があることになり、数字の横にマークがついているものは統計的に有意な関係があることを示す。興味深いのは、署名と受任者では共通するところもあるが、どちらかとだけ有意な関係があるものが多い点である。これは、ソーシャル・キャピタルの種類によって果たす機能が異なることを意味していよう。

　具体的にみていくと、まず住民投票関係者の知り合いがいる人は、署名も受任者も比率が高いことがわかる。これは常識的に考えてもわかる結果だが、住民投票関係者の知り合いにもっとも近いのが消費者団体であった。消費者団体は実質的に生協の組合員であり、そのネットワークを通じて署名集めがなされていった様子がうかがえる。生協は組織として環境問題に取り組んでいることから、可動堰に対する組合員の関心が高かったということだろう。

　次に、PTAと自治会に加入している人は、署名した比率は高いものの、受任者についてはそうとはいえない。受任者は熱心に署名運動に加わる人であり、PTAや自治会はそうした活動の基盤にはならなかった。しかし、そのつながりを通じて受任者から用紙がまわってきた時には、署名に応じた人が多かったと思われる。住民投票運動は、PTAや自治会のような地縁というソーシャル・キャピタルを基盤にしてできたわけではないが、署名を集める際に地縁が役に立ったとはいえる。

　それとは異なる形でソーシャル・キャピタルが使われたのは、趣味、環境、同業者組合といった団体である。これらの組織は、住民投票を求める署名には目立った貢献があるわけではないが、受任者を輩出するに際しては意味があった。環境団体の比率が突出しているのは、可動堰建設という問題の性質から容易に理解できる。それ以外の二つは、活動を通じて顔の広い人が受任者として活動するが、自らが所属する団体に働きかけて署名を集めたわけではないことを示唆する。ソーシャル・キャピタルは、すべて同じような働きをするわけではない。趣味、環境、同業者組合は、受任者の基盤にはなっても署名集めに役立ったわけではなかった。

逆に、農漁業組合や政党後援会は、統計的に有意な違いではないものの署名に応じる比率が低くなっている。可動堰を推進していたのが保守政党であり、ここでいう農漁業組合や政党後援会は保守系が多いことから、署名活動を促進しない機能を果たしていたことが伺える。労働組合や宗教団体も、署名にも受任者にも関係があったわけではない。総じていえば、署名にも受任者にも積極的な役割を果たさなかった団体は、政党との関係が強いところが多い。その意味で、可動堰反対の住民運動は既存の政党政治から距離をとる形で進められていったことが、ソーシャル・キャピタルの分析から示唆される。

（4）結束型／橋渡し型ソーシャル・キャピタル

ソーシャル・キャピタルは、さらに結束型と橋渡し型という二つのタイプに分けられる（パットナム 二〇〇六：一九）。結束型のソーシャル・キャピタルは、集団内部で閉じたつながりから生まれるもので、集団の結束を強化する働きを持つ。橋渡し型のソーシャル・キャピタルは、異なる集団の間を架橋するタイプのもので、さまざまな集団をつないで異質な資源を動員するのに役立つ。

吉野川可動堰反対運動が大きく広がった背景には、この二つのソーシャル・キャピタルをうまく組み合わせたことがある。この運動は、第十堰近くで生まれ育ち、司法書士をしていた姫野雅義さんが、新聞で計画の記事を読んだことに端を発している。彼は計画に疑問を持ち、趣味の釣りや共同保育の仲間、野鳥の会の人たちとシンポジウムを開くなどしていた。この段階で集まっていたのは、釣り、キャンプやカヌーが好きな「ナチュラリスト」、前項の表でいえば趣味のサークルや環境団体の人たちだったといえる。

審議会で可動堰計画の検討が始まってからは、専門知識を持つ人が加わるようになった。建築家、大学教員、僧侶、タウン誌発行人、デザイナーといった面々が、可動堰計画の問題点を洗い出し、それをパンフレットやブックレットの形でビジュアル化していく。こうした専門家たちの多くは徳島へのUターン組で、「地域文化人」として社交的な付き合いがあった。前項の表でいえば、同業者組合の一部はこうした人たちだったと考えられる。デザイナーの一人が作った住民投票のポスターは、デザインの社会的役割を考える事例として、美術の教科書に取り上げられるまで評価されている。

最後に、住民投票の段階では主婦層を中心とする「活動女性」たちが運動に加わった。彼女たちは、子育てや趣味のサークル、生協、ＰＴＡでももともと活動していることが多く、地元の吉野川の問題と聞いて運動に馳せ参じていった。彼女たちは専門的な知識こそないものの、地域に根ざした活動をしているから署名集めなど実務はお手のものだった。

（5）ソーシャル・キャピタルと運動の拡大

結束型のソーシャル・キャピタルは、中心になって活動する仲間を確保するのに向いている。しかし、そうした仲間を越えて運動を広げるには不向きだし、似たような人が集まっているから運動が取り得る戦略も限られてくる。橋渡し型のソーシャル・キャピタルは、異なる資源を持った人を集める強みを持つ一方で、それだけで運動はできない。結束型のソーシャル・キャピタルという基礎がなければ、異なる人が集まって生まれたアイデアも実現が難しいからである。

ナチュラリストは、川遊びのイベントやカヌーでの行進といった形で、持ち味を生かした活動をしていた。しかし、運動がナチュラリストだけのものだったら、可動堰建設はあくまで環境問題にとどまり、徳島市民を広く巻き込むような運動にはならなかっただろう。地域文化人は、ナチュラリストが火をつけた吉野川の価値発見をビジュアルに表現し、運動の方針を決めるに当たって多大な役割を果たした。ただし、地域文化人はエンターテイメント的なことが専門で、署名集めや投票での実務を担うのは得意ではない。そこで活動女性たちが重要な役割を果たすこととなる。

みんなが関わりを持ってきた吉野川の問題という根拠を持ち込み、それをわかりやすく可視化し、住民投票に必要な実務を切り回す。――それぞれが持つ異なる種類の資源をつなげることで初めて、多くの徳島市民を巻き込むような運動が可能になった。これは、結束型／橋渡し型のソーシャル・キャピタルがバランス良く活用された結果であり、成功する運動の背後には異なるソーシャル・キャピタルの組み合わせがあると考えてよい。

4　ソーシャル・キャピタルに依拠しない社会運動

（1）ソーシャル・キャピタル時代の終焉？

パットナムの『孤独なボウリング』は、古き良きアメリカへのノスタルジアを漂わせている。それと同様に、ソーシャル・キャピタルと社会運動という問い立て自体が、どことなく古くさいような気がしなくもない。というのも、今世紀に入ってから直接的な人間関係によらない社会運動が、日本でも発生しているからだ。その象徴が福島第一原発事故後の反原発運動で、国会周辺を一〇万人が取り囲んだり、新宿駅東口のアルタ前広場を人が埋め尽くすこともあった。

この運動の特徴は、前節まででみた既成組織だけでなく、むしろ組織に属していない人が多く集った点にある。つまり、ソーシャル・キャピタルが運動参加を促進したわけではなく、むしろ既存の人間関係に頼った既成組織のデモの方が参加者は少なかった。古典的社会運動論がいうような、原子化した個人が状況に流されて参加したといえるのだろうか。実際にはそうではなく、インターネットやツイッターなどのSNSが、運動の新たな基盤となったのである。

インターネットを介した運動参加は――すべての運動に当てはまるわけではないが――ソーシャル・キャピタルを過去のものにする可能性がある。インターネットが作り出す人間関係は、「公共財としてのソーシャル・キャピタル」の蓄積に役立つかもしれない。あるいは、インターネットは忙しい現代人が人間関係を取り戻すツールになることだってありうる。そうした留保は必要だが、インターネットの役割がこれだけに止まるならば、過去の延長にすぎない。わざわざ新たな要素として言及する価値もないだろう。

インターネットと社会運動の関係で重要なのは、直接的な人間関係によらずして運動参加を促す側面である。原発事故を経験し、ある共通の感情を持つもののつながりがなかった個々人が、ネットを介して特定の場所に集うようになる。東日本大震災と福島第一原発の事故は、確かに社会運動を引き起こす大きな原因だった。だが、SNSのような発信型のコミュニケーション手段が発達した今だからこそ、現実に多くの人が集まったのだとはいいうる。

（2）ヘイトスピーチへの勧誘

外国人排斥を叫ぶヘイトスピーチで知られるよ

うになった排外主義運動は、ソーシャル・キャピタルよりもインターネットに強く依存している（樋口 二〇一四）。もともと日本には、「北方領土返還！」を叫ぶ右翼はいても、外国人排斥を掲げる社会運動は存在しなかった。それに対して二〇〇〇年代後半から、「在日特権を許さない市民の会（在特会）」といった排外主義を前面に打ち出した社会運動が台頭してきた。これまで、ほとんどの市民運動はソーシャル・キャピタルに依存して活動してきたが、排外主義運動はソーシャル・キャピタルがゼロに近い状況から始まったのが特徴となる。

なぜソーシャル・キャピタルがなくても急速に拡大できたのか。最大の原因は、YouTube やニコニコ動画を使って街宣やデモ動画を大々的にアップロードしたことにある。これまでの社会運動が使ってきたのは、紙媒体のニュースレターやビラ、あるいはせいぜい仲間内でのメーリングリストだった。排外主義運動は、信頼できる仲間というソーシャル・キャピタルも、ニュースレターを発行・発送する資金もないがゆえに、カネと手間のかからないインターネットを使うよりほかなかった。こうした後発の劣位性ゆえに、逆に既存の運動の手法ではなく安くて新しい技術を用いることとなり、その「技術革新」が急速な拡大に結びつくこととなった。

実際、筆者が聞き取りした在特会メンバーの二五名中一二名が、インターネットだけで運動に勧誘されている。何の気なしにネットサーフィンしていた人が、たまたま在特会のヘイトスピーチ動画をみるようになる。あなたも、いつの間にか全然関心がなかった動画をみて興味を持ち、続けて関連動画をみるようになったホームページや動画に行き当たる、似たような経験があるのではないか。その意味で、ネットユーザーにとってはありふれた「偶然の邂逅」を、排外主義運動は勧誘に用いている。さらに、動画をみるうちに地元でもデモがあることを知って参加してみるが、そこにいるのは知らない人ばかり。デモの主催者たちも、もともとは相互に何の面識もなかったのが、インターネット上の情報だけで結びつくようになった。

実は、ヘイトスピーチを許せないとしてカウンター活動をする人たちも、同様にインターネットを介して集まっている。排外主義に限らず反原発や反排外主義も含めて、近年急速に広がった運動は、インターネットを介して見ず知らずの者同士が集まるところに特徴がある。こうなると、既存の組織や人間関係からなるソーシャル・キャピタルでは、近年の社会運動の広がりを理解することは難しい。

5　ソーシャル・キャピタルと社会運動の今昔

社会運動は、そんなに簡単に発生するものではない。どの社会でも、社会運動につながる不満は存在するが、それから考えると実際に社会運動が起きるのは稀といってもよい。フリーライダー問題についてみたように、自分一人が何かしても社会が変わるとは思えない、わざわざコストをかけてまで運動などしたくないというわけだ。だから、古典的な社会運動論はコストがかかる行為としてではなく、欲求不満を解消する行動として社会運動を捉えようとした。

しかし、そうした見方は経験的に斥けられ、不満の代わりにソーシャル・キャピタルのようなつながりが、社会運動研究で重視されるようになった。これは、政治学でのソーシャル・キャピタル研究の大家たるパットナムの社会像に近い。すなわち、良き社会には良き社会運動が発生する、それにより良き政治がもたらされる、という幸福な結合だ。実際、一九六〇年代のアメリカでは、公民権運動、学生運動、女性運動といった社会運動が政治を大きく変える結果をもたらした。公民権運動がなければ、黒人であるバラク・オバマが米大統領になることはなかっただろう。

だが、ソーシャル・キャピタルと社会運動の蜜月の時代は終わり、市民の参加を促さない専門家主導の運動に転換した、というのがその後のパットナムの診断となる。では、社会運動はもはやソーシャル・キャピタルの支えを必要としないのか。あるいは、ソーシャル・キャピタルへのこだわりは、「古き良き市民社会」へのノスタルジアによりかかった時代遅れの懐旧の念でしかないのか。

これは、どの水準の社会運動に着目するかによって答えが異なるだろう。パットナムは、アメリカ社会という一国単位の社会運動にしか言及していないが、冷戦後急速に成長したのはグローバルな社会運動だった（曽良中ほか 二〇〇四）。こうした運動は、日常的な社会的紐帯という意味でのソーシャル・キャピタルを必ずしも前提としない。その意味で、ソーシャル・キャピタルと社会運動の関係は変化したといえる。

一方で、吉野川可動堰反対運動にみられるように、ローカルな社会運動では今なおソーシャル・キャピタルが重要な意味を持つ。ただし、この運動が盛り上がった二〇〇〇年前後は、掲示板やメーリングリストでインターネットが使われる程度だった。可動堰反対運動が一〇年後に起こっていたら、動画やSNSなど新たなコミュニケーションの回路が運動の性格を変えていた可能性がある（反原発運動でみたようにナショナルな水準ではすでに起こりつつある）。ローカルな水準でもソーシャル・キャピタルと社会運動の結びつきは弱まるのか、デジタルメディアを加えることで運動が強化されるのか。ソーシャル・キャピタルと社会運動の関係は、こうした過渡期にあるといえる。

【参考文献】


オルソン、マンサー／依田博・森脇俊雅訳『集合行為論——公共財と集団理論』ミネルヴァ書房、一九八三年。

久保田滋ほか編『再帰的近代の政治社会学——吉野川可動堰問題と民主主義の実験』ミネルヴァ書房、二〇〇八年。

コーンハウザー、ウィリアム／辻村明訳『大衆社会の政治』東京創元社、一九六一年。

塩原勉編『資源動員と組織戦略』新曜社、一九八九年。

曽良中清司ほか編『社会運動という公共空間——理論と方法のフロンティア』成文堂、二〇〇四年。

辻中豊・坂本治也・山本英弘編『現代日本のNPO政治——市民社会の新局面』木鐸社、二〇一二年。

パットナム、ロバート／柴田康文訳『孤独なボウリング——米国コミュニティの崩壊と再生』柏書房、二〇〇六年。

樋口直人『日本型排外主義——在特会・外国人参政権・東アジア地政学』名古屋大学出版会、二〇一四年。

ペッカネン、ロバート／佐々田博教訳『日本における市民社会の二重構造——政策提言なきメンバーたち』木鐸社、二〇〇八年。

メルッチ、アルベルト／山之内靖ほか訳『現代に生きる遊牧民——新しい公共空間の創出に向けて』岩波書店、一九九七年。

第Ⅲ部

ソーシャル・キャピタルと経済発展

第6章 持続可能な発展からみたソーシャル・キャピタル

植田和弘

ソーシャル・キャピタルが地域の開発や経済パフォーマンスと関わるという視点は、パットナムの『哲学する民主主義』に始まる。ダスグプタの持続可能な発展論に基づくならば、ソーシャル・キャピタルは福祉の構成要素と福祉の決定要因のいずれにも貢献する可能性があり、ソーシャル・キャピタルはそうした二重性を有している。福祉の決定要因として包括的富を評価する枠組みにおいて鍵を握るシャドー価格もソーシャル・キャピタルに依存する。そこで本章では持続可能な発展について社会が今後目指すべき発展パターンの要件という観点からその含意を明確にしたうえで、その持続可能な発展の実現に資するソーシャル・キャピタルのあり方を考察する。

1 二つの論争的概念

ソーシャル・キャピタル（social capital）は、きわめて魅力的な概念であり、一部では市民社会の活性化や社会問題解決の切り札のように考えられている。実は、本章においてソーシャル・キャピタルとの関係を考えようとする持続可能な発展（sustainable development）にも似たようなところがある。この二つはいずれも社会科学分野において現在非常によく用いられているターミノロジーになっている。しかし、これらの用語自体がその定義や概念の規定をめぐって論争的であり、いわば同床異夢的に用いられている。

そうなる理由の一つは、すでに述べたように、ソーシャル・キャピタルも持続可能な発展も、その概念や定義自体が論争的なことである。ソーシャル・キャピタルは政治学、社会学、経済学をはじめとして広範囲の社会科学領域でさかんに議論されている。それだけ魅力的な概念であるということができるが，同時にこれだけ広範囲に用いられることになると多義的にならざるを得ないのではないか。また，持続可能な発展はすでに法や条約の理念として「制度化」されており，その限りで具体的である。しかし，国際機関などでは環境，社会，経済を統合する概念であるとされているが，いずれの要素をどのように重視するかによって，自ずからその含意は異ならざるを得ない[(1)]。

ソーシャル・キャピタルと持続可能な発展という考え方は，今後の経済社会のあり方や社会科学の将来を考えるうえでも重要な位置を占めるであろう。本章では，持続可能な発展について社会が今後目指すべき発展パターンの要件という観点からその含意を明確にしたうえで，その持続可能な発展の実現に資するソーシャル・キャピタルのあり方を考察する。つまり，従来これら二つの概念の間の関係がそれほど明確ではなかったのに対して，持続可能な発展を実現するソーシャル・キャピタルの役割という観点から両者の関係を考えてみたい。

2　持続可能な発展

（1）ブルントラント委員会の提起

持続可能な発展というターミノロジーは，国際自然保護連合の世界保全戦略（IUCN 1980）に由来するが，国連のブルントラント委員会の報告書に用いられて以来（World Commission on Environment and Development 1987），世界に広がり大きな影響力を持つことになった。持続可能な発展の定義として最もよく知られているのは，ブルントラント委員会の報告書 *Our Common Future* による〝現在世代のニーズを満たすと同時に，将来世代が自身のニーズを満たす能力を損なうことのない発展〟というフレーズである。

ブルントラント委員会の提起によって注目されることになった持続可能な発展の考え方は，発展パターンのパラダイム転換を図ろうとするものであった。環境保全や資源基盤への配慮，南北間衡平，そして世代間衡平を実現する発展パターンという新しいパラダイムの方向性は，広く世界の共感を呼ぶことになった。そのため，ブルントラント委員会による提起以降，持続可能な発展というターミノロジーは環境と開発の問題を扱う場面では必ずと言ってよいほど言及されることになった。

しかし，そのことは必ずしも持続可能な発展という考え方が開発の指針として具体化され定着したことを意味するものではなかった。むしろ，環境と開発の問題を扱う際に言及されることにはなっても，まさに言葉として枕詞的に触れられるだけであって，実際の意思決定や行動に対しては影響力を持つものにはなかなかならなかった。持続可能な発展の考え方を政策や企業の意思決定，人々の行動様式に指針を与えるものにするためにはどうすればよいのだろうか。

まず，持続可能な発展という考え方の吟味から始めよう。

（2）デイリーの持続可能な発展論

持続可能な発展はそもそも多義的というべきかもしれない。

ブルントラント委員会による提起以来，自然条件を重視した定義，世代間の衡平性からの定義，南北間の衡平や社会・人権・文化的価値から定義するもの等多様な定義がなされていた（Pearce et al. 1989：森田・川島 一九九三）。どの次元を重視するかによって持続可能な発展の意味するところに違いがでるが，いくつか世界的に普及した有力な考え方がある。その一つがH・デイリーの持続可能な発展論である。

エコロジー経済学の旗手デイリーは、一九七三年に定常状態の経済学（steady-state economics）を提唱して以来（Daly 1973）、一貫してマクロ経済にはその最適規模があり、それを超えた成長には限界があると主張している。経済はそれを包含する生態系によって恒久的に維持ないし扶養できる規模を超えて成長することはできないというのである。デイリーは、経済のスループット、すなわち原料の投入に始まり、次いで原料の財への転換が行われ、最後に廃棄物の産出に終わるというフローに注目する。そして、「最適規模の必要条件は経済のスループットが生態系の再生力と吸収力の範囲内に収まっていること」であると指摘し、「持続可能な発展とは、吸収力や再生力という環境の制約の中で生活することを意味する」（Daly 1996）と述べている。

デイリーはこうした定常状態の経済学を基礎において、持続可能性の三原則を提示している。一つ目の原則は、仮に自然科学的知見としての環境容量の存在を認めるとすると、汚染物質の排出は環境容量の範囲内に抑制しなければいけない、ということである。二つ目の原則は、人間社会は生きていくために資源を使うが、基本的に再生可能資源を使い、その消費量は再生可能な範囲内でなければならない、ということである。三つ目の原則は、再生不能資源、つまり枯渇性資源も使う場合があるが、枯渇性資源は使えば当然減ってしまうので、その減耗分を再生可能資源が補ってくれる範囲内で使わなければならない、ということである。

ある経済社会がこれら三つの原則を遵守できれば、環境容量は維持され、資源基盤を次の世代に渡すことができる、という意味で持続可能になるとデイリーは考えている。デイリーの主張は熱力学や物質収支則など自然科学的な法則で根拠づけられており、社会科学の観点からは反論しにくい主張になっている。ただ、三原則を実現できる経済や社会のあり方、あるいは、持続可能とはいえない現状から三原則が満たされる経済社会にどのように移行するのかといった論点は残されたままである。

つまり、デイリーの持続可能性三原則は、ある経済社会が持続可能であるために具備すべき規範としての必要条件を述べたものであり、その限りではわれわれに有益な示唆を与えてくれるが、そうした規範が内生する経済社会の実現過程は、理論化や政策的検討の対象から外されているということができる。そのため、ソーシャル・キャピタルという社会のあり方との関係はそもそも考察の対象にはなっていない。なぜなら、ソーシャル・キャピタルは、後述するように、持続可能な発展を実現する主体的・社会的条件に関わる概念だからである。

（3）P・ダスグプタの持続可能な発展論

デイリーが展開した持続可能な発展論が、エコロジー経済学に立脚していたのに対して、P・ダスグプタは、オーソドックスな経済学の立場から出発し、その方法を拡張しつつ持続可能な発展論の構築を目指している。人口問題や枯渇性資源の経済学を探求してきたダスグプタにとっては、持続可能な発展の経済学は自身の研究の自然な発展方向であったかもしれない。

ダスグプタは、持続可能な発展とは、一人あたりwell-being（以下、福祉。経済学では福祉と訳すが、もともとはアリストテレスのgood lifeに通じるよき生、よき生き方を意味する、生活の質〔quality of life〕と同義。〔Sen 1985〕参照）が経時的にみて低下しないことであると定義するが、ダスグプタの持続可能な発展論の特徴は、福祉をその構成要素と決定要因という二つの側面に一度分けて考える（Dasgupta 2001/2004）ことである。

福祉とは何かという問いに対して、万人に納得できる回答を用意することは容易ではない。福祉の構成要素（constituents）はその問題を扱い、より幸福な社会、より自由な社会、より健康な社会とは何かを問うものである。つまり、福祉の内容そのもので、ある経済社会に暮らす人々がよき生を享受できているかという問題である。一人あたり福祉の持続的向上という持続可能な発展の定義を採用するのならば、この福祉の構成要素が持続しているか否かを尺度とするのがわかりやすい。

しかし、幸福か、健康か、自由か、といった福祉の構成要素の内容は経済学の範疇だけで扱いきれるものではなく、むしろ従来は哲学、倫理学、社会学、心理学などが対象にしてきた概念である。とりわけ、幸福や自由は人々の暮らしぶりに対する評価に依存するわけで、その評価は主観的な側面を大きく含むものとなる。

近年幸福に対する経済学研究が活発に行われているが（例えば、Frey 2008）、それは上記の文脈からすれば、福祉の構成要素としての幸福を対象にしていると見ることもできる。幸福研究では、World Value Survey（世界価値観調査）や生活満足度調査など、人々は自分の暮らしぶりを幸福と感じているかといったアンケート調査の結果が多用されているが、それは福祉に対する主観的評価ということもできる。そしてその感じ方はどういう要因に基づいているかが分析されている。こうした研究は、福祉の評価を所得という貨幣的評価に還元するのではなく、福祉そのものを幸福感や生活満足度という尺度を用いて主観的な評価を行い、その評価と客観的条件との関連を分析したものということができる。

より一般的には、福祉の構成要素を表すもの、すなわち幸福度や生活満足度に関する研究は、福祉指標研究とも関連を持つものである。日本でも一九七〇年前後に、くたばれGNPという経済成長至上主義批判が展開されたことがあるが、GDPはもともと福祉を表す指標ではない。その頃から世界と日本で、GDPではない福祉指標を構築する試みがさかんに行われている。一九七〇年代には日本でも環境汚染の評価などを加味したNNW（Net National Welfare）が作成され、学術的には世界で一定の評価を受けたが、定着することにはならなかった。その後も福祉指標開発の努力は、持続可能性指標の開発とも連動して、続けられている。今日では、非貨幣的要素が重視され、個別の側面については信頼性のある新しい測度が開発されており、GDPを補完する暮らしの質を測る情報として位置づけられはじめている（Stiglitz et al. 2009）。

これに対して、福祉の決定要因（determinants）とは、福祉そのもの（福祉の構成要素）ではなく、福祉を担う財・サービスをつくりだす生産的基盤のことである。ある経済社会の生産的基盤を適切に活用することで、その経済社会の福祉を実現するのに必要となる財・サービスをつくりだすのである。その生産的基盤が持続する、あるいは持続的に充実していくことは、福祉が持続する、すなわち持続可能な発展が実現するために不可欠な前提だということができる。

つまり、ダスグプタの持続可能な発展論に基づけば、持続可能な発展とは一人あたり福祉の（低下しないことを含む）持続的向上のことであり、ある経済社会においてそれが実現しているか否かは、福祉の決定要因であるその経済社会の生産的基盤が持続するか否かによって判定することができる。もちろん、より直接的に福祉の構成要素そのものが持続しているか否かを問うこともできるし、そうすることも重要であるが、まだその判定ができる信頼に足る理論も方法も未確立というべきであろう。

要するに、ある経済社会の発展パターンが持続可能であるか否かを判定するためには、その経済社会が有している福祉の生産的基盤を、後続するその経済社会の将来世代に残しえているか否かを判定する必要がある。しかし、経済成長率という景気判断に用いられる指標GDPは、この面においても残念ながら役に立たない。なぜなら、GDPは国民所得理論に基づいて市場で取引されたフローベースの情報で作成されており、ストックベースつまり資本資産の蓄積と減耗が評価されないからである。例えば森林を大量に伐採して木材を販売すれば、GDPは一時的に伸びるかもしれないが、森林資源の枯渇がすすむであろう。GDPが成長していても、ある国の資本資産が減耗し、生産的基盤が劣化しているということがありうるのである。

UNDP（United Nations Development Program、国連開発計画）が各国の豊かさを測るために活用しているHDI（Human Development Index、人間開発指数）は、所得以外の要因も含めて本当の豊かさを表す指標としては、GDPとは異なる情報を提供し、有用で意義も大きい。しかし、豊かさの時間軸上の変化を扱うものではないので、持続可能な発展や持続可能性の指標として用いることはできない（Dasgupta 2007）。

ダスグプタによれば、ある経済社会の生産的基盤とは、その経済社会が持つ資本資産と社会環境の組み合わせである（Dasgupta 2015）。しかし、単に組み合わせればよいのではなく、両者の間にいかなる関係にあるのか、ないしはどういう関係が構築されるか、が重要である。その検討に入る前に、資本資産と社会環境の内容をまず明確にしておかなければならない。

まず資本資産としては、通常、以下に示す少なくとも三つの資本が取り上げられる。[2] 自然資本（natural capital）、人工資本（manufacture capital）、そして人的資本（human capital）である。自然資本は、生態系、大気、土壌などきわめて多様でつながりを持った自然の一連のシステムをなしているが、その生産に貢献するストックを資本とみなしたものである。人工資本は再生産可能な資本（reproducible capital）と言い換えられることがあるように、人為的につくりだすことが可能な資本であり、道路、建物、港湾、機械、設備などを挙げることができる。地域開発などで社会インフラと呼ばれてきたものである。人的資本は定着した用語になっているが、人口の規模と構成、教育や暗黙知が体化されたスキル、健康などから成る。自然資本、人工資本、人的資本は、経済学が生産の三要素としてきた土地、資本、労働とアナロジカルである。

ある経済社会の持続可能性を、その経済社会の生産的基盤の持続可能性で判定するとすれば、自然資本、人工資本、人的資本はいずれもストックであるから、その時間軸上の変化をみてそれがマイナスでなければ持続可能という判定を下すことができる。ただその場合でも課題が残っている。例えば、ある経済社会の生産的基盤の持続可能性という場合には、ある一つの資本だけが減少しなければよいのではなく、その経済社会全体としての生産的基盤が持続しなければならない。その時、自然資本は減少しているけれども、人工資本の増加でその減耗分を補うことができるかという問題がある。そうした自然資本と人工資本との間の代替性を認めないのがデイリーの三原則であった。それに対して、この問題をシャドー価格（後述）に基づく評価によって対処可能と考えるならば、人工資本、人的資本、自然資本をそれぞれ価値額に変換して、そのトータルを評価——包括的富と呼ばれる——することで生産的基盤の持続可能性を判定することができる。国際機関では実際にそうした試みが行われており、その成果物として包括的富報告書が公表されている（UNU-IHDP 2012）。

包括的富報告書は二年に一度作成することになっているが、包括的富の推計方法に関しては、まだ多くの技術的課題が残っている。そうではあるけれども、包括的富の考え方は、生産的基盤の変化を測定することで持続可能な発展を判定するという明確な理論的枠組みに基づいており、今後はいかなる資本に投資すべきかといった政策的にも利用可能な情報が得られる可能性があるという点で貴重である。

包括的富報告書は、すでに述べたように、生産的基盤をまさに包括的に評価する枠組みを有している点で大きな意義を有する。しかし、その考え方を実際の経済社会の評価に適用するためには、正確なデータの収集をはじめとしていくつかの障害が横たわっている。とりわけ難問なのは、それぞれの資本の減耗や蓄積に関して正しい評価額を見つけ出すことである。包括的富を評価するためには各資本の量と価格をかけ合わせて算出するが、例えば、かなりの自然資本には価格が付いていない。市場価格が付いている場合でもその市場価格をそのまま用いてよいか、そして市場価格のないものについてはどう価格付けすればよいかという問題がある。いわゆる外部性の評価問題であり、財産権が付与されていない資源利用の評価問題である。

経済学では、上記の問題に長年取り組んできたが、市場価格には十分反映されていない資源の価値や、そもそも市場がない資源について評価した価値をシャドー価格（shadow price）と呼んできた。その意味で、生産的基盤の変化を評価する理論的枠組みは明確である。要するに、ある経済社会の包括的富とその変化を知るためには、各資本のシャドー価格を明らかにすればよいし、またそれができなければ包括的富は算出できず、持続可能性は判定できないのである。

このシャドー価格の評価問題に関連して注目すべきことは、ダスグプタ（Dasgupta 2015）において、生産的基盤に先に述べた資本資産だけでなく、社会環境もあわせて位置づけられていることである。ここでの社会環境には、制度（所有権と法の構造、企業、政府、家計、慈善団体、ネットワーク）やソーシャル・キャピタル（社会規範、慣習、信頼）などが含まれている。

3　ソーシャル・キャピタルと持続可能な発展

（1）ソーシャル・キャピタルとは何か

ソーシャル・キャピタルというターミノロジーで検索すると、まさに膨大な数に上る学術論文が現れる。しかもその特徴は、社会学、政治学、経済学などほぼすべての社会科学領域において使われていることである。つまりソーシャル・キャピタルはきわめて多数の学術領域で注目され、実際に活用されているのであるが、ソーシャル・キャピタルと地域の開発や経済パフォーマンスとの間の関係が世界的に注目されるようになったのは、R・パットナムによる『哲学する民主主義』を契機にしている（Putnam 1993）。

パットナムは同書で、イタリアの南部と北部を比較し、地域の政治的・経済的パフォーマンスの違いは地域のソーシャル・キャピタルの違いによって説明できると主張している。同書においてソーシャル・キャピタルとはその地域における一種の市民的伝統とでも言いうるもので、「調整された諸活動を活発にすることによって社会の効率性を改善できる、信頼、規範、ネットワークといった社会組織の特徴」であると定義されている。

パットナムが用いたsocial capitalはそのまま日本語に訳すと社会資本となり、事実パットナムの上記訳書でも社会資本と訳されている。しかし、それだと地域開発における道路や橋などいわゆる社会インフラのことと混同されやすい。日本では社会関係資本という訳もよく用いられているが、社会関係が資本であるという理解の仕方にはやや違和感を覚えるので(3)、本章ではソーシャル・キャピタルと呼ぶことにした。

K・アローは、資本とは将来の利益のために現時点で支払う犠牲なのであって、ソーシャル・キャピタルは経済学的な意味での資本の基準を満たしていないと指摘している(4)（Arrow 1999）。アローの指摘を踏まえると、ソーシャル・キャピタルは、自然資本、人工資本、人的資本などと同列に並べて資本と呼ぶことはできない。ここでは第2節で紹介したダスグプタの持続可能な発展論に基づいて、ソーシャル・キャピタルについて考えてみよう。

ダスグプタの議論では、ソーシャル・キャピタルは自然資本などと同列に扱うものではなく、シャドー価格の評価と密接な関係を持つ社会環境として位置づけられていた。物的には同じような自然資本があったとしても、その自然資本の利用や管理をめぐる社会環境が異なれば、その自然資本の価値、すなわちシャドー価格は異なってくる。例えば、人々の間に信頼や協力する意識が醸成され自然の持続可能な利用様式が慣習として定着している社会とそうでない社会とでは、その自然資本のシャドー価格は異なるであろう。つまり、資本資産の価値は適切な社会環境がなければそのシャドー価格は低下し、包括的富としての価値は小さくなる。仮に物的には「豊かな」資本資産があったとしても、それを活かす社会環境がなければ持続可能な発展を実現することはできないのである。ダスグプタのいう社会環境の持つ意義は、以上のような文脈のなかで理解することができる。

このことは自然資本だけでなく、各資本のシャドー価格についても、同様の関係が存在するということができる。結論的に言えることは、制度やソーシャル・キャピタルという社会環境は、ある経済社会の生産的基盤の持続、ひいては持続可能な発展にとって独自の意義や役割があるということであろう。

ソーシャル・キャピタルは、ある経済社会の各資本のパフォーマンスに影響を及ぼす資産である。ただ留意すべきは、その影響の及ぼし方についてである。人工資本、人的資本、自然資本の場合には、各資本への投資がどのように生産的基盤の充実につながるか、また資本の減耗がどれほどの損害や損失をもたらすか、ある程度の法則性を持って関係を把握することができる。しかし、ソーシャル・キャピタルの場合には、そのような関係は少なくとも現段階では明らかになっていない。

むしろ、ソーシャル・キャピタルは、包括的富報告書において実現させる資産（enabling assets）と呼ばれているように（UNU-IHDP 2012）、自然資本、人工資本、人的資本などがその価値を発揮できるような社会環境を構成している資産である。資本の活用の仕方は、社会規範、慣習、信頼などソーシャル・キャピタルのあり様によって変化するであろうし、その結果、包括的富の持続、さらには持続可能な発展の実現に影響を及ぼすであろう。したがって、持続可能な発展を実現するには、各種資本を持続するために投資することに加えて、ソーシャル・キャピタルなど社会環境を適切なものにデザインし維持・形成していくことが不可欠であろう。

（2）持続可能な地域づくりとソーシャル・キャピタル

ソーシャル・キャピタルのデザインや維持・形

成は、道路や橋などの人工資本に投資し維持・形成していくのとはかなり異なったすすめ方が求められるであろう。物的な社会インフラ（人工資本）を整備（それ自体が重要である地域ももちろんあるが）すれば地域開発がすすむというよりも、持続可能な地域づくりではコミュニティデザインが課題になっている。

そもそも、すでに述べたように、どのようなソーシャル・キャピタルをどうデザインすることが各種資本の価値を向上させ有効に活用することにつながるのか、よくわかっていない。しかも、ソーシャル・キャピタルをパットナムが定義するように信頼、規範、ネットワークと理解するならば、ソーシャル・キャピタル自体がマイナスの機能を持つこともありうる。ソーシャル・キャピタルの影の側面（Graeff 2009）と呼ばれているが、ソーシャル・キャピタルが社会的に望ましくない事態を生み出すことも起こりうる。要するに、ソーシャル・キャピタル一般というのではなく、どのようなソーシャル・キャピタルが、どういう経路でどのような機能を発揮して、各資本の価値を認識し有効利用を促すことになるのか、明確にする必要があろう。

地域づくりとソーシャル・キャピタルとの関係については、パットナムの業績も含めて、地域づくりが成果を上げた場合に、その要因としてこの地域にソーシャル・キャピタルが蓄積していたからだと事後的に説明するものが多い。事後的な解釈は今後の取り組み方を考えるうえで貴重な情報になるが、果たして地域づくりに役立つソーシャル・キャピタルを政策的につくりだすことはできるのだろうか。むしろ、パットナムが強調したようにソーシャル・キャピタルは市民的伝統や市民社会に埋め込まれたものであって、またまさに社会的に生み出されるものであって、行政が計画的に整備できるようなものではないであろう。

ただ、持続可能な地域づくりの経験が蓄積され、それを学習する機会を持つことができるならば、持続可能な地域づくりに資するソーシャル・キャピタルのあり様や形成過程にヒントが得られるかもしれない。そうした示唆が得られるならば、ソーシャル・キャピタルが形成しやすい場や機会を政策的に増やすことはできるかもしれない。したがって、ソーシャル・キャピタルの持つ機能[5]をよく理解するとともに、ソーシャル・キャピタルの形成を意識したコミュニティのあり方を考え、試みることは推奨されるであろう。そのように考えてくると、ソーシャル・キャピタル形成はコミュニティガバナンスの問題と深い関係があるということができる（Bowles and Gintis 2002）。

4　持続可能な発展とソーシャル・キャピタル：もう一つのチャネル

ソーシャル・キャピタルは持続可能な地域づくりに役立つ可能性があると述べてきたが、ソーシャル・キャピタルと持続可能な発展との間には、両者を結ぶもう一つのチャネルがあることを忘れてはならない。それは、ソーシャル・キャピタルが人々の福祉、福祉の構成要素に直接貢献するという経路である。福祉の構成要素は幸福、自由、健康など生活の質そのものであるが、ソーシャル・キャピタルのあり様はそれらの状態にも大きな影響を直接的に及ぼすと考えられている。

例えば、ソーシャル・キャピタルを仮に人のつながりと理解するならば、人のつながりは人々や社会の福祉を高めると考えられている（OECD 2011）[6]。また、ソーシャル・キャピタルは健康との間にも深い関係があると指摘されている（Kawachi）。これらに見られるソーシャル・キャピタルは、いわゆる主観的福祉と深い関係を持つと考えることができ、今後の成熟社会において、ますます重要な役割を果たすであろう。

持続可能な発展は、一面では発展の基盤としての包括的富を持続するということであるが、他面では一人あたり福祉すなわち生活の質の持続的向上ということである。ソーシャル・キャピタルは、いずれの側面においても重要な役割を果たすことが期待されている。持続可能な発展にとってソーシャル・キャピタルはそうした二重性を持っているといえるだろう。

【注】

（1）　持続可能な発展論の現状や論点については、別稿を参照されたい（植田 二〇一五）。

（2）　ここでは立ち入らないが、これ以外にも、知識や文化資本などをはじめとしてさまざまな資産を位置づけようとする議論がある。また、社会関係資本も自然資本などと同列の資本資産として扱う議論もあるが、この点に関しては本章の後半を参照されたい。

（3）　宇沢弘文によって制度資本という用語も用いられているが（宇沢 二〇〇〇）、本文の文脈からいえば、制度を資本と理解するというのも妥当ではない。

（4）　ソーシャル（社会的）ということと経済学的範疇である資本という用語を結びつけること自体を問題にする議論もある（Fine 2001）。

（5）　コモンズのガバナンス研究でノーベル賞を受賞したE・オストロムらは、ソーシャル・キャピタルの機能を集合行為論の立場から説明している（Ostrom and Ahn 2009）。

（6）　この訳書では、well-being が幸福度と訳されているけれども、本章でも述べたように、両者は同じものではない。本章では well-being を福祉と訳しているが、福祉と幸福度の区別と関連を明らかにすることはソーシャル・キャピタルや持続可能な地域づくりにも重要な課題であるが、この点については別稿を期したい。

【参考文献】

植田和弘「持続可能な発展論」亀山康子・森晶寿編『グローバル社会は持続可能か』岩波書店、二〇一五年、一―二三ページ。

宇沢弘文『社会的共通資本』岩波書店、二〇〇〇年。

森田恒幸・川島康子「『持続可能な発展論』の現状と課題」『三田学会雑誌』第八五巻第四号、一九九三年、四―三三ページ。

Arrow, K., "Observation on Social Capital," in P. Dasgupta and I. Serageldin (eds.), *Social Capital: A Multifaceted Perspective*, Washington DC: World Bank, 1999, pp.3-5.

Bowles, S. and H. Gintis, "Social Capital and Community Governance," *Economic Journal*, 112: F419-F436, 2002.

Daly, H., "The Steady-State Economy: Toward a Political Economy of Biophysical Equilibrium and Moral Growth," in H. Daly (ed.), *Toward a Steady-State Economy*, San Francisco: W. H. Freeman, 1973, pp.149-174.

Daly, H., *Beyond Growth: The Economics of Sustainable Development*, Boston: Beacon Press, 1996（新田功・蔵本忍・大森正之訳『持続可能な発展の経済学』みすず書房、二〇〇五年）.

Dasgupta, P., *Human Well-Being and the Natural Environment*, Oxford: Oxford University Press, 2001/2004（植田和弘監訳『サステイナビリティの経済学――人間の福祉と自然環境』岩波書店、二〇〇七年）.

Dasgupta, P., *Economics: A Very Short Introduction*, Oxford: Oxford Univercity Press, 2007（植田和弘・山口臨太郎・中村裕子訳『経済学』岩波書店、二〇〇八年）.

Dasgupta, P., "Well-Being in the Green Economy," Keynote Lecture at the 5th international Conference on Sustainability Science, Tokyo, 2015.

Fine, B., *Social Capital and Social Theory*, New York: Routledge, 2001.

Frey, B., *Happiness: Revolution in Economics*, Cambridge: The MIT Press, 2008（白井小百合訳『幸福の経済学』NTT出版、二〇一〇年）.

Graeff, P., "Social capital: the dark side," in Gert T. Svendsen and Gunnar L. H. Svendsen (eds.), *Handbook of Social Capital*, Cheltenham: Edward Elger, 2009, pp.143-161.

IUCN, *World Conservation Strategy*, 1980.

OECD, *How's Life? MEASURING WELL-BEING*, 2011（徳永優子・来田誠一郎・西村美由紀・矢倉美登里訳『OECD幸福度白書　より良い暮らし指標――生活向上と社会進歩の国際比較』明石書店、二〇一二年）.

Ostrom, E. and T. K. Ahn, "The meaning of social capital and its link to collective action," in Svendsen and Svendsen, 2009, pp.17-35.

Pearce, D. W., A. Markandya and E. B. Barbier, *Blueprint for a Green Economy*, London: Earthscan, 1989（和田憲昌訳『新しい環境経済学――持続可能な発展の理論』ダイヤモンド社、一九九四年）.

Putnam, R., *Making Democracy Work: Civic Tradition in Modern Italy*, Princeton, NJ: Princeton University Press, 1993（河田潤一訳『哲学する民主主義――伝統と改革の市民的構造』NTT出版、二〇〇一年）.

Sen, A., *Commodities and Capabilities*, Amsterdam/New York: North-Holland, 1985（鈴村興太郎訳『福祉の経済学――財と潜在能力』岩波書店、一九九二年）.

Stiglitz, J. et al., *Report by the Commission on the Measurement of Economic Performance and Social Progress*, 2009 (http://www.stiglitz-sen-toussi. fr/documents/rapport_anglais.pdf)（福島清彦訳『暮らしの質を測る』税務経理協会、二〇一一年）.

UNU-IHDP, *Inclusive Wealth Report 2012: Measuring progress towards sustainability*, Cambridge University Press, 2012（植田和弘・山口臨太郎訳、武内和彦監修『国連大学　包括的「富」報告書　自然資本・人

工資本・人的資本の国際比較』明石書店、二〇一四年）.
World Commission on Environment and Development. *Our Common Future*, Oxford / New York: Oxford University Press, 1987（環境と開発に関する世界委員会編、大来佐武郎監修、環境庁国際環境問題研究会訳『地球の未来を守るために』福武書店、一九八七年、第二章、をもとに礪波亜希・植田和弘改訳「持続可能な発展へ向けて」淡路剛久・川本隆史・植田和弘・長谷川公一編著『持続可能な発展』有斐閣、二〇〇六年、三二〇―三二三ページ）.

第7章 東アジアのソーシャル・キャピタルと経済発展

吉積巳貴・森　晶寿

途上国では一般に、ソーシャル・キャピタルが貯蓄や保険といった市場経済におけるリスク回避手段を不十分ながら提供してきた。東アジアでは、加えて、灌漑システムなどの共同生産手段の維持・管理を軸としたソーシャル・キャピタルが蓄積された地域もあった。市場や金融機関が発展し、そのような機能を提供するようになると、今までソーシャル・キャピタルが果たしてきた機能を代替していった。しかしながら、ベトナム婦人会の活動に見られるように、ソーシャル・キャピタルは、貧しい人々や女性など伝統的に大きな権限を持ってこなかった人々の社会参加を促し、安心感を高める機能を果たすようになっている。

1 経済発展におけるソーシャル・キャピタルの役割への注目

途上国のソーシャル・キャピタルが注目されるようになったのは、一九八〇年代の途上国債務危機の処方箋として国際通貨基金（ＩＭＦ）や世界銀行が推進してきた構造調整政策が多くの批判や抵抗を生むようになったことが大きな要因であった（宮川 二〇〇四）。とくに批判を受けたのは、構造調整政策がより公正・民主的で持続的な発展という開発目標を満たすものではなかった点であった。

こうした批判を受けて、世界銀行は、援助効果の相違をもたらすものとしてガバナンスに着目するようになった。そして、開発援助の効果は効果的で質の高い公共サービスを提供している国ほど高く、参加型アプローチは公共サービスの普及を大きく改善するとの見解を示した（World Bank

1998）。さらにWorld Bank（1997）では、Narayan and Pritchett（1997）によるタンザニア農村におけるソーシャル・キャピタルと所得に関する実証研究で、村落レベルでのソーシャル・キャピタルと家計所得に相関があることを取り上げ、ソーシャル・キャピタルが途上国の開発に貢献するとの見方を示した。

世界銀行が一九九六年に設立したソーシャル・キャピタル・イニシアティブ（Social Capital Initiative：以下SCI）というワーキンググループでは、ソーシャル・キャピタルを「社会の社会的交流の質と量を形成する制度・関係・規範」と定義している。そしてソーシャル・キャピタルの指標を構築し、コミュニティ内にある環境資源の共同管理やマイクロファイナンスについてなどの事例研究、ソーシャル・キャピタルの観点から政府の機能と経済発展との関係を検討した結果を踏まえて、ソーシャル・キャピタルは社会の経済成長や、開発の持続可能性を確保するために不可欠であると主張している（World Bank 2011）。

これらの検討は、途上国にすでに存在するソーシャル・キャピタルをうまく活用すれば、経済成長やその持続を可能にすることを示したものといえる。とりわけグラミン銀行は、担保を要求する代わりにグループ貸付という手法を採用し、貧しい人々や女性を新たにグループ化してその構成員に連帯責任を負わせることで、その間の信頼を醸成し、結果情報の非対称性を克服して、高い返済率を実現したとされる（諸富 二〇〇八）。しかも伝統的に貯蓄や保険へのアクセスの困難であった貧しい人々や女性が家庭内や社会での発言権を高めるなどの効果もあったとされる。

そこでグラミン銀行の「成功」が広く知られるようになると、世界各地でソーシャル・キャピタルを活用したマイクロファイナンスが実施されるようになった。

ところがマイクロファイナンスも、世界各地でソーシャル・キャピタルを活用して高い返済率を実現できているわけではない。マイクロファイナンスが大規模化・普遍化するにつれて、資金を国際機関などからの公的援助機関だけでなく、資本市場から調達せざるを得なくなった。この結果、収益性を重視せざるを得なくなった。ところがリスクの高い個人ほど他の人々から信頼は得られず、グループ化は困難である。こうした人々への融資は、必然的に利子率が高く融資期間も短いなど、フォーマルな金融機関と比較して融資条件が悪いものとならざるを得ない。結果、融資を受けて開始したビジネスが短期間で高い収益を上げない限り、コミュニティの経済の改善をもたらさない。むしろ返済を困難にして経済を悪化させる可能性すらある。

しかもソーシャル・キャピタルも、無条件に世代を超えて維持・蓄積され続けるわけではない。市場経済化の進展や、政府のこれまで手つかずあるいは紛争等のために推進が困難であった辺境地域の開発とともに、これまで地域共同体が共同で管理してきた資源の過剰利用が指摘されるようになった。この原因として、地域共同体における外部での稼得機会が上昇したことや、政府が法的所有権を設定するプロセスで地域共同体が伝統的に利用してきた共同利用資源の所有権を認めず、国有化しあるいは民間企業に払い下げて開発を推進してきたことなどが指摘されている（Baland and Platteau 2003：174；森 二〇〇八：二七五）。こうした地域共同体を取り巻く環境の変化は、ソーシャル・キャピタルの維持や蓄積を困難にするのではなかろうか。

本章は、この仮説を検討することを目的とする。そこでまず、ソーシャル・キャピタルが伝統的に果たしてきた機能を概説し、それが市場経済化や政府介入によりどのような影響を受けてきたのか

図7-1　事例地区であるフエ市とフンヴァン村付近の航空写真

を、アジアの経験を念頭に置きつつ理論的に考察する。そのうえでベトナムを対象として、ソーシャル・キャピタルと経済開発の関係を検討する。一般的に都市と農村におけるソーシャル・キャピタルの種類や状況は異なる。この点を踏まえて、都市部としてフエ市を、農村部としてフエ省フンヴァン村[1]（図7-1）を対象としてインタヴュー調査を行い、それぞれのソーシャル・キャピタルの現状とソーシャル・キャピタルと経済開発の関係とその変容を明らかにする。

2　東アジアのソーシャル・キャピタルの役割の変化

(1) 東アジアにおける伝統的なソーシャル・キャピタルの役割

先進国では、経済発展の過程で金融市場も深化し、銀行や貯蓄組合などが人々に現物ではなく金融資産で貯蓄する手段を提供し、保険会社も市場の拡大とともに大数の法則を利用して生命保険・健康保険・損害保険などのリスク回避手段を提供するようになった。

対照的に途上国では、金融市場が未発達で、市場も地域ごとに分割されていることも多い。このため、金融機関は大口かつ信用力の高い顧客が集中する都市部に立地することが多く、小規模で取引費用の高い顧客の多い農村にはあまり金融サービスを提供しようとはしなかった。このため多くの農民は、現在の収入を将来の消費を平準化させるために余剰を金融資産として貯蓄することも、将来の収入変動リスクに備えて保険を購入することとも困難であった。ところが、余剰農産物に代表される現物資産は、温度と湿度を適切に管理し害虫を防止できる貯蔵施設がなければ、長期間の保存に耐えず、品質が劣化する。このため、貯蓄機能を十分に果たすことはできなかった。

そこで貯蓄及びリスク回避手段として構築したのが、血縁・地縁で構成されるソーシャル・キャピタルであった。出生率を高めて子供を労働力として活用できるようになれば、老後の収入を確保することができる。また遠隔地の親戚と婚姻関係を結べば、ある地域が壊滅的な悪影響を受けた場合でも家族の誰かは生き残っていくことができる。そして生産性は農地に比べて低く、土地が広大であるために個人所有とすると管理費用が膨大になる里山や海辺などの入会地を地域共同体の共同利用資源とすることで、旱魃や飢饉の際に資産の少ない共同体の構成員が食糧を確保する手段を提供できる（Dasgupta 2006）。そしてオストロム（Ostrom 1990）の提示したコモンズの設計原理[2]を満たし、さらにその構成員がルールの意味内容を理解し、協力して管理組織を運営したコミュニティでは、こうした共同利用資源は持続的に利用されてきた（諸富 二〇〇八：Chen 2012）。さらに頼母子講など地域単位で資金を集めて融通する機関を設立することで、コミュニティの構成員が突発的な出来事による破産を免れることを可能にした。

東アジアでは、さらに二つの理由から、血縁・

地縁で構成されるソーシャル・キャピタルが強化されるところも存在した。一つは、既耕土地での単位面積当たり農業生産の最大化である。アジアで普遍的な水稲耕作で生産性を向上させるには、肥料投入増加や品種改良、代掻き・田植え・中耕・除草・収穫などの集約労働が効果的であった。そこで村落共同体の構成員が共同でこうした作業を担ってきた。また、山岳周辺の小河川が形成する扇状地や小溜池利用地域、調整池（ファーム・ポンド）利用地域など独立の水源を確保していた地域では、村落共同体が局地的小灌漑システムを維持・利用してきた（玉城 一九七六：八一―八二）。こうして村落共同体の機能は高度な自治的性格を持ち、この村落共同体の機能を維持するために共同体内での規律を維持・強化してきた。

二つ目の理由は、流通・商業の利潤を拡大し、リスクを最小化することである。交通手段が発達しておらず、農村・都市間の物流が少ないところでは、農家と消費者の間に入って流通を担う中間業者は、農家・消費者との情報格差を利用することで利益を上げることができた。しかも国境や中国の省など市場が分断されているところで越境貿易・取引を行えば、莫大な利益を得られることになる。ところが、見知らぬ土地で取引を行おうとすると、情報格差を利用されて不利益を被るリスクが高い。そこで遠い親戚を含めた広い意味での家族・血縁関係を活用することで、商業リスクを回避しようとしてきた。さらに血縁関係を通じて資金の融通を受けることで、流通ビジネスを拡大しようとしてきた。その半面、血縁関係ゆえに脱会は許されず、「一族の掟」に背くことは死を意味した。こうして一族内での規律と結束が守られ、ソーシャル・キャピタルが更新・蓄積されてきた。

こうしたソーシャル・キャピタルは、貯蓄や保険の機能を提供することで、市場は発展しておらず、政府がこうした機能を果たさない状況においても、地域共同体や一族にセーフティネットを提供した。そしてその生き残りを可能にすることで、経済発展を支えてきた。

ところが、村落共同体はその間での紛争の解決にはほとんど無力であった。上下流の水利権争いに見られるように、地域共同体の結束力が堅いほど紛争は長期化し、経済活動を阻害することもあった。そこで上位の機構、具体的には領主や政府が同一水系内の治水管理や配水統制、地域間の水利紛争の調整を行ってきた（旗手 一九七六）。

しかもアジアの巨大河川や大平野では、村落共同体が独自の機能を発揮する余地はほとんどなかった。アジアの灌漑農業では、河川の洪水の制御や灌漑排水施設の建設はある地域的な拡がりを持って行われなければその有効性を発揮し得なかった。このことから、歴史的には専制的な王朝、現在では中央政府ないし地方政府が行政投資として行ってきた。そして農業水利施設は集権的に管理され、農民の直接参加による管理を排除してきた。この結果、農民の自治的能力の発達は阻害されてきた（玉城 一九七六：六四）。

このことは、東アジアでは、村落共同体をベースとしたソーシャル・キャピタルは必ずしも普遍的に蓄積されたわけではなく、またその強さも地域によって多様であったことを示唆する。

（2）市場経済化・金融深化の進展とソーシャル・キャピタル

市場や金融機関が発達し、かつ政府も救済措置を取るようになると、村落共同体が伝統的に果たしてきた機能は相対的に低下した。

第一に、村落共同体の構成員が個別に市場にアクセスできる機会が拡大した。道路の整備とバイク・自動車の普及により、都市へのアクセスが容易になり、地域組織や中間流通業者に依存しなくても原材料の調達や、農産物の販売を行えるようになった。しかも携帯電話の普及により、生産者と消費者の間の情報格差が縮小したことで、農家は地域組織を通さなくても以前よりも高い収入を得ることが可能になった。

第二に、多くの国で製造業への投資が拡大し、工場労働に対する需要が高まったことで、共同体の構成員がその外で収入を確保する機会が増えた。しかも共同体で生産活動を続けるよりも大きな収入を得ることすら可能になった。この結果、労働需要が高い教育を受けた若年層ほど共同体を離れ、共同体全体の生産活動、とりわけ共同利用資源の維持管理に必要な共同作業を維持することを困難にした。

この二つの変化は、村落共同体内部の人間関係を相対的に希薄化し、外部で大きな収入を得る構成員とそうでない構成員の間で格差を生んだ。この結果、村落共同体の構成員が共通の目標を持ちにくくなり、その機能の維持を困難にしている。

第三に、携帯電話の普及により、これまで高かった農村の小口金融の取引費用が大幅に低下した。農家は地域組織を通すことなく直接ネットバンキングに口座を開設して農産物販売収入の貯蓄や送金を個別に行うことができるようになった。また金融機関もグループ化された組織を訪問することなく毎日集金し自動入力することが可能となった（田中 二〇一四）。この結果、貧しい人々をグループ化して規律を持たせなくても、フォーマルな金融機関と同等の条件で貯蓄および融資機能を果たすことができるようになった。

とは言え、こうした変化によって経済的便益を獲得できるようになったのは、主として富裕層と男性のみ、との調査結果もある（田中 二〇一四）。さらにアジアの農村部、とくに少数民族の居住区は、政府の教育政策や開発事業、さらには水源地保護などの環境政策によって土地や自治に対する伝統的な権原を奪われてきたところもあり、政府に対する信用は必ずしも高いわけではない。このため、貧しいコミュニティや、伝統的に男性の収入に依存してきた女性については、ソーシャル・キャピタルが資金アクセスやリスク回避手段を提供する余地はあると言える。

3　ベトナムにおけるソーシャル・キャピタルと経済発展の関係

(1) ソーシャル・キャピタルの概要

ベトナムには様々な社会組織が存在するが、それらの社会組織は、公的に組織された社会組織と、自発的に組織された社会組織に分かれる（村上 二〇一二）。公的な社会組織としては、婦人会、退役軍人組織、青年会、農業組合がある。自発的な社会組織としては同年齢アソシエーション、同級生アソシエーション、同僚アソシエーション、またスポーツや趣味に関する社会組織などがある。

ベトナムの農村部に位置するベトナム国フエ省フンヴァン村で二〇〇六年に実施した調査結果によると[3]、村人は農業組合、商業組合、青年会、婦人会、老人会、村議会、宗教団体、人民委員会、芸術文化団体、葬祭共済／祭礼組合、金融団体、教育委員会、衛生委員会、水・廃棄物管理団体、軍などに所属しており、回答者のうち九四％はいずれかの社会組織に参加している。最も多くの人が所属している社会組織は婦人会であり、女性の回答者の八六％が婦人会に所属している。次いで、農業組合に全体の五八％が所属している。またベトナム国フエ市で実施した調査結果によると[4]、融資提供を行う組織として婦人会が七一％と最も多く、公的な金融機関や銀行に借りる住民はほとんどいない。これは、ベトナムではまだ公的な金融制度に対する不信感があり、インフォーマルな金融制度の利用率が高いとする吉田（二〇〇一）のフエ市における金融状況の調査と整合的である。

(2) 都市部におけるソーシャル・キャピタル：ベトナム中部フエ市を事例に

ベトナムの都市では都市化が急激に進んでいる。都市人口は、一九六〇年には全体の一五%、一九九〇年には二〇%、そして二〇一一年には三一%となっており、二〇四〇年には都市人口は農村人口を上回ると予想されている（World Bank in Vietnam 2011）。ベトナム中部の都市であるフエ市も、ベトナムの他都市と同様に都市化が進んでいる。フエ市の都市部、農村部それぞれの居住している人口の推移を見ると、二〇〇三年にはフエ市における農村部に居住する人口は二〇%だったが、二〇〇九年以降、農村人口がなくなり都市人口のみとなっている（図7－2）。

フエ市の旧市街に位置するジアホイ（Gia Hoi）地区での調査結果(5)において、都市化が進み、道路交通量が増加し、道路がオートバイや自動車に占拠され、また経済価値が高まった幹線道路沿いに新しい住人が移り住むことで、従来の住民間の関係が失われ、住民同士の会話や交流が減少してきていることが明らかになった（Yoshizumi, Ngoc and Kobayashi 2013）。地域コミュニティの活動として、伝統的にクンソム（Cung Xom）と呼ばれる地域コミュニティが集まり、天地を礼拝する行事があり、地域コミュニティの交流活動において最も重要な活動である。このクンソムを行っている住民が同じ地域コミュニティとしての意識があり、その地域コミュニティ間で、困ったときの助け合いや、お金の貸し借りなどを行ってきた。しかしながら、幹線道路沿いの住民の八八%はこのクンソムを実施しておらず、地域住民の活動、そして交流自体が失われつつあることが調査結果から明らかになっている。

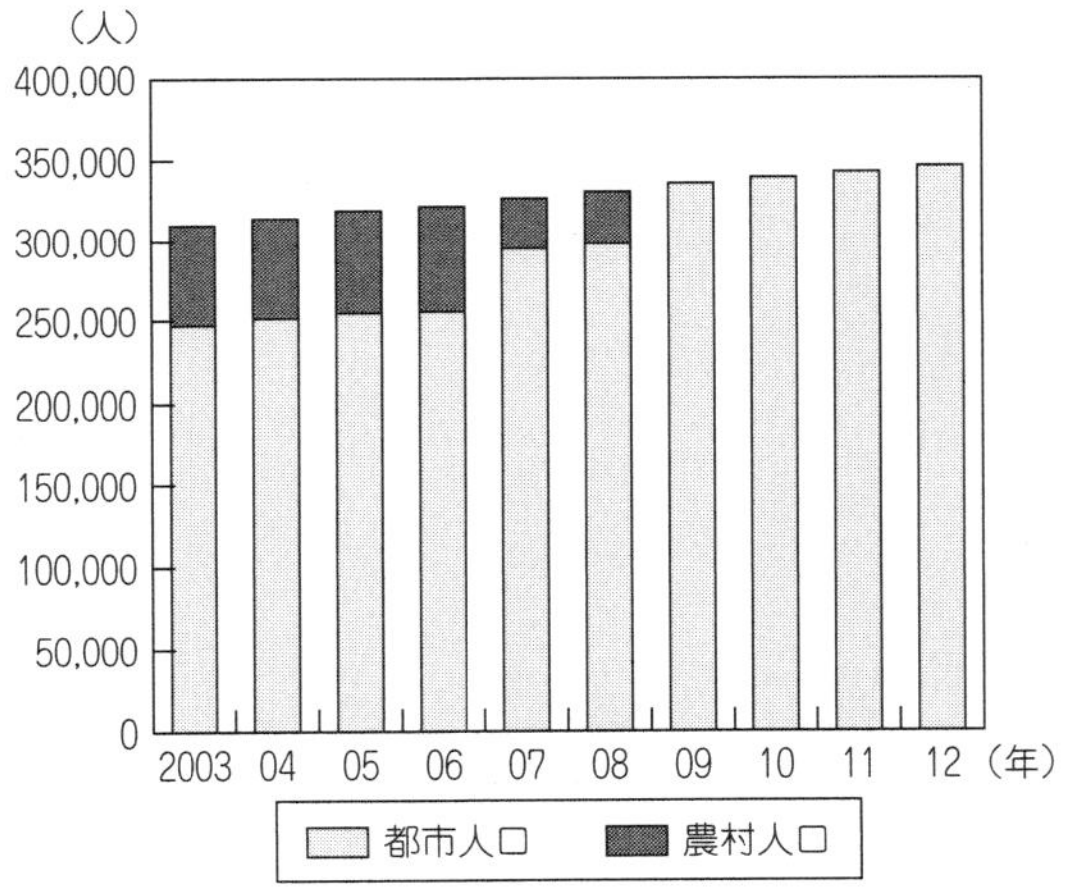

図7－2　フエ市の都市・農村人口の推移

一方で、洪水常襲地と洪水被害がない住民との比較調査結果から、洪水常襲地の住民の方が慢性的に起こる洪水時の助け合いや、洪水後の清掃活動を通して、地域住民の相互扶助関係が持続していることも明らかになった。

また前述したように、都市住民において、お金を借りる機関としては、銀行ではなく、婦人会からが最も多い。つまり、都市部における経済発展には婦人会の役割が大きいことがわかる。

図7－3は地域住民との交流の頻度と世帯収入の相関性を表している。横軸が月の世帯収入（VND）、縦軸が地域住民との交流の頻度であり、1が交流無し、2が年に一度程度、3が月に一度程度、4が週に一度程度、5が日に一度程度、6が日に三回以上、である。その結果、相関係数はマイナス〇・一七九と小さいが、マイナスという結果となった。地域住民との交流の頻度が少ない住民には、幹線道路沿いに住む他地域から移住してきた新住民が多く、これらの人々は、隣近所との協力もとくに必要のない新しいビジネスを行って成功している人たちである。元来ベトナムでは、通りごとに、洋服の店舗が集中している通り、家電の店舗が集中している通り、など同類の商品を扱う店舗が立ち並び、それぞれの店舗が補完関係

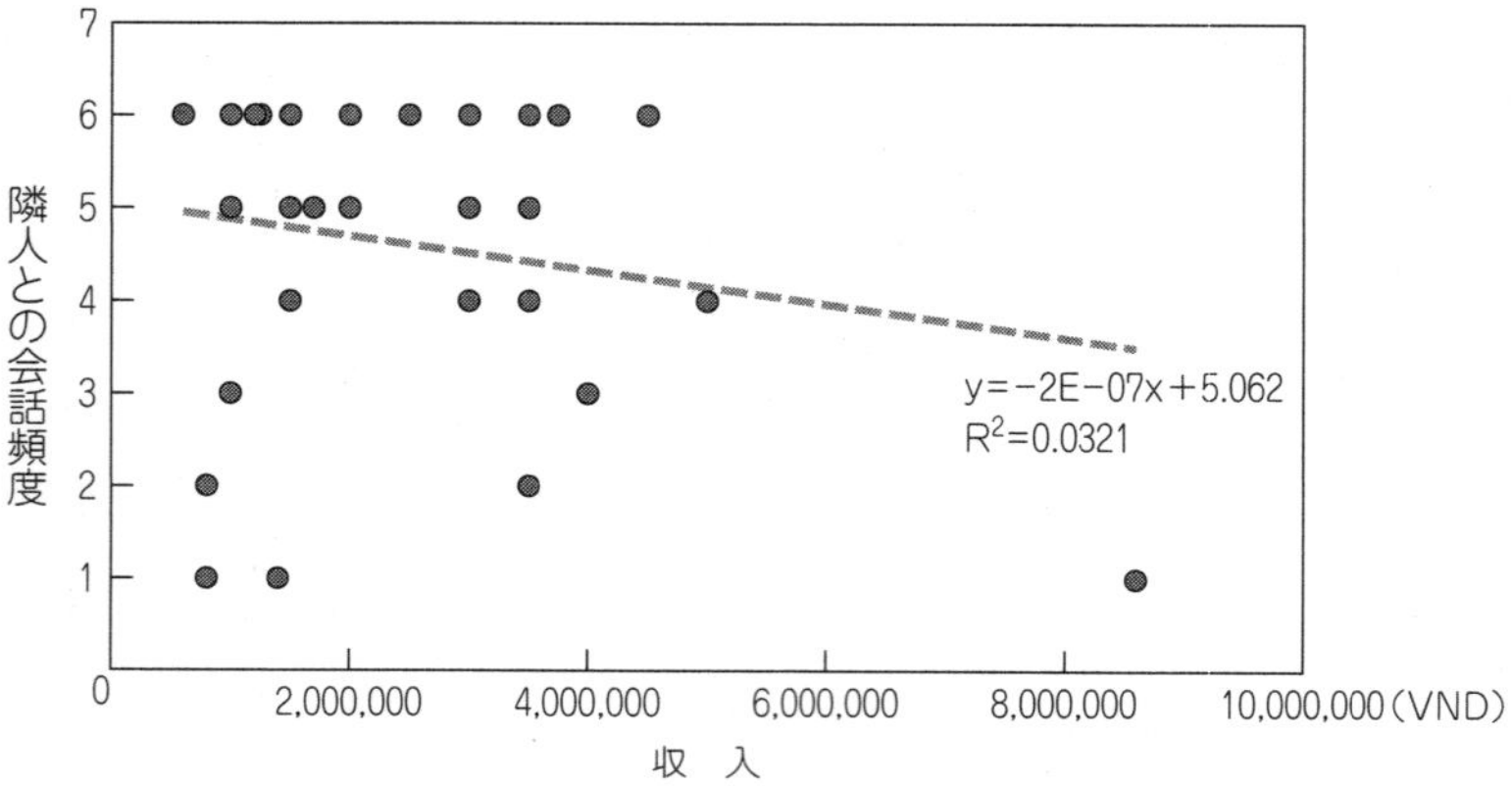

図７−３　フエ市における隣人との会話頻度と家計所得の相関性

的に協力しており、ソーシャル・キャピタルと経済の正の相関性が高かったと考えられる。ところが近年では、外資系の大型スーパーが建設されるなど、従来の経済活動の関係が変化してきており、ソーシャル・キャピタルと経済開発の関係性も変化してきている。

(3) 農村部におけるソーシャル・キャピタル：フンヴァン村を事例に

フンヴァン村は、トゥアティエン・フエ（Thua Thien Hue）省フォンチャ（Huong Tra）県のボー川流域に位置し、フエ市内からは約二〇kmの距離である。人口は一四六一世帯、六六八七人（フンヴァン人民委員会 二〇一〇）であり、四つの村によって構成される。フンヴァン村はボー川に囲まれたように位置していることもあり、雨期には慢性的な洪水が起こる。フンヴァン村では、男性は農地で働き、女性は住居内で、養豚や養鶏など畜産に携わっていることが多い。フンヴァン村全体の収入源における畜産収入の割合は二四％であり、農村全体の四分の一を占めている。

フンヴァン村における調査[6]の結果、婦人会が最も重要な社会組織と答えた回答が最も多かった（図７−４）。フンヴァン村の婦人会は一九七五年に設立された。最初の会員は二〇〇人程度であったが、二〇一〇年にはその数は一二九五人となっており、その数は増加傾向にある。フンヴァン村の婦人会の活動は、主に女性が担っている畜産に関する協力や情報提供、トレーニング、独身の女

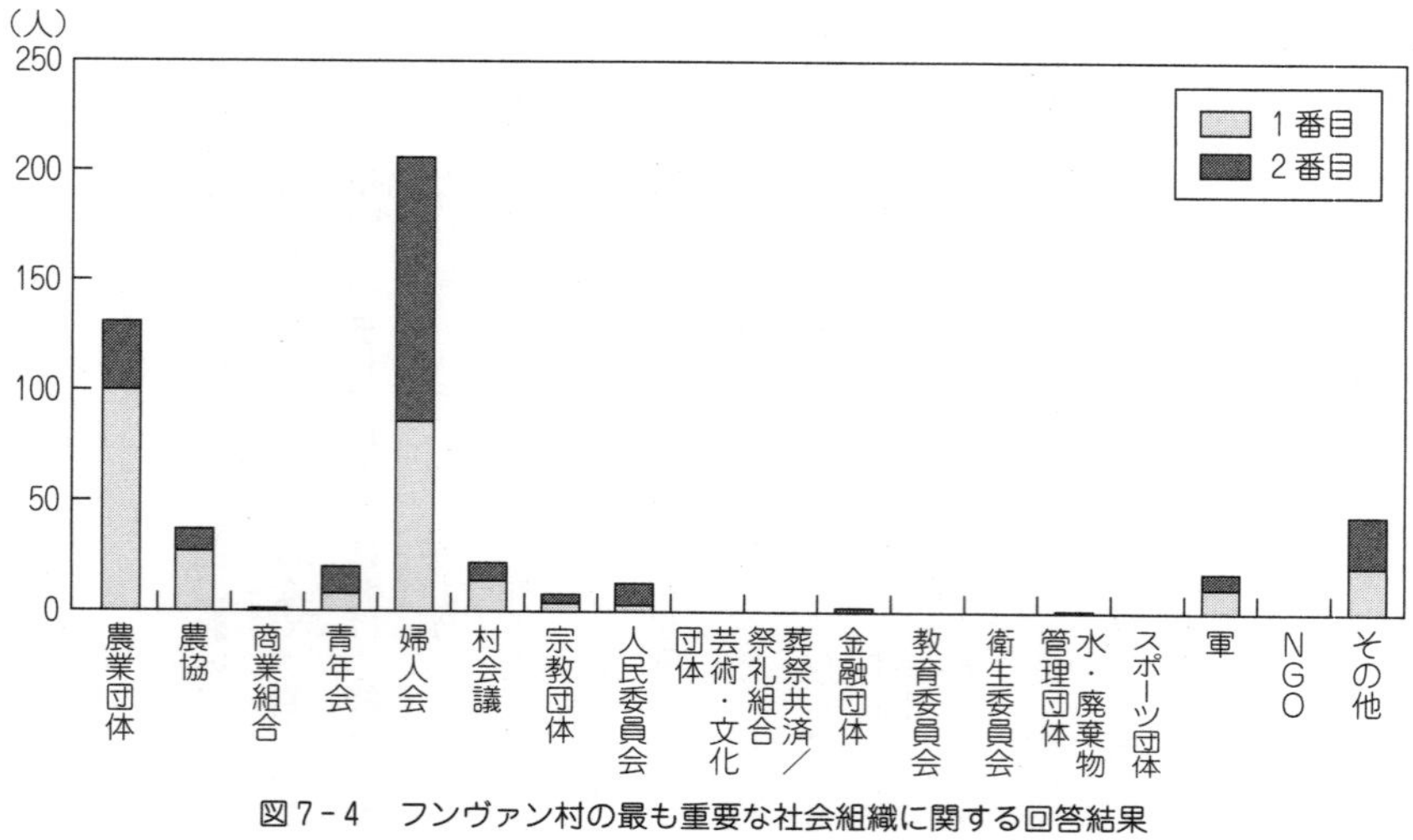

図７−４　フンヴァン村の最も重要な社会組織に関する回答結果

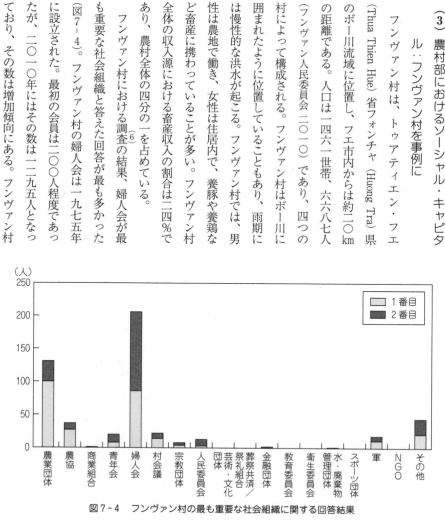

性や未亡人などの貧困者に対する支援、そしてマイクロファイナンスなどの活動を実施し、非常に活発である。また、調査結果によると、フンヴァン村では地域コミュニティの会議に八二％もの人が頻繁に参加していると回答している。また、回答者の九四％が農業組合や婦人会などの社会組織に所属している。最も多いのは、婦人会の所属（七七％）であり、次いで農業組合[7]（五八％）である。そして月におよそ一回は社会組織の会議や活動に参加している。

　このように、フンヴァン村のソーシャル・キャピタルは非常に大きいといえる。この背景として、農村では農業における住民の相互協力と情報共有が不可欠であり、農業に関する組合への所属、参加を通して、ソーシャル・キャピタルが維持されている構造となっていることが考えられる。とくに、ベトナムの特有性としては、婦人会の社会的位置づけと活発な活動を行っていることも挙げられる。

　限られたデータからのみによる分析であるが、所属する社会組織数と収入の間、及び社会組織活動への参加頻度と収入の間に、弱いものの正の相関が見られた（図7-5及び図7-6）。つまり、フンヴァン村ではソーシャル・キャピタルと経済開発に正の相関があることを示している。

（4）ベトナム婦人会の機能

ベトナムの都市部・農村部におけるソーシャル・キャピタルを支える最も重要な社会組織であるベトナム婦人会（Vietnam Women's Union : VWU）は一九三〇年に設立された。婦人会は、ベトナム全体に中央、省、県、そして市もしくは村の四つの行政レベルで運営するネットワークを持ち、一三〇〇万人以上の女性がメンバーとして参加している。婦人会が設立以来、婦人会は女性の正当な権利を守り、男女平等を推進することを

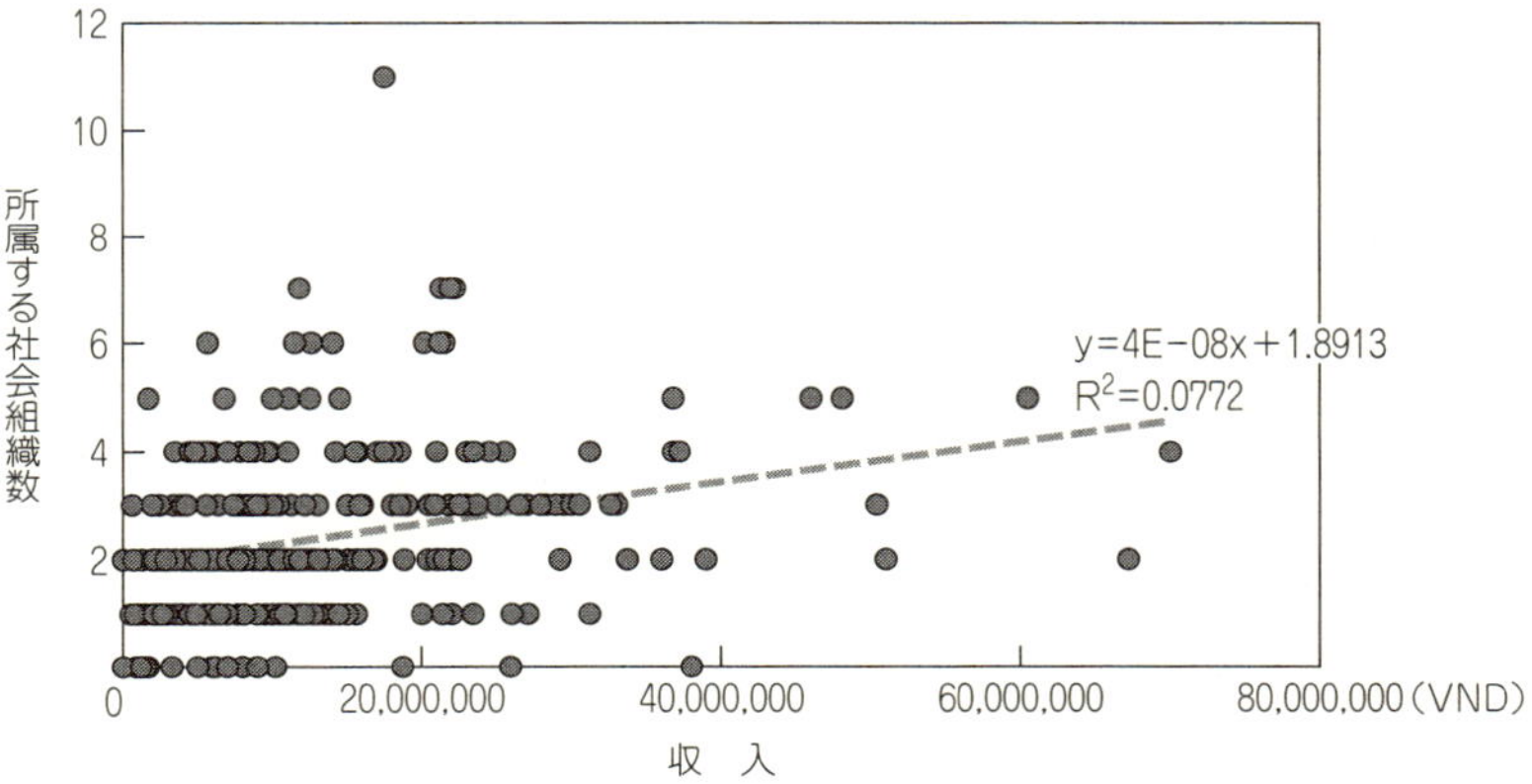

図7-5　フンヴァン村における所属する社会組織数と家計所得の相関性

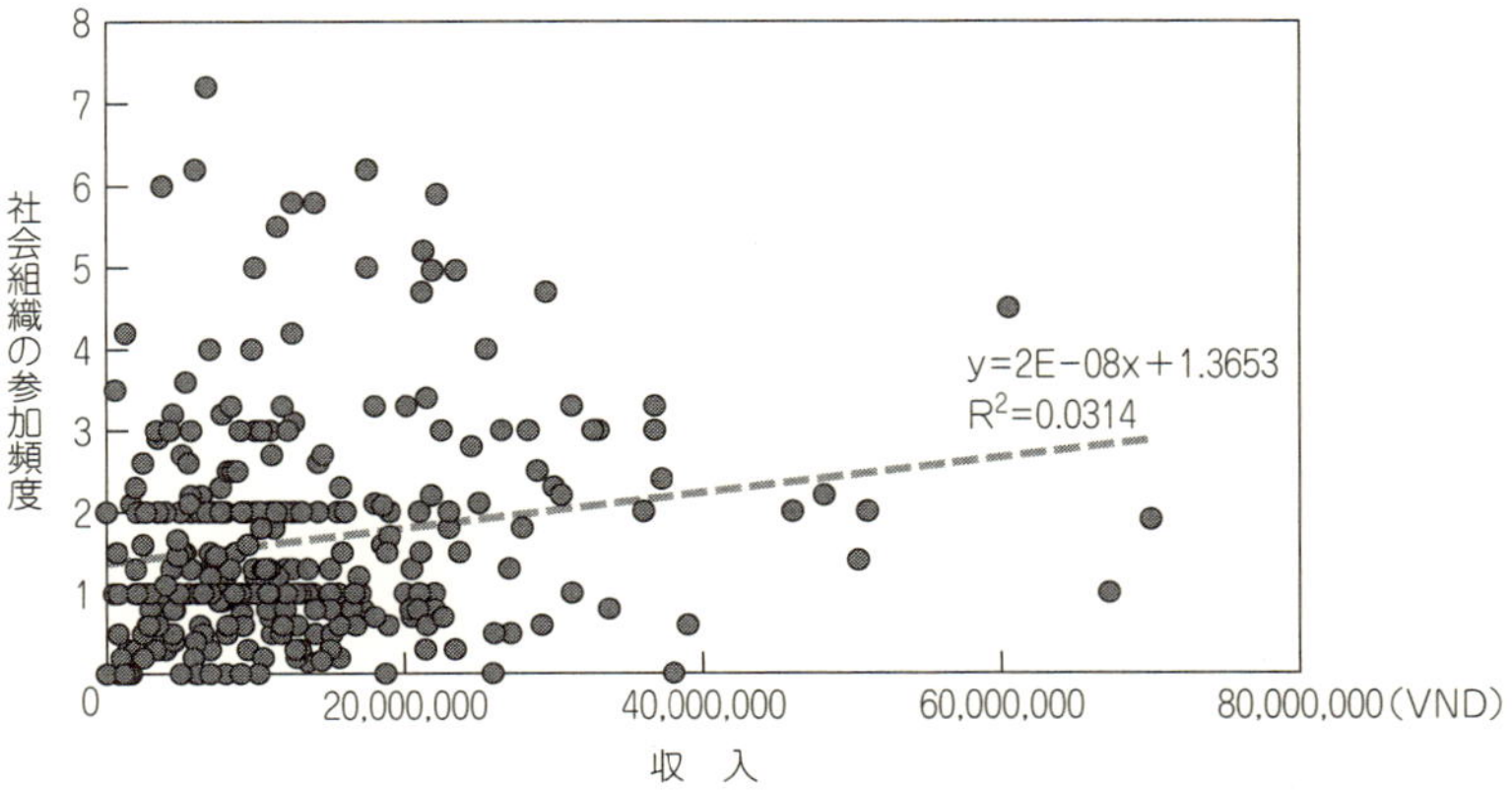

図7-6　フンヴァン村における所属する社会組織の参加頻度と家計所得の相関性

目的とした開発機関へと発展していっている（Vietnam Women's Union 2014）。

婦人会は設立当初は、救国のための女性連盟（Women League for National Salvation：WLNS）という名前で、共産党による反封建主義や反帝国主義運動に女性を動員することが共通の任務となっていたが、一九五〇年五月に最初の国の女性会議が開催され、名前もベトナム婦人会に変更となり、ベトナムの女性の独特な政治組織として、フランスからの独立戦争後の国づくりに参加した。ベトナム戦争後、戦後復興と国の経済開発のために「国家建設と防衛における新しい女性」運動を開始し、一九八六年以来、社会経済開発分野において国家改革の達成に貢献してきた。

現在は、国レベルでは「国家建設のための家族の経済開発における女性同士の相互支援」や「女性の活発な勉強、創造的な労働、幸せな家庭の育成」をキャンペーンとした取り組みを行っている。

婦人会は一三〇〇万人の会員を持ち、会員は一万四七二もの地域の婦人会にそれぞれ所属している。婦人会は、中央、省、自治体（六三組織）、地区（六四二組織）、村（一万四七二組織）のレベルで構成されている。

婦人会の活動は、経済、環境、健康、社会、文化など多岐にわたる活動を行っている。なかでも、婦人会のマイクロファイナンスの取り組みはベトナムでは先駆的な活動となっている。

ＴＹＭ[8]は、一九九二年に政府の貧困削減計画を支援するために、婦人会によって設立されたマイクロファイナンスを実施する組織である。二〇一〇年八月にベトナム政府からベトナムで初めて正式にマイクロファイナンス機関としてのライセンスを取得している。ＴＹＭは経営陣である役員と三人の副本部長は女性で占められ、女性従業員比率は六〇％、女性顧客比率は一〇〇％であり、二〇一一年一二月時点の顧客数は七・三万人以上である（TYM 2014）。返済率は九九・九％（二〇一一年度、二〇一二年度実績）と高い数字となっている（ミュージックセキュリティーズ 二〇一四）。

ＴＹＭはセンターミーティングという制度を導入している。三〇人から四〇人の顧客で一つのセンターを形成し、センターミーティングは週に一度または月に一度の頻度で行われる。このセンターミーティングでローンの返済や貯金、保険の積立が行われ、ローンの提供についての議論も行われる。また、月に一度の頻度で、ＴＹＭのサービス提供の手続きやポリシーの学習、ビジネススキルや金融知識、ジェンダーのトレーニング等も行っている。ローンには四つの種類があり、ベトナム政府により定義された貧困者用のローン、新しいビジネスを行うためのローン、居住環境改善のための建設のためのローン、そして生活の質の向上のための消費のためのローンがある。ローンは一〇〇万ＶＮＤ（約五〇〇〇円）から二五〇〇万ＶＮＤ（約一二万円）の範囲で借りられ、二五週から一〇〇週の範囲で返済することになっている。ローンの利子率は、週〇・一二％から〇・二五％である。顧客数は九万六〇〇〇人（二〇一三年一二月現在）であり、一人当たりのローン残高は二九五ドルである。ＴＹＭはローンの貸付以外に、貯金、家族の死亡に対して支援するファミリーアシスタンス・プログラム、トレーニングやコンサル業務、その他、様々な社会文化的活動を行っている。

ＴＹＭの顧客の返済率は九九・九％（二〇一一年度、二〇一二年度実績）と高い。この高い返済率の理由の一つは、年あるいは月ごとにまとまった金額の返済を求めるのではなく、毎週少額ずつ返済する仕組みを形成していることにある。また、センターミーティングの導入により連帯感や仲間意識が働き、顧客の返済意思がより強固なものになっていることも指摘される。ＴＹＭのメンバーになると、融資を受けられるだけでなく、スポーツ競技やダンスパフォーマンスのような地域単位で行われるイベントへの参加や、誕生日の開催、さらには教育や、健康診断を受けることができるなど、さまざまなサービスを受けることができるようになり、それらの活動を楽しみに参加している人もいる（ミュージックセキュリティーズ 二〇一四）。

以上のように、ベトナムの婦人会はベトナムにおいて重要な社会組織となっており、女性の社会進出の後押しや、女性の労働力を向上させる成果をあげているだけではなく、ベトナムにおけるマイクロファイナンスを広げた立役者にもなるなど、ベトナムの経済開発に大きく寄与している。

4　ソーシャル・キャピタルの残された役割

本章では、まず先行研究に基づいてソーシャル・キャピタルの役割を検討した結果、市場が十分に発展しておらず、貯蓄や保険といったリスク回避手段が提供されていない社会や灌漑システムなどの共同生産手段を自ら維持・管理してきた地域では、ソーシャル・キャピタルが蓄積され、不十分ながらその機能を果たしてきたこと、しかし市場や金融機関が発展しこうした機能を提供するようになると、伝統的にソーシャル・キャピタルが果たしてきた機能を代替していくことを明らかにした。そしてこのことがかつては実際の途上国で起こっていることを、ベトナムの都市部と農村部におけるソーシャル・キャピタルの状況と変化の検討から明らかにした。

このことが示唆するのは、従来は、地域住民とのつながりや協力、つまりはソーシャル・キャピタルを維持・蓄積することがかつては商業活動や農業活動にプラスに働いていたものの、都市化とともに経済活動が地域コミュニティとの協力やつながりを必ずしも必要とはしなくなっていることである。つまり、経済的に不安定で貧しい状況の時は、人は助け合いを求めるが、ある程度豊かになってきて、より一層儲けようとなると、悪く言えば周りを出し抜いて自分だけ儲けたいという気持ちとなり、情報は共有しなくなり、周りの人々も信頼しなくなってくる。この結果、ソーシャル・キャピタルは、経済的な観点からは現代社会では必ずしも経済開発に不可欠なものではなくなってきている。

しかしこのことは、ソーシャル・キャピタルが全く必要ではなくなったことを意味するわけではない。ベトナム婦人会の事例検討で明らかにしたように、ソーシャル・キャピタルはそれを支える社会組織の活動が活発であれば、貧しい人々や女性など伝統的に大きな権限を持ってこなかった人々の社会参加を促す。そしてそのことによって、生計を維持していく上でのリスクを軽減し、安心感を高めている。

グローバル化や都市化のさらなる進展とそれによる所得の上昇のなかで、こうした社会組織の活動がどこまで活発であり続け、ソーシャル・キャピタルを更新し蓄積していくことができるのか。今後の検討課題である。

【注】

（1）ベトナムの行政組織は、中央（Trung uong / Central government）レベル、省（Tinh / Province）レベル、県（Huyen / Rural district）レベル、町、村（Thi tran, Xa / Town under district, Commune）レベルの四層構造となっている。省レベルの地方行政組織には、省（Tinh / Province）と中央直轄市（Thanh pho truc thuoc trung uong / City under direct authority of central government）がある。県レベルには、省の下に県（Huyen / Rural district）、省直轄市（Thanh pho truc thuoc tinh / City under province）及び市（Thi xa / Town）があり、中央直轄市の下に郡（Quan / Urban district）、県、市がある。町村レベルには、県の下に町（Thi tran / Town under district）と村（Xa / Commune）が、市の下に区（Phuong / Precinct）と村が、省直轄市の下に区と村が、郡の下に区が置かれている。また、国家行政単位ではない

が、伝統的な共同体としての役割を持つ「ムラ」(thon / Village) が、町村レベル地方行政組織の監督下に存在している (白石 二〇〇〇)。

(2) 境界の明瞭性、利用・サービスルールと地域条件の調和、集合的選択に関する取り決めの存在、監視の必要性、段階化された制裁の存在、係争解決メカニズムの存在、コモンズを組織化する権利の承認、入れ子状となったコモンズ組織の存在、の八つ。

(3) 京都大学大学院地球環境学堂 (以下、地球環境学堂) が二〇〇五年一〇月から実施した海外研究教育拠点整備事業「地球環境学堂アジア・プラットフォーム」において、フエ農林大学と共同で調査を実施した。アンケート調査は二〇〇五年一二月から二〇〇六年一月の期間に実施し、三〇〇人が回答した。回答者の男女の内訳は、男性一八八人、女性一一二人。

(4) フエ科学大学建築学科の協力の下、フエ市旧市街の Chi Lang 通り (四三世帯)、Thuong Thanh と Eo Bau 地区 (五〇世帯)、Tran Huy Lieu 通り (五〇世帯)、Bai Dau 地区 (五一世帯) を対象に二〇一三年九月から二〇一四年一月までアンケート調査を実施した。男女比は、男性が三九%、女性が五九%となっている。

(5) フエ市旧市街のジアホイ地区において、二〇〇九年四月から七月に六九世帯に実施した調査より。

(6) 二〇〇五年一二月から二〇〇六年一月に実施した調査。

(7) 調査結果から、婦人会に参加している人の月の参加数の平均は〇・七回だった。最も頻度が大きいのは宗教団体の活動で三・八回、そして村の会議が一・一回だった。

(8) TYMはI Love You を意味するベトナム語 "Tao Yeu Mai" の頭文字。

【参考文献】

佐藤寛『援助と社会関係資本――ソーシャルキャピタル論の可能性』日本貿易振興会アジア経済研究所、二〇〇二年。

白石昌也『ベトナムの国家機構』明石書店、二〇〇〇年。

田中知美「貸し付けに経済効果なく、岐路に立つマイクロファイナンス――改革のかぎは効果が高い貯蓄事業の拡大」日経ビジネス OnLine、二〇一四年四月一五日 (http://business.nikkeibp.co.jp/article/report/20140411/262730/) 最終参照日：二〇一四年六月三〇日。

玉城哲「潅漑農業の発展理論」福田仁志編『アジアの潅漑農業――その歴史と論理』アジア経済研究所、一九七六年、五一―八四ページ。

旗手勲「潅漑農業の発展と地主の役割」福田仁志編『アジアの潅漑農業――その歴史と論理』アジア経済研究所、一九七六年、八五―一一三ページ。

宮川公男「ソーシャル・キャピタル論――歴史的背景、理論および政策的含意」宮川公男・大守隆編『ソーシャル・キャピタル――現代経済社会のガバナンスの基礎』東洋経済新報社、二〇〇四年、三―五三ページ。

ミュージックセキュリティーズ、マイクロファイナンス貧困削減投資ファンド (http://www.securite.jp/microfinance/) 最終参照日：二〇一四年五月二八日。

村上俊介『ベトナム――変化の中の社会関係資本　社会関係資本研究論集第三号』専修大学社会関係資本研究センター、二〇一二年。

森晶寿「貧困と環境」諸富徹・浅野耕太・森晶寿『環境経済学講義』有斐閣、二〇〇八年、二六九―二八九ページ。

諸富徹「環境・福祉・社会関係資本」広井良典編『「環境と福祉」の統合――持続可能な福祉社会の実現に向けて』有斐閣、二〇〇八年、二八七―三〇〇ページ。

吉田秀美「社会関係資本とマイクロファイナンス――ベトナムを事例に」佐藤寛編著『援助と社会関係資本――ソーシャルキャピタル論の可能性』日本貿易振興会アジア経済研究所、二〇〇一年、一四九―一七一ページ。

Baland, J.-M. and J.-P. Platteau, "Economics of Common Property Management Regimes," in K.-G. Maler and J.R.Vincent (eds.), *Handbook of Environmental Economics Volume 1*, Elsevier, 2003, pp.127-190.

Chen, L.-C, "International aid for wildlife conservation and local sustainable livelihood: Case of Zaohai Wildlife Protection Area in China," in A. Mori (ed.), *Environmental Governance for Sustainable Development: An East Asian Perspective*, UNU Press, 2012, pp.143-163.

Dasgupta, P., *Economics: A Very Short Introduction*, Oxford: Oxford University Press, 2006 (植田和弘・山口臨太郎・中村裕子訳『一冊でわかる経済学』岩波書店、二〇〇八年).

Ostrom, E., *Governing the Commons: The Evolution of Institutions for Collective Action*, Cambridge: Cambridge University Press, 1990.

Narayan, D. and L. Pritchett, "Cents and Sociability—Household Income and Social Capital in Rural Tanzania," *Policy Research Working Paper No. 1796*, Washington DC: World Bank, 1997.

TYM, *Tinh Thuong Microfinance Institution* (http://tymfund.org.vn). 参照日：二〇一四年五月二八日。

Vietnam Women's Union, *Vietnam Women's Union*, (http://hoilhpn.org.vn/?Lang=EN). 参照日：二〇一四年五月二八日。

World Bank, *World Development Report 1997: The State in a Changing World*, Oxford: Oxford University Press, 1997 (海外経済協力基金訳『世界開発報告一九九七――開発における国家の役割』東洋経済新報社、一九九七年).

World Bank, *Assessing Aid: What Works, What Doesn't and Why*, Oxford: Oxford University Press, 1998 (小浜裕久・冨田陽子訳『有効な援助――ファンジビリティと援助政策』東洋経済新報社、二〇〇一年).

World Bank, *Social Capital*, 2011. 参照日：二〇一四年五月一日。(http://web.worldbank.org/WBSITE/EXTERNAL/TOPICS/EXTSOCIALDEVELOPMENT/EXTTSOCIALCAPITAL/0,,contentMDK:20642703~menuPK:401023~pagePK:148956~piPK:216618~theSitePK:401015,00.html)

World Bank in Vietnam, *Urbanization Review: Technical Assistance Report*, World Bank, 2011.

Yoshizumi, M., N. Nguyen Ngoc and H. Kobayashi, "Impacts of Rapid Urbanization to Traditional Living Environment and Community Linkage in Historic Old Quarters of Vietnam: A Case Study on Gia Hoi Area in Hue City, Central Vietnam," *Journal of Civil Engineering and Architecture*, 7 (5) (Serial No. 66), 2013.

フンヴァン人民委員会『フンヴァン村統計書』（ベトナム語）二〇一〇年。

第8章 ソーシャル・キャピタルと産業発展・企業

長尾伸一

ソーシャル・キャピタルが産業や企業の活動や発展を支える役割を持っていることが、制度に注目する経済学によって明らかになっている。二一世紀には経済成長に対する環境や資源の制約が明らかになり、「近代社会のエコロジー的構造転換」、「緑の産業革命」などと呼ばれる新しい経済のあり方への転換が求められている。それはすでに西欧各国やEU、アメリカ合衆国の政策となり、韓国や中国までがその考え方を政策に取り入れている。環境問題を通じて国家と市場と社会の関係が問いなおされる時代では、ソーシャル・キャピタルはさらに大きな役割を果たすだろう。

1 ソーシャル・キャピタルと構造転換

(1) ソーシャル・キャピタルの視点

一九九〇年代から社会科学の諸領域で活発に議論されているソーシャル・キャピタル論は、社会学に起源する最近の最も成功した理論といわれる。社会科学の一領域で誕生し、隣接分野に大きな影響を与えたという点で、それは経済学に起源して、八〇年代から九〇年代にかけて政治学や社会学へと広がった「合理的選択論」に匹敵するだろう。合理的選択論は方法論的個人主義に基づき、利用可能な手段が限定されている条件下で、個人や組織などのアクターの行動を、なんらかの目的を最大限に実現する合理的な選択の結果として説明する。それとは対照的に、ソーシャル・キャピタルの概念は出自からいって、個人や組織が単独で行う選択でなく、諸個人が取り結ぶ社会関係に注目している。一般的にはそれは、個人や社会による問題解決を支える手段という点からみて、個人と個人の関係そのものを「財」として把握する理論である。ソーシャル・キャピタルと呼ばれる個人間関係は一時的、偶然的な社会関係ではなく持続的であり、また「関係」という性質上、消費によって消滅することなく繰り返し使用できるので、言い換えればそれは、再生可能な社会関係財だといえる。

同様な関心は他分野でのアプローチにも見ることができる。現代経済学の一つの特徴に、「制度」への注目がある。さまざまな学派がかかわってきたこれらの研究では、通常「新古典派」と呼ばれる、一九世紀中葉の「限界学派」に始まり、主に二〇世紀の英語圏で発展した経済理論のように、経済主体を互いに関係を持たない物理的粒子のように見て、「市場」をそれらの運動の総計と捉えるだけでは十分でないとされる。「制度」に注目する諸研究は、現実の市場では「新古典派」が想定する価格メカニズムに還元できない、個人や経済主体を組織する「調整」の過程が働いていると考えている。この見方では、個人間や組織間の一時的、持続的な関係に基づく、経済活動を効率的に統治する能力が想定されている。また国家や市場のような巨大なシステムに対して「生活世界」を対置する社会学の見方では、システム（国家、市場）と異なる社会生活の次元があるとされる。そこには国家や法によって制度化されていない、非公式の秩序があると考えられている。

西欧初期近代に徐々に姿を現し、一九世紀以後に確立され、文化・歴史の共通性を超えアジアなどの他の地域へと広がった「近代国家」や「市場経済」は、宗教からの国家の独立を前提に、私的所有権のイデオロギー的、政治的、法的確立によって、統治の政策的領域と経済活動の領域を分離することで成立した。それは学問としては、それぞれ経済学と政治学によって研究されることになった。しかし「自由主義」の全盛期だった一九世紀にすでに表面化していたように、じっさいには階級や職業や宗教や地域に基づく個人間の結びつきがなければ、社会の安定した秩序を保つことは困難だった。近代国家と市場システムが完成した後にも、国家の支配力や市場がもたらす富とは異なった、個人の直接的な結合の網の目という意味での「社会」が有する、独自の自生的な秩序形成力が働いていた。ソーシャル・キャピタルの概念は、国家と市場の二分法に組み込むことができないこの「社会の力」への、現代的な一つのアプローチだといえよう。

ソーシャル・キャピタルは社会学や政治学が取り上げるさまざまな主題だけでなく、産業や企業のあり方ともかかわっている。経済学での制度的なアプローチの成果によれば、従来の産業の創造と進化の過程でソーシャル・キャピタルに一定の役割があったことがわかっている。制度派経済学が明らかにしてきたように、市場は「価格メカニズム」だけでは機能しない。そこには取引費用の削減などの点で「調整」が不可欠となるため、「組織」の機能が不可欠である。しかし一九七〇年代以後、工業部門での生産様式が大量生産から多品種少量生産にシフトすることで、産業の調整は大企業の制度化されたヒエラルヒー的な組織だけでは難しくなり、企業間の連合などの水平型やブリッジ型の調整へと移行してきた。その場合ソーシャル・キャピタル研究が扱ってきたような、個人間の多様な関係が資源として役立つ。さらに小企業が工業化以後も発展することを示したフレクシブル・スペシャライゼーション論や、小企業が集中する伝統文化に支えられた高生産性の地域を研究したインダストリアル・ディストリクトの研究が解明してきたのは、北イタリアやシリコンバレーでのように、地域におけるさまざまなネットワークが外部経済を生み出し、イノベーションと企業と産業の効率を高めるということだった。このようにソーシャル・キャピタルは産業のあり方や転換を考えるうえでも、一つの視点を提供している。

（2）緑の産業革命とソーシャル・キャピタル

以上に加えてソーシャル・キャピタル論には、今後の産業や企業のあり方を考察するうえで、さらに重要な意義がある。それは二一世紀に入った現在では、ソーシャル・キャピタルの蓄積が「エコロジー的近代化」や「緑の産業革命」と呼ばれる、産業と経済成長の資源・環境節約型成長への転換の成否にかかわっているからである。

現代経済は「市場経済」や「資本主義」などと呼ばれる。この用語の意味の説明は学問的にはかんたんでなく、厳密な定義について学者の間で統一した見解があるとはいえない。おおまかな合意に沿ってまとめると、現代の経済システムは貨幣によって取引が媒介される「市場」を中心に機能し、財は主に商品となり、経済のダイナミズムは金融市場における投資によって生み出される。これに対して一八世紀ごろまでの世界で支配的だった農業を中心とした社会では、生産者の自給自足が広く見られた。

現代経済のこのようなあり方は、「工業化」と深くかかわっている。国際商業、国内商業など、サービス部門が早期から発達したイギリスは、世界的な商業上の覇権を確立するとともに、一八世紀から一九世紀にかけて、「工業化」と呼ばれる大きな変化を経験した。この変化は西欧、合衆国から世界全体に広がり、それによって工業が経済の主導的な部門になるとともに、貨幣に基づく市場システムが経済活動を支えるようになった。「工業化」によって変貌した社会は気候変動などの自然の影響から解放され、歴史上かつてない経済成長と人口増加を達成したが、周期的に訪れる恐慌とそれに伴う政治、社会の混乱に悩まされることになった。これに対して二〇世紀の前半には「第二次産業革命」とも呼ばれる、大量生産・大量消費と福祉国家を柱とした現代的な工業経済が確立し、この問題がある程度解決された。

第二次大戦後の世界経済も、工業化と市場システムに基づいて発展してきた。その展開は、①戦争直後の戦後復興期、②一九五〇、六〇年代における先進工業国でのフォーディズムあるいはそれに類似した成長モデルに基づく高度成長と、途上国の停滞と「低開発化」、③一九七〇、八〇年代におけるケインズ政策の危機、先進工業国の低成長化と、「東アジアの奇跡」と呼ばれる台湾、韓国、シンガポール、およびそれらに続く東南アジアの高成長の達成、④九〇年代以後の情報化の進展と世界金融市場の融合と成長、中国、インドなどの大人口を有する新興国（ＢＲＩＣＳ）の台頭という諸時期に区別できる。戦後世界はかつてない経済成長と人口爆発を経験した。そのため現在では経済活動に対する環境・資源・エネルギー制約の顕在化が生じている。中国に続くインドの成長と人口急増地域であるアフリカで期待される将来の経済成長は、この問題をより深刻にすると考えられている。そのため「脱成長」を提唱する人々が現れる一方で、環境・資源制約と実質的な生活水準の向上を両立させる「エコロジー的近代化」、「緑の産業革命」が今後の現実的な展望となっている。

①「緑の産業革命」の概念

「エコロジー的近代化」あるいは「緑の産業革命」という概念は、八〇年代初頭の西欧における環境保護運動の発展と結びついている。とくに緑の党という環境保護政党が国政に登場した（西）ドイツでは、議席獲得のために得票数の5％を得なければならないという、小党乱立による政治の不安定化を避ける選挙制度があったため、広く選挙民に政策の正当性を訴える必要があった。環境汚染の防止策では、生産された汚染物質を処理するという「エンド・オブ・パイプ」政策ではなく、汚染物質そのものの生産を減少させる方が効率的で、コストもかからないと考えられた。そのため環境汚染の抜本的解決と経済活動の効率化を同時に達成する方法として、技術革新によって資源集約度の低減と汚染の減少を既存の産業全体で進める「エコロジー的近代化」が、ヨゼフ・フーバーなどの環境経済学者によって提唱された。また当時政治的に大きな問題とされていたのは経済成長の減速化の下で雇用をいかに確保するかということだったため、一見経済成長に対立すると思われる環境保護の推進を通じて雇用の確保を行うという政策が、マルティン・イェーニッケなどの環境政治学者から提案された。それらは現在の日本でいまだに学者やマスコミや政策担当者の思考を縛っている「環境保護と経済成長のバランス」という古い思考様式ではなく、環境保護を通じて技術と経済の合理化、発展を進め、雇用を増大させることを目指していた。またこのような大きな経済構造の転換には汚染源となる既存産業とそれに結びついた政治的、社会的勢力からの抵抗が予想されるため、それにはソーシャル・イノベーションが不可避的に伴うと考えられた。

　緑の党の初期の政策の一つの柱となったこれらの考え方は、政治家オスカー・ラフォンテーヌたちの努力で、新しい左翼政党の登場に脅威を感じたドイツ社会民主党の新綱領に加えられ、「工業社会のエコロジー的構造転換」が西欧の大政党の目標となった。環境保護を通じて経済の発展と社会の進化を達成するというこの考え方は、統一ドイツでは社会的市場経済という従来の政策理念と結びついて、「エコロジー的に社会的な市場経済」ともいわれる一種の公式政策となり、さらには二一世紀に入ると「リスボン戦略」（二〇〇〇年）、「ヨーロッパ2020」（二〇一〇年）といったEUの社会経済発展戦略に取り入れられることになった。現在同様の考え方は、それぞれの国の事情の違いから具体化の仕方に差異が見られるとはいえ、第一期オバマ政権の「グリーン・ニューディール」政策や韓国の「緑色成長」戦略など、現代の構造転換政策として国際的に受け入れられている。これらの考え方を以下、「緑の産業革命」と呼んでおく。

②　構造転換としての「緑の産業革命」の歴史的特徴

　「緑の産業革命」は以下の点で、近代の工業を主導部門とした経済という枠組みのなかで進行した産業変化と根本的に異なっている。第一に、それはエネルギー資源の制約と地球温暖化対策という二つの点で、経済を支えるエネルギー的基盤を環境に無害な再生可能エネルギーへ切り替えることを意味している。工業化以前の経済は主に木材や人力、家畜、水力などの再生可能エネルギー資源に立脚していた。これに対して第一次産業革命、第二次産業革命、情報化などと呼ばれる近代の産業の変革は、すべて化石燃料や原子力といった非再生エネルギーの集約的利用に依存してきた。またこれらでは技術革新によって節約されるのは主に労働であり、資源・エネルギーの投入はますます集約的になっていった。反対に資源制約への対応でもある「緑の産業革命」では、環境と資源・エネルギーを節約する技術が中心になる。「緑の産業革命」はこれらの点で、自然と人間の物質代謝のあり方を大きく改める歴史上の分水嶺となるだろう。

　第二に、工業化が飢饉などの自然がもたらす危機から人間を解放し、「第二次産業革命」が恐慌という経済システム内部から生じる危機を緩和したのに対して、「緑の産業革命」は種としての人間の生存を支える地球環境の維持と人間自身の経済活動との衝突を是正しながら、生活の改善を志向するという点で、人間の環境への適応の新しい段階を拓くだろう。太古の地球で微生物が産出する酸素が大気の構成を変え、その結果、人間を含む、もともと生命に有害だった酸素を新陳代謝に利用する生命が優勢な存在として自然選択され、現在まで繁栄してきたように、生命と環境との相互作用は工業化の時代にはじまったことではない。「環境破壊」は種としての人間がそれに適応し、その内部で知的生命として発展してきた現在のエコシステムの危機ではあっても、過去何回も起きた地球環境の激変による絶滅の脅威を回避して繁栄してきた地球生命全体の危機を意味しない。人間による「自然破壊」によって地球のエコシステム自体が崩壊するのではなく、人間の経済活動の結果変貌した自然が人間の生存に不利なものとなり、最終的にはより有利な生命が自然選択されて、新しいエコシステムが形作られるだろう。そこでの人間の生存はきわめて困難なものになると思われる。

　しかもこの「危機」への対応は、それが人間を本格的に脅かすようになる前に行われなければならない。意識しない偶然の積み重なりによって工業化が人間の経済を自然の変動から自律的にし、「第二次産業革命」が恐慌、社会不安、戦争という、経済システムの不具合がもたらした危機に事後的に対応する意識的努力の結果進行したのとは違い、「緑の産業革命」は科学的に予測される深刻な将来の環境・資源危機を事前的に解決しようとする。このように「緑の産業革命」は産業と社会の変化の本質的に新しい段階を意味している。次節ではこのような転換のなかでソーシャル・キャピタルが持つ意味を具体的に考えるために、環境問題の特殊な性格を考察してみよう。

2　環境問題の性格

　社会学や政治学の分野で研究されてきたソーシャル・キャピタルは、主に政策の効率性や犯罪抑止などの社会秩序維持や福祉との関係で考察されてきたが、環境政策との関係も重要である。これに関する環境政策論での従来の研究では、ソーシャル・キャピタルの蓄積が政策の有効性を高めるという観察が多数を占めている。主に第二次大戦後の高度成長期以後に重視されるようになってきた環境問題には、以下のいくつかの点で、従来の政策分野とは異なった性質がある。そのためソーシャル・キャピタルと環境政策のかかわりを考察するためには、その特殊性を考慮する必要がある。

（1）環境問題の多様性

　環境問題は紛争、犯罪、貧困、健康の喪失など、個人や社会関係に関する単一あるいは少数の同質的現象である政治的、社会的、経済的問題とは異なり、人間活動が環境に与えるさまざまな影響の全体に及び、きわめて大きな多様性がある。例えば原子力発電所の事故による放射性物質の海洋への流出と、過剰な地域開発による景観破壊は、同じ日本で見られる環境破壊の現象であるにもかかわらず、その技術的メカニズムや被害のあり方などにはなんの関連もない。現象そのものが多様であるだけではなく、環境破壊の要因も多様である。二酸化炭素などの温暖化ガスの排出と、熱帯雨林の伐採による森林消失は、ともに地球温暖化という同じ被害をもたらすにもかかわらず、原因は技術的にまったく異なっており、社会科学的な観点からみても、急速な経済成長の結果という以上には、その要因に共通性はない。

　同様なことは環境破壊をもたらす主体についてもいえる。道路や鉄道やダムの建設などの大規模な公共事業には多くの場合、国家や地方自治体が主体としてかかわっているため、世界各地での景観保護運動は反対運動を展開してそれらの公的団体に政治的圧力をかけたり、それらを被告にした訴訟を起こすなどの手段を用いて進められてきた。一九六〇年代に世界的に見られ、当時「公害」と呼ばれた環境破壊は、主に工業部門の私企業によって引き起こされ、多くの一般市民を犠牲にしたため、それらの私企業やその責任者が裁判の被告となり、時には刑事告訴を伴いつつ、被害者に対する賠償責任を負った。七〇年代に入ると、一般市民が日常的に利用する自動車からの排気ガスが環境汚染の大きな原因であることが注目されて、権力や財力を持った巨大組織だけでなく、一般市民もまた環境破壊の当事者であることが明らかになってきた。さらに環境破壊は公害や景観破壊のように一定の地域内に見られる場合が多い反面、オゾン層破壊や地球温暖化や原子力発電所の大事故のように、汚染当事国を超えて広大な地域や地球全体に及ぶこともある。被害の内容も多様で、水質汚染のようにある程度の時間をかければ復元可能な場合もあれば、健康や人命の喪失、プルトニウムなど半減期が長期にわたる放射性物質による環境汚染や、種の多様性の喪失のように、被害がほとんどあるいはまったく修復不可能な場合もある。以上の問題の著しい多様性は政策担当者や研究者をつねに悩ませている特徴であり、そのため環境問題は失業率、犯罪率等々の具体的な一つのゴールで指標化することができない。

（2）環境問題の技術的性格と予見不能性

環境問題は自然環境のなかで行われる人間の集団的な活動が、結果的に環境を破壊することで発生する。そのため産業や軍事などにおける新技術の開発と応用は、つねにそれまで存在しなかった新しい環境問題を引き起こす可能性がある。バイオテクノロジーの発展が近い将来にどのような危険を人間にもたらすか予測できないように、環境問題は新技術の採用とともにつねに変化していく。またかつて日常生活で広く用いられていた、人体に対して毒性がないフロンガスの放出によるオゾン層破壊のように、科学者の研究によって、それまで問題とされてこなかった現象が重大な環境破壊の要因であることが判明することも多い。新しいタイプの環境破壊の出現や、既存の現象の環境問題としての認知という二つの面で、技術と科学の発展によって、今後どのような解決すべき問題が生じてくるか、あらかじめ予測することはできない。このように環境政策では、つねに新しい課題が出現する。

また再生エネルギー技術、汚染除去技術や資源節約技術など、環境問題の解決には、新しい技術の開発と実用化を必要とすることが多い。このように環境問題では問題と解決の両者が科学や技術と密接にかかわっている。そのため環境破壊の実態を解明し、新しい問題を発見するための科学的研究を推進することや、環境保護に有益な技術変化を促進すること自体が、環境政策の重要な主題となる。

（3）環境問題と社会的認知

環境政策では問題の社会的な認知が政策の有効性を支える無形インフラとなることが多い。それは政府や自治体の政策に対する市民の好意的、協力的な反応という点だけではない。生産と消費の過程で環境への負担が少ない商品を認定し、それにラベルを付けて消費者に購買を勧める政策は、政府の直接的な介入ではなく、個人の自由な選択を前提とした、市場を利用した環境政策と捉えられているが、それが実際に機能するためには、まず消費者が環境問題の重要性を認識していなければならない。環境や資源への負担が価格で測定できる費用に反映されない現在の経済システムでは、

「環境にやさしい」商品は往々にしてそうでない商品より割高になるので、環境保護に関心のない消費者がそれを選択する理由はない。前項で見たように、環境破壊は犯罪や貧困や健康のように、解決すべき課題であることが社会の価値観としてあらかじめ共有されている問題ではない。問題自身が市民に意識され、共有される必要がある。さらに科学や技術の発展に伴って、あたらしい「環境問題」が次々に登場してくるので、問題の社会的認知の意義はきわめて重要である。また環境問題では市民一人ひとりが被害者であると同時に、汚染の当事者でもある。環境問題の重要性の認識と、新しい問題の速やかな認知を促進することが、有効な環境政策の条件となり、またその目的となる。

（4）環境問題への短期的、長期的、超長期的視点

環境問題といわれる問題群は、工業化と人口増加によって急速に大規模化、多様化した人間の活動が、人間自身の生存と幸福な生活の前提である自然条件を破壊し、その結果生活を改善するどころか、既存の生活水準の維持が困難になる事態が、さまざまな形で現れたと考えるべきだろう。このような人類全体が直面している大きな問題の解決には、自然と人間活動の均衡の達成という目的を念頭に置いて、以下の三つの視点を区別して、環境問題にかかわる「社会の能力」を捉える必要がある。

第一に、地球温暖化、生物多様性の喪失、公害などの直面する問題を解決するという点からは、一つひとつの問題を速やかに認知し、政策を立案し、有効に遂行していく社会の能力が問われる。これは「短期的な視点」ということができるだろう。しかし環境問題への有効で本質的な対処を考えるためには、それだけは十分ではない。第二に、長期的な視点からは、個々の環境問題への対応だけでなく、現在も既存の経済システムの根幹にある、労働節約的で資源・環境集約的な成長モデルから、「持続可能な成長」を可能にする資源・環境節約的なモデルへの転換を達成する「緑の産業革命」が必須となる。そのためには価値観の変化に始まる、市場経済の大きな転換を実現する社会の能力が問われることになる。第三に、超長期的に見れば、このような大きな転換の終局には、おそらく資源・環境と人口との均衡の達成に伴う経済の低成長化と、生活水準の持続的向上を両立させるために、さらに根本的な制度と成長モデルの変化が要請されることになるだろう。本章の最後で見るように、そこでは国家と市場の役割変化とそれらの衰退に伴う、「社会」そのものの意味の変容が想定できる。

以上のような環境問題の性格に基づいて、次節ではソーシャル・キャピタルと環境政策との関連を考えてみよう。

3　環境政策とソーシャル・キャピタル

（1）環境政策の転換と「社会の力」

景観保護や自然保護運動など二〇世紀の初頭から始まる環境政策の歴史では、すでに市民社会や地域のイニシアティブが見られる。また合衆国では戦後豊富な資金を持つ有力な自然保護団体が活動し、世界の環境政策をリードする役割を果たしてきた。だが環境政策の有効性をめぐる「社会」への注目は、一九七〇年代以後に始まっている。この時期には環境破壊として認識される問題の内容が変化し、産業活動の結果としての環境汚染から、乗用車の排気ガスによる汚染など市民生活自体が汚染源と見なされるようになり、また景観、自然環境保全や激甚公害以外のさまざまな問題が取り上げられ、問題の多様性が明らかになってきた。その一方では、先進工業国の経済停滞にもか

かわらず、国家の増大する財政負担による財政危機の進行と、行政機構の肥大化による国家の機能不全が感じられるようになってきた。このような条件の下で、労働運動などの古典的な社会運動とは課題も方法も主体も異なる「新しい社会運動」の一つとして、環境保護が大きな運動へと成長していった。それによって環境政策の分野で、国家による一括的なコマンド・アンド・コントロールに限定されない、市民を主体とした環境政策の立案と遂行が進んだ。

国境を越えてヨーロッパ全域に広がったチェルノブイリ原発事故による放射性物質汚染や酸性雨問題に始まり、オゾン層破壊や地球温暖化が深刻な課題として意識されるようになると、環境問題は地域や一国の内部にとどまらないことが明らかになってきた。この新しい段階では地球環境問題の解決に向けて、グローバル社会による環境政策が求められてきた。それは国家間の交渉だけでは遂行できない課題だったため、メディアとグローバル市民社会の役割が注目された。また同時期に北欧やドイツなどの環境政策先進国を含む西欧ではEU統合の進展に伴って、国家自体の機能も限定されるようになってきた。こうして「マルチレベルガバナンス」と呼ばれる、国際機関、国家、地方など、さまざまなレヴェルでの調整機能が重視されるようになり、それらにかかわる多様なアクターの参加が不可欠になってきた。

二〇世紀末には東アジアの経済成長によって資源供給の逼迫と地域的、国家的、地球的な規模での環境破壊が同時進行し、資源と環境を一体の問題と捉える必要が意識されるようになった。この段階では経済成長に制約が課されるため、高い成長率を持つ新興国、途上国では資源・環境節約型技術の急速な導入と開発が求められ、先進工業国ではそれに加えて低成長経済化への適応が問われる。低成長下で生活水準の向上をいかにはかるのかという「生活の質」の問題は、商品の価格で表現される経済の領域を超えた、社会全体の変化を要請する。それには転換に速やかかつ合理的に合意する、社会の能力が前提となるだろう。

こうして一九五〇年代、六〇年代の工業国での高度成長期に重大な社会問題となった激甚公害対策が一巡した後には、環境問題とその解決を担う主体の変化と多様化によって、国家や公共団体だけによらない環境のガバナンスが政策の主題となってきた。さまざまな形でのソーシャル・キャピタルの蓄積は、その成否を左右するだろう。公的権力の直接的な介入を用いない方法では、合衆国が中心となって提唱し、環境政策の手段としてひろく活用されるようになってきた「市場メカニズム」の利用もある。だが価格に反映されない環境コストを課税や仮想市場の設立によって市場に反映させるというこの環境経済学的な手法は、経済的なメカニズムに基づいているだけでなく、前述したように消費者の選好と知識の発展に依存している。環境の外部性は市場価格に反映させればすむという単純なことではない。さらに先進工業国での成功した環境政策の実例からは、多様な民主主義のチャンネルが開かれていることの重要さが判明している。そのための政策としては、市民社会への課税免除や補助金の支給、法的権限や裁判の原告となる権利の付与や、意思決定過程への参加権等の制度的保障とともに、市民社会レヴェルで蓄積された能力が不可欠になる。その点でもソーシャル・キャピタルの有効な活用と促進が問われている。

(2) ソーシャル・キャピタルが機能する条件

一般的にソーシャル・キャピタルの蓄積は環境政策にとって有益だと考えられているが、それに対してマイナスに働く可能性があることも見逃せない。例えば日本は地熱発電に最も有利な国の一つといわれるが、開発に適した地域では温泉による観光業が重要な産業となっていることがある。その場合、大規模な地熱発電は地域の理解を得ることが難しいだろう。また原発や石炭エネルギーの廃止といったエネルギー転換政策は補助金の打ち切りを伴うため、それに依存してきたコミュニティの利害と対立するだろう。これらの場合のように、コミュニティが経済的な構造転換を必要とする重要な環境政策に反対する場合、その凝集性が高ければ高いほど、政策への政治的な抵抗力は大きくなるだろう。環境問題は比較的新しい課題であり、長い歴史がある安全保障や犯罪防止や衛生政策といった、価値観を共有するコミュニティの十分な合意が得られている諸課題と異なるうえに、新しい問題が日々出現したり、発見されている。伝統的な価値観に基づく静的なコミュニティはソーシャル・キャピタルの豊かな蓄積を有しているると考えられるが、それは反対に環境政策を阻害する要因ともなり得る。そのためソーシャル・キャピタルが環境政策にとってプラスに働く場合を限定して考えるべきである。

①　伝統的な価値と環境政策の一致

自然保護運動でしばしば見られるように、景観、森林保護など、伝統的コミュニティに広く共有される価値観が環境保護と一致する場合には、そこで蓄積されたソーシャル・キャピタルは政策の有効性を高めたり、それに基づきコミュニティ自体が政策主体となったりすることを可能にする。それは国民的なレヴェルで生じる場合もある。大気汚染が引き起こす酸性雨が注目された時、ドイツではそれによる樹木の被害が「森の死」と呼ばれて大きな反響を呼び、ドイツにおける環境保護運動を発展させた。その理由の一つとして、ローマ帝国の文化を受け入れ文明化される以前からゲルマン民族がもっていた、「森」への宗教的な感情がしばしば指摘される。イギリスでも保守的な有産階級が農村地域や小都市の開発に反対して景観保護を求めてきたのには、「田舎暮らし」を理想化するジェントリー的な感性が働いているといわれる。あるいはドイツなどの国で小都市、村落単位での再生エネルギー開発が進んでいるのは、地方のイニシアティブを発揮しやすい分権国家という制度的枠組みとともに、「郷土愛」に基づく地域振興の意欲が、再生エネルギーによる分散型エネルギー政策と一致したことに一つの要因があると考えられる。

②　変化に対応する社会の能力

このように伝統的、静的なコミュニティは豊富なソーシャル・キャピタルの蓄積を持ち、環境政策を有効に機能させることがある。だがソーシャル・キャピタルの研究は、既成の制度に組み込まれていない個人、集団の創造的なイニシアティブを高めるようなネットワークにも注意を払ってきた。環境政策の課題の多くは必ずしも伝統的に共有された価値と調和するのではなく、しばしばそれと対立する価値観への同意を要求する。そのため新しい問題の認知と、それに対処する新しい価値の拡散に有効な、知識と社会的イノベーションを志向する市民社会などのネットワークの蓄積が、環境問題一般の解決にとって重要である。

被害の可能性が大きい場合、それが確実に立証できなくてもあらかじめ阻止すべきだとする、予防原則という、いわば「疑わしくは罰せよ」という考え方は、環境政策の大前提として広く認められていて、世界的な温暖化対策もこれに基づいている。なぜなら環境破壊はそれが現実のものとなった時、甚大な被害をもたらし、修復が不能か、きわめて困難であり、また修復が可能である場合も多大の費用がかかるため、事前に防止する方が政策的に正当で、費用の点でも有利だからである。環境問題は問題が起きてから対処するのではなく、事前的に解決すべきであり、そのためには科学的知識の拡散と認知が決定的な役割を果たす。景観保護など伝統的価値とかかわる場合をのぞいて、一般的にはソーシャル・キャピタルは、社会の「啓蒙」にかかわる資源である場合に、環境政策にプラスとなるといえるだろう。

4　「緑の産業革命」におけるソーシャル・キャピタル

(1) 構造転換の内容

前節での議論をもとに、「緑の産業革命」の内容を概観したうえで、そこでソーシャル・キャピタルがどのような役割を果たすかを考察してみよう。

「緑の産業革命」は経済全体における成長戦略の転換として捉えられる。テクノロジーの点では、それは工業化を支えた労働節約的でエネルギー・資源集約的な技術から資源・環境節約型技術への技術転換を意味する。その基本には環境保護技術の開発と環境保護関連産業の推進とともに、化石エネルギーから再生可能エネルギーへのエネルギー源の切り替えがあり、その実現は化石燃料や原子力など非再生エネルギー部門のスクラップ化と、再生エネルギー産業という新産業の創造をもたらす。これに加えて雇用の創出と一定の経済成長を保証するためには、環境負担が比較的少ない成長産業を育成、創出する必要がある。それらには技術発展と効率性の向上に不可欠な情報産業や、医療、福祉、教育などの、生活の質の向上にとっても重要な第三次産業が挙げられる。また再生エネルギーに基づき、エネルギー効率の高い社会を実現するために、柔軟な電力供給網としてのスマートグリッド、エコカーの電気スタンドや公共交通のいっそうの整備、コンパクトシティなど、大規模な社会的インフラの整備が要請される。

環境保護とエネルギー部門の転換だけでなく、経済全体での省エネルギー、省資源化、とくに第二次産業内での省エネルギー技術の導入も重要である。また石炭、石油、原子力など既存の汚染産業のスクラップには労働力移動が伴うので、社会的コンフリクトを避けるために、それには雇用、教育にかかわる積極的な労働市場政策が伴わなければならない。これらの転換の費用が公正に負担されないと合意形成が困難となるので、国家の財政収入に限界がある現状で必要な財源を捻出するためには、富裕税として機能するような環境税など、税制改革も必要となるだろう。

「緑の産業革命」の提案は以上によって環境・資源節約型の成長モデルへの転換を達成し、同時に雇用を確保することをねらっている。だがそれは第二次大戦後の先進工業国や、現在の新興国に見られる「高度経済成長」を目指していない。おそらく今世紀中に百億前後に達すると予想される膨大な世界の人口を考えると、環境・資源の希少性が今後の地球上における人間の活動の主要な制約条件となってくるだろう。地球温暖化などの環境からの制約と、食糧、水資源、エネルギー資源の不足などの点で、すでに人間はそのような世界で生存せざるをえなくなりつつある。今世紀以後に継続すると思われる環境・資源希少世界では、技術水準が与えられた場合、特定の生活水準を保証できる扶養可能な人口は限定される。この条件の下での、消費可能な物財の一人当たりの量という意味での生活水準の向上は、環境・資源節約型技術の発展が許す範囲内でしか望めない。

一九七〇、八〇年代の日本の環境パフォーマンスに関する研究では、この時期前半の低成長時代にはエネルギー節約や環境保護の発展によって、経済成長率と環境汚染の間に比例関係が見られなくなったこと、しかしバブル期以後の一定度以上の経済成長率を記録した時点からは、この関係が再び見られるようになったことが指摘されている。このように高いGDPの成長は、環境・資源節約の効果を打ち消してしまう。したがって環境・資源希少世界では、価格で測られるGDP増加率の小ささ、減少という意味での低成長を維持することが「持続可能性」の条件となる。

低成長経済は政策として意図的に追求されるものではなく、前世紀末から世界経済の現実となってきている。高い生活水準を持つ先進工業諸国では、長期にわたってGDP成長率が一％未満の低成長状態が継続している。これらの国では人口成長率が低下あるいはマイナスに転じ、アジアの新興国についても近い将来人口増加率の減少が予想されている。長期的に見ると人口増加とGDP成長率には高い相関が見られるので、新興国、途上国も工業化が終結し、物財の豊富さという意味での生活水準が十分に向上すれば、低成長経済に移行すると予想される。人口がほとんど増加しないなら、環境・資源節約型技術の発展によって、低成長下でも実質的な生活水準が改善できるだろう。人間の幸福は処分可能な物財の量によってもたらされるのではなく、健康、生活環境の豊かさ、人間関係の豊かさなどに依存するので、「質的成長」といわれるような、経済成長率で測れない生活の改善も可能なはずである。

(2) 構造転換におけるソーシャル・キャピタルの役割

「エコロジー的構造転換」を研究してきたベルリン学派のかつての研究ではソーシャル・キャピタルは言及されてこなかったが、第1節の(1)で見た産業の発展のための社会関係資源ということに加え、第3節で検討した環境政策の条件という点を考慮すると、それは「緑の産業革命」において今後重要な役割を持つと考えられる。

① 制度への信頼

「緑の産業革命」は危機への事前的な対応なので、産業革命のように自生的には生じない。そこでは科学的予測に基づく政策イニシアティブが重要な役割を果たす。そのため政策が効率的に機能する社会インフラとして、制度・政策への信頼というソーシャル・キャピタルの蓄積がその成否を決めるだろう。

② 動機づけ

クラウス・オッフェが指摘しているように、「緑の産業革命」では「利潤」以外の市民の行動の動機づけが不可欠になる。例えばエコマーケットのように、消費者行動においても個人の知識と倫理的意識が前提となる。また構造転換の結果は低成長経済となり、高度経済成長のような雇用や所得の急速な増加は望めないので、価格で表示される個人の経済的利害だけに訴えて政策への合意を得ることは難しくなる。そのため共有する価値観や相互の信頼といったソーシャル・キャピタル的要素が、急速な転換を実現するための社会的インフラとして重要である。

③ 技術的、社会的イノベーションの促進

「緑の産業革命」は少数の革新的な技術でなく、生活と産業の全分野にわたる多様なイノベーションによる環境・資源節約であるため、社会の多方面での創意工夫が結びつく必要がある。これらは中央集権的な政府や巨大企業では担いきれないため、NGOや地域住民も当事者となる。また「緑の産業革命」は生活様式の変更なので、それを担う市民社会、地域の社会的イノベーション能力によって支えられるだろう。

④ 幸福の感覚

ソーシャル・キャピタルは政策の社会的インフラとして重要なだけではない。エコロジー的転換は「経済成長」から質的成長への切り替えであるため、市民生活の質的改善にかかわるソーシャル・キャピタルの形成自体が、一つの目的となる。とくに個人が感じる「幸福」とソーシャル・キャピタルの蓄積には比例関係があると思われるので、それを振興する政策自体が、質的成長政策の一部となるだろう。

⑤　発展段階にしたがった役割の差異

先進工業国では、ソーシャル・キャピタルの蓄積は主に構造転換政策の実効性を支えると考えられる。それは制度への信頼を通じて環境政策の機能を保障し、地域分散型経済構造の実現に向けたコミュニティの力として現れる。またそれはグリーンコンシューマリズムのバックボーンとしての機能や、ソーシャル・ビジネスなどの発展の土壌、企業とNGOの連携によるイノベーションなどのイノベーションの源泉の一つといった、構造転換のためのネットワーク的資源となるだろう。

いまだ本格的な工業化を達成していない途上国では、これらに加えてソーシャル・キャピタルは別種の機能を果たすと思われる。例えば村落とNGOのネットワークは、再生エネルギーによる電力開発のように、巨大テクノロジーの導入なしで、地域に根差したグリーン・イノベーションとその普及を支えるだろう。

5　エコロジー的近代化と「社会の力」の行方

最後に「緑の産業革命」が超長期的にどのような世界をもたらすのかを考察して、ソーシャル・キャピタルの概念の射程を考えてみる。「社会の力」という発想自体、近代における国家と市場の二分法を前提としている。だが国家や市場が生まれたのは現生人類の数十万年におよぶ歴史のうちのわずか数千年前、文明の曙の時期である。歴史上のどこかの時点で誕生したのだから、それらには寿命があるのではないのか。「緑の産業革命」の行きつく先を予想すると、それが見えてくる。

工業社会が成熟し、低成長化が進めば、利潤率は徐々に低下していくだろう。新興国に活発に投資している金融市場での投資家たちは、それらの諸国の近未来における高成長を見越し、それによるハイ・リターンを求めてそうしている。新企業を設立しようとする企業家たちや彼らに投資するベンチャー・キャピタルも、新事業が高い利潤率をもたらすことを期待してそうしている。既存の大企業も、成熟した分野での利潤の減少を埋め合わせる収益の拡大を求めて、内部留保や借入金を使って新分野に投資を行う。経済の全体にわたって将来に予想される利潤がますます減少していけば、これらの投資の動機が弱まっていくことになる。そのため金融市場に任せておくなら、成長を支えるだけの投資が行われなくなる可能性がある。そのような状況が訪れた場合は、例えば金融制度の公有化、社会化やCSR（企業の社会的責任）の普遍化など、制度的、モラル的動機によって、経済全体での投資意欲を補完する必要が生じるだろう。

投資や企業活動が利潤獲得以外の動機によって大きく動かされるようになれば、利潤最大化は経済活動の原動力でなくなる。国家が「公的役割」を独占することによって、法的、モラル的枠組みのなかで私的利益を追求する個人、団体が活動する「市場」の領域が分化してきた。だが私的利益のみを動機としてはもはや有効に機能しないという意味で市場が自律的でなくなれば、国家も独占的に公共性を体現する団体とはいえなくなる。そうであれば、国家や公共団体が担ってきた役割の多くをソーシャル・ビジネス的なモデルによって置き換え、最高意志決定にかかわる最低限の中枢を残して、本質的に非効率的な国家的制度を事実上解体できるかもしれない。こうして環境・資源の希少性に支配される低成長化経済の下では、私的団体と公的団体や国家を区別できなくなり、団体、ネットワークの私的性格と公的性格の切れ目のないグラデーションによるガバナンスの様式が普遍化し、そこに個人が埋め込まれ、さまざまな機能を担うことになるだろう。

「緑の産業革命」によって人間の活動量と人口成長率と技術変化、エコシステムや資源賦存度といった自然条件が均衡状態に達し、長期的に持続可能となった地球社会を仮に「定常社会」と呼ぶとすれば、そのような社会では、「社会の力」が国家や市場の補完ではなく、正規の諸制度と本質的に結びついた形で重要な役割を果たすことになるだろう。そこでは超越的な権力や非人格的な市場の諸力ではなく、human capabilityとソーシャル・キャピタルといった概念で表現される、個人の力と社会の力が社会を支えることになるだろう。

【参考文献】

稲葉陽二『ソーシャル・キャピタル入門――孤立から絆へ』中公新書、二〇一一年。

住沢博紀・長尾伸一・長岡延孝・坪郷実・阪野智一・伊藤公雄編著『EC経済統合とヨーロッパ政治の変容――二一世紀に向けたエコロジー戦略の可能性』河合文化教育研究所、一九九二年。

坪郷實「ドイツにおける環境政策のイノベーション――その源流から環境ガバナンスまで」『ドイツ研究』四五号、二〇一一年五月。

ドイツ社会民主党／永井清彦編訳『われわれの望むもの』現代の理論社、一九九〇年。

長尾伸一「エコロジー的近代化論と『緑の産業革命』」『ドイツ研究』四五号、二〇一一年五月。

パットナム、ロバート／河田潤一訳『哲学する民主主義――伝統と改革の市民的構造』NTT出版、二〇〇一年。

第Ⅳ部

現場からみたソーシャル・キャピタル

第9章 自治体とソーシャル・キャピタル

伊藤久雄

本章では、自治体とソーシャル・キャピタルとの相互の関係性について考察する。自治体とソーシャル・キャピタルを考える場合、市民自治の展開を促すための市民への分権が不可欠であるが、二〇〇〇年分権改革や民主党政権における地域主権改革においては、いずれも国から都道府県および市区町村、都道府県から市区町村への分権にとどまっている。この章ではそのような分権改革の現状を踏まえながら、今後のあり方を考える。

1 東日本大震災の現場から：ソーシャル・キャピタルの活用と解体

(1) 災害でみえてくるソーシャル・キャピタルの存在意義

最初に東日本大震災を取り上げるのは、災害は改めてその地域におけるソーシャル・キャピタルの存在意義を教えてくれるからである。ソーシャル・キャピタルをうまく活用して復興を行っている自治体があるものの、逆に、それまで存在していたソーシャル・キャピタルを解体してしまい、なかなか合意形成ができない自治体が多い。とくに平成の大合併は、多くの自治体で地域におけるソーシャル・キャピタルを活かすことを難しくした制度を組み立ててしまっている。

災害復興とソーシャル・キャピタルとの関係で重要なことは、自治体行政がうまく機能しないなかで、多元的な活動主体をつなぐ橋渡し型の活動の存在である。自治体、関係機関、NPOなどがうまく橋渡しされたところでは、復興に伴う困難が次第に克服されているようにみえる。この点に留意しながら、東北三県の事例を検討していこう。

そこでまず、大震災発生後の救援・支援、復旧、復興の過程で、どのようなソーシャル・キャピタルが活動し、あるいは活動できなかったのか等について、いくつかの事例をあげておきたい。

（2）災害ボランティアセンターの設置と運営

まず、東日本大震災の発生から救援、復旧の過程で設置されたボランティアセンターの設置状況である。被災三県に設置されたボランティアセンターは、設置主体からみると表9-1のようになる。

表9-1　被災3県におけるボランティアセンターの設置状況

	自治体設置	社協設置	民間設置	計
岩手県	1	18	1	20
宮城県	2	17		19
福島県	3	25		28
計	6	60	1	67

出所：全国社会福祉協議会調べ（2011年4月12日現在）から，筆者作成。

表9-1のように、ボランティアセンターの設置は市町村社会福祉協議会（以下、社協）設置が圧倒的に多い。自治体設置はごく少数で、民間設置（この場合、NPO等が考えられる）は一つだけである。このようなボランティアセンターの設置状況は、阪神・淡路大震災の場合とは明らかに異なっている。阪神・淡路大震災時の「ボランティア本部の開設は、主として、震災直後から各行政機関へ救援の手伝いとして入っていた個人ボランティアによって開設されたケースが多く、全調査対象の一三団体のうち九団体が該当する。他の四団体については、①ボランティア団体（YMCA、曹洞宗等八団体、社協）、②行政内担当者である」と報告されている（消防防災博物館PDF『地方公共団体における災害ボランティア対応に関する調査研究報告書』一九九七：二〇）。

もちろん、ボランティアセンターの重要性は、この阪神・淡路大震災から認識され、現在では常設型の災害ボランティアセンターも全国に設置されている。この場合、社協単独型もあるが、行政と社協、NPO等との連携、協働で設置、運営されているところもある。ただし、やはり社協が中心になって設置、運営しているところが多いと考えられる。

（3）仮設住宅に設けられたサポートセンター（サポート拠点）の運営

震災被災地の仮設住宅には、サポートセンター（厚生労働省はサポート拠点という）が数多く設置されている。設置状況についてはNPO法人全国コミュニティライフサポートセンター（CLC）の、『震災被災地における要援護者への個別・地域支援の実践的研究報告書』（二〇一三）に記載されている。なお、この報告書における全体の設置数は一〇七カ所（二〇一二年一〇月一日）となっているが、その後は一一五カ所（二〇一三年四月一日）に拡大された。

設置数は、被災した市町の多い宮城県が多い。運営主体は、三県それぞれに違いが大きいことがわかる（表9-2）。この点や運営の状況等について、CLCは次のように分析している（CLC 二〇一三：八）。

「サポートセンターの運営体制の違い」

市町村によって、サポートセンターの運営体制が、市町村直営、社協への委託、民間事業者・NPO等への委託などの形態がみられる。いずれの形態であったとしても、サポートセンターが被災者支援の機能、役割を

表9-2　サポートセンターの運営主体（2012年10月1日現在）

	市町村	市町村社会福祉協議会	介護保険事業所	NPO等	合　計
岩手県	2（8.7%）	2（8.7%）	18（78.3%）	1（4.3%）	23（100%）
宮城県	5（8.3%）	32（53.3%）	10（16.7%）	13（21.7%）	60（100%）
福島県	2（8.3%）	13（54.2%）	5（20.8%）	4（16.7%）	24（100%）

出所：CLC（2013：8）。

果たしうるための条件を市町村行政は整備する必要がある。一部の市町村では、こうした仕組みづくりが不十分なため、サポートセンターが十分な役割を果たせていないところも見受けられる。たとえば、市町が直営して、社協や関係団体と連携をとりながら運営できているところは良いが、市町が直轄しながら他とは連携をとらず、少ない市町の人材で限定的な被災者支援にとどまっている場合が見受けられる。また、民間事業者・NPOに委託することにより、その運営がまかせきりになっており、市町としての役割を果たせていないケースもみられる。

国の二つの事業（筆者注）を町独自の被災者支援の仕組みの中で活用し、サポートセンター機能と生活支援相談員の連携を図りながら運用している例もみられるが、その逆に、それぞれ別の事業として実施し、双方の連携が図られていない市町も少なからず存在する。

また、被災した住民の中から積極的な雇用を図ることが意図されていた生活支援相談員の設置において、数多くの生活支援員を採用し、業務を担ってもらっている市町もあれば、その数がきわめて少ないところも見受けられる。どの市町においても、生活支援相談員が担うべき被災者支援の役割は潜在的にも多いことから、積極的な採用がのぞまれる。

（筆者注：サポートセンターは厚生労働省の補助事業。生活相談員は総務省の補助事業）。

岩手県は介護保険事業所が四分の一近くを占めている。これは、岩手県においては介護保険事業所が多数被災したため、事業所の再建のためにサポートセンターの運営を委託したという事情による。他の二県は、社協が最も多く、NPO等が少ない。これは、東北にはそもそもNPOが少ないことが要因として考えられる。被災三県のNPO等の現状は後述する。

（4）復旧、復興の過程で起きていること

災害ボランティアセンターやサポートセンターの設置と運営は、社協の存在が大きいことをみた。次に、このような施設の設置と運営以外の事例をみておきたいと思う。まずは気仙沼市、石巻市、いわき市の事例である。

気仙沼市は、大規模火災の発生や地盤沈下などの困難な復旧・復興事業のなかで、とくに防潮堤の高さをめぐる論争が起きたところである。この論争のなかで特筆すべきことは、市民の「防潮堤を勉強する会」の結成と熟議であった。第一回がスタートした二〇一二年八月八日から翌年四月六日まで一四回の会議を重ね、その後も知事や市長を交えた意見交換会なども開催し、「国の津波対策基準の見直し」を求める署名活動につなげた。またフェイスブックなどによる市民同士の意見交換も活発であった。現在、気仙沼市中心部の防潮堤の高さは県、市と市民との間で合意に至っている。

石巻市は、大規模合併の弊害が大きかった自治体である。しかし仮設団地の中にある石巻市立病院開成仮診療所は、診療所所長の長純一医師を中心に行政や看護、福祉、ボランティアなど様々な職種と連携を持ち、地域を包括的にみる取り組みが行われている。このような「他職種連携」は今、全国に拡大しつつある。また石巻市は震災後、市内一〇地区に一人ずつ「地域福祉コーディネーター」を配置し、独居者や生活困難者を支える活動を展開している（運営は市社協）。この活動も、被災地や被災者だけでなく、被災地周辺も含めた「地域包括ケア」につながる可能性が期待される。

いわき市は、いわき市自体が津波災害を受けただけでなく、福島第一原発事故被害者の避難先と

なり、双葉郡沿岸町村などの避難者を受け入れている。いわき市災害対策本部によれば、原発避難者特例法の避難者は二万三八三二人にのぼる（内訳は、双葉郡八町村小計二万三〇一四名、南相馬市七六一名、田村市三七名、川俣町二名、飯館村一八名となっている。二〇一四年五月七日現在、いわき市災害対策本部週報）。いわき市の人口は五月一日現在三二万六三六五人であるから、原発避難者はその七・三％にもなる。このようないわき市のなかで、既存市民と避難者との軋轢が表面化している。市村高志（山下・市村・佐藤 二〇一三：一〇三）は、「『賠償金をもらって遊んでいる』『強制避難者は賠償金をもらってよい思いをしている』も、福島のなかでよく聞かれることだ。ちょっとするとこぼれ落ちてしまうこうしたささいな話のうちに、避難者にとっては耐え難い毒が潜んでいる」と語っている。いわき市にも、勿来《なこそ》地区を拠点に活動する「なこそ復興プロジェクト」（NPO法人勿来まちづくりサポートセンターが運営）のように、津波被災地の支援とともに原発被害者支援も同時に行ってきたNPOも存在するが、このような既存市民と避難者、双方を橋渡しする組織の存在はきわめて少ないのである。

（5）原発被害地の現場から

双葉町や大熊町、浪江町のように全町民が避難した自治体は、役場も町外に避難し、避難者も県内各地をはじめ、県外にも分散を余儀なくされた。この地域は大家族で暮らす世帯が多かったが、仮設住宅や借り上げ住宅（民間などから借り上げた「みなし仮設住宅」）は狭く、世帯が分断された家族が大半であった。また、もとの集落（行政区）単位で仮設住宅を構成しているところは葛尾村が知られているくらいで、集落のコミュニティも分断された。要するに、既存のソーシャル・キャピタルが解体されたのである。

現在この三町は、帰還困難区域に指定されている地域が多い。現在の課題は、もとの町に「帰還できるのか、できないのか」、「帰還を希望するのか、帰還しないのか」であるが、町民の意向も割れ、また町民と行政との意識の乖離が目立つ。それは、それぞれが行ったアンケート調査等に表れている。例えば大熊町では、町に戻らないが六七・一％にも達している（二〇一三年一〇月のアンケート調査）。しかも、アンケート調査の度に「戻らない」が増えている。しかし行政は「帰還政策、帰還方針」を維持したままである。

問題は、避難者が各地に分散していることである。仮設住宅には自治会が組織されているところが多いが、借り上げ住宅の避難者には自治会のような組織はほとんどない。実際のところは、仮設住宅避難者より、借り上げ住宅避難者の方が多いのである。双葉町は町が借り上げている住宅（五八・八％）、自己負担の賃貸住宅（九・二％）、合わせて六八・〇％に対して、仮設住宅は八・九％に過ぎなかった（二〇一三年五月現在）。大熊町は、無償の借り上げ住宅（四四・五％）、有償の公営住宅と民間住宅（一七・四％）、合わせて六一・九％に対して、仮設住宅は一九・七％である。浪江町は、借り上げ住宅（四九・〇％）、有償の公営住宅と民間住宅（七・六％）、合わせて五六・六％に対して、仮設住宅は二七・六％である。三町の仮設住宅に住む町民の単純平均は二〇％に満たないのである（借り上げ住宅等の呼称は町によって違いがある）。

このような状況のなかで、行政が「民意」を集約することが困難であることは事実であった。しかしアンケートだけでなく、町民の意見交換会などを繰り返し開催したところは少ない。確かに行政職員の疲弊ははなはだしい。しかし仮設住宅の自治会以外に、意見を表明できるような組織の立ち上げができなかったのかなど、「合意形成」の努力が問われるのではないだろうか。その点、浪江町議会の活動は評価できると思われる。浪江町議会はたびたび、国に対して意見表明を行ってきている。

2　自治体にとってソーシャル・キャピタルとは：福祉政策とその実践を事例に

（1）社会保障・社会福祉政策の転換のなかで

二〇〇〇年以降の介護保険の導入、社会福祉基礎構造改革、社会福祉法の制定（社会福祉事業法改正）など、一連の社会保障・社会福祉政策の転換は、サービス供給主体の多元化、当事者住民の社会的参加・社会的包摂などを掲げるものであった。しかし、行政主導型の社会福祉は一朝で変わるものではない。ここでは地域の社会福祉協議会、地域包括支援センター、住民等参加型在宅福祉サービスなどの事例から、福祉施策とソーシャル・キャピタルの関係を検討してみよう。

（2）地域の社会福祉協議会

社協は社会福祉法人という民間団体であり、社会福祉法に位置づけられている。市町村社協、政令指定都市の区社協、都道府県社協および全国社協がある。全国社協の文書は、戦後復興と社協組織について次のように述べている（二〇〇八：全国社協ホームページ、昭和後期①　戦後復興と社協組織の誕生）。

「福祉六法体制と社会福祉事業法の成立」

太平洋戦争後の大きな課題は、戦災孤児をはじめとする子どもたちの保護であった。そのため、昭和二二年には福祉諸法の先駆けとして児童福祉法が制定され、児童相談所の設置や児童福祉施設の整備などが定められた。昭和二四年の身体障害者福祉法、戦後すぐに公布・施行となっていた生活保護法とあわせ福祉三法といわれた。これに昭和三五年の精神薄弱者福祉法（現在の知的障害者福祉法）、昭和三八年の老人福祉法、昭和三九年の母子福祉法（現在の母子及び寡婦福祉法）を加え、福祉六法体制が確立することとなった。

また、昭和二六年には今日の社会福祉制度の基本となる社会福祉事業法が成立した。法の起草にあたった厚生省の黒木利克社会局庶務課長は、米国における研究を通じて民間社会福祉振興機関の必要性を認識し、社会福祉協議会組織に関する規定が同法に盛り込まれることとなった。

戦後直後は民間の社会福祉組織が厳しい状況に置かれていたため、それらを支援することが重要な目的の一つとされていたようである。こうした戦後の社会福祉体制は、二〇〇〇年以降の社会福祉基礎構造改革で大きく転換した。この社会福祉基礎構造改革は、従来の措置制度から契約制度への抜本的な改革をはじめ、民間企業など社会福祉法人以外の参入を認める多様な事業主体の参入促進、社会福祉法人の運営の弾力化などが行われた。また地域福祉計画の策定などを内容とする「地域福祉の推進」が盛り込まれた。とくに介護保険制度の導入は、社会福祉法人以外のＮＰＯや企業、企業組合などの多様な運営主体の参入が図られた。

地域福祉については、社協の実践活動を踏まえて一九六二年に策定された「社会福祉協議会基本要項」が指針となってきた。この基本要項は、①住民の福祉ニーズおよび地域の生活課題の把握、②その解決のための、住民の自主的な活動への参加と組織化の推進など、「住民主体」の原則に基づく社協の組織と活動のあり方を明らかにしたものである。しかし、この「基本要項」策定に関わった渡部（二〇一〇：四二）が、「地域の現場で、日常活動のなかで住民主体の原則を貫いていくためには、乗り越えていかなければならない課題がたくさんあるように思います」と述べているように、今日的に多くの課題があると思われる。

以上述べてきたように福祉事業、とりわけ地域福祉に関わる事業は、多様な主体によって担われている。そこで筆者は今、社協、とりわけ市町村社協の存在意義が問われる状況にあると考えている。この点で、東京都の荒川区社協の取り組みは興味深い。荒川区社協は「地域福祉事業～小地域福祉活動の推進」のなかで、①地域コーディネーターの配置、②ふれあい絆・活（いきいき）サロン、③地域懇談会、④相談事業などを行っているが、注目されるのは地域コーディネーターの配置である。地域コーディネーターの配置は、「各地域で運営されているサロン等で構築されるネットワークや福祉お仲人さん、ふれあい協力店等の地域資源を結びつけ、地域住民による見守りや支えあい、居場所づくりや介護予防等への意識や地域力を高めていくとともに、地域ニーズの発掘や課題解決のためのコーディネートを行うことを目的」とするとされている（荒川区社協、平成二五年度事業計画並びに一般会計・公益事業特別会計・その他の特別会計資金収支予算書から）。これらの活動について鈴木（二〇一〇：二四）は、「今、地域で孤立する人は、高齢者ばかりでなく、多世代に増えている。様々な人が集まり、つながりあう仕掛けづくりをしていくことが求められており、まずは社協の存在をもっとアピールしなければならないと考えている」と述べている。

（3）地域包括支援センター

次に、地域福祉の担い手の一つとしての、地域包括支援センターについてみてみよう。地域包括支援センターは、介護保険法で定められ、地域住民の保健・福祉・医療の向上、虐待防止、介護予防マネジメントなどを「総合的に行う機関」として構想された。二〇〇五年の介護保険法改正で制定され、各市区町村に設置されている。当初は「総合的に行う機関」として構想されたものの、現実には高齢者支援に特化しており、高齢者支援センターと呼称するところもある。

地域包括支援センターの運営は、自治体の直営のところもないわけではないが、ほとんどは委託されている。少し資料としては古いが二〇〇八年九月末時点における『地域包括支援センターに関する実態調査』（東京都福祉保健局 二〇一〇）からみてみると、都内六二市区町村、三四二カ所の地域包括支援センターのうち、自治体直営七・六％、委託（指定管理者を含む）九二・四％となっていた。委託の内訳は、社協を除く社会福祉法人六三・二％、社協三・八％、医療法人一四・六％、社団法人二・九％、財団法人一・二％、株式会社等五・〇％、NPO法人一・二％、生活協同組合〇・六％であった。このように、東京都内に限った資料ではあるが、社協による運営はごく少数で、社協を除く社会福祉法人が六割を占めるとともに、多様な主体で運営されている。

（4）住民参加型在宅福祉サービス

地域包括支援センターのような公設民営の組織ではなく、「住民参加型在宅福祉サービス」といわれる福祉サービスはどのような実態にあるだろうか。全国社協によれば、住民参加型在宅福祉サービスは次の九類型に分類される。すなわち、①住民互助型（住民の自主的組織で運営）、②社協型（市区町村社協が運営）、③生協型（生活協同組合が運営）、④ワーカーズ・コレクティブ、⑤農協型（農業協同組合が運営）、⑥行政関与型（行政設置による第三セクターの運営）、⑦施設運営型（施設を運営する社会福祉法人が運営）、⑧ファミリーサービスクラブ、⑨その他（その他の運営形態）、である。このうち、ワーカーズ・コレクティブは「一人ひとりが主体的に出資し、運営し、働く『働く人たちの協同組合』」であり、ファミリーサービスクラブはクラブの会員同士で助け合う「相互援助活動」を行う組織である。

この住民参加型在宅福祉サービスは、大震災が発生した二〇一一年一二月末には全国で一九三八団体、一年後の二〇一二年一二月末には二〇一六団体であった（なおピークの二〇〇八年には二四〇七団体あった）。類型別の割合は、①住民互助型四七・九％、②社協運営型一六・〇％、③生協型六・一％、④ワーカーズ・コレクティブ四・二％、⑤農協型五・四％、⑥行政関与型六・〇％、⑦施設運営型一・九％、⑧ファミリーサービスクラブ〇・八％、⑨その他一一・七％となっている。これらの団体の福祉サービスはどのようなものだろうか。全国社協の報告書『平成二二年度住民参加型在宅福祉サービス団体活動実態調査報告書』（二〇一三）によれば、次のとおり多彩なサービスを提供している。

報告書は、助け合いで実施しているサービスと介護保険制度、障害福祉サービス、行政からの委託で実施しているサービスとに分けられて報告されているが、助け合いで実施しているサービスの上位一五のサービスは話し相手、家事援助、外出援助、保育・教育サービス、相談・助言、食事（配食）、車による移送サービス、サロン活動、介護、ショートステイ・宿泊、宅老所、入浴、住宅改造、デイサービス、財産管理・保全サービスとなっている。介護保険や行政からの委託等で実施しているサービスを合わせたサービスの種類は、「家事援助」八三・二％、「外出援助」七三・四％、「話し相手」六八・七％が上位三項目、次いで、「介護」五六・六％、「相談・助言」四二・六％が続いている。

以上述べてきたように福祉事業、とりわけ地域福祉に関わる事業は、多様な主体によって担われている。戦後直後の社協の設立から六十数年の今日、株式会社の福祉事業への参入も含めて、「福祉」総体の事業運営は社協や社会福祉法人だけでは語りえない。むしろ、自治体や自治体が関与する団体にはできない、地域に必要な事業を民間団体が担っているといっても過言ではないのである。荒川区の事例にあるように、「福祉主体の多元化」のなかで、改めて、地域福祉のまとめ役（総合調整機能の担い手）が必要な状況がある。福祉主体の多元化は、それらの橋渡し型のネットワークを必要とする。そのネットワークのなかに社協を位置づけなおす必要があるのではないだろうか。

3　自治体政策づくり等における　ソーシャル・キャピタルの意義

（1）自治体における市民参加の新しい展開

これまでは地域福祉を事例に、事業実施、サービス提供の現状をみてきた。これら地域福祉を含む自治体の政策と事業は、地域のソーシャル・キャピタルと不可分な関係にある。それらは、ソーシャル・キャピタルの育成に寄与することもあれば、逆に解体することもある。この点に関しては、何よりも、自治体の政策・事業の展開に、市民および多元的な活動主体が参加することが重要である。市民および多元的な活動主体の自治体への参加は、橋渡し型または連結型のソーシャル・キャピタルを創出していく可能性を持っている。現在、自治体における市民参加は新しい展開をみせつつある。

（2）自治体政策づくりと事業実施における PDCA

自治体の政策と事業の実施等は、ＰＤＣＡサイクルで表すことが多い、すなわち、Ｐ（プラン。政策や条例などを策定する過程）→Ｄ（ドゥ。政策や条例に基づく事業の実施過程）→Ｃ（チェック。事業を点検、評価する過程）→Ａ（アクション。点検、評価などに基づく政策、条例の見直し）である。

二〇〇〇年頃までの市民参加（市民参画という場合もあるが、ここでは市民参加で統一する）は、PDCAサイクルのP（政策づくり）に関わるものが多かった。それは、一九七〇年代までの市民運動が「何でも反対」という、自治体の政策、事業実施に力で反対するスタイルへの反省も踏まえた政策づくりへの参加であった。しかし現在は、前項で述べたような市民自ら起業するなどの事業実施への参加や、自治体の事業評価への参加など、まさにPDCAサイクルの全過程に参加するのが当たり前の時代を迎えているのである。

（3）政策づくり等への市民参加と市民、市民団体

PDCAサイクルの最初の過程、政策づくり等への参加は、参加の仕方について考えると、主には二つに分けられる。その一つは、ある団体を代表しての参加である。参加する機関、組織は審議会、公聴会、タウンミーティングなどをあげることができる。代表する団体は自治会・町内会等、地縁団体である場合が多い。ただし、代表参加であっても、構成メンバーの総意を代表しているわけではなく、発言は個人としての意見表明であることがほとんどである。NPO等市民団体の代表が参加する機会は少ないが、参加しても個人の意見表明であることは変わらない。なお、最も代表的な首長の附属機関である審議会は、行政の事務局主導型が少なくない。

政策づくり等への個人参加は、審議会等における市民公募のほか、市民会議、市民討議会がある。市民会議は首長の附属機関ではなく、最近は公募型が多い。全員公募の場合も少なくない（著名な例に「みたか市民二一会議」がある）。市民討議会は無作為抽出型によって市民が選ばれる。市民討議会は新しい参加形態であるが、従来の公募型の場合、参加者が限定される（いつも同じ人が参加する）ことや、意見集約がどうしても「声の大きい人」に左右されることなどの弊害もあり、無作為抽出型を選ぶ自治体も多くなっている。なお、市民会議、市民討議会とも行政の事務局が主導することはなく、意見集約は参加メンバーが自主的に行うのも特徴の一つである。

（4）市民参加のPDCAとふさわしい手法

市民参加の手法は今日、多数開発されている。しかし、どのような参加手法がふさわしいかは、例えば政策づくりを考えた場合には、表9-3の

表9-3　市民参加（政策・計画づくり）のPDCAとふさわしい手法

		市民意見提案制度	アンケート	タウンミーティング	ワークショップ	パブリックコメント	公聴会	審議会	市民会議（公募）	市民討議会
計画策定	構想段階	○	○	○	○				○	○
	素案作成段階			○	○	○		○		○
	原案作成段階					○	○	○	○	
実施（実行）				○			○			○
評　価							○	○	○	○
見直し		○	○	○	○	○	○	○	○	○

各段階ごとに考える必要があると筆者は考えている。政策づくりの場合、その計画段階（計画段階も構想段階、素案段階、原案段階などの多段階が想定できる）、政策の実施段階、評価、見直しの段階、すなわちPDCAの各段階ごとに最適な参加手法が考えられる。表9-3においては、ふさわしいと考えられる手法に○をつけている。ただし、あくまで筆者の私案（私見）である。それぞれの手法を簡単に説明しておこう。

市民意見提案制度は、市民が自ら政策提案できる制度である。自治基本条例などによって制度化する例が多い。課題は、市民からの提案に行政がどう応えるかであり、まだまだ手法としては開発の余地のある制度である。アンケートは古くからある手法である。無作為で選んだ一定規模の市民に、アンケート用紙を郵送などして回答を求める。自治体の世論調査にも用いられる。タウンミーティングは、アメリカなどの一部で行われてきた「住民の大部分が集合して地域の施策や予算を議決する」などの手法とは異なり、自治体のなかの地域を数カ所選び、首長が出席して市民の意見を直接聞く手法として行われている。意見交換会や対話集会などという場合もある。

ワークショップは、まちづくりワークショップなど、ファシリテーターのもとに数人から十数人が集まり、KJ法（よくポストイット用紙が用いられる）などにより意見を集約していく手法である。市民会議や市民討議会などでも意見集約の手法として用いられることがある。公聴会は、最近は議会による開催も現れはじめたが、多くは首長の提案に対して数人の市民が所属団体を代表して意見を述べる例が多い。意見表明する人を公募する場合もある。審議会は、学識経験者や団体代表などが加わる首長の諮問機関である。最近は公募の市民も委員になる場合もある。代表的な首長附属機関である（委員会という名称の場合もある）。

市民会議は、委員全員公募型の会議が多い。十数人の少人数の会議（定数より応募が多い場合は抽選する）から、みたか市民会議二一のように四〇〇人の大規模な会議（公募に応じた市民全員を委員とすることが多い）まで、形式は自由である。市民討議会は、無作為抽出で選ばれた市民（一〇〇〇人から三〇〇〇人程度）に案内状を送り、案内に応じた市民で二五人程度のグループをつくり、そのなかの五人程度でシャッフルしながら議論を繰り返し、意見を集約する。ドイツで開発されたプラーヌンクスツェレの日本版である。ドイツでは連続四日間の討議期間がとられるが、日本の市民討議会は二日間（土、日）で行われる場合が多い。

課題をあげれば、まずPDCAのすべての段階で市民参加が必要であることである。計画策定は、構想段階、素案作成段階、原案作成段階それぞれに、その段階にふさわしい参加手法が必要である。今後、様々な経験の積み重ねによって、それぞれの段階にふさわしい手法が確立されることを期待したい。実施（実行）、評価、見直しの各段階も、それぞれの段階にふさわしい参加手法がとられるのが望ましい。ただし、各自治体、各地域における歴史や市民構成が異なることから、表9-3の「ふさわしい手法」は絶対的なものではない。また、参加するテーマによって手法も異なることを付言しておきたい。

（5）政策づくり等に参加する主体とエンパワメント

政策づくり等に参加する主体はどうだろうか。審議会への代表参加も含めて、とりわけ公募型、無作為抽出型を問わず、政策づくり等への参加は、一人の市民としての参加意欲だけでなく、地域課題や法令、条例等の知識、知見も求められる。そうしたエンパワメントはどのようにして獲得すべきものだろうか。筆者は、自治会役員や民生委員、

PTA役員などによって多くの知識を得られるのはもちろんであるが、やはりNPO等の自主的な活動に参加し、その活動のなかで獲得していくことが重要だと考える。

そこでまず、認定NPO数をみておきたい。認定・仮認定NPO法人は、二〇一四年三月三一日現在六四二法人を数える（内閣府HP・NPOポータルサイト　二〇一四年四月三〇日検索）。内訳は、認定NPO二六九、仮認定NPO一二九、旧認定NPO二四四。旧認定とは、二〇一一年六月一五日のNPO法改正以前の国税庁認定のNPOである。ここでは認定、仮認定、旧認定に分けず、認定NPOと呼ぶ。

都道府県別にみると、東京都は二二九（三五・七％）と全国の三分の一以上を占めている。東京都には全国的に活動を行っているNPO、認定NPOが多いから、当然といえば当然なのだが、東京都以外では首都圏（埼玉県、千葉県、神奈川県、横浜市）、中部圏（愛知県、名古屋市）と関西圏（京都市、大阪市）が多い。その他に多いところは、札幌市や、茨城県、栃木県などをあげることができる。逆に、認定NPOが一つもない福井県、熊本県のほか、一つの奈良県、和歌山県、鳥取県、岡山県、香川県、大分県、宮崎県がある。政令指定都市も堺市はゼロであり、千葉市、新潟市、広島市、熊本市は一つしかない。

もちろん、認定NPOが少ないからNPO活動が停滞しているとは一概にはいえない。ただし今後、寄付金を重要な財源として事業や活動の拡大を図っていくことの重要性を考えると、認定NPOが少ない都道府県や政令都市が現状のままでいいはずはない。認定NPO法人の収入構成は寄付金が五二％を超えて最も割合が高いのに対して、認定を受けていないNPOは事業収益が約五七％に上り、その違いは明白である。

それでは、認定NPOに限定せず、NPO全体をみてみよう。全国のNPO法人は、二〇一四年三月三一日現在四万八九九二法人と五万に近づきつつある。これを都道府県（所轄庁）でみると、東京都が九三六〇法人と全国の約五分の一を占めている。一〇〇〇を超える道府県は、北海道、埼玉県、千葉県、愛知県、大阪府、兵庫県である。少ないところは、二〇〇台が福井県、鳥取県、島根県の三県。三〇〇台が青森県、宮城県、秋田県、山形県、富山県、石川県、和歌山県、徳島県、香川県、愛媛県、高知県、佐賀県、熊本県の各県である。被災三県のうちでは宮城県が三五四法人である。岩手県は四五三法人、福島県は七八六法人と「健闘」はしているが、多いとはいえない。政令都市では、横浜市（一三八八法人）、大阪市（一五二一法人）が多く、相模原市が最も少ない（一九一法人）。二〇〇台も新潟市、浜松市、堺市、北九州市の四市ある。認定NPO法人ほどではないが、やはり全国的には偏在は否めない。また、NPO法人が少ない自治体には認定NPOも少ない傾向がある。NPO、認定NPO法人をどう拡大するか、法人の少ない都道府県、政令都市の課題である。

（6）テーマ型NPOと政策づくりへの参加

NPO法人の活動分野をNPO法人の定款に記載された活動の種類でみると（二〇分野のうち、上位一〇位）、保健、医療又は福祉の増進を図る活動、社会教育の推進を図る活動、NPO団体の運営又は活動に関する連絡・助言又は援助の活動、子どもの健全育成を図る活動、まちづくりの推進を図る活動、学術・文化・芸術又はスポーツの振興を図る活動、環境の保全を図る活動、職業能力の開発又は雇用機会の拡充を支援する活動、国際協力の活動、経済活動の活性化を図る活動の順になる（内閣府HP・NPOポータルサイト　二〇一四年四月三〇日検索）。

これら一〇分野のなかで、一つだけ三位に入っている中間組織、あるいは中間支援組織といわれる活動分野があるが、その他はすべてテーマ型といわれるものである。もちろん、複数の分野、テーマを目的に活動するNPOもあるが、多くは何らかの分野、テーマに特化して活動しているNPOが多い。テーマ型NPOといわれる所以である。中間組織は、文字通り「NPO団体の運営又は活動に関する連絡・助言又は援助の活動」を、NPO支援センターのような形で活動する場合が多く、アドボカシー活動、政策提案活動を積極的に行っているとは言い難い。

またテーマ型NPOは、かりに複数の分野で活動を行っていても、その分野ごとの事業や政策提案などに限られ、一定の地域や自治体全域を対象とした地域型、総合型のNPOはごく少数なのが現状である。この課題については、次節で考えたいと思う。

4　総合（政策）型NPOへの期待

（1）地域包括ケアシステムの提起

現在の社会状況の特徴は、何といっても超高齢社会に向かってひた走っていることである。この状況を踏まえて厚生労働省は、地域包括ケアシステムを提起している。その目標は、「二〇二五年を目途に、高齢者の尊厳の保持と自立生活の支援の目的のもとで、可能な限り住み慣れた地域で、自分らしい暮らしを人生の最期まで続けることができるよう、地域の包括的な支援・サービス提供体制（地域包括ケアシステム）の構築を推進」することである。それを裏返せば、これまで地域における様々な支援体制やサービス提供は、行政の組織に応じた縦割りで、包括的、総合的な体制がなかったということになる。

とくにこれまで欠けていたのは、福祉サービスと「住まい」（とくに高齢者の住まい）の政策が統一的に推進されてこなかったこと、福祉政策とまちづくりが別々に行われてきたことである。すなわち、地域包括ケアシステムとは、福祉サービスと「住まい」の総合化、福祉政策とまちづくりの融合であるともいえる。そこで改めてコミュニティ（地域コミュニティということもある）の重要性が指摘されるのであるが、コミュニティという場合、どのような地域をいうのかが問題だと筆者は考えている。コミュニティを日常生活圏と捉えた場合においても、一般的には「歩いて行ける範囲」（徒歩圏）が想定され、厚生労働省の地域包括ケアシステムにおいては「中学校区」が想定されている。荒川区の例でいえば、「小地域」である。

しかし日常生活圏は、大都市と地方都市では大きな相違があり、大都市のなかでも地域によって異なり、また年齢によっても「徒歩圏」は異なる。その圏域は、その地域に暮らす人々が決めていくものである。いずれにしても今後、住み慣れた地域で生活を維持し、地域医療・居宅介護等によって人生を全うするためには、総合的な地域福祉とその担い手が期待されることになる。

（2）居場所と担い手

高齢者が二人世帯になり、単身世帯（独居）になっていくとき、地域医療・居宅介護が必要であることはいうまでもないが、まず何より「徒歩圏」のなかに「総合的な相談機能」と「居場所・サロン」を兼ね備えたセンター（スペース、場所）が必要である。その場所は公共施設の転用や、空き家・空き室、空き店舗等の活用が考えられる。問題は、その運営経費と担い手である。運営経費については、自治体からの補助金や助成金が必要であるが、現在の自治体の財政はきわめて厳しいものがある。その場合には、担い手が自主的な事業として運営しなければならないことも考慮しておかなければならない。

問題の二点目は担い手である。すでに述べてきたように、これまでの地域福祉は社協や、社協を除く社会福祉法人が多くを担ってきたが、地域包括支援センター等の運営の実態から明白なように、社協や社会福祉法人、自治体出資法人だけで地域福祉を担うのは困難な状況にある。まして、「中学校区」にせよ「小学校区」にせよ、より小さい、狭い範囲で地域福祉を実践しようとすれば、その数は膨大で自治体が関与した法人では担いきれないのは明らかである。そこでＮＰＯ法人、協同組合、ワーカーズ・コレクティブ、ワーカーズコープ（労働者協同組合）などの組織への期待が高まる。

そのなかでも法人数の多さで考えれば、地域的な偏在があるとはいえやはりＮＰＯ法人である。ただし、ＮＰＯ法人の少ない自治体における育成や、テーマ型から地域を総合的に担いうる組織、地域総合型ＮＰＯへの転化が必要とされる。

（3）サービスを提供する者と政策アドボカシーを結びつける機能

これまで述べてきたように、これからは福祉サービスの担い手が、自治体政策への政策アドボカシー活動をも視野に入れた総合（政策）型ＮＰＯに転化する、あるいはそのようなＮＰＯと連携することが求められる。総合（政策）型ＮＰＯは、サービスを提供する者と政策アドボカシーを結びつける機能を持つものと言えるであろう。政策アドボカシーは単なる政策提案ではない。当事者が公共政策を理解し、評価することができ、自らが政策立案に参加できるようになるというエンパワメントを必須の要件とするものである。こうした有効なアドボカシー活動は、サービス利用者・政策担当者・サービス提供事業者との間に橋渡し型ソーシャル・キャピタルを創出していく。こうした橋渡し型活動の積極的な担い手として、総合（政策）型ＮＰＯへの期待を表明しておきたい。

【参考文献】

山下祐介・市村高志・佐藤彰彦『人間なき復興――原発避難と国民の「不理解」をめぐって』明石書店、二〇一三年。

コミュニティライフサポートセンター（ＣＬＣ）『震災被災地における要援護者への個別・地域支援の実践的研究報告書』二〇一三年。

鈴木訪子「顔が見えるつながりで孤立した人をなくしていきたい――荒川区社協の活動から」『まちと暮らし研究』No.9、二〇一〇年。

全国社会福祉協議会『わが国社会福祉と全国社会福祉協議会一〇〇年のあゆみ』二〇〇八年。

渡部剛士「住民主体の社会福祉協議会とは何か――全国社協基本要項と山形会議を中心に」『まちと暮らし研究』No.9、二〇一〇年。

第10章 ソーシャル・キャピタルと協同組合・社会的企業

林　和孝

協同組合はソーシャル・キャピタルを創り出す――と、最近の国際的な協同組合のビジョンは述べている。それでは、協同組合は、どのような質をもつソーシャル・キャピタルを創出するのだろうか。本章では、ソーシャル・キャピタルとの結びつきが強いとされる協同組合と社会的企業を取り上げ、それらの組織の特質と実態、ソーシャル・キャピタルとの関係、そしてこれからの課題を探る。

1 市民活動組織が創り出すソーシャル・キャピタルとは

パットナムは『孤独なボウリング』のなかで、市民活動が生み出すソーシャル・キャピタルが市民のコミュニティへの参加やコミュニティの形成に結びつかない場合があるとしている。だが、どのような活動・組織がそれに該当するのかについて、あいまいさを残している。

パットナムの議論に対して、米国の人類学者であるシュナイダーは、ソーシャル・キャピタルを特定化されたネットワークの内部にとどまる互酬や信頼と捉え、一般化された信頼に基づいてコミュニティ全体の公共の利益に寄与する市民参画(civic engagement)と区別すべきであると主張している。そして、彼女はソーシャル・キャピタルを生むにとどまる組織と市民参画に結びつく組織の類型化を試みている(Schneider 2007)。一方、稲葉(二〇一一：三八―三九)は、グループ内部に特定化された信頼と互酬、広く一般化された信頼と互酬を区別するという米国での議論を紹介しつつ、特定化されたものを閉じたネットワーク、一般化されたものを開かれたネットワークに結びつけている。

ここでは市民活動が創出するソーシャル・キャピタルを、特定の組織や集団の内部に限って機能するもの（特定化されたソーシャル・キャピタル）と、地域コミュニティや社会一般にわたって機能し、人々の市民活動やコミュニティへの参加を促進するもの（一般化されたソーシャル・キャピタル）とに、ひとまず区分する。市民活動がソーシャル・キャピタルを創り出すというとき、そのいずれの性格をもつのかということと、それらの連関のあり方が問題になる。ちなみに、特定化・一般化ソーシャル・キャピタルは、結束型・橋渡し型・連結型などに類型化されるものとは位相が異なる概念で、それらは交互に入り組んでいるものと理解される。

2　協同組合の特質とその実態

（1）協同組合とはどのような組織か

協同組合は、メンバーとして加入・出資した組合員の互助を目的とする組織である。協同組合の起源は一八世紀までさかのぼることができるが、現在に続く協同組合の運営原則を確立したのは、一八四四年に英国マンチェスター近くの町に設立されたロッチデール公正先駆者組合である。このロッチデールの原則は、その後、国際協同組合同盟（International Co-operative Alliance：ICA）が設立されると、国際的な協同組合の原則へと発展させられる。ＩＣＡ原則は数次にわたり改訂され、現在では一九九五年に採択された「協同組合のアイデンティティに関するＩＣＡ声明」が世界の協同組合に共通する運営準則となっている。

この声明は、協同組合の定義・価値・原則の三つの部分で構成されている（栗本 二〇〇六）。協同組合の定義は次のようなものである。

> 協同組合は、共同で所有し民主的に管理する事業体を通じ、共通の経済的・社会的・文化的なニーズと願いを満たすために自発的に手を結んだ人々の自治的な組織である。

「価値」については、自助・自己責任・民主主義・平等・公正・連帯などの価値を基礎として、「組合員は、正直、公開、社会的責任、そして他人への配慮という倫理的価値を信条とする」としている。

これらを踏まえた協同組合の原則は、①自発的で開かれた組合員制、②組合員による民主的管理、③組合員の経済的参加、④自治と自立、⑤教育・訓練および広報、⑥協同組合間の協同、⑦コミュニティへの関与などを掲げている。

パットナムは、ソーシャル・キャピタルの要素を、信頼のネットワークや互酬性の規範などに求めている。それらの要素は、このＩＣＡ声明に基本的に包含されているとしてよいだろう。人は、協同組合の組合員になることで、なんらかの便益を得ることになれば、とりあえず、特定化されたソーシャル・キャピタルが生み出されたことになる。原則における参加や教育などは組織内部のソーシャル・キャピタルを維持・再蓄積させ、協同組合間の協同は橋渡し型のソーシャル・キャピタルを生み出す制度的装置であると捉えられる。

第七原則のコミュニティへの関与は、「協同組合は、組合員によって承認された政策を通じて、コミュニティの持続可能な発展のために活動する」と規定されている。これまでのＩＣＡ原則は協同組合の内部運営の原則に限定されていたが、この第七原則は協同組合の外部との関係を初めて規定したものである。この原則は、協同組合がその創出するソーシャル・キャピタルを一般化して、コミュニティ全体の公共の利益に貢献していくことを求めるものといえよう。現実の協同組合は、これらの原則をいかに実践化しているかが問われていることになる。

（2）日本の地域生協の現状

協同組合には、農業協同組合その他の第一次産業の協同組合、中小企業に関連する協同組合、労働者生産協同組合などの多様な事業体が存在するが、それぞれのソーシャル・キャピタルとの関係はまことに多様である。ここでは、地域を事業区域として主に購買事業を展開している消費生活協同組合（地域生協）に焦点を絞ることにする。

地域生協は日本生活協同組合連合会の調査によると、二〇一二年度の組合員数は一九七四万人、事業高は二兆六五一七億円である。全国の組合員の対世帯組織率は三五・五%で、組織率の高い兵庫、宮城県などは六割を超える世帯が加入している。小売業における生協のシェアは二・七%、食品に限ると五%台とされる（日本生協連のHPによる）。地域生協は一九七〇年代以降、ほぼ一貫して組織と事業を拡大してきた。だが、二〇〇〇年代に入って、組合員数の増加は緩やかになり、事業高も微増傾向となっている。組合員一人当たりの利用高は傾向的に減少しており、月ごとの利用高は一九九〇年代半ばには一万七〇〇〇円台だったが、二〇一二年度には一万一二九八円へと減少した。

一九七〇年代から九〇年代前半までの成長期の地域生協は、「日本型生協」としてモデル化されている。例えば、栗本（二〇〇五：二一―二四）は日本型生協の特質について、①主婦が主体の組織であること、②商品を班組織に配達する共同購入を主な事業形態とすること、③消費者団体としての性格（社会運動的側面）が強いことなどをあげている。

班別の予約共同購入というのは、数世帯から一〇世帯程度の近隣世帯を班としてまとめ、班ごとに商品を事前に予約注文し、商品の受取りも班ごとに行う方式のことである。これは主婦のボランタリーな無償の労働によって受注・保管・配送などのコストを抑えるだけでなく、組合員への商品知識の普及や供給の促進などとして機能するとともに、班で組合員の意見をまとめ役員を選出するという形で組合員参加の基盤となった。

しかし、この主婦が主体の日本型生協は、一九九〇年代後半には大きな曲り角を迎えることになる。班組織が構成できなくなり、商品の配達は個人別に行われるようになる（個配化）。生協における班組織の衰退は、専業主婦の減少と軌を一にするが、それと相まって個性化・脱画一集団化が進行したことにも起因している。専業主婦の減少は班をとりまとめるアクターがいなくなって班を衰退させたが、この時期には「人間関係がわずらわしい」ことを理由に班が解散することも多かったのである。

その一方で、生協は大規模化の一途をたどった。合併に次ぐ合併によって、組合員数が三〇〇万人を超える単位生協も出現してきている。組織の巨大化は経営の安定化をもたらす一方で、組合員の参加を遠ざける。圧倒的多数の組合員が商品を利用するだけの存在になり、少数の組合員リーダーと結びついた職員テクノクラートによる運営の比重が強まる傾向がある。

3　地域生協における ソーシャル・キャピタル

（1）生協によるソーシャル・キャピタルの創出

地域生協とソーシャル・キャピタルとの関連を検討しよう。協同組合のソーシャル・キャピタルの指標については、さしあたり、①組合員の満足度（事業の利用状況）、②組合活動への組合員参加、③供給ネットワークのひろがり、④組合員の市民活動への参加、⑤地域コミュニティや一般社会への組織としての関与などがあげられる。①②は特定化ソーシャル・キャピタルの、④⑤は一般化の、③は両様の機能をあらわすものと考えられる。

桜井（二〇〇九：一〇―一二）は海外の研究を整理して、①公益的な活動を行わず、多様な関係性を活動のなかから生み出していない協同組合の場合にはソーシャル・キャピタルの諸結果が創出されていないこと、②協同組合内のソーシャル・キャピタルが活かされる形で新たにコミュニティ・ビジネスやNPOが設立され、地域課題の解決に当たっている場合には協同組合のソーシャル・キャピタルは地域活性化に寄与していること、③都市の生協は橋渡し型ソーシャル・キャピタルを醸成する可能性があること、その他の仮説を提示している。協同組合は組合員の利益の最大化を図る組織であるから、そこから生み出されるソーシャル・キャピタルは閉じられ、特定化されたものであると考えられる。しかし、協同組合の事業と運動の展開によっては、特定化されたソーシャル・キャピタルが一般化されたものを派生させ、または転化する可能性もある。その実践的契機は何に求められるのだろうか。

ソーシャル・キャピタルという視点から成長期の地域生協を捉えようとするとき、団地・ニュータウン開発に伴う新しい地域コミュニティの出現、商品の市場対抗性や商品開発への組合員参加、地域市民活動への参加という三つのポイントが注目される。

団地やニュータウンの開発によって、ばらばらな地域から入居してきた人々は、更地から近隣コミュニティをつくることを要請されることになった。また、団地付属の商店などが用意されたものの、商業集積としてはまったく不十分であった。そこで住民たちは、団地の自治会、PTA、保育所・幼稚園の父母会などをつてに、生協に加入したり、新たに生協を設立したりしたのである。生協の班は同時に、コミュニティ組織の一部を担うことにもなり、生協と生協以外の地域・近隣のネットワークとの重なり合いが成立してくる。

地域生協の成長期は、市場流通食品の安全性に強い疑いがもたれた時代であった。生協に加入した主婦たちは市場の食品に批判的であり、生協により安全な食品の開発を求めた。このことは、生協に対する閉じられた信頼を醸成し、特定化されたソーシャル・キャピタルを創出するものと理解されるかもしれない。だが、生産者との交流・交渉などを通じて、安全な食品の開発に組合員が参加することは、消費者と生産者との一般に開かれた連携を伴う。それは、一面では結束型を強める効果をもちつつも、橋渡し型ソーシャル・キャピタルの機能として組合員意識の社会化を生み出していったとも捉えられる。

市場流通食品への批判は、消費者運動とつながる。消費者運動は食品法制の見直しなどを課題に全国的にも展開されたが、市区町村の消費者政策のカウンターパートともなった。安全な食品の追求は、地域の農業生産に眼を向けさせることになり、地域の農協や個別生産者との交流が展開されていく。こうした活動は、閉じられ特定化されたネットワークを開かれた一般的なものに転化していく可能性をもった。

組織運営や商品開発への組合員参加は、消費者運動への参加にとどまらない、女性の広範な社会的参加に結びついた。生活クラブ生協の場合には、地方自治体への政策提案活動を熱心に行い、数多くの自治体議員を生み出していった（坪郷 二〇〇三）。この時期の地域生協の多くは特定化されたソーシャル・キャピタルと同時に、市民参画を促進するような一般化されたソーシャル・キャピタルを、活動を通じて創生したと見てよいだろう。

(2) 生協におけるソーシャル・キャピタルの変容

九〇年代以降になると、前述した班組織の衰退と個配の全面化、生協の大規模化が促進され、組合員の運営参加は困難さを増すようになった。こうした転換は、生協のソーシャル・キャピタルのありように大きな変化をもたらしているに違いない。

　個配生協とソーシャル・キャピタルの関係については、桜井らの研究グループが生協パルシステム千葉の組合員意識調査に基づく分析を行っている。その結果として、「個配中心の現在の都市部の生協においても、地域内での信頼感の醸成に一定貢献しており、さらには様々な組合員の活動参加が、地域社会の活性化につながっていることを示唆していた」とし、個配生協でもソーシャル・キャピタルを醸成していると結論づけている。それと同時に、「市民活動・住民運動への参加経験を持つ組合員は、イコール、パルシステム千葉のグッド・カスタマーではない可能性がある」（桜井・山田 二〇〇九：四五―四六）ことにも注意をうながしている。桜井らの注意喚起にしたがえば、生協に信頼感をもち生協活動に積極的に参加する組合員とは別に、ある程度の信頼感をもちつつも生協活動よりも生協外のネットワークに参加する組合員が併存していることがうかがえる。

　日本生協連が三年おきに実施している『全国生協組合員意識調査』は、組合員の生協活動への参加や市民活動参加について興味深いデータを提供している。特徴的な意識傾向を取り上げよう（以下の数値は同調査一九九四、二〇〇六、二〇〇九年度版によっている）。

　組合員の生協活動への関心について見ると、「買物のみ、他の活動には関心がない」「あまり関心はないが、提案は知りたい」などの関心なし層の合計は、一九九四年度には四九％であったのに対して、二〇〇六年度には六二％にまで増加している。つまり、組合員の多くは生協を買い物だけの組織と見るようになっているのである。それに加えて、すでに触れたように組合員一人当たり利用高が激減している。組合員の満足度や活動参加は傾向的に低下してきていると捉えられる。

　次に、一般的な市民活動への参加について。ここでの設問は①「生協以外の場で参加したい」か、②「生協の活動として参加したい」かという選択肢をあげている。福祉分野の活動への参加について、一九九四年度は①が三七・五％、②が一九・二％と、生協の活動として参加したい層が多数となっている。ところが、二〇〇六年度になると、①と②は大きく逆転する。設問の選択肢に「いずれ機会があれば参加したい」という項目が設定されたため、「参加したい」が大幅に減っているが、①が二・一％、②が七・八％となっている。環境問題についても、同様の傾向を示している。この結果は、市民活動に関して、生協とはかかわりのない外部ネットワーク指向の組合員の増加を意味し、生協における特定化から一般的なものへのソーシャル・キャピタルの派生・転化のルートが狭まっていることを示唆する。

　生協活動参加者の高齢化傾向も顕著である。調査は、生協活動への参加の形態を聞いているが、事務局への意見提出やアンケートなどの回答といった受動的な参加と、イベントや学習会、運営についての話し合いへの参加といった能動的な参加とを比較すると、後者は六〇歳以上の高齢組合員の参加が比較的多数を占めるようになる。実際に参加したと答えた組合員数を年代別に振り分けると、六〇歳以上層が他の年代に比べて圧倒的に多くなる。

　これらのデータから読みとれることは、全般的に活動指向の組合員が減少し、市民活動は生協とは関係なく参加するという組合員が増加し、しかも活動指向の組合員は高齢化しているという姿である。活動的組合員の高齢化は、成長期に内生したソーシャル・キャピタルの残存と劣化を示しているのかもしれない。地域生協において、ソーシヤル・キャピタルの世代的な継承または再蓄積が大きな課題となっているのである。こうした地域生協の現状と課題を踏まえつつ、次節以下では、社会的企業の展開とそれが生み出すソーシャル・キャピタルについて検討することにしよう。

4　社会的企業の台頭と展開

（1）社会的企業論の系譜と概念

社会的企業という言葉が生まれたのは、一九九〇年代である。言葉は新しいが、社会公共的な目的をもって財・サービスを提供する事業を継続的に展開する非営利組織は古くから存在している。それらの事業体を改めて社会的企業という新しい言葉で表現することになったことには、当然ながら歴史的な背景がある。

社会的企業は、一般に米国系譜と欧州系譜のものに区別されている。社会的企業の普及が盛んな英国は、それらの中間に位置づけられることもある。北島（二〇〇五）、谷本（二〇〇六）、藤井（二〇一〇）、米澤（二〇一一）などは、いずれも米国と欧州の社会的企業論を比較検討している。

米国では一九七〇年代後半から九〇年代にかけて非営利組織（ＮＰＯ）の商業主義化が進行してきたとされている。その背景には、政府補助金の削減や、病院・保険などの従来非営利が優勢であった産業部門の市場化などがある。こうしたなかで、ＮＰＯは事業収入に依存する経営に傾斜し、会社経営の手法をとりいれていく。それはＮＰＯの営利企業化であり、社会的使命とのディレンマをもたらすことが危惧された。その一方で、大手企業の不祥事が相次いだこともあって、会社の社会的責任が再び注目され、営利企業も社会目的をもった事業への関与が求められるようになった。

米国のＮＰＯ論では、政府・市場・非営利の三つのセクターの失敗が説かれることが多い。米国の社会的企業の連合体である「社会的企業同盟（Social Enterprise Alliance：SEA）」は、三セクター失敗論を前提に、それらの「失われた中間領域」として、社会的企業を位置づけている。あらわれつつある社会的企業は、①政府よりも効率的であり、②非営利組織よりも持続的で創造的であり、③営利企業よりも幅広いものと位置づけられている（ＳＥＡのＨＰによる）。もっとも、これは実態的にそのように機能しているというより、今後への期待がこめられたものと理解すべきだろう。米国では社会的企業を非営利に限定すべきであるという見解もあるが、非営利・営利を問わないというものが優勢であり、非営利・営利の両者が実施する社会的利益を追求する市場ベースの事業活動という捉え方が合意を得つつあるようである（Kerlin and Gagnaire 2009：87-90）。

これに対して、欧州では福祉国家の危機から社会的企業論の台頭を説くことが一般的である。政府による福祉給付の増大は政府財政の危機をもたらしたが、それは政府給付が本当に役に立っているのかという有効性の危機でもあった。ここから社会福祉の担い手を政府に限るのではなく、非営利組織、会社、コミュニティ組織などに求める福祉多元主義が台頭してくる。九〇年代に入ると、福祉的給付を就労支援などの雇用政策に結びつける政策展開が始まり、さらに貧困を社会からの排除と捉え、地域コミュニティを中心に社会的に包み込んでいく（ソーシャル・インクルージョン）という考え方がとられるようになる。そこでは当事者のコミュニティ参加やエンパワメントが重要な要件となる。このような福祉政策の転換にしたがって、注目されるようになったのが社会的企業なのである。

欧州では、社会的企業をサード・セクターに位置づける傾向が大勢を占める。その代表的な研究集団がＥＭＥＳ（Emergence of Social Enterprise in Europe）グループである。ここではドゥフルニによるEMESの定義を表10－1に掲げておく。この定義は「理念型」であって、この定義のすべてにあてはまらなければ、社会的企業と認めないというわけではない。

　このようなEMESの定義に見られるような欧州の社会的企業の捉え方は、米国のものとは異なると指摘されている。いくつかの相違点があげられるが、ここでは次の点に着目しておきたい（Nyssens 2009：13-15）。まず、米国の非営利組織の捉え方は利益を構成員に分配しないという非分配拘束にしたがうが、EMES定義は制限された利益分配を含んでいる。これは協同組合が利用量や出資に応じた配当を行っていることを認めて、非営利の範囲を緩やかにしていることを反映している。次に、米国では起業家個人のリーダーシップを強調するのに対して、欧州では社会的企業の公益使命に責任を負う集団の支援を重視する。EMES定義によれば、マルチ・ステークホルダー（多様な利害関係者）が参加した民主的なガバナンスが社会的企業の一つの標識とされるのである。この点は米国ではあまり意識化されていない。これは、社会的企業におけるソーシャル・キャピタルの位置と機能が米欧で異なるものと理解されていることを示唆するだろう。

　EMESの定義は、前述の協同組合原則をベースにしているようにも読むことができるのだが、コミュニティの公共的な利益の追求や、マルチ・ステークホルダーのガバナンス参加は、従来の協同組合の利用組合員だけの利益追求および参加といったあり方に再考を求めるものになっている。

表10－1　社会的企業の定義

経済的起業的次元	社会的次元
財・サービスの生産・供給の継続的活動 高度の自律性をもつ 重要なレベルの経済的リスクを負う 最小量の有償労働による事業展開	コミュニティの利益を明確な目的とする 市民のグループが先導する起業 資本の所有によらない意思決定権限 活動に影響を受ける人々の参加 利益分配の制限

出所：ドゥフルニ（2004：27-29）に基づく。一部訳文を改変・補足した。

　米国のSEAが社会的企業を、政府・市場・非営利の三セクターの中間領域と位置づけているのに対して、EMES系の社会的企業およびサード・セクター論は、政府・市場・コミュニティ（または市民社会）を媒介するものとしている。サード・セクターを政府・市場に対して独立したセクターとするのか、あるいは政府・市場・コミュニティなどを媒介するセクターとするのかについては、見方が分かれている（米澤 二〇一一：第二章）。筆者としては、サード・セクターを利益分配制限を含む非営利のボランタリーな市民活動を担い手とする独立したセクターと捉えている。ただし、これらのセクターは社会の編成・市場・公共政策などを媒介として相補的かつ相互浸透的であって、それらを分かつ閾は低いものと考えている。

　社会的企業は、異なる組織類型のハイブリッド（異種混合）形態であるといわれる。米国では事業型NPOと営利企業との、欧州では協同組合と事業型NPO（ボランタリー・アソシエーション）とのハイブリッドと捉える傾向があるようだが、いずれにせよ、社会的企業は事業型NPO・協同組合・営利企業のハイブリッド形態であると考えられる。さらに、社会的企業のハイブリッド性は、事業の目的、ガバナンスのあり方、利用資源の内容などについても言及されている。このようなハイブリッド的性格は、社会的企業がもつセクター媒介性に由来すると見ることもできる。

(2) 日本における社会的企業の展開

日本では、二〇〇〇年代になって社会的企業が人々の関心を集めるようになった。日本での受容において、米国系譜と欧州系譜の議論が混在している。これらの系譜性については、市民活動の推進を念頭に置いて日本型モデルを形成していくために選択的に摂取していくべきだろう。

谷本（二〇〇六）は、社会的企業をできるだけ広く捉えようとしている。社会的企業（谷本はソーシャル・エンタープライズという）の要件としては、①社会的ミッション、②社会的事業体、③ソーシャル・イノベーションなどがあげられており、営利企業の社会的事業も含まれている。藤井前掲は、谷本の社会的企業の捉え方を「企業サイド・アプローチ」と呼んでいる。日本における実践事例としては、「ぱれっと」「ケア・センターやわらぎ」「フェアトレード」「北海道グリーンファンド」その他の活動が取り上げられている。

塚本と西村（Tsukamoto and Nishimura 2009）は、日本の社会的企業を、商業化したNPOに由来するもの、既存NPOから独立したもの、協同組合運動に由来するもの、営利企業に由来するもの、営利企業から独立したものの五つのタイプに分類している。それらをさらに、組織類型にしたがって、NPO型、協同組合型、会社型に分けている。社会的企業の事例としては、横浜寿町でホームレスを支援している「さなぎ達」ほかをあげている。

若者、女性、高齢者、障害者など、社会的に不利な立場の人々の就労を支援し、労働市場に参入（統合）させることを目的とする社会的企業を、労働統合型社会的企業（Work Integration Social Enterprise：WISE）と呼んでおり、欧州では対人社会サービスと並んで、有力な社会的企業の一つとされている。日本におけるWISEの取組みとして、米澤（二〇一一）は主として「共同連」、藤井・原田・大高（二〇一三）はワーカーズ・コレクティブと労働者協同組合（ワーカーズコープ、労協と略）について検討を加えている。「共同連」とは、障害者と健常者がともに地域で働くことを目指している「社会的事業所」の全国的な連合体である。ワーカーズ・コレクティブとは、生活クラブ生協が一九八〇年代から積極的に推進してきた主婦層を中心とする小規模な労働者協同組合で、後にいくつかの他生協も推進しているものである。労協は、日雇労働者の労働組合である全日本自由労働組合を母体として設立がすすめられてきたワーカーズコープである。これら両者は、従前は協同組合の文脈で捉えられてきたが、社会的企業論の台頭のなかでWISEとして捉え直されている。

このように日本でも社会的企業は、きわめて多様な目的、多様な形態で展開されてきている。ただし、欧米のような分野を超えた全国的な連合（アンブレラ）組織はなく、分野間の交流・連携はほとんど見られない。塚本らも指摘するように、日本の社会的企業は、一つのセクターとして未発達の状態にとどまっている。

5 社会的企業とソーシャル・キャピタル

(1) 目標としてのソーシャル・キャピタル

協同組合が信頼・互酬性の規範などを基盤として活動し、すくなくとも特定化されたソーシャル・キャピタルを創出する組織であるのに対して、社会的企業は一般化されたソーシャル・キャピタルを生み出すものと考えられる。社会的企業は、例えば英国のコミュニティ利益会社（Community Interest Company）の設立において「コミュニティ利益テスト」が求められるように、地域コミュニティや一般社会に何らかの利益をもたらすものである。だが、その利益が信頼・互酬などのソーシャル・キャピタルの諸要素に直ちに結びつくかどうかは、具体的なケースで異なってくる。その場合に、コミュニティや一般社会による活動の認知（承認）、運営への多様なステークホルダーの参加、社会的ネットワークのひろがりなどが評価の指標になると考えられる。

エバース（2004：412）がソーシャル・キャピタルの形成はサード・セクター組織の明確な目標の一つであると言うように、ソーシャル・キャピタルを事業の目標として位置づけることは、EMESの社会的企業論に共通しているようである。社会的企業は混合した目標をもつハイブリッド組織であり、その目標には、①当該の企業が特定した使命にかかる社会的目標、②起業家的性格にかかる経済的目標、③社会的企業が伝統的に社会政治的活動に含まれるセクターであることにかかる社会政治的（市民的）目標の三つがある（Campi et al. 2006：30）。この第三の目標は「ソーシャル・キャピタル目標」とも言うべきものであって、多様なネットワークの開発によって多くのアクターとの連携を求めるとともに、民主的な意思決定プロセスの履行や、自発性の促進などのなかに発現するものであるとされている（Nyssens 2009：26）。

このようなEMES系の議論に対して、米国系譜の社会的企業論においては目標、収入の稼得形態、ガバナンス構造などの多様性を含んでいることから、ソーシャル・キャピタルとの関係を一義的に確定できない。EMESの議論についても、「理念型」であることに留意すべきである。あらゆる社会的企業がソーシャル・キャピタルを創出するかどうかは議論の余地があるにしても、福祉サービスや就労支援、コミュニティ開発などに携わる社会的企業にとって、ソーシャル・キャピタルの創出は、事業の性格に規定されて優先的に実現すべき課題の一つとなると言えよう。

（2）日本の社会的企業とソーシャル・キャピタル

前掲の塚本らによる日本の社会的企業の分類は、社会的企業が既存の活動や組織に由来するという性格をもつことを示していて、興味深いものがある。それは社会的企業のもつソーシャル・キャピタルが母体となる活動・組織から影響を受けて、そうした系譜性を内在させているということを意味している。そのさいに、母体となる活動・組織からのソーシャル・キャピタルの移転や質的な転化といった現象があらわれる。

協同組合系譜の社会的企業としては、ワーカーズ・コレクティブや北海道グリーンファンドなどのほかに、多数の事例がある。これらのケースは、協同組合からのソーシャル・キャピタルの移転であるとともに、協同組合の特定化されたソーシャル・キャピタルを一般化されたものに転化させている。ただし、特定化されたソーシャル・キャピタルと一般化されたソーシャル・キャピタルを複合させている協同組合由来の社会的企業もある。

「アビリティクラブたすけあい」（略称ACT）という、東京都内で六七三〇人の会員を擁する団体がある。これは生活クラブ生協を母体として設立された福祉サービスの提供団体で、いわゆる住民参加型在宅福祉サービス団体に類似しているが、介護用具などの生活物資の供給や共済（少額短期保険）事業も実施している。この組織のユニークなところは、ホームヘルプ・サービスを担う「たすけあいワーカーズ・コレクティブ」を別団体として組織し、それとの連携を図っていることにある（現在四二団体、会員約一五〇〇人）。これらの組織は、当初はその出自からして協同組合的な性格が強かったが、NPO法の制定に伴い、出資金制度を廃止して、事業型のNPOに転換していった（林 二〇〇三）。

ACTは「一人二役」（助けることと助けられることの二役）という互酬的な理念に基づいて、「自立援助サービス」という会員対象のサービスを提供してきた。だが、二〇〇〇年の介護保険の施行以降、ACT会員以外にもサービスを実施するようにもなった。介護保険サービスへの参入は各ワーカーの報酬を高め、ワーカーズの経営を安定化させるが、「一人二役」という理念からすればその希薄化をもたらしかねない。ACTは、サービスを介護保険対応に特化せずに、一定割合の自立援助サービスを維持している。ここでは、特定化されたソーシャル・キャピタルから、一般化されたソーシャル・キャピタルを生み出し、それら両者を複合させていると捉えることができる。このような複合は、住民参加型在宅福祉サービス団体一般にも見られるところでもあろう。ソーシャル・キャピタルの複合は、多様なニーズに対応するとともに、サービスの質を高める可能性をもつ。

ACTの活動を振り返ると、公共政策の転換が組織の生み出すソーシャル・キャピタルの性格に大きな影響を与えていることが分かる。広い意味での福祉系社会的企業においては、公共政策とのかかわりを無視して、ソーシャル・キャピタルを捉えることはできない。ACTは、NPO法や介護保険法の制定運動に積極的に参加し、介護保険に関しては自治体計画の策定委員に加わったり、法改正に関する政策アドボカシー（提案）にも取り組んできた。公共政策の転換を促すことも一般化されたソーシャル・キャピタルの機能の一つであり、公共政策の転換はまたソーシャル・キャピタルに作用するという循環があるということになる。

6　参加をひろげ深めること

協同組合と社会的企業のソーシャル・キャピタルに関する今後の実践的な課題を考えるとき、参加というキーワードが浮かびあがってくる。

二〇一二年は国連の国際協同組合年であったが、これを機会にICAは今後一〇年間の構想である『協同組合の一〇年に向けたブループリント』を採択した。冒頭の「協同組合はソーシャル・キャピタルを創り出す」という一句は、この文書から引いたものである。この文書は第一章を「参加」とし、次のように述べている。

> 協同組合は、民主的な意思決定への参加方法を学ぶ場であり、そのため経済的要請を超えた公益を生み出す。したがって協同組合での民主的な参加は、ビジネス上の決定でも優れたものであり、コミュニティの強化にも役立つのである（国際協同組合同盟 二〇一三：八）。

ここでは組織内ガバナンスへの参加だけではなく、コミュニティへの参加が目標とされている。また、参加の主体は、協同組合の組合員・職員などだけではなく、部門によっては地域住民・専門家グループなどの共同参加が必要であるとして、社会的企業論のマルチ・ステークホルダー参加の提唱を受ける形になっている。このような参加の拡張と深化によって、コミュニティの強化・活性化・多様化——風通しの良いつながり——をもたらすことが期待されるのである。マルチ・ステークホルダーの参加とコミュニティへの参加は、協同組合における特定化されたソーシャル・キャピタルを維持しつつも、一般化されうる要素を加えたものに転化していくだろう。社会的企業においても、参加は当該企業の信頼を高め、ソーシャル・キャピタルの創出を促進するだろう。参加は特定化・一般化ソーシャル・キャピタルの両様に作用する接点となるのである。

　最後に指摘しておきたいことは、協同組合と社会的企業の連携である。英国では地域ごとに協同組合開発機構（Co-operatives Development Agency：CDA）が設置されている。筆者が数年前に調査したコベントリー・ウォリックシャーCDAは、協同組合系の助成金やロッタリー・ファンド（宝くじ基金）、地方自治体からの補助金などによりながら、社会的企業の設立・事業開発・人材育成・金融支援などのコンサルテーションを盛んに実施していた（林 二〇一三）。このような協同組合による地域的な中間支援組織は日本には見当たらない。社会的企業が市民活動セクターの幅を広げ、それを活性化させるものとして形成されるためには、業種・組織形態・系譜性などの垣根を超えて、このような支援組織を創設することが求められる。それはソーシャル・キャピタルを活用して、新しいソーシャル・キャピタルの創出をもたらすことになるだろう。

【参考文献】

稲葉陽二『ソーシャル・キャピタル入門』中央公論新社、二〇一一年。

エバース、アダルベート／柳沢敏勝訳「社会的企業と社会的資本」ボルサガ、カルロ・ドゥフルニ、ジャック編『社会的企業――雇用・福祉のEUサードセクター』日本経済評論社、二〇〇四年、三九六―四一九ページ（Borzaga, Carlo and Jacques Defourny (eds.), *The Emergence of Social Enterprise*, London: Routledge, 2001）。

北島健一「社会的企業論の射程――フランス、イギリス、アメリカの認識の差」『社会運動』三〇七号、二〇〇五年、二―一二ページ。

栗本昭「日本型生協の特質と現状、変化のトレンド」現代生協論編集委員会編『現代生協論の探究（現状分析編）』コープ出版、二〇〇五年、一三一―三七ページ。

栗本昭『二一世紀の新協同組合原則（新訳版）――日本と世界の生協　この一〇年の実践』コープ出版、二〇〇六年。

国際協同組合同盟『協同組合の一〇年に向けたブループリント』二〇一三年、http://ica.coop/en/blueprint-co-op-decade から各国語版を取得できる（二〇一四年四月二〇日検索）。

桜井政成「非営利協同組織によるソーシャル・キャピタルの醸成・活用――地域活性化に向けての理論的整理」協同組合と地域社会研究会編『協同組合と地域社会の連携――ソーシャル・キャピタルアプローチによる研究』協同組合と地域社会研究会、二〇〇九年、三―一三ページ。

桜井政成・山田一隆「生活協同組合員の社会関係と生活――生活協同組合パルシステム千葉における調査結果を通して」協同組合と地域社会研究会編、前掲書、二〇〇九年、三一―四九ページ。

谷本寛治編著『ソーシャル・エンタープライズ――社会的企業の台頭』中央経済社、二〇〇六年。

坪郷實「地域政治の可能性」坪郷實編著『新しい公共空間をつくる――市民活動の営みから』日本評論社、二〇〇三年、二〇七―二三六ページ。

ドゥフルニ、ジャック／内山哲朗訳「サードセクターから社会的企業へ」ボルサガ・ドゥフルニ編、前掲書、二〇〇四年、一―四〇ページ。

林和孝「福祉ボランタリズムがつくる新しい関係とは」坪郷編著、前掲書、二〇〇三年、一二九―一五五ページ。

林和孝「イギリスの協同組合とコミュニティ」『社会運動』三九五号、二〇一三年、二四―二九ページ。

藤井敦史「『社会的企業』とは何か――二つの理論的潮流をめぐって」原田晃樹・藤井敦史・松井真理子編著『NPO再構築への道――パートナーシップを支える仕組み』勁草書房、二〇一〇年、一〇三―一二三ページ。

藤井敦史・原田晃樹・大高研道編著『闘う社会的企業――コミュニティ・エンパワーメントの担い手』勁草書房、二〇一三年。

米澤旦『労働統合型社会的企業の可能性――障害者就労における社会的包摂へのアプローチ』ミネルヴァ書房、二〇一一年。

Campi, Sara, Jacques Defourny and Olivier Grégoire "Work Integration Social Enterprises: Are They Multiple-goal and Multi-stakeholder Organizations?" in Marthe Nyssens (ed.), *Social Enterprise: At the Crossroads of Market, Public Policies and Civil Society*, New York: Routledge, 2006, pp.29-49.

Kerlin, Janelle A. and Kirsten Gagnaire "United States," in Janelle A. Kerlin (ed.), *Social Enterprise: Global Comparison*, Medford: Tufts University Press, 2009, pp.87-113.

Nyssens, Marthe, "Western Europe," in J. A. Kerlin (ed.), *op. cit.*, 2009, pp.12-34.

Schneider, Jo Anne, "Connections and Disconnections Between Civic Engagement and Social Capital in Community-Based Nonprofits," *Nonprofit and Voluntary Sector Quarterly*, 36 (4), 2007, pp.572-597.

Tsukamoto, Ichiro and Mariko Nishimura "Japan," in J. A. Kerlin (ed.), *op. cit.*, 2009, pp.163-183.

日本生活協同組合連合会ホームページ（全国概況）(http://jccu.coop/aboutus/coop/synthesis/)

米国・社会的企業同盟ホームページ（https://www.se-alliance.org/）

なお、例示した日本の社会的企業は団体名で検索すれば、閲覧できる。

第11章 地域自治、市民活動とソーシャル・キャピタル

——くびき野の事例から——

三浦一浩

ソーシャル・キャピタルの生産者としての市民活動に注目したとき、鍵を握るのが市民活動を支援する組織、中間支援組織の役割である。本章はこの中間支援組織に注目し、地域のなかで組織と組織を橋渡しし、ソーシャル・キャピタルを生み出しているその活動を検討する。また、地域自治の試みのなかで市民活動組織が果たす役割を検討し、そこへの中間支援組織のアプローチのあり方をソーシャル・キャピタルの観点から考察する。

1 市民活動が地域にソーシャル・キャピタルを生み出す

(1) どのような市民活動がソーシャル・キャピタルを生み出すか

市民活動とソーシャル・キャピタル、両者の間に何らかの関係があることは想像に難くない。そこに住む人々の間で豊かなソーシャル・キャピタルがはぐくまれている地域においては、当然様々な市民活動は活発であろうし、市民活動が低調なところではソーシャル・キャピタルもあまり豊かとはいえないだろう。市民活動は、地域において互酬性や相互の信頼を高め、ネットワークを強化することを通じて、ソーシャル・キャピタルの形成を促進すると考えられている。他方、豊かなソーシャル・キャピタルは市民の多様な活動を活発化させる環境を提供すると考えられる。本章ではこのうち前者の可能性、すなわち、ソーシャル・キャピタルの生産者となる市民活動とはどのようなものかという点を具体的事例から考えていきたい。

それでは、どのような市民活動がソーシャル・キャピタルを生み出すのであろうか。内閣府国民生活局の二〇〇三年の調査報告によると、様々な

市民活動組織のなかでも中間支援機能を有する団体、中間支援組織の活動の展開が重要である。中間支援組織とは市民の様々な活動を支援する組織、いわばNPO[1]を支援するNPOであるが、同報告書は「福祉や環境問題などの固有のミッションではなく、市民活動そのものを育成・支援するというミッションを持った中間支援組織は、市民活動にとって必要な様々な資源を必要とする団体に提供したり、提供可能な主体を紹介したりする。その資源は地域の様々なセクターにある場合や地域外にしかない場合もある。中間支援組織の活動により、これらの異なるセクター間や地域内外のつながりが醸成されていくと考えられる。このような中間支援組織の資源・技術の仲介機能やネットワーキング・コーディネート機能を強化していくことが望まれる」（内閣府国民生活局 二〇〇三：九五―九六）と指摘している。

（2）中間支援組織が生み出すソーシャル・キャピタルとはどのようなものか

それでは、中間支援組織が生み出すソーシャル・キャピタルとはどのようなものだろうか。ソーシャル・キャピタルはその多様性から様々な分類がなされるが、そのもっとも基本的かつ重要な分類は「結束型（bonding）」のソーシャル・キャピタルと「橋渡し型（bridging）」のソーシャル・キャピタルというものであろう。ロバート・パットナムによると、前者は内向きな指向を持ち、排他的なアイデンティティと等質な集団を強化していくソーシャル・キャピタルであり、特定の互酬性を安定させ、連帯を動かしていくのに都合がよい。一方、後者は外向きで、様々な社会的亀裂をまたいで人々を包含するネットワークであり、外部資源との連携や情報伝播において優れている（パットナム 二〇〇六：一九―二〇）。

中間支援組織はその活動の特性上、地域のなかでそこに暮らす一人ひとりの間の関係をつなぐ機会はあまり多くはないと思われる。むしろNPOなどの市民活動組織同士や、企業、自治体といった他のセクターに属する団体や組織と市民活動組織などの間に、団体間・組織間のつながりをつくりだしたり、地域と地域の間で関係を構築したりする機能を持つ。ウールコックとナラヤンは開発論の文脈でソーシャル・キャピタルを論じるなかで、コミュニティや社会的グループの間の「橋」をつくりだすような「組織的能力」の重要性を強調しているが（Woolcock and Narayan 2000 : 242）、そのような組織間における橋渡し型ソーシャル・キャピタルこそ、中間支援組織が生み出すソーシャル・キャピタルといえる。

さらに、世界銀行の二〇〇〇／二〇〇一年度版の『世界開発計画』は貧しい人々と公的な組織で影響力にある人々との間の垂直的なつながりを「連結型（linking）」ソーシャル・キャピタルとして捉え、結束型、橋渡し型に対する第三の次元として提起している（World Bank 2001 : 128－131）。自治体をはじめとする、地域のなかで資源や情報を多く持つ組織と地域社会で様々な活動をする組織との間で、媒介的な役割を果たすことも中間支援組織の大きな役割であるが、それはまさにこの連結型ソーシャル・キャピタルをつくりだすはたらきということができよう。

これらの議論を受ける形で、シュナイダーが指摘するのが「組織的ソーシャル・キャピタル」の重要性である。シュナイダーによれば、組織的ソーシャル・キャピタルとは、「あるNPOを助け、そのNPOが目的を達成するために利用できるような、組織間あるいはコミュニティ間の、確立され信頼を基盤としたネットワーク」である。シュナイダーは主要なスタッフや理事などの個人がある組織のソーシャル・キャピタルを高めるとしても、関係する人々からは独立に、その組織の歴史と名声に基礎を置く、組織的なソーシャル・キャピタルが存在するとする（Schneider 2009：644）。そして、そのようなキーパーソンに依拠するのではなく、メンバーの入れ替わりや組織の合同などがあっても継続されるような組織間のネットワークや信頼こそが重要であると指摘している。

ソーシャル・キャピタルを生み出す市民活動組織として中間支援組織を考えるならば、そこで生み出されるソーシャル・キャピタルは組織間、あるいは異なるセクター間などを橋渡しし、あるいは連結させる、組織的なソーシャル・キャピタルであるといえよう。

（3）地域のソーシャル・キャピタルを組み替える

ここまで見てきたように、市民活動、とりわけ中間支援組織は橋渡し型や連結型のソーシャル・キャピタルをつくりだすことが期待される。一方で、戦後日本の地域社会においては自治会・町内会などの地縁型の組織が大きな役割を果たしており、これらは結束型のソーシャル・キャピタルと関係が強いとしばしば指摘される（例えば、辻中・ペッカネン・山本 二〇〇九：七九—八一など）。

ソーシャル・キャピタルをめぐる議論では、結束型よりも橋渡し型のソーシャル・キャピタルがしばしば重要視されてきた。しかし、確かに結束が強すぎることによって排他的な力が働くことはあるものの、地域社会のなかで地縁的な結びつきが一定の役割を果たすことも確かである。橋渡し型のソーシャル・キャピタルの重要性は確かであっても、それだけを高めることはアンバランスなソーシャル・キャピタルをもつ社会を形成することにつながりかねない（石田 二〇〇八：八八）。先に挙げたシュナイダーの組織型ソーシャル・キャピタルの議論においても、橋渡し型、連結型と同時に結束型のソーシャル・キャピタルの重要性が強調されている。すなわち強固な結束型ソーシャル・キャピタルのうえにつくられた組織の方が、効果的に他の組織や他のコミュニティとの間で橋渡しをするような組織を生み出すというのである（Schneider 2009：653‐654）。

近年、とりわけ都市部において、人口の流動性が高まるなかで自治会・町内会の組織率が低下するなど、地縁型組織の活動によって地域社会のなかでソーシャル・キャピタルを維持・形成する力は弱まっているように思われる。結束型も含む豊かなソーシャル・キャピタルを形成するためには、地域社会のなかで地縁型の活動が活性化することが重要となってくる。

本章のテーマでもあるソーシャル・キャピタルの生産者としての市民活動に注目するならば、そのような地縁型の活動と市民活動、とりわけ中間支援組織が連携することによって、新たなソーシャル・キャピタルを形成したり、それまでのソーシャル・キャピタルを組み替え、活性化させることが期待される。

以上のような問題意識から、本章では中間支援組織が地域のなかで組織間のソーシャル・キャピタルをいかにつくりだしているかを具体的な事例を通じて検討する。事例として取り上げるのは、くびき野とも呼ばれる新潟県上越市およびその周辺地域である。上越市に拠点を置く中間支援組織、くびき野ＮＰＯサポートセンターはその活発な活動から全国的にも注目される存在である。そのくびき野ＮＰＯサポートセンターが、市民の様々な活動を支援するなかで、地域のなかで市民活動の分野に限らない様々な組織の間のつながりをどのようにつくりだしているかを見ていく。同時に、上越市は地域自治のための様々な取り組みでも注目されている。そのようななかでくびき野ＮＰＯサポートセンターの活動もきっかけとして、地域自治を活性化させる様々な市民の取り組みが生まれている。この点にも注目し、市民の活動により地域のソーシャル・キャピタルが組み換わり、活性化する可能性を検討する。それにより、市民活動が地域に豊かなソーシャル・キャピタルを生み出す可能性を検討する。(2)

2　中間支援組織が生み出すソーシャル・キャピタル

（1）地域で自立した活動をする中間支援組織：くびき野NPOサポートセンター

くびき野NPOサポートセンターは新潟県上越市およびその周辺地域を中心に活動する中間支援組織である。先に述べた通り、中間支援組織とはNPOなどによる市民活動を支援する組織であり、資金、人材、情報といった資源の媒介や、法人の運営や設立の支援、情報提供、NPOのネットワーク化、社会一般への啓発、調査研究やアドボカシーといった機能を担っている。しかし、日本における中間支援組織の多くはいまだに資金面などで脆弱であり、行政の下請け的な立場に甘んじなければならないという状況がしばしば指摘されてきた。そうしたなか、くびき野NPOサポートセンターは、地域のなかで自立し、多様な活動を展開していることで注目されている。

くびき野NPOサポートセンターは一九九八年、NPO法の施行に合わせて設立された。特筆すべきなのは、くびき野NPOサポートセンターは、行政の手を借りることなく、すべて民間でつくりあげられたことである。設立のきっかけとなったのは上越青年会議所の呼びかけであり、呼びかけに応じたNPO・個人が、一年半の意見交換を重ねた末に設立された。設立後三年ほど行政との関係がないなかで活動しており、そのことが資金面なども含む自立した活動へくびき野NPOサポートセンターを向かわせることになった。

くびき野NPOサポートセンターの活動はNPOの情報発信である「NPOPRESS」の発行、地域の資金をNPOへと循環させる「にいがたNPO基金」、「くびき野市民活動フェスタ」の開催などによるNPOのネットワーク化、様々な政策提言活動など多岐にわたる。紙幅の関係上、そのすべてをここでは紹介できないが、ここでは、くびき野NPOサポートセンターの活動のなかで、地域における相互の信頼やネットワークを生み出し、ソーシャル・キャピタルの形成につながっていると考えられる取り組みを紹介する。

（2）NPO同士をつなぐネットワークを生み出す

まず、挙げられるのが地域のNPOの間でのつながりを生み出す活動である。その代表的なものが、地域で活動するNPO同士の横の交流を生み出している「くびき野市民活動フェスタ」である。くびき野市民活動フェスタは、毎年八月ごろ、一カ月程度の期間中、体験や展示といったイベントを実施し、市民が様々な市民活動に触れ、参加するNPOが相互に交流する機会を提供している。くびき野NPOサポートセンターの設立以来、毎年続けられており、二〇一四年度で一六回目を迎えた。事務局はくびき野NPOサポートセンターが務めているが、実行委員会形式をとっており、毎年、実行委員長をその都度選んでいる。イベントによるNPO同士の交流ももちろんのこと、この実行委員会を通じてNPOの間での横のつながりが生まれ、それをきっかけにいくつかのNPOが一緒になって取り組みを進めていくような事例も生まれている。

また、NPOのアドボカシー（政策提言）が中間支援組織の重要な活動領域として挙げられるが、くびき野NPOサポートセンターの政策提言活動は地域のなかにNPO同士の連携や協力関係を生み出す形で取り組まれている。具体的には、NPOの活動を通じて地域のなかで何らかの課題が発見されると、関連するNPOによるネットワークが結成され、情報の共有や意見交換の後、政策提言が行われている。これはくびき野NPOサポートセンターの呼びかけによるもので、くびき野NPOサポートセンターは当初、ネットワークの事務局を担うものの活動のなかで事務局を担えるNPOに引き継いでいく。ネットワーク化につながる形で政策提言活動を展開しているのである。六つのNPOが集まり「くびき野市民ふくしネットワーク」を結成、福祉有償運送特区の実現に向け取り組んだ事例や、上越市内の七つのNPOが集まった「協働の委託契約書検討会」が上越市の委託契約に協働の視点を盛り込むことを提言した事例、九つのNPOが集まった「くびき野こどもネットワーク」が四六カ所のヒアリング調査を実施し報告書を発行、放課後児童クラブの改善を要望した事例などが挙げられる。

（3）セクターを超えた信頼とネットワークを生み出す：「NPOPRESS」

現在のくびき野NPOサポートセンターの活動のなかで、一番大きい割合を占めており、地域のなかにソーシャル・キャピタルを生み出すという観点から最も興味深いのが、地域のNPOなどの市民活動の情報発信を行う「NPOPRESS」の発行である。この取り組みは地域紙『上越タイムス』との協働で行われているもので、同紙の毎週月曜紙面に掲載しているNPO情報ページの責任編集をくびき野NPOサポートセンターが行うというものである。新聞社は印刷するだけであり、取材、編集、組み版すべてをくびき野NPOサポートセンターが行っている。上越タイムス社内でも編集権までもくびき野NPOサポートセンターが持つことについてはかなりの議論があったが、最終的には、「地域が元気にならないと新聞社（企業）も生き残れない」という「地域の論理」が受け入れられ（畑仲 二〇一〇）、くびき野NPOサポートセンターが記事の内容を自由にしてよいという全国的に見てもあまり類例のない取り決めとなっている。

「NPOPRESS」が掲載されている『上越タイムス』の購読数は二万部。地域全体の世帯数が一〇万世帯であることと考え合わせるとかなりの数ということができる。それだけの数の読者が毎週「NPOPRESS」を通じて市民活動の情報に接しているということが、NPOや市民活動に対する地域の信頼を生み出し、地域への活動の定着に大きな力になっている。

また、この「NPOPRESS」の制作は二つのつながりを地域のなかに生み出している。一つは記事の取材のために、地域のNPOとのつながりができ、日常的にNPOの情報を収集し共有することができるという点である。そしてもう一つは制作費用を賄うために、広告のスペースをつくり地域の企業から広告を集めていることである。くびき野NPOサポートセンターではそのために営業担当が企業回りをしており、地域の企業との間に日常的に関係を築くことに成功している。そのことによって、相互の間にセクターを超えた信頼とネットワークを生み出している。

地域の企業とのつながりをつくるにあたっては、設立のきっかけとなった青年会議所とのつながりも大きな役割を果たしている。しかし、地道な活動を積み重ねるなかで青年会議所のネットワークを超える幅広い地域の企業とのつながりがつくられていった。そのことはくびき野NPOサポートセンターに広告収入や会費収入による自主財源をもたらし、資金面から地域のなかで自立した市民活動が行われることを可能にしている。また、こうした取り組みを通じてNPOとの関係が生まれることは企業にとっても多くの利点がある。例えば、東日本大震災の復興支援にあたって「行き先のわかる支援をしたい」と、くびき野ＮＰＯサポートセンターには企業から多くの相談が寄せられたという。

こうした企業との関係構築によって、セクターを超えたソーシャル・キャピタルが生み出されているといえるが、そのことはＮＰＯなどの市民活動側だけでなく、企業側にとっても大きな意味があるのである。

（４）自治体と対等な信頼関係をつくる

セクターを超えた関係構築は自治体にも広がっている。すでに述べたとおり、設立直後、くびき野ＮＰＯサポートセンターは上越市など、自治体と直接の関わりを持たずに活動を行っていた。そうしたなか、二〇〇一年に上越市からＮＰＯボランティアセンターの運営委託の依頼があった。設立から四年が経過し、くびき野ＮＰＯサポートセンターが市民の間で認知され始めた頃でもあり、「くびき野ＮＰＯサポートセンターが運営する方が、市の直営より良い」と市の側が認めざるを得なかったといえる。この依頼を受け、くびき野ＮＰＯサポートセンターの側でも議論があった。市の仕事を安い値段で受託することへの異論もあり臨時理事会まで開かれたが、最終的には「上越市と何らかのパイプをつくること」が優先され、受託に至った。

言うまでもなく、地域のなかで様々な活動をつくりだしていくにあたって、自治体の役割は大きい。しかし、ＮＰＯなどへの委託が、コストカットを目的としたものであったり、ＮＰＯの行政の下請け化をもたらしかねないという点はしばしば指摘されてきた。それでも、くびき野ＮＰＯサポートセンターのように、その活動を自治体に認められたうえで、対等な関係をつくりだすことができればそうした恐れは低くなる。むしろ、両者の間に信頼関係が生まれ、自治体の持つ様々な資源を地域の多様な活動に活用できる可能性は高くなるであろう。

（５）中間支援組織がつくりだすソーシャル・キャピタル

くびき野ＮＰＯサポートセンターの事例から、中間支援組織の活動が地域のなかでソーシャル・キャピタルを生み出すことに大きな役割を果たしていることがわかる。ＮＰＯＰＲＥＳＳのように市民活動についての定期的な情報発信を地域のなかで続けていくことは、たとえそれが何者かがよくわからなくても「ＮＰＯ」と呼ばれるものが地域で頑張っているという認識を少しずつ浸透させていく。そのような「気付き」から始まり、市民活動への共感や信頼を醸成させていくことが地域での市民活動の基盤をつくることへとつながっていく。そのうえに立って、くびき野市民活動フェスタなどに見られるＮＰＯ同士のつながりはもちろんのこと、地域の企業との間で組織間の実際的かつ具体的な信頼やネットワークがつくりあげられている。そこではまさに地域の様々な「組織」を「橋渡し」するソーシャル・キャピタルがつくりだされている。そのような地域社会のネットワークに支えられ、自立した活動が展開されるなかで、自治体との関係が構築されている。それは「連結型」ソーシャル・キャピタルといえるが、とくに市民活動の側が地域のなかで自らソーシャル・キャピタルをつくりだしてきたからこそ、自治体のような資源を持つ組織との間でも下請けのような形ではない、対等な関係のなかでの信頼やネットワークがつくりだされているという点は重要である。

3　地域自治とソーシャル・キャピタル

（1）市民参加の場をつくりだす地域自治の制度

次にこうした市民活動によるソーシャル・キャピタルの形成が、具体的な地域の自治のなかでどのように進んできたかを見ていきたい。

アメリカにおけるコミュニティの崩壊を指摘した『孤独なボウリング』を、ロバート・パットナムは政治参加と市民参加の衰退から説き起こしている。パットナムは公的な問題について参加するものは大きく減ってしまい、自発的結社への積極的な関与は驚異的な割合で衰退してしまったと指摘する（パットナム 二〇〇六：五〇、七一）。

それでは、衰退してしまった参加を再び回復させることはできないのだろうか。パットナムが二〇〇三年の共著で注目しているのが、オレゴン州ポートランドの市民参加とソーシャル・キャピタルが一九七〇年代以降に圧倒的に増加した点である。その要因は一つに絞られるわけではないが、パットナムらがとくに注目するのが近隣組合（Neighborhood Association）というコミュニティ単位での市民参加の仕組みを支援する制度をポートランド市が一九七四年に導入したことである。人口、六〇万人程度のポートランドは九五の「近隣」に分けられ（ポートランド市ウェブサイト（https://www.portlandoregon.gov/oni/28385）二〇一四年五月二八日接続確認）、そこに近隣組合が組織されている。近隣組合は市に公認されているものの、自治体ではなく、行政の業務の一端を担っているわけでもない。しかし、行政は開発その他近隣に関する決定をするうえでこの近隣組合の意見を聞かねばならないとされており、近隣組合の特徴は、この「地域を代表して市に物申す参加機関としての役割」（岡部 二〇〇九：二九〇）にある。近隣組合は、そこに住む人たちが、地域の課題を発見し、問題の解決を図るために議論したり、市に意見を述べたりするための場所であるといえる。パットナムはこの市民参加の仕組みが「市民の積極的な活動を支援するだけでなく、市の意思決定のプロセスに埋め込まれた」ものであることに着目し「創意的なアクセスチャネルと新たな公開の気質を生み、コミュニティが市民参加の新しいレベルに到達することを可能にした」と指摘する（Putnam and Feldstein 2003：247, 252）。

このようなコミュニティ・レベルにおける市民参加のための仕組みを以下では地域自治と呼ぶが、日本の地域コミュニティにおいてはそのような仕組みや制度がこれまで存在してこなかった。先に述べたように、戦後日本の地域社会においては自治会・町内会などの組織が大きな役割を果たしてきたが、辻中ら（二〇〇九：第八章）は自治会などが市区町村への参加の場となってきたとしつつも、そこでの参加が主に担当課との接触や懇談会などの「お役所の日常業務や構えない場での行政接触」であることを指摘している。日本の地域コミュニティにおいては市民参加のための仕組みや制度がこれまで欠如していたのである。名和田是彦（二〇〇九：二一四）は、この点を捉え、明治、昭和そして平成の大合併と市町村合併が繰り返されるなかで、自治体は大規模化していったが、それはコミュニティのような身近な地域的まとまりが制度外に放り出されてきたことを意味すると指摘している。すなわち日本の地域コミュニティは常に法的な制度の外に放置され、地域自治の仕組みや制度がそこで機能することはなかったのである。しかし、平成の大合併を機に市町村より身近な地域社会でのまとまりが制度化された。それが地方自治法などに規定された「地域自治区」などの制度である。

(2) 地域自治区という制度

地域自治区の制度は二〇〇四年の地方自治法、合併特例法などの改正により導入された。地方自治法二〇二条の四第一項は「市町村は、市町村長の権限に属する事務を分掌させ、及び地域の住民の意見を反映させつつこれを処理させるため、条例で、その区域を分けて定める区域ごとに地域自治区を設けることができる」と定めている。地域自治区には事務所が置かれるとともに、住民代表組織として地域協議会が置かれることが定められた。総務省のサイト（http://www.soumu.go.jp/gapei/sechijyokyo01.html 二〇一五年一月二一日接続確認）によると、二〇一四年四月一日現在、一五の自治体で一四五の地域自治区が設置されている（その他に合併特例に基づくものが三〇自治体六五区、合併特例区が二自治体三区ある）。

詳細な制度設計については先行研究（例えば、石平 二〇一〇：二五一—五六）に譲るが、平成の大合併が制度導入の誘因となっているとはいえ、自治体より小さな地域的まとまりが法的な制度として確立された意義は大きい。

(3) 上越市における地域自治区の導入

本章が事例とする上越市も地域自治区制度を導入した自治体の一つである。現在の上越市は二〇〇五年一月一日、旧上越市をはじめとする一四の市町村の合併により誕生した。この合併により消滅した一三の町村の区域に、合併特例法に基づき、地域自治区が設置された（図11-1参照）。この地域自治区に地域協議会が設置されたが、上越市の地域協議会は、市長などからの諮問に答えるほか自主的な審議に基づいて市長に意見を述べることができ、とくに地域自治区の区域内の施設の設置・廃止・管理のあり方などについては、市長はあらかじめ地域協議会の意見を聴かなければならないとされている。

とくに上越市の地域協議会に特徴的なのは、その委員を選ぶにあたって全国でただ一つ、選任投票と呼ばれる「選挙」を導入している点である。委員の選任は、まずは公募を行い、応募者が定数を超えた場合は公職選挙法に準じた選任投票を行う。そして投票結果を尊重し委員を市長が選任する。応募者が定数以下の場合には、まず応募者から選任し、それでも足りなかった場合、市長が選任するとされている。二〇〇五年に旧町村、一三の区で実施された地域協議会委員の選任では五つの区で定数を超える応募があり、「選挙」が実施された。このように上越市の地域自治区制度はとくに「参加」という側面に重点を置いた制度であるということができる。

二〇〇九年一〇月からは、合併前の上越市の区域に新たに一五の地域自治区が設けられ、市の全域で地域自治区制度が本格的に動き始めた（このこともあり上越市の地域自治区制度は二〇〇八年に合併特例から地方自治法に基づく一般制度に移行した）。

4 住民組織という試み

(1) 市民団体が担う自治：「全町型NPO」

上越市が導入した地域自治区の制度は地域協議会という議論の場を通じて、上越市に対し意見を述べる機会を設けるなど「参加」を指向したものであり、合併を契機としたものとはいえ、パットナムが高く評価するポートランド市の近隣組合制度にかなり類似したものといえよう。

しかし、両者の間には相違も存在する。上越市の地域自治区は市の制度の一部であるのに対し、ポートランドの近隣組合は市が公的に認定しているものの「住民の自主的な自治機関でありNPO法人」なのである。そのため近隣組合はそれ自体が地域の課題に対応し、「ホームレス問題や環境問題などに積極的に取り組む」近隣組合も存在す

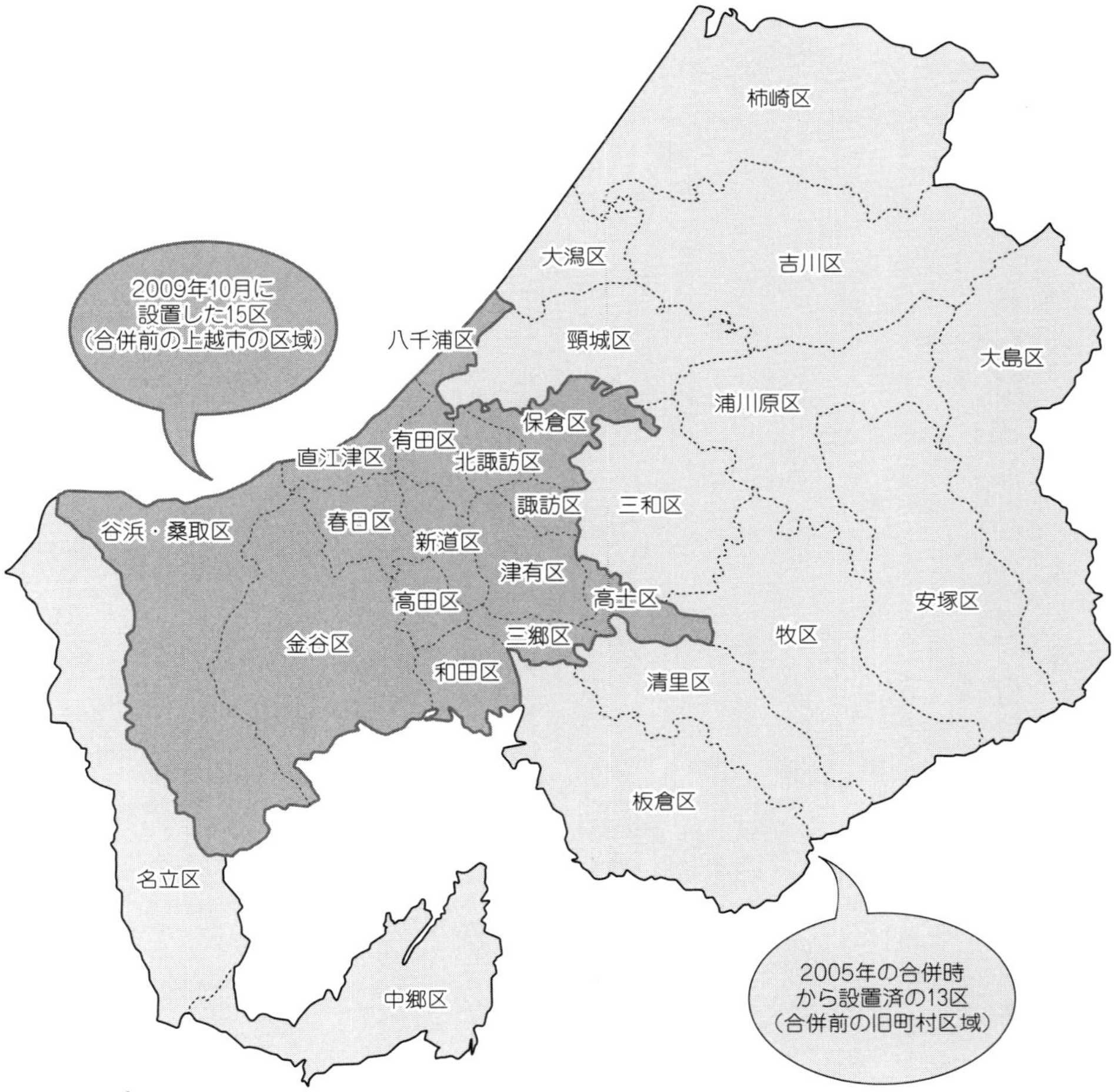

図11－1　上越市の地域自治区

出所：上越市（2009）。

る（岡部 二〇〇九：二九〇—二九三）。これに対応するように上越市の地域自治区において、いわばコミュニティのなかのアクターとなり、地域の課題に取り組む主体となっているのが次に述べる住民組織と呼ばれる団体である。

現在の上越市がつくられた二〇〇五年の合併にあたっては、合併によってそれまでの町村が提供してきた公共サービスが同じレベルでは提供できなくなるのではないか、あるいは、それまでそれぞれの自治体で行ってきた地域起こしのためのイベントなどの独自の特色ある事業が継続できなくなるのではないかといった危惧が上越市に合併される一三の町村には存在した。そのような危惧もあり、旧町村である上越市の一三の区では「住民組織」と呼ばれる組織が設立されていった。これは「全町型ＮＰＯ」とも呼ばれ、原則としてその区の全世帯を構成員とするＮＰＯ法人または任意団体で、低下が懸念された公共サービスを自らの手で補い、イベントなど地域の独自事業の実施主体となった。設立の経緯はそれぞれの団体によって異なり、地域の住民や団体が時間をかけて立ち上げたところもあれば、旧町村の行政が主導した地域もあり、設立にあたっては旧町村から財政的な支援を受けることができた団体もある。活動内容もそれぞれだが、施設管理などを上越市から受託し大規模に活動を展開する団体もある一方で、事務所も置かず、有志が無償で運営する組織もある。住民組織は地域の伝統行事などイベントの開催、広報誌の発行など合併前の自治体の業務のうち合併後の上越市に引き継がれなかったものを運営するほか、上越市から保育園バスの運行や元の役場の建物、スポーツ施設の指定管理などの委託を受けている。

(2) 住民組織によるソーシャル・キャピタルの活性化：浦川原の事例から(3)

こうした「住民組織」のなかでも近年、その活動で注目されてきたのが浦川原区の住民組織「NPO夢あふれるまち浦川原」である。夢あふれるまち浦川原は上越市との合併に伴い、二〇〇四年一二月に設立された。夢あふれるまち浦川原の構成員数は約一二〇〇名、設立当初からNPO法人化し、会員を世帯単位ではなく個人単位とするなど、特徴的な取り組みを行ってきた。

夢あふれるまち浦川原の近年の活動を見ていくと、①高齢者生活支援調査、しめ縄や竹炭の製造販売といった自主事業、②うらがわらまつり、東京都葛飾区柴又地域との交流、高齢者の生活サポートや医療機関等との送迎サービスといった上越市からの補助金による事業、③コミュニティプラザの当直や霧ケ岳温泉ゆあみの施設管理運営などの上越市からの委託による事業、④うらがわら保育園園児送迎バス運営協議会や浦川原区青少年育成会議などの各種団体からの業務委託などがその活動内容となっている（NPO夢あふれるまち浦川原二〇一一年度事業計画より抜粋）。

夢あふれるまち浦川原の活動は、このように多岐にわたるが、そのすべてに設立当初から取り組んできたわけではない。当初は地域でのコンセンサスが十分に取れないなかでの活動であったため、会員数の減少や財政的な赤字が明らかになってきた。そのような団体自身の問題と同時に、浦川原村の頃につくられた「霧ケ岳温泉ゆあみ」が、来場者数や売り上げの減少に伴う赤字の拡大から存続の危機に陥っていた。「ゆあみ」は旧村時代からの村の観光の目玉であったこともあり、夢あふれるまち浦川原はその再生の取り組みを開始した。

夢あふれるまち浦川原では「ゆあみ」の現状や潜在的な魅力から、施設の存在価値と社会的価値を高めることが重要と考え、高齢者コミュニティの活動拠点とし、高齢者の生活をサポートする取り組みが二〇一〇年八月から開始された。創設された高齢者コミュニティは「おたっしゃクラブ」と名づけられ、会員は年会費一〇〇〇円を支払うことで、「ゆあみ」への無料送迎サービス、生活相談、健康チェック、講演やレクリエーション、昼食サービスを受けることができる。

この事業は上越市の地域活動支援事業として浦川原区地域協議会によって採択されその補助金を活用できることになったが、地域で支えていくという考えから、利用料金を一部、受益者が負担する仕組みとなった。

当初二〇〇人を目標としていた「おたっしゃクラブ」の会員は三〇〇人を超え、会員のなかからは、自発的に「ゆあみ」を拠点とした活動を行うグループもできるなど、高齢者のニーズに対応する活動となった。また、「ゆあみ」のテナントの食堂が再開されたほか、施設の一部が、多目的スペースに改装された。市民交流コミュニティの場として開放し、「コンフォートゆあみ」は、この「コンフォートゆあみ」で多彩なイベントを開催することで、利用者の「口コミ」でその輪も広がり、来場者の増加につながった。

また、地域協議会や町内会長と意見交換をするなかで、自宅と医療機関等の移動に困っている高齢者が多いという問題が発見され「地域のための住民組織として何とかしなければ」という思いから、「高齢者医療機関等通院支援サービス事業」が取り組まれた。浦川原区内に路線バスは走っているものの、そのルートは主な幹線道路に限られ、停留所までの交通手段がない高齢者などは長距離を歩くことが多く、不便で利用しづらかった。そこで、「おたっしゃクラブ」の活動の延長として、六五歳以上の高齢者で、おたっしゃクラブ会員を対象に自宅から希望する病院等までの送迎サービスの提供が取り組まれた。二〇一一年度一年間で予想を上回る一三三一件の利用実績があった。

この「高齢者医療機関等送迎サービス事業」の実績なども踏まえ、浦川原区地域協議会では上越市に対し意見書を提出するなど議論が重ねられてきた。「高齢者医療機関等送迎サービス事業」により得られたデータも活用される形で、二〇一三年一二月からは「予約型乗合バス」の試験運行が開始された。予約が必要となるものの、停留所の数が増え、自宅や目的地の近くで乗り降りできる「予約型乗合バス」に浦川原区内を運行している路線バスが代わった。また乗合バスに乗ることが困難な高齢者や障害者のために二〇一四年一月から、「通院支え合い事業」も試行開始された。これは通常のタクシーに複数人で乗り合って、各々の料金が安くなるように、乗合の調整を行う事業となっている（『浦川原区地域協議会だより』二八号『浦川原区総合事務所からの～お知らせ～』二〇一四年一月一五日号ほか）。

これらの取り組みは、まさに住民組織らしさを体現する取り組みであるといえよう。全戸加入型の地域に密着した組織であればこそ地域のニーズを掘り起こすことができ、NPOという組織形態であったからこそ、実際に取り組みを行い、そのニーズの存在を示すことができた。

さらにいえば、それは地域のなかでの自治の取り組みへの接近でもある。夢あふれるまち浦川原の取り組みは、自治体の政策を先取りし、実際に活動するなかでニーズがあることを示すものであった。上越市の地域協議会は市長の諮問に答えるほか、自主的な審議によって市長に意見書を提出することができる。浦川原区地域協議会はこの上越市の特色ある仕組みを活用し、夢あふれるまち浦川原の活動を踏まえて意見書を提出するなど、取り組みを行っている。それぞれが地域のなかで役割を担い問題提起から政策の実現にまでつなげた取り組みはまさに地域自治の実践であるといえよう。

（3）住民組織の限界？：ソーシャル・キャピタル組み替えの挫折

また、夢あふれるまち浦川原は地域のネットワークを新たにつくりかえる試みにも取り組んだ。それが二〇一〇年五月に発足した浦川原地域づくり振興会議である。浦川原区地域協議会、浦川原区町内会長連絡協議会、NPO夢あふれるまち浦川原、上越市の浦川原区総合事務所の四団体から成り地域の振興発展などに連携して取り組むというもので、そこでは四団体の支え合い、相互信頼、共通の課題解決や連携協力などが謳われていた。

この取り組みは地域にそれまであったソーシャル・キャピタルを組み替え、ネットワークをつくっていくための仕組みであるといえたが、必ずしも成功せず、地域づくり振興会議はその後解散した。また、夢あふれるまち浦川原の組織も、ここまで述べてきたような活動が一定の成果を上げたこともあり、町内会長連絡協議会が支援し、組織改革が進んでいる（二〇一三年度第一二回浦川原区地域協議会会議録）。すなわち、地域のソーシャル・キャピタルは組み替えよりも現状の維持へと向かっている。

先に述べたように、自治会・町内会のような地縁的な組織は内向きな指向を持ち、排他的なアイデンティティと等質な集団を強化していく結束型のソーシャル・キャピタルを生み出しやすい。稲葉陽二は、ソーシャル・キャピタルの「ダークサイド」の一つとして「しがらみ」を挙げ、とくに結束型のソーシャル・キャピタルと「しがらみ」は「表裏一体の場合が多い」と指摘している（稲葉 二〇一一：一六七―一六八）。パットナムらは先に挙げたポートランドの事例についても、「かつては変化を指向していた近隣組織が、今はますます現状維持に向かっている」とする報告を引用している（Putnam and Feldstein 2003：278）。

ましてや、上越市の住民組織は合併という「変化」の影響を可能な限り和らげようとする意図のもとで設立されたものが多い。それを「しがらみ」と考えるかは別としても、全戸加入型で地縁的なネットワークとしての側面を持つ住民組織が結束型のソーシャル・キャピタルに基づく、現状維持的な方向性を持つのは当然といえるのかもしれない。

5　開かれた地域自治のために：中間支援組織と組織的ソーシャル・キャピタルの可能性

（1）「全町型ＮＰＯ」の設立支援とネットワーク化：くびき野ＮＰＯサポートセンターのアプローチ

それでは、こうした結束型ソーシャル・キャピタルのダークサイドを補うことはできないのだろうか。多くの研究はＮＰＯ活動などの橋渡し型のソーシャル・キャピタルの重要性を強調する（例えば、石田 二〇〇八：一〇二）が、この点でも中間支援組織が大きな役割を果たしうる。最後に、くびき野ＮＰＯサポートセンターの住民組織へのアプローチを検討したい。

くびき野ＮＰＯサポートセンターは上越市の合併の前年、二〇〇四年に当時の安塚町の「全町型ＮＰＯ法人」設立にコーディネーターとして関わった。これは安塚町からの支援要請によるものだったが、設立が目指されていた住民組織は、やはり全戸加入型の地縁的な性質の強いもので、市民の自発的、自主的な取り組みであるＮＰＯ法人とは異質のものである点は否めなかった。そこで、この点をクリアするため、意思確認を世帯ごとにすることによってＮＰＯ法人設立の手順を踏むことが目指され、発足した設立準備会のメンバーが、各集落、各世帯を回り、「全町型ＮＰＯ法人」はつくりあげられていった（秋山 二〇一〇：九一―一〇）。この安塚での動きがきっかけになり、合併される一三の町村にそれぞれ住民組織がつくられていくことになったが、くびき野ＮＰＯサポートセンターのアプローチには地縁にとらわれない、市民の自主的な組織にしようと腐心した跡が読み取れる。

住民組織間のネットワーク化も目指され、二〇〇六年には、「一三区住民組織意見交換会」が開催され、敬老会のやり方や施設の受託管理についてなど、様々な悩みが共有された（秋山 二〇一〇：一〇―一一）。このネットワークは、二〇〇七年には「一三区住民組織連絡会」が設立され、住民組織間の自主的な活動となり、現在では上越市の担当課も関わる形で不定期に継続されている。

また、その後、くびき野ＮＰＯサポートセンターは、中山間地域で地域づくり活動を行う団体等による情報交換会を開催し、具体的な活動支援を検討している（くびき野ＮＰＯサポートセンター二〇一四年度総会資料）。住民組織に関わった経験も踏まえつつ、地縁的なものとは異なる組織を通じて、地域での取り組みを支援する試みといえよう。

（2）中間支援組織と地域コミュニティ

　コミュニティのような、小さなグループはソーシャル・キャピタルをつくりやすく、つながりを維持し強化するのにたけている。しかしそれは一方で偏狭で地域エゴを生み出すリスクをも抱え、多様性や外部への影響力も持てない。パットナムらはこの問題の解決策が小さなグループを大きなグループが囲い込む「連邦（federation）」であると指摘する。パットナムらによると、そうした「小さなグループをミックスし橋渡しするという組織的な選択が、親密さと広範さの双方の良さを利用することにつながる」という（Putnam and Feldstein 2003：277-279）。くびき野ＮＰＯサポートセンターの取り組みはまさに、結束型のソーシャル・キャピタルによる組織を水平的に橋渡しするものである。こうした取り組みによって、結束型と橋渡し型のバランスをとりながら、地域全体としてソーシャル・キャピタルを築いていくことが重要になるであろう。

　さらにいえば、それは、先に見た組織的ソーシャル・キャピタルへと転化させていくことが重要になる。本章で取り上げた夢あふれるまち浦川原の事例や安塚区による「全町型ＮＰＯ」設立の取り組みはともに、トップに立つ人間によるリーダーシップに負うところが大きい。そうしたリーダーが現れた際にそれを支援する中間支援組織が存在するということはもちろん重要であり、「キーパーソン」の重要性はしばしば指摘されてきた（例えば、稲葉 二〇一一：一〇七―一〇八）。しかし、キーパーソンの活動には限界があり、なにより継続性が担保されない。キーパーソンを超えて組織間のネットワークや信頼へとつなげていくことが求められるが、本章で検討してきたくびき野ＮＰＯサポートセンターの事例はそのような可能性を開くものではないだろうか。

【注】

（1）ＮＰＯ法人だけではなく広く市民活動組織を指す語として用いている。

（2）以下、事例についての記述は、とくに記載しない限り、二〇一一年一二月一九日および二〇日、二〇一二年三月一六日、二〇一四年五月三〇日に筆者らがくびき野ＮＰＯサポートセンターおよびＮＰＯ夢あふれるまち浦川原において実施したインタビュー調査に基づいている。

（3）浦川原区の取り組みについては荒木（二〇一三）、徳久（二〇一二）などにも詳しい。

【参考文献】


秋山三枝子「地域自治区をつくる――新潟県上越市の試み　ＮＰＯの視点から」『まちと暮らし研究』No.8、二〇一〇年三月、八―一三ページ。

荒木千晴「浦川原区――ＮＰＯ型『住民組織』の一体的な支援の試み」山崎仁朗・宗野隆俊編『地域自治の最前線――新潟県上越市の挑戦』ナカニシヤ出版、二〇一三年、一二四―一四〇ページ。

石田祐「ソーシャル・キャピタルとコミュニティ」稲葉陽二編著『ソーシャル・キャピタルの潜在力』日本評論社、二〇〇八年、八一―一〇三ページ。

石平春彦『都市内分権の動態と展望――民主的正統性の視点から』公人の友社、二〇一〇年。

稲葉陽二『ソーシャル・キャピタル入門――孤立から絆へ』中公新書、二〇一一年。

岡部一明『市民団体としての自治体』御茶の水書房、二〇〇九年。

上越市『上越市の地域自治区制度の概要』上越市、二〇〇九年。

辻中豊・Ｒ・ペッカネン・山本英弘『現代日本の自治会・町内会――第一回全国調査にみる自治力・ネットワーク・ガバナンス』木鐸社、二〇〇九年。

徳久恭子「地域を紡ぐ――ソーシャル・キャピタルを測ること、築くこと」『立命館法学』三四五・三四六号、二〇一二年五・六月号、四二九―四五七ページ。

内閣府国民生活局『ソーシャル・キャピタル――豊かな人間関係と市民活動との好循環を求めて』国立印刷局、二〇〇三年。

名和田是彦編著『コミュニティの自治』日本評論社、二〇〇九年。

畑仲哲雄「『編集権』からＮＰＯ『協働』へ――あるローカル新聞の市民参加実践」『情報学研究・東京大学大学院情報学環紀要』No.79、二〇一〇年、一七五―一九〇ページ。

パットナム、ロバート／柴内康文訳『孤独なボウリング――米国コミュニティの崩壊と再生』柏書房、二〇〇六年。

三浦一浩「上越市の地域協議会は『岐路』に立っているのか」『月刊自治研』Vol. 54, No.631、二〇一二年四月、六八―七七ページ。

Putnam, R. and L. M. Feldstein, *Better Together: Restoring the American Community*, New York: Simon

& Schuster, 2003.
Schneider, J. A., "Organizational Social Capital and Nonprofits," *Nonprofit and Voluntary Sector Quarterly*, Vol. 38, No. 4, August 2009, pp.643-662.
Woolcock, M. and D. Narayan, "Social Capital: Implications for Development Theory, Research, and Policy," *The World Bank Research Observer*, Vol.15, No. 2, August 2000, pp. 225-249.
World Bank,*World Development Report 2000/2001: Attacking Poverty*, Oxford University Press, 2001.

第12章 地域再生・復興とソーシャル・キャピタル

早田　宰

地震、水害など大規模な自然災害や紛争によって損害を被った社会がいかに個人の生活と社会システムの機能を回復するか、脆弱コミュニティにおけるソーシャル・キャピタルを活かした復興について考える。コミュニティが主体となったレジリエンス（回復力）が機能するためには、市民の相互信頼や規範の意識、地域社会のキャパシティを高める必要がある。そのためには適切なリーダーシップ、ガバナンスおよびマネジメントが必要である。

1　現代災害と脆弱地域

（1）複合被災

現代の被災は多様化している。とくに日本は自然地理的に地震列島、台風の常襲地域であり、それらの災害からのがれることはできない。さらにその地域インパクトは、「短期・長期」と「自然的・社会的」の二軸またはそれ以上から考える必要がある。

①短期の自然的原因：地震、津波、台風、竜巻、噴火、土砂崩れ、伝染病など

②短期の社会的原因：企業の撤退、行政停滞、原発事故、テロリズム

③長期の自然的原因：気候変動、地盤沈下、土壌汚染、大気汚染、水没

④長期の社会的原因：交通条件不利、過疎化、人口減少、産業構造停滞、紛争地域、文化摩擦、政治混乱

地球全体で長期的には、二〇三〇年には人口の三分の二が、都市部に住むようになるといわれている。日本においても首都圏への人口集中、地方

図12－1　過疎地域の指定状況

の人口減少、過疎化が大きな課題になっている。現在すでに地方自治体数一七四一（二〇一四年現在）のうち七九七というじつに四六％が、その全部または一部が過疎地域に指定されている（図12－1）。過疎地域のエリアは広いが、そこには全人口のうち八％しか住んでいない。

一方で過疎地域はそれに対応した取組みの歩みがある。例えば原発はそのような条件不利地域に誘致されてきた。原発の停止・解体は、環境のみならず社会経済的な打撃をもたらすことになる。

自然的、社会的、歴史的な条件が重なり合って、災害の全体像が形成される。現代の成熟社会における多様な要因の連鎖による「複合被災」（外岡二〇一二）の特徴である。

（2）地域によって被災の差が激しい

日本の度重なる災害史をみると、地域ごとの自然・社会経済の状況によって被災の程度や復興プロセスに大きな格差があることがわかる（塩崎二〇一四）。自然的・社会的な原因は相互に影響を及ぼしあって地域へのインパクトがもたらされる。被害の規模、地域社会へのダメージ、被災後の中長期の影響などは地域の状況によって異なる。

例えば、東日本大震災を例に挙げてみても、被災が大きかった地域でもいくつかの視点から多様な見方ができる（表12－1）。

被災の大きかった地域のうち、震災の直接の被害、死者・行方不明者の多かった地域①は、石巻市、陸前高田市などである。自治体として被害の大きかった地域、つまり人口に対して死者・行方不明者の占める割合が大きかった地域②としては、女川町、大槌町などがある。被害を受けた沿岸地域を中心に自治体が位置し、そこに人口が密集して住んでいたことになる。一方で、人口減少における震災関連死以外の割合（％）が高い地域③は、洋野町、久慈市などである。

これらの地域では、死者・行方不明者は他地域よりも少なかったが、震災後時間が経過しても人口が戻らず、そのまま過疎化が深刻化している。その一方で、仙台市、名取市のように被災が大きかったにもかかわらず、震災後に人口が増えている地域もある。そのぶん事後のケアなど支援の必要性が高い人々が多く移り住んでいるともいえる。

同じ地域のなかでも近隣地区の自然条件によって被災の程度差は激しくなる。例えば、津波で波の勢いが強まった場所、弱まった場所、川をつたって内陸の奥まで水が入った地区もあれば、島や

表12－1　東日本大震災の被災の大きかった地域

①	死者・行方不明者数（人）
石巻市	3,972
陸前高田市	1,808
気仙沼市	1,437
大槌町	1,279
東松島市	1,153

②	人口に対して死者・行方不明者の占める割合(%)
女川町	8.8
大槌町	8.4
陸前高田市	7.8
南三陸町	4.8
山田町	4.5

③	死者・行方不明者数（人）	震災前後人口減少者数(人)（2011-15年）	人口減少における震災関連死以外の割合（％）
洋野町	0	1,236	100.0
久慈市	6	1,369	99.6
普代村	1	164	99.4
岩泉町	10	969	99.0
松島町	7	489	98.6

岬の陰になって助かった地区などがある。地域被害の差は、自然地形のみならずインフラへの社会的な投資不足、行政や地域社会の災害対応力の不足やその負の連鎖によっても拡大する。このような外からのインパクトに弱い地区は「脆弱コミュニティ（vulnerable communities）」と呼ばれる。行政による環境未整備や対応の遅れなどによって悪化する場合もあり、しばしば「人災」といわれるとおりである。さらに地域再生・復興のフェーズでは、個人の対応能力、努力の限界を超えて被災地域コミュニティの対応力によっても差が生じてくる。

（3）多様な立場ごとの被災

　社会システムが機能不全になると、地域社会の意思疎通や行動がばらばらになり、市民の情報格差が生まれる。個人レベルの状態、とくに被災者の生計や健康状態が困窮する度合いが深刻なほど代替地への移転、再建の見通しが立たなくなる。移転によって人間の福利（ウェルビーイング）の基盤となる生活基盤や社会関係が破壊されてしまう。高齢者、障がい者、子ども、資源の乏しい人は、いわゆる災害弱者になりがちであり、生活状態が悪化し、さらには病気や死亡も多くなってしまう。それゆえに外からの支援が十分でなければ元の場所に戻りたいと考える圧力が強くなる。

　しかし誰が災害弱者であるかは一概にいえない。自然災害や社会的危機は住宅や仕事を奪い、生活や経営の基盤を失わせ地域の市民全員に影響をおよぼす。例えば東日本大震災では、社員とその家族はかろうじて生き残ったものの、船、社屋、施設などの経営資源が壊滅的な被害を受け、廃業・失業に追い込まれ、組織成員やその家族全員がどう生きていくかの展望を失い、それに対処するストレスで衰弱した経営者は多かった。災害は通常の社会資源を根こそぎ奪うがゆえ、被災者＝弱者はあらゆる社会階層に生まれることになる。それだけに誰が被災者か、誰が現在の状況で支援されるべきか、それはどのような視点と理由から支援されるべきか、平常時の福祉対象者の枠を超えた多様な見方を動員しながら検討される必要がある（内橋 二〇一一）。

　日常の個人的問題や社会的問題だけでなく、危機と緊急事態にこそ対応し、災害時において社会に存在する障壁、不平等および不公正が拡大しないように働きかけて取り組むことが福祉や行政の専門家には期待される。そのなかで支援の優先順位が配慮されることが望ましい（日本社会福祉士会・日本医療社会福祉協会編 二〇一三）。

2　地域再生・復興とは何か

（1）地域再生・復興の目指す「実体」と「意味」

　ここで再生や復興という概念について整理しておきたい。

　地震、水害など大規模な自然災害や紛争によって損害を被った社会がいかに個人の生活と社会システムの機能を回復するかであるが、復興が何を意味するかにはいくつかの考え方がある。

　一つは、具体的に何をするかの実体的な捉え方である。国は、東日本大震災復興基本法（平成二十三年法律第七十六号）を定めている。それによれば、①被害を受けた施設を原形に復旧すること（reconstruction）、②活力ある日本の再生を視野に入れた抜本的対策（recovery）、③一人ひとりの人間が災害を乗り越えて豊かな人生を送ることができるようにすること（regeneration）、④以上を旨とした新たな地域社会の構築（rebuilding）の四つの再生概念を含むものと理解される。それに基づいて一人ひとりの生活再建、建物などハード環境の再建築、産業・雇用などのソフトの再興、地域社会の運営や文化の再構築が行われることになる。

もう一つは、復興が何を目指すか、目的・手段の意味に着目した捉え方である。失った人・モノは決して帰ってこない。新たに得られるものは代替物でしかないともいえる。しかし新たな地域の魅力といった考え方、地域運営のしくみなどは新たに構築することができる。それらによって夢、希望、生きがいなどの意味を得ることができる。意味を得て、人やコミュニティは安定や未来を取り戻すことができる。このような困難なショックに対して、それを受け止め、新たな安定状態を回復する力をレジリエンス（resilience）（ゾッリ&ヒーリー 二〇一三）という。

災害による社会的混乱やダメージを最小化しつつ、決して戻れない元に無理やりに復元しようとするのではなく、残された資源や環境を最大限に活かしつつ、また未来への負担の先送りを最小化しながら、ベストとはいえなくてもベターな安定状態を見いだすことが再生・復興であるという考え方である。

そこでは、社会システムのレジリエンスを評価するためのキーワードとして、熟考能力（reflectiveness）、資源性（resourcefulness）、頑健性（robustness）、冗長性（redundancy）、しなやかさ（flexibility）、包摂（inclusiveness）、統合（integration）の七つを挙げることができる。

このように「実体」と「意味」の両方をつむぎ出していくことが地域再生・復興にとって重要である。

（2）コミュニティ・レジリエンスの考え方

以上の議論をふまえ、津波等沿岸部の大規模災害後のコミュニティ・レジリエンスの考え方（鎌田監修／早田ほか編 二〇一五：五八六―五九五）を整理しておく。概念モデルを図12-2に示す。

広範囲におよぶ災害の場合、国や地方自治体は対応に限界がある。東日本大震災では陸前高田市役所、大槌町役場など災害対策の本部中枢となるべき拠点そのものが被災し、行政機能が麻痺したことも思い出される。そうなると災害の現場対応、被害拡大防止、地域再生のための〝フロントライン（第一線）〟は行政ではなく、あくまで地域社会のコミュニティである（ウッテン 二〇一四）。復興はコミュニティのキャパシティを高めることが重要な考え方となり、地方自治体、上位の都道府県、外部の支援者、国などは復興を主導すると同時に、コミュニティの支援を補完する二つの役割を負う。中央から縁辺に向かって、ローカル・レベル、そして国レベル、さらに国際レベルとガバナンスのレベルが広がる。地域社会のコミュニティが安定した状態を回復するためには、そこで暮らす個人、地域の自然環境、そのなかで支え合う地域社会、雇用と収入を得るための生産環境が重要であり、その四つについて支援を明確化しながら、社会システムとして、つなぎながら整えていくことが重要となる。

生態的レジリエンスの基本となるのは、人々が暮らし、農業や漁業を営める自然環境や生態系システムの維持である。沿岸部の場合は豊かな海そのものを回復することが目指される。社会的レジリエンスの基本となるのは被災者の生存、生計であり、経済生活のポートフォリオ（資源をふまえた選択肢の一覧表）の多様化である。コミュニティ・レジリエンスにおいては、被災者自身が各自の資源で取り組める道筋を示すことが重要である。

生態的レジリエンスの基盤となるのは、今後の災害時の安全確保である。地震、津波などへの早期警報ネットワーク、連絡体制の構築が重要となる。安全を確保できるという条件のうえで、事業所、農場、漁場などの生産環境を再構築することが重要となる。そのためには生態系そのもの、地

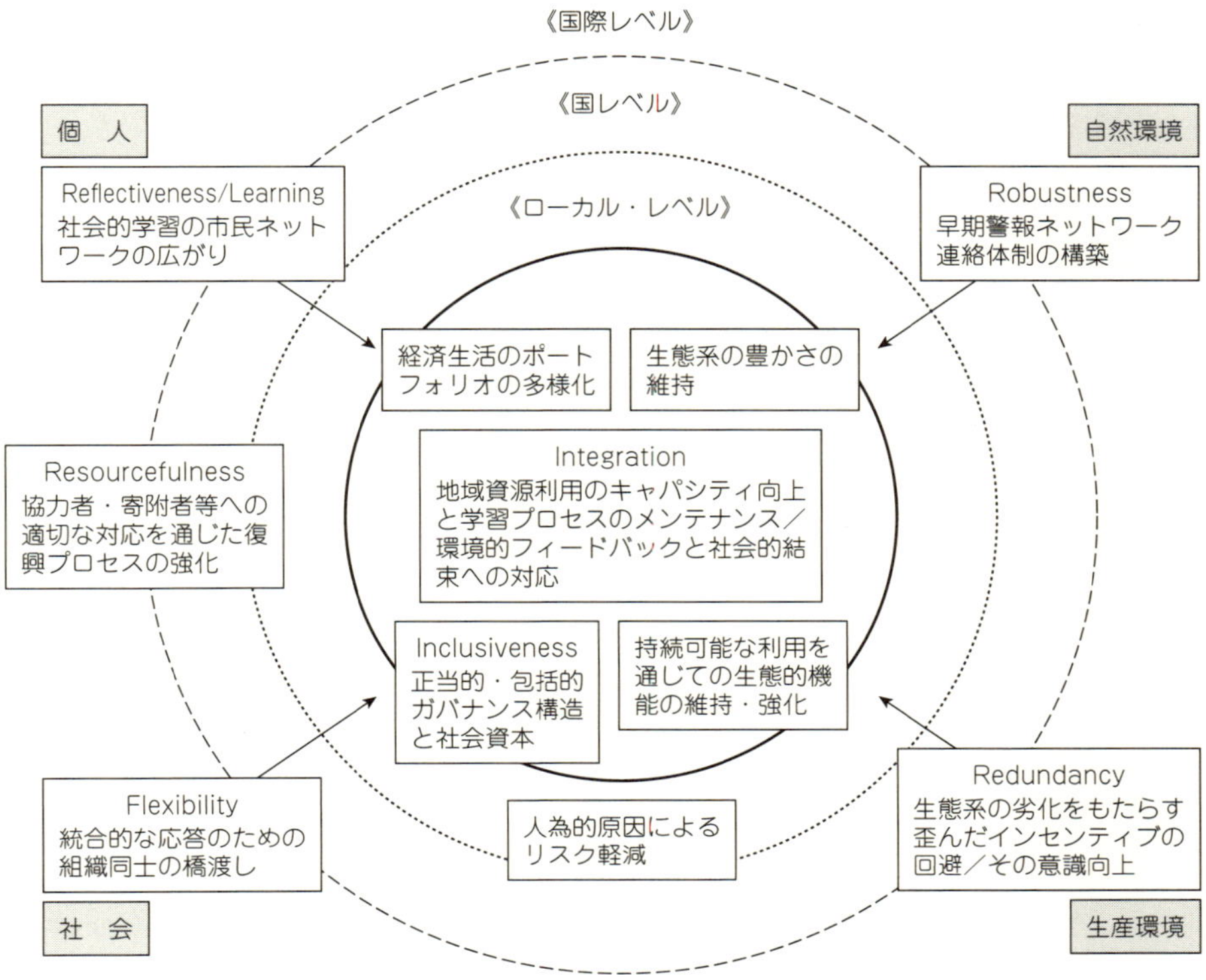

図12-2　コミュニティ・レジリエンスの概念図

出所：鎌田（2015：591）。

域社会の成立基盤そのものを破壊してしまう復興事業の計画を回避することが重要である。応急的なインフラ工事が豊かな環境にとりかえしのつかないダメージを与えてしまうことがある。それらを回避するため、自治体と上位の都道府県、国のレベルの政策担当者の対話、意思疎通により、それぞれがローカル・レベルの社会システムの存立基盤について十分に理解し、計画に配慮できることが重要である。

(3) 国レベルとローカル・レベルの再生の比較

国レベルからみた地域再生・復興の考え方については、東日本大震災後の政府は、「国土強靱化（national resilience）」という概念を提起した。政府の説明によれば「レジリエンス」とは「強くてしなやか」という意味であり、災害や事故などにあって、「より致命的な被害を負わない強さと、速やかに回復するしなやかさを持つこと」と説明される。ここでの「しなやかさ」とは「回復力の速度」といっても差し支えない。さらに「リダンダンシー（冗長性）」の考え方によって、被災時のバックアップ機能を高めるためにインフラを二重化、三重化する。「国土強靱化」は防災システム

表12－2　震災前後のＮＰＯの活動状況の変化

震災後のNPOの活動量（2011年以後設立NPO数＝N）	震災前後のNPOの活発度比較（2011年以後設立NPO数／地区内累計NPO数＝%） たいへん活発化（50%以上）	かなり活発化（36%以上）	やや活発化（25%以上）	従来どおり（0%以上）	活動なし
多い（10以上）	陸前高田市 釜石市 大船渡市 二本松市 気仙沼市	いわき市　北上市 須賀川市　会津若松市 石巻市　奥州市 南相馬市　福島市 相馬市　郡山市	仙台市	盛岡市	
かなり多い（3以上）	蔵王町　大槌町 南三陸町　岩沼市 山田町　東松島市 広野町　遠野市 三島町　名取市 亘理町　滝沢市 女川町　富谷町	久慈市 塩竈市 紫波町 南会津町 大河原町 登米市	宮古市　花巻市 伊達市　白石市 会津美里町　二戸市 栗原市　会津坂下町 雫石町	大崎市 白河市 一関市 喜多方市	
2以上	川内村 鏡石町	村田町 西会津町 猪苗代町	山元町　松島町 只見町　三春町 田村市　利府町	八幡平市	
少ない（1以上）	住田町　七ヶ浜町 大衡村　大郷町 天栄村　下郷町 磐梯町　玉川村 金ヶ崎町　楢葉町 平泉町　柳津町 野田村		一戸町　浪江町 田野畑村 洋野町 鮫川村 小野町 新地町 大王村	岩泉町　塙町 桑折町　西和賀町 本宮市　丸森町 角田市　多賀城市 大和町　川俣町 美里町　矢巾町	
活動なし					葛巻町　葛尾村　大熊町 岩手町　金山町　棚倉町 九戸村　古殿町　中島村 軽米町　国見町　湯川村 音代村　昭和村　飯舘村 加美町　西郷村　富岡町 七ヶ宿町　石川町　平田村 柴田町　泉崎村　北塩原村 色麻町　浅川町　矢祭町 川崎町　双葉町　矢吹町 涌谷町

出所：筆者作成。

を軸とした日本版ニューディールであり、「成長」を導き、「デフレ脱却」効果、「産業競争力の強化」効果を期待するマクロ経済重視モデルであるといえる。

一方で、コミュニティ・レジリエンスでは、あくまで被災現場であるローカルのレベルにおいて、被災者の「経済生活のポートフォリオの多様化」や「生態系の豊かさの維持」「持続可能な利用を通じての生態的機能の維持・強化」「正当的・包括的ガバナンス構造と社会資本」などの視点をより明確化することが重要となる。冗長性については、「生態系の劣化をもたらす歪んだインセンティブの回避」の視点が重要となる。熟考能力については、「社会的学習の市民ネットワークの広がり」を形成する視点は重要である。しなやかさについては、回復の速度もさることながら質的な変化をもたらすことが重要である。

（4）適応可能キャパシティ

コミュニティ・レジリエンスを推進するためには、身近な地域の人材とそのつながり、そこに動員される知恵、合意形成、活動力が核になる。それらに対して、地方自治体、国は支援を行う。この重層的なガバナンスにより上位から補助金、人

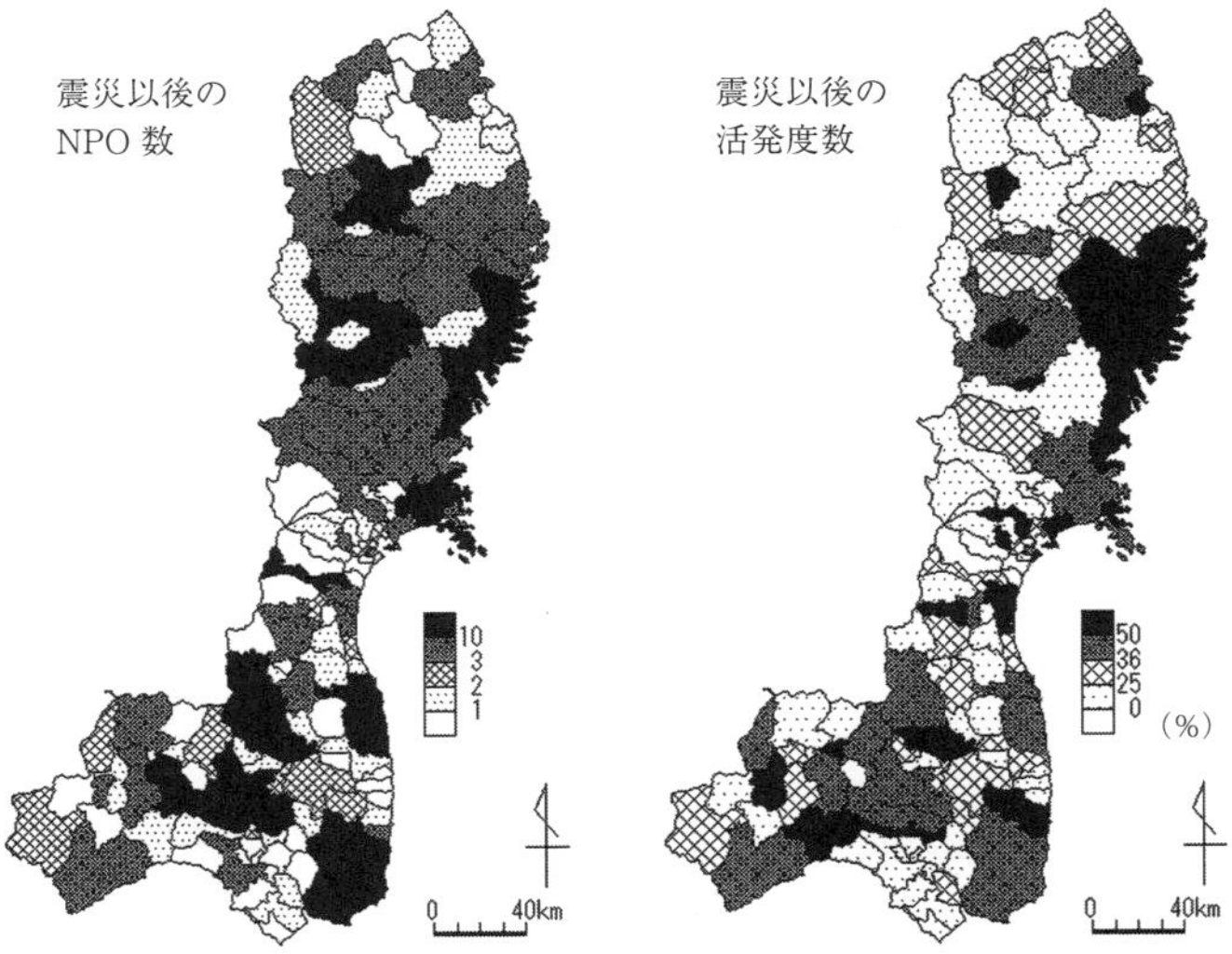

図12－3　震災前後のNPOの活動状況の地図
出所：筆者作成。

的支援などの資源が動員される。ただし資源は有限であり自ずと限界がある。被災が大きい場合などはとくに特定地域への大量かつ集中的な外部資源の支援を前提とすることはできない。あくまで効率的な資源配分が求められることになる。

　そこで重要になるのは、地域コミュニティでもなく、自治体や国でもない第三のセクターの存在である。危機を突破できる人材やＮＰＯ団体、専門団体、大学など内部・外部から動員することになる。そのリソースを動員する力、そのための余裕は「適応可能キャパシティ（adaptable capacity）」と呼ばれる。その可能性が大きければ活動するＮＰＯ、復興プロジェクト数などを多く巻き込み、活発化していく。

　例えば東日本大震災後の被災自治体のＮＰＯの活動状況を表12－２に示す。陸前高田市、釜石市、大船渡市、二本松市、気仙沼市などは、震災後のＮＰＯの設立数が多く、また震災前に比べても活発化している。また、ＮＰＯの数は必ずしも多くないが設立の活動が震災前より活性化しているエリアとしては、住田町、七ヶ浜町などがある。こうしたエリアは適応可能キャパシティが震災後に高くなっているといえる。一方、震災以後ＮＰＯの設立がない地区も多く存在する。

　さらに地理的分布を地図にしたものが図12－３である。これによれば、沿岸部における宮城北部から岩手南部にかけては震災後のＮＰＯの設立数が多く、また活動も活発化していることである。福島では、震災後に設立数は必ずしも多くなかったが、震災後に活発化していることがわかる。岩手北部は一部を除いて震災前後ともあまり活発化していないとはいえない。このようにＮＰＯなどの外部資源が地理的または社会的な理由によって活動に入りやすいエリアとそうではないエリアがあることがわかる。

3　地域再生・復興とソーシャル・キャピタル

（1）社会結合と資源を活かす課題

　生産環境のレジリエンスは、自然と社会を結び、持続可能な地域資源の利用によって生態的機能を適切に維持・強化することが重要となる。雇用や収入のためには事業所、農場、漁場や漁港の再生が重要であるが、これらは多くの利益、利権が発生するため、ステークホルダーの調整が重要となる。それが健全に作用するためには、包括的なガバナンス構造を構築し、確固としたソーシャル・キャピタルがそれを支えることが必要となる。

　パットナム（1993＝二〇〇一）は、ソーシャル・キャピタルとして、ボンディング、ブリッジング、リンキングの三つの社会結合の形態を挙げた。もっともその結合の構造の形態それ自体に大きな意味があるのではなく、それらのネットワークをインフラとして、そこに内部・外部から資源が投入されるがゆえに重要な役割を果たす。リンは「社会的に埋め込まれた資源」と呼んだ（リン 2001＝二〇〇八）。これらは今日のソーシャル・キャピタル論のいわば基礎になっている考え方である。

自然災害は、地域に甚大な被害を与え、居住地や仕事の場所の移転や変更を余儀なくされる人も多い。個人でゼロから出発をする人もいる。地域における共通関心事や利害関係は大きく変化し、社会結合は流動化し、弱められることになる。解散を余儀なくされる地域団体、組合なども多くなる。その再生のためには、共同体メンバー間のボンディングを強めることも重要であるが、それだけでは再生の活動が円滑にできないことが多い。移転地域での新しいコミュニティ構築も必要となる。視点の違う他グループとのブリッジング、さらに地域やレベルの異なる支援者やキーマンとのリンキングが非常に重要となる。

コミュニティにおいて、誰とつながるか、ボンディング、ブリッジング、リンキングの組み合わせと使い分け、そして、そこにどういう資源を投入するかの相互マネジメントの戦略化が求められることになる。限られたリソースへのアクセスをめぐって、それを独占するかシェアするか、グループ間で競合・対立関係も発生する。対決するパワーが重要となる。ネットワーク力のある主体は競争優位に立ち、社会的結合や情報収集力の乏しい主体は復興の資源を獲得することができなくなる。そのまま手をこまねいて放置していれば復興プロセスではグループ間のコンフリクトは拡大し、社会的排除や格差は広がってしまう。これが自然災害などの衝撃的被災後に生まれる特有の課題である。

（2）復興プロセスにおけるダーク・サイドの回避

そこで、ソーシャル・キャピタルの「ダーク・サイド」（Portes and Landolt 1996：18-21）、すなわち負の側面を考慮する必要が生じる。そのままでは地域社会のメンバーの信頼関係や互恵的関係のバランスが崩れてしまい、既得権益の濫用、抜けがけへの誘引が強まる。限られたリソースをめぐって身内びいきや、インフォーマルな取引が横行し、倫理的にも歯止めがかからなくなる。最悪の状況では共有財である自然環境に負荷を与える行為も許容されてしまう場合もある。

そこで必要になるのが、ソーシャル・キャピタルを公正に活かすためのガバナンスとマネジメントである。その構成要素を図12-4に示す。

被災地域では、資源の欠乏から競争が激しくなり、内部ガバナンスは不安定になる傾向がある。そのため、不可避的に上位のレベルからの介入・調整が必要となる。ソーシャル・キャピタルのダーク・サイドからの回避を成功させるためには、公正な利益分配を行うリーダーシップが重要となる。各グループ内のボンディング、グループ間のブリッジング、戦略的なリンキング等の構造を強固にし、適切に機能するようガバナンス内で利益配分、調整をする。それによってメンバー同士の互恵的関係を保ち、価値を共有し、相互の信頼を生み出す。個人の貢献度や負担を明確にすることで、ルールを積極的に自ら守る自己拘束の意識を育んでいく。そしてコミュニティの規範意識を生み出す。こうしたことが個人と全体の相互の利益を守るという認知を育むことが重要である。

このようにソーシャル・キャピタルがベースとする市民の信頼関係は自発的なものであるがゆえにたいへん脆い側面もある。ひとたび主体間で齟齬や紛争が生じてしまうと、その関係は容易に崩れてしまう。そこでソーシャル・キャピタルは内側から関係を深めると同時に、外からそれを補強する取組みが重要な役割を果たす。こちらにも構造的、認知的なアプローチが必要である。

構造的には、コミュニティへの地域内分権、そ

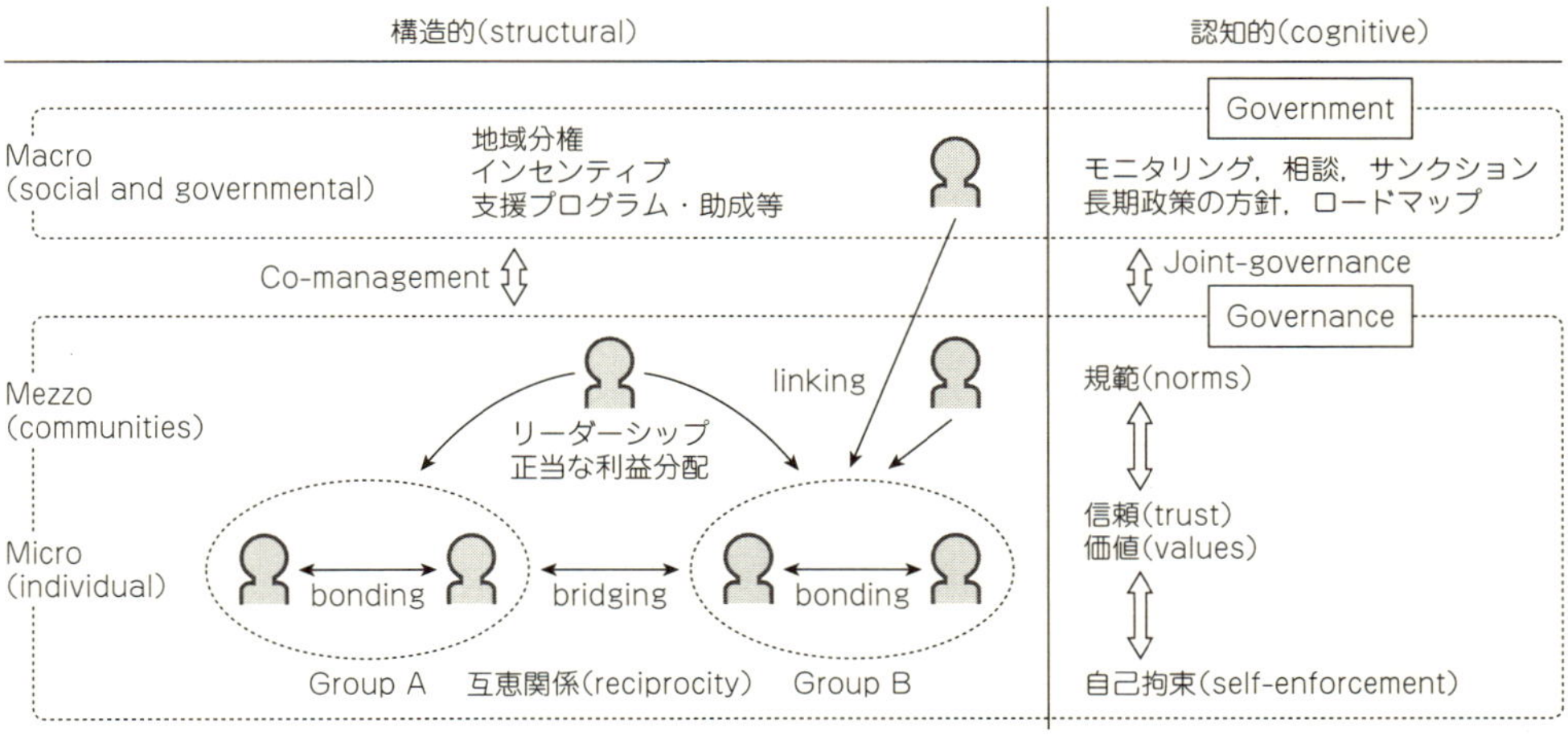

図12－4　ソーシャル・キャピタルを活かす体制

出所：筆者作成。

の活動に対してインセンティブを与える「相互マネジメント」、具体的には助成などの支援プログラムを用意することが重要である。

認知的には、地方自治体の果たすべき役割とコミュニティの果たすべき役割を分担しつつ、それが連動し、コミュニティの価値、信頼、規範の維持を外から連動しつつ補強する「ジョイント・ガバナンス」を機能させる枠組みが重要である。具体的には、コミュニティのモニタリング、相談体制、逸脱へのサンクション（懲罰）、長期政策の方針提示、ロードマップの提示などである。

東日本大震災後では、気仙沼市が市民主体で復興を推進しており、本章のようなソーシャル・キャピタルのガバナンスやマネジメントの運用が見られる（鎌田監修／早田ほか編 二〇一五）。

(3) 社会資本をつくるソーシャルワーク

地域再生・復興におけるソーシャル・キャピタルの育て方、活かし方について述べてきた。これらは誰がどのような立場から行うのであろうか。

国際的には、ソーシャル・キャピタルの形成は、災害後のソーシャルワークに期待される役割とされる。ソーシャルワークは、個人がコミュニティのなかでサービスや社会資源を利用できるように援助することはもちろんのこと、被災からの暮らしの再生全般、生きる場の確保、仕事まで含めた相談、さらに家族への援助などを果たす。さらに、コミュニティ全体のエンパワメント、グループワーク、社会教育ワークなども重要な仕事である。そのうえ、コミュニティ自体の再組織化、社会政策、社会計画および社会開発の推進、まちづくりまでも強く期待されることになる。原発被災地域においては、ばらばらになった帰宅困難者のコミュニティのあり方や未来を考えていく役割も重要である（坪郷 二〇一三）。

日本においてコミュニティ組織化などを行うソーシャルワーカーは社会福祉士として位置づけられている。目下のところソーシャル・キャピタル全般については定まった役割分担というものは存在しないし、社会福祉士に限らない。自治会・町内会の中心メンバーが自主的に行っている場合もあれば、地方自治体の包括支援センター、出張所、自治振興担当、地域担当者などが支援をしている場合、都市計画・まちづくりの専門家が業務で行っている場合、プロボノ的にかかわるNPOがサポートしている場合などさまざまである。ソーシャル・キャピタルを育てるソーシャルワーカーの専門性を高めつつ、社会的に地位を確立し、役割を果たしていくことが求められている。

参考文献

ウッテン、トム／保科京子訳『災害とレジリエンス――ニューオリンズの人々はハリケーン・カトリーナの衝撃をどう乗り越えたのか』明石書店、二〇一四年。

鎌田薫監修、早田宰ほか編『震災後に考える――東日本大震災と向きあう九二の分析と提言』早稲田大学震災復興研究論集編集委員会、早稲田大学出版部、二〇一五年、五八六―五九五ページ。

塩崎賢明『復興〈災害〉――阪神・淡路大震災と東日本大震災』岩波書店、二〇一四年。

ゾッリ、アンドリュー・ヒーリー、アン・マリー／須川綾子訳『レジリエンス：復活力――あらゆるシステムの破綻と回復を分けるものは何か』ダイヤモンド社、二〇一三年。

坪郷實『脱原発とエネルギー政策の転換――ドイツの事例から』明石書店、二〇一三年。

外岡秀俊『3・11 複合被災』岩波書店、二〇一二年。

内橋克人『大震災のなかで――私たちは何をすべきか』岩波書店、二〇一一年。

日本社会福祉士会・日本医療社会福祉協会編『躍進するソーシャルワーク活動――「震災」「虐待」「貧困・ホームレス」「地域包括ケア」をめぐって』中央法規出版、二〇一三年。

リン、ナン／筒井淳也ほか訳『ソーシャル・キャピタル――社会構造と行為の理論』ミネルヴァ書房、二〇〇八年（原著 二〇〇一年）。

パットナム、ロバート／河田潤一訳『哲学する民主主義――伝統と改革の市民的構造』ＮＴＴ出版、二〇〇一年（原著 一九九三年）。

Portes, A. and P. Landolt, *The Downside of Social Capital.* The American Prospect, No26, 1996, pp.18-21.

第V部

国際比較からみたソーシャル・キャピタル

第13章 普遍的福祉国家とソーシャル・キャピタル

藪長千乃

普遍的福祉国家は、中間階層を含む多くの市民にとって十分な水準の福祉を供給していこうとする。その典型とされる北欧諸国では、政府のサービス供給責任が強調されてきた。ソーシャル・キャピタルの源泉として市民社会とそのなかで形成される自発的結社を重視する議論があるが、政府が相対的に大きな機能を果たす普遍的福祉国家では、ソーシャル・キャピタルは生み出されにくいのだろうか。本章では、まず普遍的福祉国家について説明し、次いで典型的な普遍的福祉国家とされる北欧諸国を取り上げて、市民の自発的な社会活動の状況、その特徴を生み出した背景等を概観する。さらに、ソーシャル・キャピタルの重要な要素の一つである「信頼」に着目し、普遍的福祉国家との関係性を検討する。

1 普遍的福祉国家と北欧諸国

(1) 普遍的福祉国家

福祉政策における普遍主義は、より多くまたは可能な限りすべての市民を制度の対象者としていこうとする。そこで、普遍主義的な福祉国家では、受給資格に所得制限をできるだけ設けないか、あったとしても緩やかな所得制限付きの制度を設計しようとする。しかし、より広く給付しようとすれば、より多くの財源が必要となる。普遍主義はこの高い負担についての市民の合意も意味している。普遍主義は、「誰が受け取るか」という資源の配分だけでなく、配分に必要な資源の抽出、すなわち市民の負担への納得と合意も意味している

（『生活経済政策』編集委員会 二〇一四）。

一方、普遍主義と対置される選別主義は、福祉の対象者を制限し、絞り込むことで、限られた財源を効率的に配分しようとする考え方である。より必要性の高いケースに絞り込むための基準として、所得や資産が用いられるのが一般的である。このときに行われる資力調査（ミーンズ・テスト）が、受給者に対してスティグマ（stigma、烙印）を付与する。なぜなら「受給資格の取得は、生計上の困難を自らみとめることから出発するので、このことが負の印として、当事者、調査担当者、当事者が属する社会集団に作用する」からである（同右）。この過程を通じて、選別主義的な制度は、さらに受給制限的に機能し、本来必要とする人が実際には給付を回避することがある。

福祉の制度設計にあたっては、こうした選別主義の抱える課題を克服するために普遍主義は有効であると考えられる。しかし、財源の確保が課題となる。財政上の制約から給付の水準を下げれば、実効性の薄いものになる。制度の本来の目的を果たすことができなければ、制度への信頼を失い、負担への合意形成が難しくなる。また、低い水準のサービスしかなければ、富裕層は利用を回避するようになる。結局、低水準のサービスは低所得者向けのものとなり、利用はスティグマを生み、制度に選別的意味合いが付け加えられ、もはや普遍的とは言えない状況が生まれていく。したがって、普遍的福祉国家は、多くの市民、つまり中間階層にとって十分な水準の福祉を供給していく福祉国家を指すことになる。

（2）北欧型福祉国家と社会民主主義レジーム

スウェーデンをはじめとする北欧諸国は、普遍的福祉国家の特徴を持つ国ぐにである。エスピン－アンデルセンは、一九八〇年代の先進資本主義諸国における、ミーンズ・テストを伴う福祉制度の比重や、社会保障制度の対象範囲の状況等から三つの福祉資本主義レジームを析出した。このうちの一つである「スカンジナビア諸国に代表される社会民主主義レジーム」は、普遍主義の原理と社会権の脱商品化が新中間階級にまで効果を及ぼし、最も高い水準での平等を推し進めるような福祉国家を実現しようとする。新中間階級の欲求水準と釣り合う高いサービス水準を労働者にも保証し、理念上すべての階層が単一の普遍的保険制度へ包含されるというものである。受給資格の普遍性に加えて、一定水準の福祉を確保することで、負担に対する合意を得ることが比較的容易になる。市場の影響力を退け、その結果福祉国家を支える真に普遍的な連帯を作り出した国ぐにとして、「ここでは、すべての市民が恩恵を受け、制度に依存し、制度を財政的に支える必要を感じる」と説明される（エスピン－アンデルセン 二〇〇一：三〇）。

このような北欧型福祉国家の主な特徴は、おおむね次の六つに整理されてきた。①普遍主義的社会保障給付、②福祉ニーズのカバーとサービスの提供に関する包括性、③高度な所得再分配制度、④サービス提供におけるパブリック・セクターの強い関与、⑤主要財政資源としての税制、⑥これらを裏づける完全雇用への政府のコミットメントである。（Kautto, et al. 1999; Kuhnle 2000 ほか）すなわち、北欧型福祉国家は、大きな政府財政規模に加えて、サービスの現物給付・直接供給志向という特徴をあわせ持ってきた。これらを通じて、経済的平等を最も高い水準で推し進めてきた。一九八〇年代以降二〇一〇年代初頭に至るまで、先進諸国の比較において北欧諸国の可処分所得の不平等度を示す所得再分配後のジニ係数は最小レベルで、相対的貧困率も低くとどまっていた（OECD. Stat Extracts）。

2　北欧諸国のボランタリーセクター

（1）ボランタリーセクターの分類と北欧の特徴

サラモンとアンハイアーは一九九〇年代に実施した大規模な非営利セクターの国際比較研究をもとに、エスピン‐アンデルセンらの議論を参考にしながら、七カ国を四つのタイプに分類した（Salamon and Anheier 1998）。これによれば、政府の社会福祉に対する支出と非営利セクターの活動レベル（非営利セクターの雇用、ボランティアの活動時間、活動における支出によって測られた）は、両者ともより高いレベルで実現する国もあればどちらか片方に積極的になる国と、両者とも消極的な国がある。このサラモンとアンハイアーの研究では、スウェーデンに代表される「社会民主主義モデル」の国は、政府の社会福祉に対する支出割合が高く、非営利団体の活動レベルが低いとされた。しかし、こうした議論に対して、北欧諸国を対象とした市民社会の研究からは多くの異論が投げかけられた。サラモンとアンハイアーも、こう付け加えている。「社会民主主義モデルでは、非営利セクターの雇用が小さいが、非営利セクターの規模が小さいということを意味していない。むしろ、非営利セクターは社会民主主義レジームでは異なる機能を果たす。……スウェーデンでは、非常に充実したボランティアベースのアドボカシー、レクリエーション、趣味の組織のネットワークが、高度に発展した福祉国家と並行して存在することがわかる。スウェーデンでは、非営利セクターにおける有償雇用が最下位レベルにあるが、ボランティアの参加を考慮に入れると最上位レベルにくる」という（Salamon and Anheier 1998：242筆者訳）。

（2）北欧諸国のボランタリーセクター

実際に、他の先進諸国に比べて、北欧諸国ではボランティア活動への参加率も、ボランタリーな団体への加入率も高い。シヴェシンドとセッレの非営利部門とボランティア活動を概観した研究（Sivesind and Selle 2010）によれば、年次や出所にばらつきがあるものの、一九九〇年代から二〇〇〇年代にかけての北欧五カ国に米、英、蘭、仏、豪を加えた十カ国において、過去一年間にボランティア活動に参加した人の割合は、北欧四カ国（フィンランドを除く）が上位を占め、三五―五八％に上ったのに対し、ほかの五カ国は一三―三〇％にとどまった。また、北欧諸国では、ほとんどの人が何らかのボランタリーな団体へ加入しており、複数の団体に加入していることも一般的である（表13‐1参照。なお、フィンランドについては、ボランティア活動に参加した人の割合を三七％とするものもある。Raitinen 2012：125）。

ただし、雇用者全体に占める非営利部門雇用者の割合は、ヨーロッパ諸国等と比べて低い。先進諸国一四カ国で比較すると三―一一％程度であるが、このうち北欧諸国においては三―五％程度であった。これは、イタリアやスペイン、ポルトガルといった南欧諸国と大差がなく、他の

表13‐1　北欧諸国におけるボランティア活動への参加と団体への加入率

（％）

	スウェーデン	デンマーク	ノルウェー	フィンランド
過去1年間のボランティア活動への参加率	49	35	58	12*
ボランタリーな団体への加入（15歳以上）	90	92	84	76

注：＊は37％とするものもある（Raitinen 2012：125）。
出所：Sivesind and Selle（2010：99）.

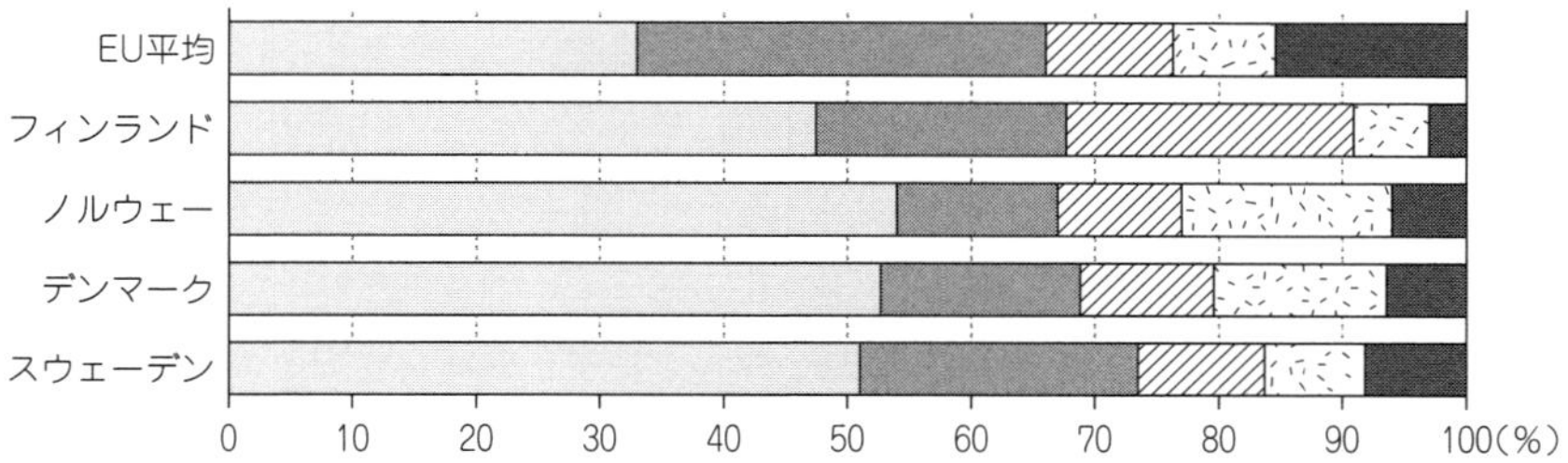

	趣味の活動	福　祉	社会活動	宗　教	協同組合等
EU平均	32	32	10	15	8
フィンランド	47	20	23	3	6
ノルウェー	54	13	10	6	17
デンマーク	49	15	10	6	13
スウェーデン	50	22	10	8	8

図13－1　自発的団体の活動内容別活動時間の内訳

出所：Sivesind and Selle（2010：99-102）.

国々に比べて低くとどまっている。しかし、ボランティアとしての無償労働を含めた場合、合計で南欧諸国がいずれも四％程度と低調のままであるのに対し、北欧諸国の割合は六—一〇％に上昇し、フランス、ドイツをしのぐものとなる（前述のシヴェシンドとセッレのデータに基づく。ここでは、前述の一〇カ国からアイスランドを除き、ドイツ、アイルランドと南欧諸国を加えた一四カ国での比較が行われている）。

（3）活動時間からみるボランティア

北欧諸国におけるボランティア活動への分野別参加時間をみると、文化・スポーツ、レクリエーション等の趣味の団体での活動への参加時間が約半分を占めており、福祉団体や宗教団体での活動の多い他のEU諸国とは異なる様相を見せている（図13－1参照）。ノルウェーやデンマークでは、居住する住宅や区画の管理組合や生活協同組合、地縁団体を含む経済的団体の活動への参加時間が長い。また、フィンランドでは環境団体や国際支援団体、市民団体などの社会団体の活動への参加時間が長く、これは青少年団体、女性団体、年金生活者団体などの政治的団体における活動が積極的であることを反映している（Sivesind and Selle 2010：99-102）。

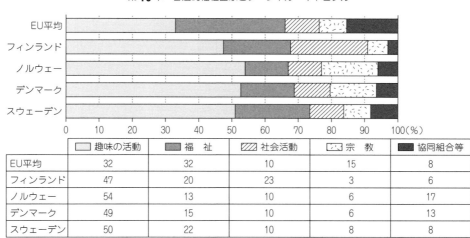

（4）組織の国々

スウェーデンに限らず、北欧四カ国では非営利の自発的団体の活動が社会において大きな影響力を持ってきた。スウェーデンはしばしば「組織の国」といわれるが、これは北欧に共通するといえるであろう。アラプロは、北欧の自発的組織には際立って強力な代表的機能があり、それはほかのどこよりもボランタリーな組織の確固たる概念として定着しているという。自発的組織は市民を代表するという見方は、一九世紀に国民的運動団体が台頭し始めたときから、政治的及び専門家組織に限らず、広くさまざまな文化的社会的利益をカバーし、浸透してきた（Alapuro 2010：17-19）。

建国（独立）の時期や連合・統治関係によって文脈は異なるが、北欧諸国では、一九世紀には禁酒運動や自由教会運動、国によっては言語運動などが契機の一つとなり、その後二〇世紀にさしかかるころには労働運動、消費者運動などの形をとって、国民的といえる規模の大衆運動が展開された。大衆運動は、自律的な地方組織を持ちながら全国的に組織されていった。社会運動に基盤を持つ自発的組織は、全国的に展開する安定した構造を持つとともに、中央組織と地方組織が相互に情報を伝達し合うコミュニケーションルートを確立していった。参加者は全国から集まり、地方の声は伝達ルートを通して中央に届けられ、民主主義や国民国家の発展の推進力となっていった。運動参加者の多くは、同じ構造を持つ政党にも加入した。メンバーは、自らが社会を変える原動力となり国家を築く一部となっていることを実感し、ヒエラルキー構造の中で組織への忠誠心を持ち、社会の垂直的な統合を強固なものとしていったという（Sivesind and Selle 2010：94-95）。

こうした国民運動へと発展した大衆運動は、福祉国家の建設においても重要な存在となった。行政機構は、国民運動や利益団体に対して、情報の公開、意見の聴取、意思決定過程への参加などをすすめ、福祉団体は社会問題の政府による公的な解決を求め、協調的に政策課題を解決していこうとするネオ・コーポラティズムや「国家に親和的な社会」（Selle 1993：2）と呼ばれる状況を作り出した。

（5）北欧諸国の同質性と異質性

自発的結社への参加や、そこでのボランタリーな活動には北欧諸国間でもある程度のバラエティはある。例えば、デンマークでは社会福祉供給主体としての非営利部門の割合は北欧諸国のなかで最も大きな割合を占めているが、労働力としてのボランティアの割合は低い。また、フィンランドは、北欧諸国のなかでは、市民の組織への参加率もボランティア活動もそれほど積極的ではない。しかし、このような違いは統計データの国際比較からみる限りレジームの枠を超えたばらつきがあるわけではなく、北欧各国の個性と捉えることができる。

こうした北欧諸国の一定の枠のなかでのバラエティには、同質性と異質性をかたちづくってきた背景がある。ステニウスは、北欧諸国の同質性の基盤として、①宗教改革が王の主導で行われ大きな分裂や対立をもたらさず、「反対」意識が弱く、組織や改革を広く受け入れていく傾向があったこと、②宗教改革後、ルター派キリスト教が浸透した農村中心の比較的均質な社会において勤労や教育が奨励されていったこと、③一九世紀までの近代化の過程が比較的スムーズに行われたこと、をあげている（Stenius 2010：29-51）。

一方で、一九世紀以降の禁酒運動や自由教会運動などの国民的運動の形成過程では、四カ国は違いをみせていく。デンマークでは、都市部を中心に強固な官僚制が統治の中心となっていく一方で、農村部を中心にデンマーク人らしさを強調する寛容なグルントヴィ派が大きな勢力となり、左派を形成した。左派は古いエリートによる支配体制を批判し、官僚を中心とした保守エリートとの距離を置いた。これが他の北欧諸国と比較してデンマークでは国家とボランタリーな団体との一定の距離間を生む一因となった。一方、スウェーデンでは、禁酒運動や労働運動がミドルクラスや知識人等のリベラル派まで広がり、民主化への駆動力となっていった。広く支持を得た国民的運動に対して、保守・エリート層は当初は当惑をみせたものの、すぐに合意と妥協へ態度を変化させていった。さらに二〇世紀初頭のゼネストにおける団体交渉などがきっかけとなり、複数の利益の調和とそれらの動員、対話と妥協がスウェーデンデモクラシーの特徴の一つとなっていった。

ノルウェーとフィンランドは、二〇世紀に入ってから独立した。ノルウェーでは、デンマーク絶対王政、その後のスウェーデンとの同君連合を経て、デンマークやスウェーデンの影響を多分に受けた中央政府・地方官僚と地域社会とは距離を置くようになっていった。左派は、地域の自治を強化した自律的なコミューン中心主義を強調するようになり、孤立主義をとった。この結果、地方

（周辺）と中央、左派と右派、二種類のノルウェー語によって分かれた二つの運動が発達していくようになる。しかし、一九〇五年の独立後、ノルウェーは「周辺」を重要視しながら中央政府主導で統合を進め、二つの勢力は調和をみせていった。これに対して、フィンランドは、スウェーデンの統治後、一九世紀に帝政ロシアの自治大公国となった。この自治大公国時代に、禁酒運動やナショナリズムを中心とした国民運動が形成されていった。帝政ロシアの支配下に置かれたフィンランドでは、知識エリートが先導してロシアへ対抗するナショナリズムが台頭し、官僚はスウェーデン統治下時代の法制の維持・遵守に努め、聖職者も教師も国民運動の側に立ち、ほとんどすべての運動が強力な国家建設という使命を前に協力、連携していった（Stenius 2010：53-77）。

このような文脈の違いが、次にみるように四つの国の社会福祉供給におけるボランタリーセクターの位置づけの違いに現れている。

3　福祉サービス供給とボランタリーセクター

(1) 福祉分野におけるボランティアの役割

北欧諸国では福祉分野におけるボランティアの役割は限定的である。前述のシヴェシンドとセッレのデータによれば、他の分野でのボランティア活動が活発であるのと対照的に福祉分野における労働力としてのボランティアの割合は低い（一・八―三・五%）。また、福祉分野の非営利部門における労働時間の内訳をみると、北欧諸国では、雇用労働者、ボランティアの割合がどちらも低く、最も低いスウェーデンで合わせて六%、最も高いデンマークでも合わせて一六%程度にとどまるのに対し、南欧諸国では合計は二〇%を超え、アメリカでは三二%、オランダでは四五%、アイルランドでは五六%を占める（Sivesind and Selle 2010：105-107）。また、サラモンらが実施した調査に基づき、一九八〇年代末から九〇年代にかけての非営利セクターの支出に占める教育・保健医療・社会福祉等、福祉国家の基盤となる基礎サービス分野が占める割合について、スウェーデンと他の国々を比較すると対照的である。スウェーデンでは非営利部門全体の相対的規模は決して小さくないが、教育・保健医療・社会福祉分野は他の国々と比べて小さい（表13-2）。

社会福祉分野における政府のサービス供給責任が高い水準で保障されていること、この政府の明確な財政責任を背景に、誰がサービス提供者であ

表13-2　非営利部門の規模，内容，財源の国際比較

（%）

	GDPに占める非営利部門支出	非営利部門支出に占める教育・保健医療・社会福祉分野の割合	非営利部門の主たる財源			活動分野別収入に占める政府補助金割合		
			政府	寄付	事業収入	教育	保健医療	社会福祉
スウェーデン	4.1	27	30	9	61	54	87	71
日　本	3.2	81	38	1	60	11	96	65
アメリカ	6.4	85	30	19	52	21	36	51
イギリス	4.8	57	40	12	48	64	23	26
イタリア	2.0	62	41	5	56	49	72	57
ドイツ	3.6	70	68	4	28	70	84	83
ハンガリー	1.2	−	23	20	57	11	19	12
フランス	3.3	68	59	7	33	73	84	60

出所：Lundström and Wijkström（1997：139, 144, 148-149）.

ってもサービスは専門性のあるプロフェッショナルが責任のある立場で供給するという原則が貫かれていることが、ボランティア活動を限定的にさせている。福祉分野でのボランティア活動は、例えば、がん患者の会や健康目的のクラブ、赤十字など地域の会員を基盤にした活動が中心で、福祉施設等でのボランティアが従事するサービスは、文庫やカフェ・売店の運営など、補助的な部分に限られている。地域の小さな組織では、カフェやバザーの売上が収入の主要な部分を占めており、ボランティアはサービスの従事者というよりも団体運営のための経済力となることが期待される（Sivesind and Selle 2010：107-109）。

ボランタリー組織全体の財源は、政府からの補助金（移転財源）の占める割合が比較的低く、会費や利用料、事業収入の割合が高い。二〇〇〇年代半ばにおける政府からの移転財源の占める割合は、四カ国のうち最も高いデンマークが四〇％で、最も低いスウェーデンは二九％であった。これに対して、アメリカや南欧諸国（イタリアを除く）では寄付の割合が高く、フランスやドイツでは政府からの補助金が六割程度を占めている。これを福祉分野に限定すると、政府からの補助金の占める割合は、フィンランドの五〇％からデンマークの七三％まで開きがある。しかし、他の国ぐにと比較すると分布の中程度にとどまっている（Sivesind and Selle 2010：108-110）。

（2）北欧諸国におけるボランタリーセクターと社会福祉供給

「慈善」という言葉は、北欧ではマイナスのイメージを持つものとして捉えられている（Stenius 2010：41：ボルザガ・ドゥフルニ 二〇〇四：二九六）。スウェーデン語の「慈善（välgörenhet）」は、困窮した者が富裕層（上流階級）に依存するという意味合いを帯びる。スウェーデンでは、公式統計の分類に「慈善団体」のカテゴリーがないという。慈善団体を名乗る団体は少数派で、国際比較調査においても分類上慈善組織に該当する組織の多くは社会運動組織、人道活動組織として回答する（Lundström and Wijkström 1997）。また、ステニウスによれば、厳しい自然環境のなかでは、火と食べ物がなくては生きていけなかった。それらを人からもらうことは想定できず、自ら確保するために働くことが最優先事項であり、最も価値ある行為とされた。したがって、寄付は必ずしも善い行いとは評価されてこなかったという（Stenius 2010：41）。

宗教改革後、ルター派国教会制は国家と教会の亀裂をもたらさず、その後一九世紀から二〇世紀にかけて広がった国民規模の大衆運動は近代的な国民国家の基盤となった。このような状況が、二〇世紀後半における北欧福祉国家の発達と展開において、市民の慈善的行為よりも、国家が基本的責任を担うという選択をした素地にある。

とはいえ、社会問題に対応する慈善を含めた自発的団体の活動が敬遠されたわけではない。社会福祉サービスの供給は次第に国家が行うようになったが、民間組織自体が主導的に行うものや、認可された民間組織によるものもあった。社会福祉関連の諸制度が整備されようとしていた二〇世紀前半には、慈善団体の代表者が政府の委員会のメンバーになるなどの形で影響力を保持し続けた。慈善団体などのボランタリーな組織は、福祉国家の発達とともに不要になっていったわけでもない。公的な福祉対象として定着する前の、新しい分野を開拓する役割を担ってきた。パイオニア、政策提言者、実践者として、公的な福祉供給の先導者となり、国家の支援を受け、ニッチをカバーし、国家と協働しながら発展していった（Selle 1993；Sivesind and Selle 2010）。

（3）ボランタリーセクターの役割

サービスの生産、統制、財政責任の分担は明確である。サービスの生産はボランタリーな組織に委ねられても、財政的にはほとんどが公的に賄われる。この原則をふまえてデンマークにおいては、福祉国家の発展過程で、慈善団体を含めた社会福祉の自発的な組織は財源の公的保障や行政との協力を通して公的制度の一部分として機能するようになっていった（ボルザガ・ドゥフルニ 二〇〇四）。ノルウェーでは、福祉国家の発展過程においてボランタリー組織自体は国家責任の拡充を支持し、ボランタリー組織が拡大されるよう期待されたが、政府の一部として機能することを選択した。二〇世紀に差し掛かるころには、ボランタリー組織の代表者が福祉関係の政府委員会に入るようになり、政府との依存関係がみられるようになる。ボランタリー組織は、福祉国家の拡大期においても福祉の重要な供給者であり続け、ボランタリーセクターと福祉国家が同時期に発展拡大していった。実際に、社会福祉分野のボランタリーセクターの半数以上は一九六〇年代から七〇年代にかけて設置されている（Selle 1993）。スウェーデンでは、移民組織、患者組織、障害者組織など、多様なニーズや新しいニーズへの対応はボランタリーな団体によってカバーされることが多い（ボルザガ・ドゥフルニ 二〇〇四：二九七―二九八）。フィンランドでは、戦後、収益を政府が分配することを前提としたスロットマシン協会が、児童保護、障害者団体への活動支援を中心に、発展の遅れた福祉分野の補完的役割を担っていった。

（4）国家による福祉の供給と市民社会

一九八〇年代以降、国家による福祉の供給は、労働や市民活動のインセンティブを阻害し、財政を肥大化させ、政府の活動を硬直化させるという考え方が、福祉国家の危機論とともに先進諸国を中心に影響力を持つようになった。そのなかで、国家による福祉供給と、慈善団体や相互扶助組織等によるボランタリーな福祉活動とは、ゼロサムゲーム、あるいは相互補完的な関係にあるかのように受け止められるようになった。しかし、北欧の事例からは、実際には国家による福祉供給と市民の自発的な取組みによる福祉供給とは、両立、並行して展開してきたことがわかる。それは北欧だけではない。例えば、高田はイギリスの市民団体と政府による福祉供給との関係の展開について、「（イギリス）一九世紀中葉の『福祉の複合体』の近代福祉社会的編成は、一九世紀末以降、福祉国家的な編成へと移行し始めた。それによって複合体の量的な拡大と質的な変化が生じた。それまでの『最後の寄る辺』としての救貧法、分厚い中間団体自体の存在、……国家の間接的機能に加えて、国家が国税を用いて直接供給する福祉が加わった。……国家福祉の登場によって民間セクターの福祉が減少したわけではない……福祉の供給者としての国家の直接的役割が拡大する中で、基層における福祉の量が増えるとともに、従来その機能を担ってきた民間福祉はその資源を二階建て部分に向けることで、最適水準に備えるための福祉の量も増えたのである」と述べている（高田・中野 二〇一二：一〇一―一〇三）。また、同様にドイツの状況についても、中野が民間部門の大きな役割を指摘している（同上 一九九―二三八）。さらに、スコッチポルも一九世紀から二〇世紀半ばまでのアメリカの状況について、政府が「意図的にまた間接的に、自発的結社連合を奨励していた」と述べる（パットナム 二〇一三：一一七）。

つまり、市民の自発的な活動は必ずしも政府によって活動を妨げられたり、代替されたりしないばかりか、政府（国家）は、「中間領域における福祉の担い手が十分にその力を発揮できるために必要な枠組みや活動の場を状況の変化に応じてきめ細かく整備する」（高田・中野 二〇一二：七一）ことを通じて、豊かな市民社会の支え手やインキュベーターになりうるのである。

4　普遍的福祉国家と一般的信頼

（1）ソーシャル・キャピタルの源泉

ソーシャル・キャピタルは、互いに助け合い、集合行為をしようとする努力に加わろうとする潜在的な意欲を引き出すことを通じて、市民を互いに結びつけ、共通の目標の追求を可能にすることへ影響を及ぼす社会的資源ということができる（Stolle 2003：19-20）。しかし、コールマン（二〇〇六：二三三）が指摘するように、それを意図的に作り出すことは難しい。ボランティア活動や地縁団体、趣味のクラブなど、自発的な人と人との結びつきやそれを通して得られる情報や、そこで築き上げられる信頼や互酬性の規範などは、期せずして教育の達成という人的資本の形成に寄与したり、良好な経済活動に結びついたりする。

一方、フクヤマ（Fukuyama 1999）やパットナム（Putnum 1993：2000）は、社会関係資本の形成において、市民社会とそのなかで形成される自発的結社やそのほかの社会的相互作用が重要であることを指摘している。パットナムは、さまざまなタイプの人々を結びつけるアソシエーション（スポーツクラブや協同組合、相互扶助、文化協会、労働組合等）の重要性を強調する。集団や組織における人々の相互作用は、市民参加の水平的なネットワークを生み出す。これが、政治制度の効率を良くすることを含めて正の効果をもたらしながら、結束や社会関係資本の橋渡しを積み重ねることを促進していくという。

後者のように、市民社会と国家を対置させ、ソーシャル・キャピタルの源泉としての市民社会を強調する立場からみれば、二〇世紀の国家による福祉（社会保障）の主流化は、市民の間の自由な活動を阻害し、互酬性の規範やネットワークを醸成する重要な場となる自発的結社などの結びつきを衰退させ、ソーシャル・キャピタルの形成を阻むようにみえる。しかし、マイヤーは、フランスにおいて自発的に形成された団体（アソシエーション）のメンバーであることと、信頼・市民性の強度との間に相関関係はみられないと指摘している（Mayer 2003）。また、ウォッレベックとセッレは、ノルウェーにおける調査結果の分析から、自発的に形成された団体への加入と一般的な信頼や市民性（投票行動や新聞の購読、政治的関心）との間には一定の正の相関関係がみられることを指摘している。しかし、団体の活動に対する積極的な参加や、余暇目的のサークルのみの加入の場合、この相関関係は失われる。そして、活動には消極的であっても複数の団体に加盟している方が一般的な信頼も市民性も高く、「緩やかなメンバーシップ（passive membership）」がソーシャル・キャピタルの形成に重要であることを示した（Wollebæk and Selle 2003）。

さらに、ストッレは、丁寧に文献渉猟しながら、次のように説明する。ソーシャル・キャピタルの概念は、もっぱら国家と対置された市民社会の領域にあるという議論があるが、ソーシャル・キャピタルの重要な構成要素である他者への一般的な信頼や互酬性の規範は、家族と国家と市民社会のなかに深く根ざしている。親は子の態度や規範に影響を及ぼし、政府は政策を通じて社会全体におけるボランタリーな組織の役割に影響を及ぼす。また、所得の平等度が人々の一般的な信頼と相関関係にあることも示されている。したがって、その社会が経験してきた歴史に強く影響されるとする経路依存性を強調する議論や、ボランタリーな団体の集合のなかに集中する等の、国家や政治制度と切り離すという見方もあるが、ソーシャル・

キャピタルは、市民社会のなかに独立して存在するのではなく、正式な政治制度のなかに埋め込まれ、つながっている。政府や公共政策、社会的対立軸、経済状態や政治制度が道筋を作り、影響を及ぼし、民主主義に利益をもたらす場合もあれば有害である場合もある（Stolle 2003：21）。

すなわち、市民社会の自発的活動もソーシャル・キャピタルの醸成に関係するが、それは必ずしも直接的に影響するわけではない。一方、国家や政治制度の影響も考慮に入れる必要があるということになる。

（2）一般的信頼と不偏・公正な制度

ロートステインとストッレは、政治への信頼と一般的な信頼、政治機構と政策とを区別し、一般的な信頼は政治機構のあり方に左右されるのではなく、政策や制度のあり方に左右されると主張する。すなわち、政党や議会、内閣などの政治機構に対しては、自らの代理人として利益の集約や自らを代表することを期待し、これが果たされれば政治を信頼する。しかし、政策や政策を実施するための制度が自らの利益に特別に有利になる可能性があれば、それは政策や制度に対する不信と、一般的な不信につながる。政策や制度が恣意的で不正や汚職が多ければ、市民は政策や制度が中立で公平であることを期待しなくなり、自ら不正を働く誘因が大きくなる。それがさらなる不正や汚職につながり、そのために目撃される機会も増え、社会において自分以外の他者が不正や汚職をしていることを疑う度合いが高くなる。また、恣意的な政策実施や制度のために不利益を被った当事者は、政策や制度の中立性や公平性に対する不信を募らせる。これはとくにインフォーマルな関係を通じて他者に伝達されやすい。さらに、自尊心を傷つけられた当事者の他者に対する態度も不信に満ちたものとなる。したがって、不偏（impertial）で、正当かつ公平な政策と制度の経験が、市民の持つ一般的な信頼を発達させるために重要であるというのである（Rothstein and Stolle 2003）。

ロートステインとストッレの議論はさらに続く。不偏かつ公正な政策や制度はどのような社会で運営可能なのであろうか。恣意的な政策実施や制度実施は多くの場合ストリート官僚によって行われる。ならば、制度の不偏性や公正さはストリート官僚が個人を対象に政策実施の判断をする場面の多い社会福祉の領域で表れやすい。そこで、二人は福祉政策・制度の性質、具体的には普遍的な福祉制度と選別的な福祉制度における制度の不偏性と公正さを検討する。普遍的な制度はほとんどすべての市民を受給対象としていくから官僚による裁量の余地は不要である場合が多いが、選別的制度ではミーンズ・テストの手続きなど裁量の余地が大きくなる。それだけでなく、選別的制度を中心とするシステムは、住民を負担者と受給者にグループ化していく。異なるグループへの不満が生じ、グループの線引きも問題となる。負担者と受給者の間に軋轢が生まれていく。受給者へのスティグマが付与されるだけでなく、受給者への衆人環視が生まれ、仮にごくわずかの不正があっても過剰な反応・批判が起こりやすくなり、さらなる分断が生まれていく。このような状況のなかで他者に対する一般的な信頼が失われていく（Rothstein and Stolle 2003）。

こうした議論を裏づけるために、統計的手法を用いて二人は分析を行っていく。マクロレベルでは五〇カ国の比較調査を行い、制度や秩序と社会的信頼が正の相関関係にあることを示した（Rothstein and Stolle 2002）。さらに、スウェーデンにおけるミクロレベルの分析では、政治機構と一般的信頼との間の相関関係は弱く、政策・制度の不偏性と一般的な信頼との間には正の相関関係がみられた。また、選別的福祉制度の当事者、福祉制度の選別的な要素の強い地域と一般的信頼との間には負の相関関係がみられた。すなわち、制度や政策が不偏、公正であることが一般的な信頼と結びつく。これが、彼らが「政治的制度がソーシャル・キャピタルを創造し、破壊し」うると主張する背景にある（Rothstein and Stolle 2002; Rothstein and Stolle 2003）。

（3）一般的信頼と経済的平等

アスレイナーは、ソーシャル・キャピタルの構成要素である一般的な信頼は、民族多様性や、平均的な所得の高さ、教育水準の高さや提供される福祉、新聞の購読率や政治的透明性などのいわゆる市民の充足感や市民性との関係は弱く、富の平等な分配と正の相関関係にあることを、世界価値観調査の広範なデータを用いて示した。つまり、国家の構造が信頼を生み出すのではなく、国家の政策の内容が一般的信頼を左右すると述べている。彼の三四カ国の比較データは、経済的不平等が大きいほど信頼は低下することを示した。このことから、公共への信頼のレベルが高い社会は、平等を志向する再分配政策に多くの経費を使用することに積極的であり、さらなる平等を生みだす好循環（virtuous circle）をもたらすと説明する（Uslaner 2003）。

福祉政策の実施において、普遍主義的制度と資力調査を実施する選別主義的制度のどちらがより貧困と不平等を削減する効果があるのだろうか。選別主義は、資力調査を実施し、貧困者や低所得者を対象として福祉給付を行うだけでなく、対象者を絞り込むことによって抑制された費用でさらなる効果をもたらす政策や他の必要性の高い制度へ振り向けることができるから、貧困削減効果は高くなるはずである。一方、普遍主義的な福祉政策は、所得にかかわらずほとんどすべての市民が対象者となる。大規模な費用を投入するにもかかわらず、全員に給付されるから、格差は縮小されず不平等は残るようにみえる。

こうした議論に対して、コルピとパルメは、社会保障制度の対象者が選別的な国の方が貧困と所得格差が大きいことを、一一カ国の先進諸国のデータをもとに示した（「再分配のパラドックス」）。この議論には批判もあるが、ソーシャル・キャピタルについて考えるときに、見逃せない要素が含まれている。普遍主義の国の方が所得の平等度が高い理由は次のように説明されている。選別的な制度や普遍的であっても最低レベルの保障しかしない基本給付型の制度は、ミドルクラスを締め出し、彼らの民間保険加入を増加させ、所得だけでなく社会経済的な階層分離を生じさせる。普遍的な給付は、市民の連帯を高め、労働意欲をもたらし、貧困の罠も回避できる。なぜなら、税が給付として還元されることを実感することが納税への支持をもたらし、可処分所得が稼働収入に直接関係していることが労働へのインセンティブを高め、フリーライダーがいないことが市民の連帯感を高めるからである（Korpi and Palme 1998）。

5　北欧型福祉国家とソーシャル・キャピタル

（1）北欧型福祉国家と一般的信頼

ソーシャル・キャピタルの構成要素の一つである一般的信頼は、経済的平等度、制度の中立性（不偏性）、公平性と正の相関関係にある。前節の議論を踏まえれば、経済的平等を高い水準で達成し、中立にそして公平に制度を実施することが比較的容易な普遍的福祉国家においては、一般的信頼のレベルが高くなるはずである。

二〇一一年のＯＥＣＤの統計では、他者への高い信頼レベルを示した人の割合の高い国から順に北欧四カ国が独占した。所得水準が高いほど他者への信頼レベルが上がるが、同時に経済的平等度が高いほど信頼レベルが高くなる（OECD 2011：91）。

コールマンによればソーシャル・キャピタルの重要な要素は、他者への信頼、互酬性の規範と社会的ネットワークで構成される（コールマン 二〇〇六）。互酬性の規範と社会的ネットワークは一定の集団内や集団間で形成可能であるが、他者への信頼は、集団を超え、歴史によっても現在の社会制度によっても影響を受ける。北欧諸国における他者への高いレベルの信頼の背景には、普遍的な福祉制度のもとで可能になる中立で公正な制度体系と、相対的に高いレベルで達成した経済的平等等があるといえるのではないか。

（2）国家への信頼

トレゴードは、スウェーデンにおいては、国家は、慈善や家父長的関係などにみられるインフォーマルな権力の濫用や「そうした依存の結びつき（tie）」から個人を自由にするものと考えられていると説明する。そして、こうした社会制度の配列を「国家個人主義（state individualism）」と呼んだ（Trägårdh 2007：26-30）。

スウェーデンに限らず、北欧諸国においては、国家と市民社会の関係は、対峙する存在、あるいは国家が権力で市民社会を統治するという関係よりも、むしろ保護を通じて「個人を自由にするもの」として捉えられてきた。いくつもの国民的な運動のなかで形成されていった福祉国家は、市民にとって社会問題を解決し、高水準の福祉という目的達成のための手段となってきた。このような社会においては、「人々は組織それ自身において積極的になる必要がない。機能する組織があり、それゆえに信頼できる、ということがわかれば十分」（Siisiäinen 2009：288）なのである。

ソーシャル・キャピタルは、市民の自発的な社会的相互活動によっても形成されるだろう。しかし、北欧諸国における高度な信頼は、ボランタリーな組織への参加によるものだけではない（Alapuro 2010：18）。普遍的福祉国家とともにある他者への信頼と国家への信頼が基盤となっている。そして、これらが逆に社会の広範な領域における非営利の自発的団体に、市民がさまざまな形態で参加できる素地ともなっている。

【参考文献】

アスレイナー、エリック・M編著／稲葉陽二訳『不平等の罠——腐敗・不平等と法の支配』日本評論社、二〇一一年。

エスピン－アンデルセン、G／岡沢憲芙・宮本太郎監訳『福祉資本主義の三つの世界——比較福祉国家の理論と動態』ミネルヴァ書房、二〇〇一年。

エバース、A・ラヴィル、J・L編／内山哲朗・柳沢敏勝訳『欧州サードセクター——歴史・理論・政策』日本経済評論社、二〇〇七年。

岡沢憲芙・中間真一編著『スウェーデン——自律社会を生きる人びと』早稲田大学出版部、二〇〇六年。

コールマン、ジェームズ・S「人的資本の形成における社会関係資本」野沢慎司編著『リーディングス ネットワーク論 家族・コミュニティ・社会関係資本』勁草書房、二〇〇六年、二〇五—二三八ページ

神野直彦・澤井安勇編著『ソーシャル・ガバナンス——新しい分権・市民社会の構図』東洋経済新報社、二〇〇四年。

『生活経済政策』編集委員会編『生活経済政策』二〇一四年七月号、第二一〇号、二〇一四年六月。

高田実・中野智世編著『近代ヨーロッパの探究⑮ 福祉』ミネルヴァ書房、二〇一二年。

パットナム、ロバート／河田潤一訳『哲学する民主主義——伝統と革新の市民的構造』NTT出版、二〇〇一年。

パットナム、ロバート／柴内康文訳『孤独なボウリング——米国コミュニティの崩壊と再生』柏書房、二〇〇六年。

パットナム、ロバート編著／猪口孝訳『流動化する民主主義——先進八カ国におけるソーシャル・キャピタル』ミネルヴァ書房、二〇一三年。

ボルザガ、C・ドゥフルニ、J編著／内山哲朗・石塚秀雄・柳沢敏勝訳『社会的企業——雇用・福祉のEUサードセクター』日本経済評論社、二〇〇四年。

Alapuro, Risto, "Introduction: Comparative Approaches to Associations and Civil Society in Nordic Countries", in Risto Alapuro and Henrik Stenius, *Nordic Associations in a European Perspective*, Nomos Verlagsgesellschaft, 2010, pp. 11-28.

Fukuyama, Francis, *Social Capital and Civil Society*, International Monetary Fund, 1999.

Kautto, Mikko, et al. *Nordic Social Policy: Changing Welfare States*, Routledge, 1999.

Korpi, Walter and Joakim Palme, "The paradox of redistribution and strategies of equality: Welfare state institutions, inequality, and poverty in the western countries," *American Sociological Review,* 63(5), Oct 1998, pp. 661-687.
Kuhnle, Stein (ed.), *Survival of the European Welfare State,* Routledge, 2000.
Lundström, Tommy and Filip Wijkström, *The Nonprofit Sector in Sweden,* Manchester University Press, 1997.
Mayer, Nonna, "Democracy in France: Do Associations Matter?" in Marc Hooghe and Dietlind Stolle, *Generationg Social Capital, Civil Society and Institutions in Comparative Perspective,* Palgrave Macmillan, 2003, pp. 43-65.
OECD, *The Well-being of Nations The Role of Human and Social Capitals,* OECD, 2001.
OECD, *Society at a Glance 2011: OECD Social Indicators,* OECD, 2011, p. 91 (DOI 10.1787/soc_glance-2011-26-en).
OECD, Stat Extracts (http://stats.oecd.org/).
Putnum, R. D., *Making Democracy Work, Civic Transitions in Modern Italy,* Princeton University Press, 1993.
Putnum, R. D., *Bowling Alone: The Collapce and Revival of American Community,* Simon & Schuster, 2000.
Putnum, R. D. (ed.), *Democracies in Flux,* Oxford University Press, 2002.
Raitinen, Anitta, "Finland, in European Volunteer Centre," *Volunteering Infrastructure in Europe,* CEV, 2012, pp. 122-140 (www.cev.be).
Riihinen, Olavi, "Civil Society," in Pertti Pesonen and Olavi Riihinen, *Dynamiv Finland, The Political System and the Welfare State,* SKS, 2002, pp. 86-111.
Rothstein, Bo and Dietlind Stolle, "How Political Institutions Create and Destroy Social Capital: An Institutional Theory of Generalized Trust," Paper prepared for the 98th Meeting of the American Political Science Association in Boston, MA, August 29-September 2, 2002.
Rothstein, Bo and Dietlind Stolle, "Social Capital, Inpartiality and the Welfare State: An Institutional Approach," in Hooghe and Stolle, *op. cit.,* 2003, pp. 191-230.
Rothstein, Bo, *Social Traps and the Problem of Trust,* Cambridge University Press, 2005.
Salamon, Lester M. and Helmut K. Anheier, "Social Origins of Civil Society: Explaining the Nonprofit Sector Cross-Nationally," *Voluntas,* 9 (3), 1998, pp.213-248.
Selle, Per, "Voluntary organisations and the welfare state: the case of Norway," *Voluntas,* 4 (1), 1993, pp. 1-15.
Selle, Per and Dag Wollebæk, "Why social democracy is not a civil society regime in Norway," *Journal of Political Ideologies,* 15 (3), 2010, pp. 289-301.
Siisiäinen, Martti, "Voluntary associations and social capital in Finland," in Jan. W. van Deth, et al., *Social Capital and European Democracy,* Routledge, 1999, pp. 111-113.
Siisiäinen, Martti, "New and Old Associations as Trusting Networks," in Jouni Häkli and Claudio Minca, *Social Capital and Urban Networks of Trust,* Ashgate, 2009, p. 288.
Sivesind, Karl Henrik and Per Selle, "Civil Society in the Nordic Countries: Between Displacement and Vitality," in Alapuro and Stenius, *op. cit.,* 2010, pp. 89-120.
Stenius, Henrik, "Nordic Assocxiational Life in a European and an Inter-Nordic Countries," in Alapuro and Stenius, *op. cit.,* 2010, pp. 29-86.
Stolle, D., "The Sources of Social Capital," in Hooghe and Stolle, *op. cit.,* 2003, pp. 19-42.
Trägårdh, Lars, "'The Civil Society' Devate in Sweden; The Welfare State Challenged," in Lars Trägårdh, *State and Civil Society in Northern Europe, The Swedish Model Reconsidered,* Berghahn Books, 2007, pp. 9-36.
Trägårdh, Lars, *State and Civil Society in Northern Europe, The Swedish Model Reconsidered,* Berghahn Books, 2007.
Uslaner, Eric M., "Trust, Democracy and Governance: Can Government Policies Influence Generalized Trust?" in Hooghe and Stolle, *op. cit.,* 2003, pp. 171-190.
Wollebæk, Dag and Per Selle, "The Importance of Passive Membership for Social Capital Formation," in Hooghe and Stolle, *op. cit.,* 2003, pp. 67-88.

第14章 イギリスの社会的排除／包摂とソーシャル・キャピタル

中島智人

イギリスでは、一九九〇年代後半以降、政府によるソーシャル・キャピタルへの投資が重要な政策課題となった。それは、当時顕在化した社会的排除／包摂への対処には、ソーシャル・キャピタルの維持・醸成にかかわる政府の積極的介入が必要不可欠と考えられていたからである。本章では、ブレア労働党政権以降の社会的排除／包摂政策を中心に、ソーシャル・キャピタル概念の政策的理解と具体的な政策の展開を通して、イギリスにおける社会的排除／包摂とソーシャル・キャピタルとの関係について整理したい。

1 社会的排除／包摂概念の理解

(1) イギリスにおける社会的排除の拡大

イギリスにおける社会的排除への政治的関心は、トニー・ブレア率いる労働党によって始まるといっても過言ではない。ブレア労働党に先立つ保守党政権の下では、貧困（poverty）は政治的な課題として認識されることはなかった（Burchardt et al. 2002）。マーガレット・サッチャーが保守党政権を打ち立てる一九七九年以前には、貧困への対処と格差の是正とが党派を超えた政治的コンセンサスであったにもかかわらず、新自由主義を掲げたサッチャー保守党政権では、政府による貧困や格差への必要とされる介入は経済的な害悪として認められることはなかったのである（Walker 1997）。

しかし現実には、一九八〇年代から一九九〇年代は、イギリスにおいて貧困や格差が戦後最も顕著になった時期であったことが指摘されている。例えば、子どもの貧困に関しては、一九七九年には八人に一人の子どもが相対的貧困であったのが、一九九七年には四人に一人以上と悪化している。また、収入の格差も一九九〇年代には一九七九年の二倍となっている（Stewart and Hills 2005）。それまで、経済成長の果実は、その所得にかかわらず広く国民の間で共有されていたのが、この期間、富裕層ほど所得の伸びが顕著となった。例えば一九七九年から一九九四年の住宅費控除後の所得の伸び率をみると、所得上位一〇％の高所得者層では六八％であったのが、全所得者層の平均では四二％、所得下位一〇％の低所得者に至っては八％のマイナスであった（Hills 2004）。

（2）社会的排除とヨーロッパ

社会的排除（ソーシャル・エクスクルージョン）の概念は、一九七〇年代フランスに始まり、ヨーロッパ大陸を経てイギリスへと伝わった（Burchardt et al. 2002）。フランスでは、従来の社会保障制度では捉えることができない排除された人たちの存在が明らかとなり、実際のニーズと制度とのギャップに対する認識が社会的排除の概念とその対応策の形成に重要な役割を果たした（Evans 1998）。共和制をとるフランスでは、社会的連帯（solidarity）が国家を形成するうえでの基本であり、社会における一体性（social cohesion）を欠いた人たちの存在は社会の維持にとって脅威となると考えられており（Burchardt et al. 2002）、この課題への対処は国家の責務と認識されていたのである。

社会的排除の概念は、フランス出身のドロール欧州委員会委員長のもと、一九八〇年代に欧州共同体（European Community：EC）に取り入れられた。そこでは、社会的排除は市民の社会権（social rights）との関連から定義された。ここでいう市民の社会権とは、ヨーロッパ諸国で広く認められた基本的な生活水準、および社会的・職業的機会への参加であり（Room 1992）、それを満たすことができない状態が社会的排除とされたのである。一九九〇年代になると、社会的排除は欧州連合（European Union：EU）における社会政策の中心概念の一つとなった。一九九七年のアムステルダム条約では「排除との戦い」が謳われ、二〇〇〇年のリスボン欧州理事会では社会的包摂が欧州連合の主要戦略に位置づけられた。さらに、続くニース欧州理事会で加盟各国における活動計画の策定と実施が同意されている（European Commission 2001）。

（3）社会的排除と貧困、剝奪

社会的排除の概念は、しばしば貧困（poverty）あるいは剝奪（deprivation）との比較から、多次元的（multi-dimensional）であると理解される。ルームによれば、貧困から社会的排除への概念の転換は、

①収入もしくは支出から多次元的な不利益へ
②静的から動的な分析へ
③個人や家計の資源から地域社会へ

という段階をへて行われた（Room 1995a）。

ウォーカーは、イギリスと大陸ヨーロッパ諸国における貧困の議論との違いを参考に、社会的排除を貧困と区別して次のように説明している。すなわち、貧困とは「イギリス社会への参加にとって欠くことのできない物質的資源、とりわけ所得の不足」であり、社会的排除とは「個人の社会における社会的統合を決定するような社会的、経済的、政治的、あるいは文化的システムのいずれかからの完全、あるいは部分的な追放というダイナミックなプロセスを意味するより包括的な定式化」「市民としての市民的、政治的あるいは社会的権利の否定（もしくは、実現不可能性）」である

(Walker 1997：8)。また、マダニプールらは、「社会的排除は、多次元的なプロセスとして理解できる。そこでは、意思決定と政治的過程への参加、雇用や物資的資源へのアクセス、そして共通の文化過程への統合など、多様な形態の排除が一体化している」(Madanipour et al. 1998：22) とし、これらの要素が統合されたときには特定の近隣地域において顕著な排除が現れると考えられている。

このような社会的排除の多次元性は、経済的な次元、社会的な次元、そして政治的次元から考えることができる。バラとラペールによれば、経済的次元とは「所得と生産」、あるいは「財やサービスへのアクセス」にかかわるものである。また、社会的次元は、「社会サービスへのアクセス」「労働市場へのアクセス」、そして社会参加とその結果としての「社会機構 (social fabric)」から捉えられるものであり、この「社会機構」とは、個人同士の関係および市民と国家との関係として説明される。そして、政治的次元とは、市民権（シチズンシップ）、すなわち「市民的権利（表現の自由、法の支配、裁判を受ける権利）」「政治的権利（政治権力の行使へ参加する権利）」「社会経済的権利（個人の生活保障、機会均等、最低限の医療と失業補償を受ける権利など）」である (Bhalla and Lapeyre 1997：419)。

社会的排除の議論の進展は、多次元的な視点、すなわち社会的、経済的、政治的な観点から、この現象を動的に捉えることの重要性を示している。つまり、貧困や剥奪として現れる現象そのものの理解を超えて、これらの現象が生じる原因や結果といったプロセス、あるいはこれらがもたらす影響を全体として捉えることの必要性である。

社会的排除の議論がもたらした成果についてテイラーは、次の三つの観点から説明している (Taylor 2011)。一つ目は、貧困と社会的排除との因果関係である。一方では、貧困を低所得として捉えると、低所得そのものでは社会的排除は説明することはできず、低所得によってもたらされる複合的な問題によって引き起こされるのが排除と考えられる。ここで重要となるのが、社会的、経済的、政治的な参加という視点である。ここでいう参加には、仕事、教育、住居、レジャー、市民活動、あるいは投票などが含まれ (6 1997)、通常、生活していくうえで必要な様々な活動からの断絶が貧困と一体となっているという事実がある。他方では、貧困ではなくても低所得以外の様々な要因、つまり人種、性別、社会階層、国籍、障害、性的志向などにより、社会的排除の状態に陥ることも考えられる。この意味で、貧困は社会的排除の原因ではなく結果でありうると、テイラーは指摘するのである。

二つ目は、社会的排除における関係性の重視である。テイラーは、貧困という課題が個人の問題に注目するのに対して、社会的排除は、個人、グループ、そしてより広範な社会との関係のなかから貧困や不利な状況が作り出され維持されるその過程に着目していると指摘する (Taylor 2011)。これは、ルームが社会的排除を貧困との違いから区別し、社会的排除は「第一に関係性の課題、言い換えれば、不十分な社会参加、社会的統合の欠如、そして権限の欠如に焦点をあてている」(Room 1995b：5) と説明したものと同様の指摘である。このように社会的排除の問題を個人ではなく関係性から捉えることにより、その責任を個人だけに負わせるのではなく社会全体として捉えることの必要性が浮かび上がるのである。

三つ目の視点は、社会的排除における市民権との関係である。これは、マーシャルが表し、バラとラペールにも指摘された、市民的、社会的、そして政治的権利から説明される (Marshall 1950：Bhalla and Lapeyre 1997)。ここで重要となるのは、このような権利を保証するのは本来的に国家の責務である、という認識である。したがって、社会的排除とはこのような権利の否定であることから、社会的排除／包摂は国家が対処すべき課題である、ということが導かれる。

（4）政策課題としての社会的排除[1]

イギリスにおいて社会的排除は、ブレア労働党政権によって、とりわけ重視された。欧州連合での議論にみられるように、社会的排除は国家として取り組むべき課題として認識され、様々な政策として具体的に展開されることとなるが、ここではレヴィタスによって示された三つの言説（ディスコース）を手掛かりに一九九〇年代の労働党における社会的排除の議論を整理したい（Levitas 2005）。一つ目の言説は、「再分配主義言説（redistributionist discourse：RED）」である。社会的排除を貧困の結果として捉え、不平等を是正するための所得や権限の再配分が主要な施策となる。二つ目は、「社会統合主義言説（social integrationist discourse：SID）」である。社会的排除の課題に対する解決は包摂、とくに労働市場への統合によってもたらされると考える。レヴィタスは、新労働党（ニューレイバー）は社会的包摂を賃金労働への参加として理解している、としてこの社会統合主義言説が色濃く表れているとしている（Levitas 2005：128）。具体的には、機会均等を念頭とした労働市場への接続や就労支援を目的とした様々なニューディールや、福祉から就労へ（welfare to work）の政策である。三つ目は、「道徳的アンダークラス言説（moral underclass discourse：MUD）」である。これは、福祉への依存を問題視し、個人のモラルと自立に対する個人の責任を重視した新自由主義と新保守主義の性格を併せ持つ一九八〇年代の「ニュー・ライト」にみられる言説であり（Levitas 2005）、ブレア労働党では社会統合主義言説を補完するものとして捉えられている。

労働党政権の社会政策に少なからぬ影響を与えたロンドン・スクール・オブ・エコノミクス（LSE）の社会的排除分析センター（Centre for Analysis of Social Exclusion：CASE）は、社会的排除を様々な活動への「参加（もしくは、不参加）」から捉えている。すなわち、

- 消費：財やサービスの購買力
- 生産：経済的、もしくは社会的に価値のある活動への参加
- 政治的関与：地方、もしくは国の意思決定への参画
- 社会的交流：家族、友人、そしてコミュニティへの統合

の四つの側面を提示し、これらそれぞれへの参加が社会的包摂に必要不可欠であり、いずれか一つでも欠けることを社会的排除としている（Burchardt et al. 2002：31）。

（5）社会的排除の調査

ブレア労働党政権下での社会的排除の全国的な調査は、複数の大学研究者とイギリス国家統計局（Office for National Statistics：ONS）によって、一九九九年に実施されたものが最初である。この「貧困および社会的排除調査（Poverty and Social Exclusion Survey）」では、つぎの四つの観点から排除を定義した（Gordon et al. 2000）。

- 窮乏状態、あるいは適切な収入もしくは資源からの排除
- 労働市場からの排除
- サービスからの排除
- 社会的関係からの排除

これらのうち、「窮乏状態、あるいは適切な収

入もしくは資源からの排除」は貧困と同一視される。「労働市場からの排除」は、個人および家計の視点から判断され、賃金労働が適切な収入の確保だけではなくその他の社会的交流の源泉となっている点で、社会的排除を理解するうえで重要としている（これは、レヴィタスのSIDに相当する）。「サービス」には水道、電気、ガスなどの公共サービス、病院、図書館、郵便局などへのアクセス、公共交通機関の利用、日常的な買い物、金融機関、パブの利用が含まれる。また、「社会的関係」は、社会的活動への参加、孤独、必要な支援の欠如、選挙や市民活動団体への参加など、市民活動への不参加、そして何らかの理由による引きこもりから判断される。

2　社会的排除／包摂概念のソーシャル・キャピタルとの関係

（1）政策課題としてのソーシャル・キャピタル

ここまで、社会的排除という概念の理解について整理した。とくに貧困や剥奪との違いとして強調されるのは、社会的排除の社会的、経済的、政治的次元にまたがる「多次元性」、個人、グループ、社会との「関係性」の重視、そして生活上必要な様々な活動への「参加」の側面である。このような視点から社会的排除を捉えると、社会的排除とソーシャル・キャピタルとの概念のあいだに関連性が見いだせよう。この点についてパーシースミスは、社会的排除は「ソーシャル・キャピタルの欠如から定義できよう。そして、ソーシャル・キャピタルの開発というアイデアは、社会的排除へ対処するための政策およびプログラムに統合されていく」と指摘し（Percy-Smith 2000：6）、政策における社会的排除とソーシャル・キャピタルとの接点を強調する。このように、多次元的な社会的排除という課題に対してソーシャル・キャピタルがその処方箋としてその振興が政策課題として注目されるのである。

イギリスでは、ブレア労働党政権の成立以降、ソーシャル・キャピタルの振興が政策的な課題として注目されてきた。トニー・ブレアは、一九九九年に開催されたボランタリー団体全国協議会（National Council for Voluntary Organisations：NCVO）の年次大会における基調講演で、ソーシャル・キャピタルに対する投資の重要性について次のように説いている（Blair 1999）。

我々は、ニューエコノミーの核となるのはヒューマン・キャピタルであると常に言ってきている。しかし、ソーシャル・キャピタルもまたますます重要となっている。それは何かを成し遂げ、協力し、状況を一変させるための秘訣である。専門家を送り込むもののコミュニティ組織をないがしろにしたり、レンガとモルタルに投資するだけで人材にはしなかったり、といったように、これまでの政府の政策は、ソーシャル・キャピタルをしばしば損なってきた。将来、技術や建物に投資するのと同様に、我々にはソーシャル・キャピタルへの投資が必要となろう。

ここには、ブレア労働党政権における「レンガとモルタル」に象徴される「ハード」から、ヒューマン・キャピタルとソーシャル・キャピタルを含む「ソフト」への政策対象の転換が示されている。さらに注目されるのが、ソーシャル・キャピタルが、社会が直面する様々な困難を克服するための「秘訣（magic ingredient）」として期待されていることである。社会的排除／包摂のような、多次元的かつ複合的であり解決困難な課題に対処するにあたって、とくにソーシャル・キャピタルが政策の対象として注目されていくのである。

（2）第三の道と福祉国家、ソーシャル・キャピタル

イギリスにおけるソーシャル・キャピタルの振興は、ブレア労働党政権における政策の基本理念である「第三の道」およびその理念に基づいて進められた福祉制度改革と密接に結びついている。

福祉国家の再構築にかかわる政策提案書（グリーンペーパー）においてブレアは、「第三の道」において目指すべき福祉国家を、「福祉を解体したり福祉をただ貧困者のための低級なセーフティネットのまま放置したりせず、あるいはまた福祉を改革せず停滞させたままにせず、それを市民と国家との新しい契約のもとに再構築し、公正で明快な条件のもとすべての人々が恩恵を受けるような福祉国家を維持する」としている（Department of Social Security 1998：v）。第三の道における福祉国家の役割は、依存ではなく機会を促進することであり、民営化によって福祉が最貧困層や社会から最も取り残された人たちへの残余的なセーフティネットになるのではなく、あるいは、現金給付による貧困の解決を目指すようなベヴァリッジ以来の伝統的な福祉国家システムの維持を目指すものでもない。そこでは、福祉システムは問題に対処するのではなく、積極的に貧困の防止を行い、教育や訓練、支援によって人々が自らの潜在力を発揮する機会を提供するものである、と考えられている（Department of Social Security 1998）。

イギリスにおける「第三の道」の中心的な価値を、リスターは「ＲＩＯ」、すなわち責任（responsibility）、包摂（inclusion）、そして機会（opportunity）と説明している（Lister 1999）。また、ルグランはコミュニティ（community）、機会（opportunity）、責任（responsibility）、そしてアカウンタビリティ（説明責任）（accountability）から「ＣＯＲＡ」と象徴的に表現している（Le Grand 1998）。ここに表現された様々な「価値」が、第三の道を規範的な面から説明するものとすれば、もう一つの側面は第三の道が当時のイギリスの福祉国家が直面している経済的、社会的状況に対するきわめて現実的な対応である、と考えることもできる（Powell 1999：2000）。その「現実的な対応」としての第三の道の中心となる概念が、「社会投資国家（social investment state）」である（Powell 1999；2000：Lister 2004）。

社会投資国家の概念は、アンソニー・ギデンズの「第三の道」にも示されている。ギデンズは、「新しい政治においては、平等は包摂、不平等は排除と定義される」（Giddens 1998：102）とし、包摂を、市民としてのそして政治的権利および義務、公共の場における機会と参加から捉えた。そのうえで、福祉国家から福祉社会への転換のなかで、経済的な直接給付ではなくヒューマン・キャピタルへ直接投資するような社会投資国家としての福祉国家のあり方を示している。この社会投資国家についてパウエルは、「経済政策と社会政策との関連づけ」「能動的で予防的な福祉国家」「労働中心」、そして「所得ではなく機会の分配」の四点からその特徴を整理している（Powell 2000）。

この社会投資国家の投資対象はヒューマン・キャピタルだけではなく、ソーシャル・キャピタルもまた重要視されている（Lister 2004：Dobrowolsky and Lister 2008）。ギデンズは、ソーシャル・キャピタルを投資によって拡張できるものとし、知識社会・情報社会のなかにあってソーシャル・キャピタルを醸成することの重要性を指摘している（Giddens 2008）。ソーシャル・キャピタルに対する投資は、具体的にはコミュニティやボランタリー・セクターにかかわる政策として表れることとなる（Anheier 2004：Lewis 2004）。このような視点が、先にあげたトニー・ブレアによるボランタリー団体全国協議会での基調講演に結びついていると考えることができよう。

このようにブレア労働党では、政府によるヒューマン・キャピタルおよびソーシャル・キャピタルへの投資に支えられ機会を提供された人々が、労働という責任を果たすことにより、様々な参加を通して社会的包摂が実現される、という政策上の基本理念が浮かび上がるのである。

（3）社会正義委員会とソーシャル・キャピタル

ブレア労働党政権とそれを支える政治哲学としての第三の道におけるソーシャル・キャピタルに対する期待は、労働党が政権を奪取する以前からみられた。とくに、社会正義委員会（Commission on Social Justice: CSJ）での議論は、政策対象としてのソーシャル・キャピタルの重要性とその振興に寄与するような具体的な施策の視点が提供されている。

社会正義委員会は、一九九二年、総選挙における労働党の敗北を受けて設立された。それまでの労働党の社会政策に対して抜本的な変革を迫り、正当化できない不平等の根絶の立場から自由市場経済の行き過ぎに反対しつつ、経済再建に向けた社会正義のあり方について議論された。検討の結果は最終報告書としてまとめられ、将来の政策立案の指針となるような社会正義にかかわる次の四つの命題として示されている（Commission on Social Justice 1994 : 20-22）。

①福祉国家を困難時のセーフティネットから経済的機会への跳躍台へと転換する。
②教育および訓練へのアクセスを根本的に改善しすべての国民の才能に投資する。
③仕事、家族、教育、余暇そして退職のバランスのうえで、ライフサイクルにわたって現実的な選択を促進する。
④我が国の社会的富（social wealth）を再構築する。

社会正義委員会では、経済と社会との関係を再構築するにあたって、ソーシャル・キャピタルが両者をつなぐ重要な役割を果たすものと期待されていた。マーガレット・サッチャーに始まる保守党政権の新自由主義的な市場経済の下では、個人主義の台頭により人々の関係性が損なわれ、市民が市場における買い手と売り手となり、「我々」という感覚が希薄になった。社会正義委員会では、保守党政権での失敗は、ソーシャル・キャピタルの重要性を理解していなかったことによるとし、政策目標は「地域の人々のうちに、自分たちの未来を形作る責任をより強く持てるようにするための力量や体制を構築すること」でなければならないとされた（Commission on Social Justice 1994 : 309）。そして、ふたたび社会的繁栄を実現し、社会の再構築と経済再生を同時に達成するためには、ソーシャル・キャピタルへの投資が必要不可欠である、と説いているのである。

これに関連して、ソーシャル・キャピタルが社会で果たす役割は次のように理解されている（Commission on Social Justice 1994 : 309）。

①ソーシャル・キャピタルは、生活の質を高め、社会的ネットワークを拡大し、その地域の評判を強めるような体制を構築する。
②これは、「コミュニティの担保」の蓄積が失敗に対しての保証となるため、経済的・人的資源に対する投資は魅力的で継続されるものとなることを意味する。
③同様に、新規の小企業、非営利中間労働市場（Intermediary Labour Market : ILM）、あるいは「零細起業家」を通して、「ボトム・アップ」の雇用創出にかかわる条件を創造する。
④このような経済活動が開花することにより、人々は相互につながり合い、条件不利なコミ

ユニティは外界との接点を持つことになり、投資と繁栄との好循環が生まれ維持される。

とくに、条件不利地域（disadvantaged area）では、経済的投資が不足することから生じる社会的排除の悪循環があることから、ソーシャル・キャピタルへの投資が、より有効であると考えられる。ソーシャル・キャピタルは、人々が社会における責任を果たすために用いられるものであることから、その振興には、個人にせよコミュニティ全体にせよ、当事者による参加が不可欠となる。当事者のエンパワメント（権限付与）に基づいて、公的機関、企業、ボランタリー団体を含めた多セクターからなるパートナーシップによる地域での取り組みが、豊かなソーシャル・キャピタルを育むのである。

（4）イギリスにおけるソーシャル・キャピタルの振興

このように、イギリスにおいては、社会投資国家として位置づけられるブレア労働党以降、ソーシャル・キャピタルに対する政府の積極的な介入が行われた。このソーシャル・キャピタル政策の中心を担ったのが、内閣府戦略局（Strategy Unit, Cabinet Office）である。戦略局は、二〇〇二年六月、同じく内閣府にあった行政実行革新局（Performance and Innovation Unit：PIU）、先進戦略局（Prime Minister's Forward Strategy Unit）、および行政政策研究所（Centre for Management and Policy Studies）の一部が合併して誕生した。内閣府戦略局の前身である行政実行革新局は、二〇〇二年三月、分野横断的な戦略的課題を政府、研究機関などを含めて話し合う「戦略思考家セミナー（Strategic Thinker Seminar）」の一環として、ソーシャル・キャピタルセミナーを開催している（Baron 2004）。セミナーに際しては、行政実行革新局によって討議資料（ディスカッションペーパー）が提出された。そこでは、定義にかかわる文献レビューとその重要性などとともに、ソーシャル・キャピタルにかかわる政府の役割と政策に対する含意について整理された（Aldridge et al. 2002）。このようにイギリスでは、政府が中心となってソーシャル・キャピタルの理解と政策への具体的な展開方法が議論されたのである。

イギリスにおいて政府がソーシャル・キャピタルに注目した動機についてバブは、「政府には、社会的不平等や社会的排除に対処するという願望があった。それは、恵まれている人たちと恵まれていない人たちとの格差を削減し、イギリス社会において排除されたメンバーのニーズを満たす方法を探し求めるものであった」と、社会的排除や格差への対応の観点から説明している（Babb 2005：3）。さらに、ソーシャル・キャピタルへの関心は、コミュニティ政策や近隣地域再生（neighbourhood renewal）、コミュニティの結束力（community cohesion）の促進へとつながった。このコミュニティ政策の目的は、「すべての人種や背景を持つ人たちが価値を認められ、対等の立場で参加するような、強固で活動的なコミュニティを開発すること」と理解されていた（Babb 2005：3）。

（5）ソーシャル・キャピタルの操作化

イギリスにおけるソーシャル・キャピタルの政策面を主導したのが内閣府戦略局（あるいは、その前身である行政実行革新局）であるとすれば、実務面から支えたのが国家統計局である。政策立案の前途として、ソーシャル・キャピタルの定義を明確にし、適切な測定方法によってデータが収集されなければならず、さらに、政策の評価のためにもデータは重要である（Halpern 2005）。この意味で、ソーシャル・キャピタルの政策実現のための操作化の基礎的な情報提供を行ったのが国家統計局といえよう。

国家統計局によるソーシャル・キャピタルにかかわる取り組みは、二〇〇一年六月、政府内で個別に行われていた調査や統計をまとめ、政府横断的な「ソーシャル・キャピタル・ワーキング・グループ」を立ち上げたことに始まる。このプロジェクトの目的は、ソーシャル・キャピタルにかかわる測定と分析の総合的な枠組みを策定することにあった（Harper 2002）。政府内でのソーシャル・キャピタルに対する関心は、内務省（Home Office）、保健省（Department of Health）、教育技能省（Department of Education and Skills）、あるいは社会的排除防止局（Social Exclusion Unit）など様々な省庁によって示されており、また、これら省庁による既存の調査では、ソーシャル・キャピタルにかかわる質問項目を持ち合わせていた（Ruston 2001）。しかしながら、その測定方法については統一性がなく、またその定義や概念について齟齬がみられた（Harper and Kelly 2003）。さらには、一九九〇年代以降の「根拠に基づく政策（evidence-based policy）」への関心も相まって、ソーシャル・キャピタルの統一的な定義やその測定方法の策定が求められていたのである（Babb 2005）。

そこで、国家統計局のソーシャル・キャピタル・ワーキング・グループでは、①操作的定義の合意、②測定のための枠組みの開発、③質問項目の開発とテスト、の三段階によりソーシャル・キャピタルにかかわるこれらの課題の解決が試みられた（Harper 2002 : Harper and Kelly 2003）。

まず、ソーシャル・キャピタル・ワーキング・グループでは、経済開発協力機構（ＯＥＣＤ）の定義が採用された。ソーシャル・キャピタルは、「ネットワークとともに、共有された規範、価値、あるいは理解であり、それはグループの内あるいはグループ間の協力を促進するものである」とされ（Cote and Healy 2001 : 41）、これがイギリスにおける省庁横断的なソーシャル・キャピタルの統一定義として用いられることになったのである。

（6）ソーシャル・キャピタルのタイプ

社会的排除／包摂との関係で重要となるのが、異なるタイプのソーシャル・キャピタルの認識である。イギリスでのソーシャル・キャピタルの議論でも、異なるタイプのソーシャル・キャピタル、すなわち「結合型（bonding）」「橋渡し型（bridging）」、そして「連結型（linking）」が定義された（Aldridge et al. 2002）。そして社会的排除／包摂との関係では、特定のタイプのソーシャル・キャピタルが、社会的排除／包摂の異なる課題に有用となることである。例えば、結合型ソーシャル・キャピタルは、子どもの健康や教育、あるいは高齢者の福祉にかかわる社会的排除／包摂の課題に有効である。また、橋渡し型ソーシャル・キャピタルは、とくに雇用や就職にかかわる課題の解決に重要な役割を果たすと考えられる。さらに、連結型ソーシャル・キャピタルは、社会的排除にあるコミュニティが公的機関などと連携することを可能とする。社会的排除／包摂にかかわる具体的な政策の立案・実行では、それぞれの課題や対象の特性に応じて、異なるタイプのソーシャル・キャピタルの活用が意図されるのである。

（7）ソーシャル・キャピタルの質問項目の開発

ソーシャル・キャピタルの測定方法については、最終的には統一的な質問項目の開発に結びつくような分析方法を提供することを意図して議論がすすめられた（Harper and Kelly 2003）。ソーシャル・キャピタルが、多次元的な概念であり単独の測定方法ではその全体像を把握することは不可能であることから、ソーシャル・キャピタルのそれぞれの次元と政策分野との対応を明確にする必要があると、政府の政策にとって有用なソーシャル・キャピタルの測定方法が模索された。その結果、「イギリスソーシャル・キャピタル測定枠組み（UK Social Capital Measurement Framework）」として、次の五つの次元に整理された（Harper and Kelly 2003：Babb 2005）。

①市民参加（civic participation）：投票性向、地域課題や国家的課題に対する行動。
②社会ネットワークと支援（social network and support）：友人や親類との交流。
③社会参加（social participation）：グループ活動やボランタリー活動への参加。
④相互依存と信頼（reciprocity and trust）：利益の供与と授受、他人や政府や警察などの機関への信頼。
⑤地域への認識（view about the area）：厳密にはソーシャル・キャピタルの測定ではないものの、ソーシャル・キャピタルの測定の分析や解釈に必要とされ、その地域の生活の満足度や課題を含む。

続いて、ソーシャル・キャピタルにかかわる質問項目を含む既存の調査から、質問項目マトリックス（matrix of survey questions）が整理され（Ruston 2001）、統一的な質問項目の策定が行われた（Green and Fletcher 2003a）。ちなみに、この質問項目マトリックスの策定で整理された既存調査にあるソーシャル・キャピタルにかかわる質問項目は、「ソーシャル・キャピタル質問バンク（Social Capital Question Bank）」として蓄積され、調査実施者の適切な質問項目の活用の一助となっている（Ruston and Akinrodoye 2002）。そして最終的に、完全版およびより簡易な主要版という二つの形式の統一質問項目が策定された（Green and Fletcher 2003b）。これらのうち、完全版は二〇分、主要版は五分で回答を終えられるよう想定したものである。

3　社会的排除／包摂にむけたソーシャル・キャピタル政策の展開

（1）社会的排除／包摂とソーシャル・キャピタル

社会的排除に対するブレア労働党政権の対応としてあげられるのが、社会的排除防止局（Social Exclusion Unit：SEU）の設立である。政権成立直後の一九九七年一二月、内閣府に設立された社会的排除防止局は、その後二〇〇二年には副首相府（Office of the Deputy Prime Minister：ODPM）へと移管され、複数の省庁にまたがるような社会的排除にかかわる政策の立案と実行を担った。社会的排除は、多次元的であり関連した複合的な要因によって引き起こされると理解される。この点を踏まえ、社会的排除防止局では、「複合的課題に対する複合的解決（joined-up solutions to joined-up problems）」という理念のもと、関連する多数の省庁からの職員とともに社会的排除に取り組んできた民間組織からの人材も加えて、社会的排除の課題解決にあたった。課題解決にあたってその目標となったのは、次の点である（Social Exclusion Unit 2001a：28）。

・危険因子を弱めたり、すでに危険にさらされている人たちとともに活動したりすることにより、最初の段階で社会的排除が起こらないように阻止すること。
・排除された人たちを社会に再統合すること。
・医療、教育、就労所得、雇用および犯罪において、野心的目標と追加的資源を用いて、誰にでも基本的最低基準の公共サービスを提供すること。

社会的排除／包摂政策における国家の役割を考えるにあたって、個人の責任と機会の提供とを結合させて捉えたブレア労働党政権にあっては、社会的包摂の手段としては様々な機会の提供が重視された（Ellison and Ellison 2006）。政府による社会的排除／包摂に関する政府戦略は、「すべての人たちに機会を（Opportunity for All）」として、一九九九年から二〇〇七年まで、当初は社会保障省（Department of Social Security：DSS）、再編後の二〇〇一年からは雇用年金省（Department of Work and Pensions：DWP）によって社会的排除／包摂政策にかかわる年次報告書が発表された。そこでは、子どもと若者、労働年齢の人々、高齢者、そしてコミュニティと、その対象ごとに社会的排除／包摂政策がまとめられた（例えば、Department of Social Security 1999）。

機会の提供を重視した社会的排除／包摂政策は、具体的には社会において弱い立場にある人やグループに対して、適切な教育訓練、雇用、あるいは福祉・医療を享受する機会を提供し、さらには当事者がその意思決定に参加する機会の提供も意図したものであった。

ここからは、ソーシャル・キャピタルとの関連から、「パートナーシップ」「参加」やその参加を促すための「エンパワメント」に焦点をあてた社会的排除／包摂のための取り組みを紹介したい。

（2）近隣地域再生戦略(2)

社会的排除防止局の報告書は、イギリスがより分断された国となったことを指摘している（Social Exclusion Unit 1998）。生活水準の向上が著しい地域がある一方で、外部との接触が遮断され孤立した多くの近隣地域（neighbourhood）では、貧困、失業、健康不安、低い教育達成度、犯罪の多発、家庭崩壊などの複合的な課題が深刻化している。このような状況を受け政府は、「近隣地域再生に向けた国家戦略（National Strategy for Neighbourhood Renewal）」を掲げ、最も荒廃した近隣地域とそれ以外の地域との格差を是正するための様々な政策を打ち立てたのである。ここでいう「近隣地域」とは、明確に定義されてはいない（Social Exclusion Unit 2001b：13）。便宜上、データ収集が必要なことから「選挙区（ward）」を単位とするものの、選挙区の区分にとらわれることなく地域住民の認識に依存した概念として捉えられている。一つの近隣地域には、数千人規模の人口があると想定されている。そして、荒廃した近隣地域に対して、「雇用と企業」「犯罪」「教育と技能」「保健」「住宅と施設環境」を重点項目とし、政府・自治体をあげた政策が実施されたのである（Social Exclusion Unit 2000；2001b）。

近隣地域再生戦略ではまず、荒廃地域において特徴的にみられる解決困難な課題として一八の領域を取り上げ、省庁横断的な「政策アクションチーム（Policy Action Team：PAT）」が組織された（Social Exclusion Unit 1998：2001a）。それぞれのチームは政府に対する提言をまとめ、その結果は近隣地域再生戦略の実施に活かされることとなった。

労働党政権による地域を主眼とした政策は、二つの段階に分類することができる（Lupton and Power 2005）。第一段階に位置づけられる政策には、「単一再生資金（Single Regeneration Budget：SRB）」「コミュニティのためのニューディール（New Deal for Communities：NDC）」にみられる特定の政策分野に限定されない包括的な取り組み、および特定の政策分野をターゲットとした、「教育アクションゾーン（Education Action Zone：EAZ）」「保健アクションゾーン（Health Action Zone：HAZ）」「雇用ゾーン（Employment Zone：EZ）」といった「ゾーン（Zone）」政策、および子どもとその家族を対象とした「シュア・スタート（Sure Start)」、地域における教育水準の向上や才能発掘を目指した「都市における優秀さ（Excellence in Cities：EiC)」があげられる（Lupton and Power 2005)。これらの取り組みの特徴は、そのアプローチにある。それぞれの取り組みでは、包括的であれ分野特定的であれその解決を複合的(joined-up）に捉え、地域住民の参加・関与と多様な主体によるパートナーシップが重視されたのである。

第二段階は、二〇〇一年に発表された「アクションプラン」によって本格化する近隣地域再生戦略である。近隣地域再生戦略では、全国（ただし、イングランドのみ）から荒廃指数（Indices of Deprivation：ID）の結果をもとに荒廃が著しい八八自治体を選定し、政策の対象地域とした。近隣地域再生戦略の実行にあたっては、地域の荒廃の原因として経済活動停滞とともにソーシャル・キャピタルが弱体化していることがあげられている（Social Exclusion Unit 2000)。ここでいうソーシャル・キャピタルとは、地域住民の間の信頼やコミュニティ精神、相互扶助の精神であり、地域の荒廃によって住民の出入りが激しく社会が安定しないことと理解される。このような荒廃した近隣地域にあって政府の役割は、地域住民が自分たちの課題を自ら解決できるようコミュニティの力量形成（community capacity building）をはかることにあった。

荒廃地域の社会的排除／包摂の課題を解決する視点から近隣地域再生戦略をみると、目的を達成するための手法にその特徴がみられる。一つは、自治体レベルでの「地域戦略パートナーシップ（Local Strategic Partnership：LSP）の設置である。地域戦略パートナーシップは、地方自治体での様々な公的機関、企業、地域住民、コミュニティ、あるいはボランタリー・セクターなど多様な主体からなり、異なる公共サービスが一体となって荒廃地域の課題に対処するための主体である（Policy Action Team 17 2000)。地域戦略パートナーシップを通して、公共サービスにかかわる戦略的意思決定が近隣地域に近接して行われ、コミュニティでの活動に結びつくよう設計されている（Department of the Environment, Transport and the Regions：DETR 2001)。荒廃地域の住民にとって地域戦略パートナーシップは、地域の課題解決への参加とそのための意思決定の機会を提供するものである（Social Exclusion Unit 2001b)。

近隣地域再生戦略では、このように荒廃地域の当事者が、自らの課題解決のための意思決定に参画し、そのための機会が提供されることが期待されている。したがって、地域戦略パートナーシップには、荒廃地域や対象となるコミュニティの代表やボランタリー・セクターが、他のセクターと対等な立場で参画することが求められる。しかし、地域住民やボランタリー・セクターは、限られた資源で活動しており、他のセクターと比較してパートナーシップへの参加や対等な立場での議論の参加が困難な場合が多い。荒廃地域の当事者を支援するために政府は、コミュニティ・エンパワメント・ネットワーク（Community Empowerment Network：CEN）を自治体内に組織し、それを資金的に援助する仕組みとしてコミュニティ・エンパワメント・ファンド（Community Empowerment Fund: CEF）を用意した（Neighbourhood Renewal Unit: NRU 2001)。近隣地域再生戦略では、荒廃地域の当事者がコミュニティ・エンパワメント・ネットワークを通じた地域戦略パートナーシップへの参画を通して、意思決定過程への参加が可能となり、とくに連結型ソーシャル・キャピタルの醸成に寄与している。

4　社会的排除／包摂からみたソーシャル・キャピタル

この章では、イギリスにおける社会的排除／包摂とソーシャル・キャピタルとの関係について整理した。パーシースミスが社会的排除をソーシャル・キャピタルの欠如と定義したように、これら二つの概念は、多くの共通点を有するものと理解できよう。社会的排除／包摂とソーシャル・キャピタルについては、その理論的な根拠を共有していること、あるいはそもそもその定義があいまいであること、などから両者の共通性が指摘できるに過ぎず、その理解には注意が必要との指摘もある（Daly and Silver 2008）。しかしながら、ソーシャル・キャピタルを様々な政策課題を解決する手段として捉えるならば、ソーシャル・キャピタルの維持・醸成にかかわる政府による様々な施策が、社会的排除／包摂の課題を解決するものとして理解できよう。

ブレア労働党政権以降のイギリスでは、「第三の道」における「責任、包摂、機会」・「コミュニティ、機会、責任、アカウンタビリティ」の強調や、経済的および経済的課題の関係性への注視、そして国家の役割としての社会的なものへの投資の重視が、ソーシャル・キャピタルへの積極的な介入として様々な施策に現れた。このような「社会的なもの」への政治的関心の高まりは、今日われわれが直面しているグローバル化進展や社会サービスを含めた様々な分野における市場化の導入によって生じた弊害と無関係ではなかろう。この章では、一九九〇年代後半からのブレア労働党政権における取り組みをみてきたが、二〇一〇年の政権交代によって誕生した保守党・自由民主党による連立政権でも、社会的なものに対する期待が現れている。連立政権の市民社会政策は、「ビッグ・ソサエティ（大きな社会）」としてまとめられ、そこではコミュニティの権限強化、住民のコミュニティにかかわる積極的なかかわりの推奨、協同組合・共済組合・チャリティ・社会的企業への支援など、地域のソーシャル・キャピタルの醸成につながるような政策が、その主要課題として挙げられている（Cabinet Office 2010：中島 二〇一〇）。ソーシャル・キャピタルへの関心は、イデオロギー的な背景を超えて高まっている。

福祉国家の再編にみられるように、現代では国家が必要とするすべてのニーズを満たすようなサービスを提供することがますます困難となっている。一方で、イギリスでの経験からは、単なる社会サービスへの市場原理の導入は、サービスの受け手である市民の消費者化を促進し、却って公共サービスに伴う不平等や格差が拡大するという懸念がある。したがって、市民一人ひとりが自己の生活を決定するような政治的な過程に参加する機会、あるいは多様なセクターとのつながりを創る機会を提供し、また、そのための支援・エンパワメントを行うことにより、責任ある市民を作り上げることが重要視されているのである。国家が、私たちを取り巻くすべてのリスクに対処することが困難となっている現在、社会的排除／包摂への対応からみたソーシャル・キャピタルの振興策は、国家と個人との関係の新しい関係を示しているのではないだろうか。

【注】

（1）イギリスにおける社会的排除概念とそれにかかわる政策は、菊地（二〇〇七）、福原（二〇〇七）、山口（二〇〇七）に整理されている。

（2）イギリスにおける地域再生やパートナーシップ政策については、金川（二〇〇八）、山本（二〇〇九）、永田（二〇一一）に詳しい。

【参考文献】

岡村東洋光・高田実・金澤周作編著『英国福祉ボランタリズムの起源――資本・コミュニティ・国家』ミネルヴァ書房、二〇一二年。

金川幸司『協働型ガバナンスとＮＰＯ――イギリスのパートナーシップ政策を事例として』晃洋書房、二〇

○八年。

菊地英明「『社会的排除と包摂』とは何か――概念整理の試み」日本ソーシャルインクルージョン推進会議編『ソーシャル・インクルージョン――格差社会への処方箋』中央法規出版、二〇〇七年、一八二―二〇二ページ。

中島智人「英国新政権の市民社会政策」公益法人協会『公益法人』三九巻八号、二〇一〇年、二〇―二三ページ。

永田祐『ローカル・ガバナンスと参加――イギリスにおける市民主体の地域再生』中央法規出版、二〇一一年。

日本ソーシャルインクルージョン推進会議編『ソーシャル・インクルージョン――格差社会への処方箋』中央法規出版、二〇〇七年、二〇―二三ページ。

バーン、デイヴィッド／深井英喜・梶村泰久訳『社会的排除とは何か』こぶし書房、二〇一〇年。

バラ、アジット・S・ラペール、フレデリック／福原宏幸・中村健吾訳『グローバル化と社会的排除――貧困と社会問題への新しいアプローチ』昭和堂、二〇〇五年。

平岡公一『イギリスの社会福祉と政策研究――イギリスモデルの持続と変化（MINERVA福祉ライブラリー）』ミネルヴァ書房、二〇〇三年。

福原宏幸「社会的排除／包摂論の現在と展望――パラダイム・「言説」をめぐる議論を中心に」福原宏幸編著『社会的排除／包摂と社会政策』法律文化社、二〇〇七年、一一―三九ページ。

宮本太郎『社会的包摂の政治学――自立と承認をめぐる政治対抗』ミネルヴァ書房、二〇一三年。

毛利健三編著『現代イギリス社会政策史――1945～1990』ミネルヴァ書房、一九九九年。

山口浩平「イギリスにおける社会的包摂政策とボランタリー組織の役割――近年の社会的企業への支援政策に着目して」福原宏幸編『社会的排除／包摂と社会政策』法律文化社、二〇〇七年、一〇一―一二五ページ。

山口二郎・宮本太郎・坪郷實編著『ポスト福祉国家とソーシャル・ガヴァナンス』ミネルヴァ書房、二〇〇五年。

山本隆『ローカル・ガバナンス――福祉政策と協治の戦略』ミネルヴァ書房、二〇〇九年。

Aldridge, Stephen, David Halpern and Sarah Fitzpatrick, *Social Capital: A Discussion Paper*, Performance and Innovation Unit, 2002.

Anheier, Helmut, "Third sector - third way: comparative perspectives and policy respons," in J. Lewis and R. Surender (eds.), *Welfare State Change: Towards a Third Way?*, Oxford University Press, 2004, pp.111-134.

Babb, Penny, *Measurement of Social Capital in the UK*, Office for National Statistics, 2005.

Baron, Stephen, "Social capital in British politics and policy making," in J. Franklin (ed.), *Politics, Trust and Networks: Social Capital in Critical Perspective*, South Bank University, 2004, pp.5-16.

Bhalla, Ajit and Frederic Lapeyre, "Social exclusion: towards an analytical and operational framework," *Development and Change*, 28(3), 1997, pp.413-433.

Blair, Tony, *Speech to the NCVO Annual Conference*, 1999, NCVO.

Burchardt, Tania, Julian Le Grand and David Piachaud, "Degrees of exclusion: developing a dynamic, multidimensional measure," in J. Hills, J. Le Grand and D. Piachaud (eds.), *Understanding Social Exclusion*, Oxford University Press, 2002, pp.30-43.

Cabinet Office, *Building a Stronger Civil Society: A Strategy for Voluntary and Community Groups, Charities and Social Enterprises*, Office for Civil Society, Cabinet Office, 2010.

Commission on Social Justice, *Social Justice: Strategy for National Renewal*, Vintage, 1994.

Cote, Sylvain and Tom Healy, *The Well-being of Nations: The Role of Human and Social Capital*, Organisation for Economic Co-operation and Development, 2001.

Daly, Mary and Hilary Silver, "Social exclusion and social capital: a comparison and critique," *Theory and Society*, 37(6), 2008, pp.537-566.

Department of the Environment, Transport and the Regions, *Local Strategic Partnerships: Government Guidance*, Department of the Environment, Transport and the Regions, 2001.

Department of Social Security, *New Ambitions for Our Country: A New Contract for Welfare*, Cm 3805, The Stationery Office, 1998.

Department of Social Security, *Opportunity For All: Tackling Poverty and Social Exclusion*, Cm 4445, The Stationery Office, 1999.

Dobrowolsky, Alexandra and Ruth Lister, "Social investment: the discourse and the dimensions of change," in M. Powell (ed.), *Modernising the Welfare State: The Blair Legacy*, 2008, pp.125-142.

Ellison, Nick and Sarah Ellison, "Creating 'opportunity for all'? New Labour, new localism and the opportunity society," *Social Policy and Society*, 5(3), 2006, pp.337-348.

Evans, Martin, "Behind the rhetoric: the institutional basis of social exclusion and poverty," *Ids Bulletin*, 29(1), 1998, pp.42-49.

European Commission, *Community Action Programme to Combat Social Exclusion 2002-2006*, European Commission, 2001.

Giddens, Anthony, *The Third Way: The Renewal of Social Democracy*, Polity Press, 1998（佐和隆光訳『第三の道――効率と公正の新たな同盟』日本経済新聞社、一九九九年）.

Giddens, Anthony, *The Third Way and its Critics*, Polity Press, 2000（今枝法之・干川剛史訳『第三の道とその批判』晃洋書房、二〇〇三年）.

Green, Hazel and Lucy Fletcher, *The Development of Harmonised Questions on Social Capital*, Office for National Statistics, 2003a.

Green, Hazel and Lucy Fletcher, *Social Capital Harmonised Question Set: A Guide to Questions for Use in the Measurement of Social Capital*, Office for National Statistics, 2003b.

Gordon, David, Ruth Levitas, Christina Pantazis, Demi Patsios, Sarah Payne, Peter Townsend, Laura Adelman, Karl Ashworth, Sue Middleton, Jonathan Bradshaw and Julie Williams, *Poverty and Social Exclusion in Britain*, Joseph Rowntree Foundation, 2000.

Halpern, David, *Social Capital*, Polity Press, 2005.

Harper, Rosalyn, *The Measurement of Social Capital in the United Kingdom*, Office for National Statistics, 2002.

Harper, Rosalyn and Maryanne Kelly, *Measuring Social Capital in the United Kingdom*, Office for National Statistics, 2003.

Hills, John, *Inequality and the State*, Oxford University Press, 2004

Le Grand, Julian, "The Third Way Begins with CORA," *New Statesman*, 6 March, 1998, pp.26–27.

Levitas, Ruth, *The Inclusive society?: Social Exclusion and New Labour second edition*, Palgrave Macmillan, 2005.

Lewis, Jane, "What is New Labour?: can it deliver on social policy?," in J. Lewis and R. Surender (eds.), *Welfare State Change: Towards a Third Way?*, Oxford University Press, 2004, pp.207–227.

Lister, Ruth, "To RIO via the third way: Labour's 'welfare' reform agenda," *Renewal*, 8(4), 1999, pp.9–20.

Lister, Ruth, "The third way's social investment state," in J. Lewis and R. Surender (eds.), *Welfare State Change: Towards a Third Way?*, Oxford University Press, 2004, pp.157–181.

Lupton, Ruth and Anne Power, "Disadvantaged by where you live? New Labour and neighbourhood renewal," in J. Hills and K. Stewart (eds.), *A More Equal Society?: New Labour, Poverty, Inequality and Exclusion*, Polity Press, 2005, pp.119–142.

Madanipour, Ali, Göran Cars and Judith Allen (eds.), *Social Exclusion in European Cities: Processes, Experiences and Responses*, Routledge, 1998.

Marshall, Thomas H., *Citizenship and Social Class*, Cambridge University Press, 1950.

Neighbourhood Renewal Unit, *Community Empowerment Fund: Preliminary Guidance*, Department of the Environment, Transport and the Regions, 2001.

Percy-Smith, Janie, "Introduction: the contours of social exclusion," in Janie Percy-Smith (ed.), *Policy Responses to Social Exclusion: Towards Inclusion?*, McGraw-Hill International, 2000, pp.1–21.

Policy Action Team 17, *Joining it up Locally*, Department of the Environment, Transport and the Regions, 2000.

Powell, Martin, "Introduction," in M. Powell (ed.), *New Labour, New Welfare State?: The 'Third Way' in British Social Policy*, Polity Press, 1999, pp.1–27.

Powell, Martin, "New Labour and the third way in the British welfare state: a new and distinctive approach?," *Critical Social Policy*, 20(1), 2000, pp.39–60.

Room, Graham, *Observatory on National Policies to Combat Social Exclusion Second Annual Report*, European Economic Interest Group, 1992.

Room, Graham, "Poverty in Europe: competing paradigms of analysis," *Policy and Politics*, 23(2), 1995a, pp.103–113.

Room, Graham, *Beyond the Threshold: the Measurement and Analysis of Social Exclusion*, Policy Press, 1995b.

Ruston, David, *Social Capital Matrix of Surveys*, Social Analysis and Reporting, 2001.

Ruston, Dave and Lola Akinrodoye, *Social Capital Question Bank: Questions from Social Capital Surveys Included in the Social Capital Survey Matrix*, Office for National Statistics, 2002.

6, Perry, "Social exclusion: time to be optimistic," *DEMOS Collection*, 12, 1997, pp.3–9.

Social Exclusion Unit, *Bringing Britain Together: A National Strategy for Neighbourhood Renewal*, Stationary Office, 1998.

Social Exclusion Unit, *National Strategy for Neighbourhood Renewal: A Framework for Consultation*, Cabinet Office, 2000.

Social Exclusion Unit, *Preventing Social Exclusion*, Cabinet Office, 2001a.

Social Exclusion Unit, *A New Commitment to Neighbourhood Renewal: National Strategy Action Plan*, Cabinet Office, 2001b.

Stewart, Kitty and John Hills, "Introduction," in J. Hills and K. Stewart (eds.), *A More Equal Society?: New Labour, Poverty, Inequality and Exclusion*, Polity Press, 2005, pp.1–19.

Taylor, Marilyn, *Public Policy in the Community 2nd edition*, Palgrave Macmillan, 2011.

Walker, Alan, "Introduction: the strategy of inequality," in A. Walker and C. Walker (eds.), *Britain Divided: The Growth of Social Exclusion in the 1980s and 1990s*, Child Poverty Action Group, 1997, pp.1–13.

第15章 スペインにおける市民社会とソーシャル・キャピタル

中島晶子

スペインは、市民結社への参加率や社会的信頼が低いという調査結果から、市民社会が未発達であるとみられている。スペインの市民社会の性格はどのように説明され、ソーシャル・キャピタルはどのように論じられてきたのか。本章ではスペインにおけるアソシエーションの歴史、家族や隣人などの非公式なネットワークを中心に、同国の事例がソーシャル・キャピタルの理論に与える示唆について検討する。

1 議論の構図

(1) スペイン市民社会のイメージ

スペイン市民社会を論じる出発点は、スペインの公式の諸結社への加入率、社会的信頼ともに国際比較では低位にあり、その位置は一九八〇年以来ほとんど変化していないという事実であろう。

二〇〇二/二〇〇四年のユーロバロメーターによるアソシエーション加入もしくはボランティア実践率は、スペインは一七%であった。地中海諸国と東欧諸国は一〇―二五%で、四五%以上の北欧諸国（フィンランド、スウェーデン、デンマーク）、中央ヨーロッパ（ルクセンブルク、オーストリア、オランダ）の水準とは大きな開きがある。

二〇一二/二〇一三年のビルバオ・ビスカヤ・アルヘンタリア（BBVA）財団によるEU一〇カ国の比較調査では、アソシエーションに所属している割合は、デンマーク、スウェーデン、オランダ、ドイツで六〇―八〇%、フランス、イギリス、チェコで三五―四六%、スペインはイタリアやポーランドとともに三〇%以下であった。スペインの社会的信頼の度合いは、世界価値観調査によると、一九八〇―二〇一〇年を通じ三〇%台前半から後半の間で推移している（Pérez-Díaz 2013：128, 141）。公式の諸結社への加入率、社会的信頼という二つの指標から、スペインは「経済成長や社会的一体性、文化的創造性そして自由な政体を促進させる社会構造が十分ではないということは、研究者の間での共通認識となっている」（ペレス＝ディアス 二〇一三：一三二）。

本章ではこうしたスペイン市民社会とソーシャル・キャピタルの関係について、アソシエーションの歴史、社会的ネットワークの傾向や機能から検討し、国際比較上の意味について考えてみたい。以下、本節では、市民社会についてなぜアソシエーションへの加入率が問題にされるのか、前提となる構図を確認する。第2節では、スペインのアソシエーションと市民社会の特徴を歴史からたどる。第3節でスペイン人研究者によるソーシャル・キャピタルをめぐる議論を概観し、第4節では近年の経済危機のなかでみられた社会現象をみる。第5節で、スペインの事例からソーシャル・キャピタルの議論について考察し、結びとする。

（2）市民社会とアソシエーション、ソーシャル・キャピタル

市民社会についてアソシエーションが問題となる構図を見渡しておこう（Pérez-Díaz 2013：17）。近代産業革命と市民革命により、市場経済と自由民主主義、多元的な社会組織、文化や道徳の変容を構成要素として現れたシステム、これがアンシャン・レジームに対する広い意味での市民社会であった。当初論じられたのは、国家による自由の侵害に対して市民の安全を防衛する制度の有無や制度化の程度であり、議論は国家と市民社会の二元論に立っていた。

当初うまく機能するとみられたこの近代社会においても内部対立はすぐに明らかになり、これに対する反応の一つは社会秩序の条件、社会統合や連帯のメカニズムに着目する社会学であった。こうした関心の先駆けが、フランスの政治思想家トクヴィルによる『アメリカの民主政治』であり、一八三〇年代に新大陸におけるアソシエーションの統合的役割と旧大陸における中間団体消滅による破壊的効果を、歴史と比較の観点から考察したのである。一九世紀末から二〇世紀前半にかけてはフランスや米国はじめ社会学が発展することになる。

現在のアソシエーションに関する議論にはこうした社会学の伝統との連続性があり、これが後にはサードセクター概念を中心とするもの、ソーシャル・キャピタル概念を中心とするものという二つの変形となって現れた。政治学や民主主義の理論でも同様に、継続性がある社会集団の分析を経済的要因や文化的要因の点から近代社会の対立的側面と結びつけ、アソシエーションとサードセクター論、公共性を論じる研究がみられる。

（3）市民社会組織としてのアソシエーション

それではどのようなものが市民社会の組織としてのアソシエーションといえるのか（山口 二〇〇四：二三六―二三九）。アソシエーションは日本語では結社と表現され、英語のコミュニティ、ドイツ語のゲマインシャフト、日本語の共同体と対比されて使用されてきた。後者の一連の言葉は、家族、故郷、民族など個人の選択の結果とはいえない「運命共同体」を指しており、加入・発言・退出の自由を保障した契約の上に成立するアソシエーションと区別される。

一九九〇年代半ば以降の市民社会論は、国家、市場、市民（のアソシエーション）の三元論が潮流になっており、この文脈で定義されるアソシエーションは、「自由な意思に基づく非国家的かつ非経済的な結合関係であり、教会、文化的なサークル、学術団体をはじめとして、独立したメディア、

スポーツ団体、レクリエーション団体、弁論クラブ、市民フォーラム、市民運動があり、さらに同業組合、政党、労働組合、オールタナティヴな施設にまで及ぶ」（ハーバーマス 一九九四、一九九〇年新版への序言 xxxviii）。こうして今日の市民社会の性格について問題とされるのはアソシエーションの成熟度になっている。

アソシエーション概念にはさらに、民間・非営利・独立の結合であるという限定が加わっている。一九九〇年から米国ジョン・ホプキンス大学のサラモンらがアソシエーションの国際比較研究を行い、非営利団体（NPO）の五原則として①公式性、②非政府、③利益の非配分、④自己統治、⑤自発性を示した（Salamon and Anheier 1996 : xvii-xviii, 13）。これに対し欧州の研究者は、歴史的に欧州に根づいてきた、利益非配分の原則からは除外される協同組合や共済組合を包含する、サードセクターという概念を提示した。後者は協同組合・非営利組織・社会的企業などの多様な組織からなる社会的経済や、市場によっては充足されないニーズを解決する諸活動であり、政府、市場、家族・コミュニティを媒介する存在である。

（4）スペインのアソシエーションとソーシャル・キャピタル

ソーシャル・キャピタルの議論で公式な結社への加入率に焦点がおかれたのは、定量的に測定がしやすいためもあるが、アソシエーションと市民社会の関係についての理解も背景にある。つまり、市民社会の団結や集合行為を維持するうえで、家族、近隣集団のような第一次集団や親友などの日常的な結合関係は、意図的に組織された第二次集団の構成員の間接的な結合関係ほどに重要ではなく、重要なのは積極的な市民参加の水平的ネットワークであるという考え方である。

しかし、パットナムの研究（Putnam 1993 : 2000）が世に出てからソーシャル・キャピタルの理論にはさまざまな論者が加わり、家族や地域コミュニティも改めてソーシャル・キャピタルの源泉として論じられるようになっている。また、ソーシャル・キャピタルには近隣諸国間で時間の経過にかかわらず一定する傾向が観察されることから、歴史的に継承されてきた文化や行動規範の結果であることも認識されている。

スペインにおいてアソシエーション参加率や社会的信頼が低い傾向は、歴史的文化的要因から説明されてきた。一九七〇年代後半に民主制への移行を遂げた新しい民主主義国として、二〇世紀の長期にわたる権威主義体制の経験を反映したものという説明である。しかしその後の年月の経過によっても調査回答結果にあまり変化がみられないため、文化的な伝統によるものと結論づけられることも多い（Torcal and Montero 1999 : Montero, Font y Torcal 2006 : Mota 2008）。

2　アソシエーションと市民社会の歴史

（1）一九世紀自由主義国家

スペインで一九世紀に自由主義国家が成立してから約一五〇年間の政治的社会的状況は、ボランタリー・アソシエーションの発達には決して良好ではなかった。政治体制の極端な断続性、政党の脆弱さと政党エリートの頻繁な入れ替え、経済的後進性と伝統的な寡頭政治は、社会集団の利害調整プロセスが発達するうえで妨げとなった。また、一九世紀後半から二〇世紀初めの三〇年間まで続いた復古王制は、経済利益よりも政治的同盟を優先するスペインの利益政治の特質を決定づけ、利益集団の制度化とボランタリー・アソシエーションの定着を妨げたのである（Torcal and Montero 1999）。

啓蒙主義者や自由主義者が主導した近代主義的国家建設のプロセスで、アソシエーションは政策的に抑圧、禁止された。国家と市民との望ましい直接的な関係にとってアソシエーションは障害になるという、一八世紀の啓蒙運動で生まれた思想と政策は、一九世紀の自由主義時代に最も効果的に適用された。こうした政策は、社会福祉を目的とするボランタリー・セクターの可能性を著しく後退させた。啓蒙国家は世襲財産を基盤とする社会福祉団体の資金没収を通じ、ボランタリーな慈善行為に代わる機能を引き受け、新興の公的リーダーシップを正当化しようとした。国家のアソシエーションに対する不信感は、その後の法規制にも反映されていく。

なお、スペインの自由主義は、立憲君主制をうたった最初のカディス憲法（一八一二年）が国家統合の手段としてのカトリック国教化を掲げたことからもうかがえるように、聖職者の影響の強い、保守主義的な性格をもっていた。一八五七年の公教育法は教会による初等教育の管理を保障して国家と教会の同盟関係をより強め、政教分離の問題は二〇世紀後半まで持ち越されることになる。

（2）フランコ権威主義体制

フランコ権威主義体制（一九三九―七五年）は、最初の一五年間でほとんどの既存組織の伝統を事実上根こそぎ奪った。内戦中にフランコが打ち立てた「新国家」は、フランコを党首とするファランヘ党以外の政党を禁じ、内戦後は共和国側に立った左派勢力を弾圧し、表現および結社の自由を禁じた。アソシエーションの権利を規制する一九四一年政令は、ボランタリー組織の創設と機能、指導者の任命を政府が統制するものとした。ボランタリー活動の主な領域は、官製組合を仲裁・調停の道具として「国営化」された。国民運動《モビミエント》とよばれるようになったファランヘ党は、合唱や舞踊など文化に係る資金やプログラムを吸収し、スポーツも統合した。高等教育の学生アソシエーションは大学組合が独占することになり、若者のアソシエーションもカトリック教会に保護されたものを除いて、独占的な組織が置かれた。

アソシエーションの一形態である協同組合も、こうした政治環境により普及が妨げられた。第二共和政のもと一九三一年に最初の協同組合法が制定されたが、フランコ体制は一九四一年法で協同組合制度を「国家利益」に服するものとし、協同組合運動を最大限制限、コントロールするために官製組合などの後見のもと組合事業を創設した。住宅協同組合などの実例は、協同組合制度に対する、収益も信用も期待できないビジネスモデルというイメージを強め、発達を妨害する役割を果たした。その結果、バスク地方で一神父が始めたモンドラゴン協同組合のような例外を除き、協同組合制度の進歩を阻むことに成功したのである。

この間、カトリック教会あるいは唯一の政党と関連する組織だけが、一定の自治をもって活動することができた。こうした例外として、カリタス、赤十字、スペイン視覚障がい者協会（オンセ ONCE）の三団体がある。スペインのカリタスは一九四二年から教会の慈善活動に協力する部門として食料や医薬配給を行っていたが、一九五〇年代半ば以降は政府の委託を受けてアメリカの社会援助プログラムによる食糧配給事業を実施し、社会活動で国と協働する伝統が始まった。スペイン赤十字は一八六八年に政府に認可されて以来、国家の後見のもとで紛争・戦争時の人道活動を展開してきたが、二〇世紀前半からは平時の活動として一般市民に保健医療を提供するようになり、内戦後にはさらに自然災害の被災者等への一次対応にも専門化していった。オンセは内戦中の一九三八年、フランコ反乱軍政権が全国の多様な視覚障がい者支援組織を統合する頂上団体として最初に認めた団体である。宝くじの販売収益により視覚障がい者の雇用促進や社会統合を一手に引き受けた。これらの三団体は、公益のための特別団体として位置づけられることになる。

フランコ政権は、体制を正当化し強化する社会統制手段として社会政策を用いた。権威主義体制の秩序およびカトリシズムの性別分業観と合致する家父長制家族モデルを核に、硬直的な労働法による家長の完全雇用、低廉住宅の供給などの住宅政策、組織的な女性教育と合わせ、制度としての家族の役割を称揚した。上記の三団体は、国の社会政策が取り組まず、家族の能力を超えるような福祉の活動を担うことで、体制を補完し支える役割を果たしたのである（中島 二〇一二：二三五―二三九；二〇一三：二七二―二七四）。

アソシエーションを統制したフランコ体制においても、一九五〇年代後半には反体制運動が目立つようになっていく。五〇年代に抗議行動から労働運動が復活し、職場単位で垂直組合（国家が階級的すなわち水平的組合を禁じて労使を参加させた組合のためこう呼ばれる）の組織を利用し、ストが展開されるようになった。この労働運動に一部のカトリック組織が加わった。大学でも官製学生組合の内外で反体制運動が現れた。フランコ体制後期には緩やかな改革の試みもあったが、具体化にはいたらなかった。一九六四年にアソシエーション法が規定されたが、翌年の政令により公権力の介入が可能になった。一九七四年には新たな協同組合法が制定され、国際的な協同組合組織への参加を不可能にしていた制約のいくつかが削除されたが、これに対応する規則が官報に掲載されるまでに四年以上かかったのである。

（3）体制移行と福祉国家

民主制のもとの司法制度では、アソシエーションの権利を妨害することはできなくなったが、尊重されたわけでもなかった。確かに一九七八年民主憲法はアソシエーションの自由（二二条）のほか、労働組合（二八条）、財団（三四条）、同業者組織（五二条）の基本的権利を規定している。これにより一九六四年アソシエーション法による妨害的なコントロールは違憲となったはずであるが、現実には新しい二〇〇二年アソシエーション法が施行されるまで適用され続けた。財団の権利は財務にかかわる一九九四年法以降になって実効化された。憲法は協同組合についても社会保障と企業への参加に関する条項で、権力が適切な立法により促進するものと規定したが（一二九条二項）、協同組合法が制定されたのは一九九九年であった。

一九八〇年代からスペインでも福祉国家が形成されていく。社会労働党政権は年金、医療、教育を福祉国家の三本柱と位置づける一方、フランコ時代に家族や特別な三団体に委ねられていた社会福祉の領域では国レベルの基本法を制定せず、新しく設置された自治州政府に委ねた。高失業を背景に家族は、ますます重要な福祉の担い手であり続けた。欧州諸国では一九九〇年頃からポスト工業化グローバル経済の時代における福祉国家再編の議論が興隆したが、そこでは南欧諸国のような家族の役割が大きい福祉国家のあり方では環境変化への適応が最も困難であり、福祉の「脱家族化」が必要であると論じられた（中島 二〇一二；二〇一三b）。

スペインのアソシエーションは後発の福祉国家の形成を背景に、公共部門の拡大と結びついて成長することになる。ただし体制移行後も八〇年代までは、ボランタリーな組織は社会一般からは生まれたての福祉国家の成長を妨げる存在として、また労働組合からはインフォーマル労働の隠れ蓑として、懐疑的にみられていた。一方、フランコ時代に福祉を担った三団体は、権威主義体制の存続を支えた存在とし体制移行期には不信の眼も向けられたが、活動の多様化などで新たな民主主義の環境に適応し、影響力を維持・拡大していった。

九〇年ごろからボランタリー組織は社会的に認知されるようになる。中央政府は公的部門だけで福祉を担っていくことに財政上の限界を認識し、とくに社会的活動を行うボランタリー組織（サードセクター組織）の活動を推進する政策に転換した。社会政策を担う自治州の権限が一九九三年から全体的に拡大することになり、各州では社会サービス法でボランタリー組織との協働関係を規定する動きが広がった。一九九六年には国がボランティア活動を促進するボランティア法を制定した。また、スペインでも女性の就労と高齢化が進むなか、世論の高まりを受けて二〇〇〇年代半ば以降はケアの社会化などの政策が講じられ、政策論議やサービス実施体制にサードセクター組織は積極的に関与した。

ボランティア法にいたる政府の動きに対しては、ボランティア本来の性格が道具的に変質していると批判もあった。スペインにはボランタリー組織が国の社会政策に協力し補完してきた歴史があるうえ、高失業を背景にボランティアの参加動機も求職目的など多様化しており、ボランティアの機能にも部分的、選択的な専門化が生じている。国家はボランティアを社会サービス提供のための社会的資源として促進する、介入的な政策を進めているという。

ロドリゲス・カブレロはボランティアの両義的な機能を指摘した。ボランティアは社会的参加の様式であると同時にサービス提供の手段であり、社会権の保障を要求する社会的プラットフォームであると同時に国家の政策を正当化する手段であり、解放者、長期的には変革者にもなりうると同時に社会秩序の安定化装置でもある。多くのボランティア組織の発展が国家の規制と資金に依存するという状況は、ボランティアが国家に直接従属することを意味しないまでも、両者の境界線、社会政策とボランティアの発展との間の境界線を薄めながら、間接的には転化させることになるとした（Rodriguez Cabrero 2003：546-547）。

3　ソーシャル・キャピタルをめぐる議論

（1）主な傾向

ソーシャル・キャピタルの理論は今世紀に入って多様な展開をみせているが、ここではパットナムの理論へのスペインの政治学者、社会学者の反応を紹介したい。

代表的な論者は社会学者ペレス＝ディアスである。二〇〇二年刊行のパットナム編著（訳書二〇一三）でスペインの章を担当し、そのなかでパットナムの規範とネットワーク、信頼への着目はスペインの事例において有用であるとしつつ、スペイン固有の文脈を注意深く論じている。ペレス＝ディアスは後にソーシャル・キャピタルのタイプや質を検討し、教育や社会的イノベーションなど特定の文脈で分析を進めている。

市民社会のテーマとの関連ではサードセクター概念を中心にする分析が優勢であり、ソーシャル・キャピタルをめぐる政治学や社会学の議論には、スペイン市民社会の特性の分析、ソーシャル・キャピタルのロジックや測定方法への留保や批判を組み合わせたものが目につく。以下に挙げる指摘の多くは国外のソーシャル・キャピタルをめぐる論調とも重なっているが、スペインの事例の捉え方に注目して整理してみたい。

（2）ネットワークの形式と役割

スペインではネットワーク概念は、家族や家族を中心としたネットワーク、仲間集団、祝祭といった、ゆるやかな形の社会性を包括するものと考えられる。スペイン人は一般的に公式の組織よりも非公式なネットワークに参加する傾向にあり、親密でよりゆるやかな種類の社会的結合を好み、強固な指導部を持った巨大団体にはあまり関心を示さない。したがって政党や労働組合、教会などの組織に目を向けていては、スペイン社会の結合的基盤を見落としてしまう。スペインにおける政党や組合の加入者の少なさは、政治や社会問題に対する参加の程度の低さを示す指標というよりも、民主制への移行や、労働組合や経済団体の自由な活動が可能になるまでの歴史的状況の影響によるものである（ペレス＝ディアス 二〇一三）。

ソーシャル・キャピタルは社会的ネットワークの存在ではなく、参加したことによる文化的効果（個人の変革、公共空間の創出、制度的な効果）である。たんにグループに所属するにとどまらず、集中的に時間を投入して活動に従事するならば、個人を変革するほどの経験にもなる。つまり重要なことは、それほどまで社会的ネットワークがグループの他のメンバーとの接触や交流を活発化させるかどうかであり、ネットワークとは時には公式の絆が消滅したあとでさえ、関係性を永続化させるものなのである（Montero, Font y Torcal 2006）。

（3）変数の計測方法

ソーシャル・キャピタルの測定は困難であり、とくに社会的信頼はアンケート回答から判断できるものではない。回答者は所属するサークルやコミュニティに正しく帰属していることを示そうとして、内部の決まり文句やありふれた言いぐさ、固定観念を繰り返しているだけかもしれない。回答者の意見が表明された場合でも、社会的信頼は認知と実践が混じり合う現象であって、本人の抱く価値観やルールと実際の行動とが一致しているとは限らない（ペレス＝ディアス 二〇一三）。

個人の行動には計算と感情、信念とさまざまな程度の強制が入り混じっており、そうした矛盾に満ちた人間の心理や社会的行為を厳密に数量化できるとはいえない。多くの論者は社会的信頼を合理的な計算から生まれる行動として検討するが、そうではなく社会的経験の蓄積がもたらす文化的態度ともいえる。パットナムの研究の問題点は、個人の行動を計算のロジックで理解し、社会の構造を所与のものとみなす、還元主義に基づいている点である（Mota 2008に寄せたSubirats 序文）。

（4）ロジック

スペインにおける調査からは、アソシエーションへの加入と社会的信頼、制度への信頼、民主主義の正当性との関係は限定的であった。アソシエーションの最も受動的な形態のひとつといえる寄付による貢献が、政治的組織に対する信頼と最も強い相関関係を示した。民主主義の正当性とあらゆるタイプのアソシエーション参加との関係は事実上確認できないか不在である（Morales y Mota 2006）。

一九九九―二〇〇二年の調査結果では、民主主義への支持が高まる一方で政治への不満が強まり（なお、市町村に対する信頼の高さは例外であった）、政治的関心や参加的な態度は欠如していて、民主主義の歴史がより浅い東欧諸国の一部よりも低位にあった。こうした変化への抵抗力は政治文化の存在を思わせる（Bonet, Martín y Montero 2006）。アソシエーションの弱さと社会的不信の強さは、フランス、ギリシア、イタリア、ポルトガルに共通する傾向であり、地中海症候群といえる（Morales y Mota 2006 : Mota 2008）。スペインの家族主義の強さは、アソシエーション参加へのブレーキとなっている。社会的イノベーションの程度を人口当たりの特許数で測った調査では、家族のソーシャル・キャピタルの多さはイノベーションと負の相関関係にあった（Pérez-Díaz 2013）。

スペインにおいてアソシエーション参加による個人への文化的な効果は、レクリエーションのアソシエーションと同様に政治的なアソシエーションでもみられ、パットナムが前者を重視する理由はわからない。民主主義にとっては政治的なアソシエーションの意義は大きく、スペインで政治的な性格のアソシエーションが弱いのは、文化的伝統であるとともに、政治が関係している（Font, Montero y Torcal 2006）。

スペインのソーシャル・キャピタルは、家族のネットワークおよび非公式の協力のネットワークにより強い基盤があり、後者はそのつながりの弱さが特徴である（ペレス＝ディアス 2013）。アソシエーションの大半は弱い絆で結ばれており、こうした弱いつながりが生活に重要な効果をもたらすとは信じがたい。仮にアソシエーション参加により何らかの効果がみられる場合でも、文化的な要素とソーシャル・キャピタルの構造を区別することが重要である。両者ソーシャル・キャピタルというラベルでひとつにまとめても、社会的動態が生じるメカニズムを理解するうえではあまり助けにならないからである（Font, Montero y Torcal 2006）。

（5）政治と公的制度の影響

スペインでは家族ソーシャル・キャピタルが強い一方で、結社ソーシャル・キャピタルは弱く、一次集団のソーシャル・キャピタルが二次集団や大規模な制度的ソーシャル・キャピタルに転換されない（Fundación FOESSA 2014 はソーシャル・キャピタルを厳密に定義することなく、「資源一般」の意味で社会文化資本という概念を用いていることに注意）。このことには過去の政治が影響している。まず、フランコ体制の徹底的なアソシエーション妨害政策の影響と、フランコ時代に幼少期を過ごした世代の社会的信頼や参加の姿勢が世代間で継承されていることがある。また、フランコ時代末期に反体制運動が高揚したものの、体制移行をエリート間の合意が決定づけたことで、運動は士気を挫かれて市民参加の制度化にいたる間がなかった（Torcal and Montero 1999）。エリート集団は大衆の大規模組織への参加を牽制し、市民社会は動態的で大衆的なコミュニティレベルと、参加を容易に許さないエリート主義的な頂上の二分化が生じている。さらに、国民の間に家族やコミュニティ的なものが市民的公的なものにより植民地化されることなく両者は結びつきうるという思想がない（Fundación FOESSA 2014）。

スペインのアソシエーションは法により高度の形式化が要求されており、これは公式化の度合いや、結社間に連盟や連合による垂直的な関係が支配的であることと関連しているとみられる（Méndez y Mota 2006）。また、スペインではサービス提供に協力する組織に偏って公的資金が投入される一方、政治集団に対する公的支援はきわめて限定される傾向にある（Font, Montero y Torcal 2006）。

（6）脱政治的性格

パットナムの歴史理解は政治的文脈を無視している。北イタリアにおける福祉が共産党による闘争の所産であることに気づいておらず、米国の進歩主義時代《プログレッシブ・エラ》についても連邦政府の介入が必要になった文脈を無視している。彼のソーシャル・キャピタルの理論には階級（および人種とジェンダー）の構造や権力関係の視点がなく、これらがいかに社会で再生産されるかについての政治学的分析の余地を排除している（Navarro 2002）。社会集団が同等であるとは想定できないし、社会制度の形式や形状を説明する対立の側面を放置することはできない（Mota 2008に寄せたSubirats 序文）。

ソーシャル・キャピタルの思想が一九八〇年代から米国で存在感を強めてきたのは、新自由主義が席巻する潮流が背景にあり、ソーシャル・キャピタルの理論は権力政治の分析の代わりに用いられている。そこではあらゆる社会的行動は個人がよりよく競争できるための資本蓄積に還元され、「連帯」は競争力を高めるためにより多くの資本を獲得するための手段とみなされている。パットナムはまた、市民社会の成長は政治社会の縮小を必要とするという、古典的で保守的なリベラル派の市民社会と政治社会の二元論を再生産している（Navarro 2002）。

4　経済危機と市民社会の動態

（1）経済危機、家族とサードセクター

近年の市民社会の様相に目を移そう。二〇〇八—二〇一三年の経済危機の間、スペイン社会ではまず、経済危機に耐える家族の連帯的な努力が称賛された。カリタス系のＦＯＥＳＳＡ財団の社会調査報告書（2014）によれば、家族は同居していないメンバーも含めて接触や連絡の頻度が増え、また隣人や友人との接触も密になった。家族という資源の重要性はケア面でも再確認され、高齢者は世話される側から世話する側へとシフトした（Fundación FOESSA 2014：525-526）。経済危機の現実の前に、福祉国家改革の「脱家族化」という論調は立ち消えている。

つぎに、サードセクターに期待が集まるとともに、従来モデルの限界が露呈した。経済危機の長期化につれて家族による対処も困難になり、カリタスや赤十字をはじめ、社会的活動を行うサードセクター組織に頼る人々が増加した。しかし、ニーズが急増する一方で多くの組織が資金不足の壁に突き当たった。サードセクターは行政から資金提供を受けサービスを提供する関係で拡大する過程で、半ば「体制」の一部と化しており、緊縮財政はそのままサードセクターの資金不足につながり、サードセクター独自の市民のニーズを媒介する自律的な役割を失っていた。こうしたなか、スポーツ、文化、児童支援サービスなど従来型のアソシエーション全般への参加率は二〇〇七—二〇一三年で二五％低下したが、行政の資金に頼らない新たなタイプの市民参加の割合が増えてきている。この二重の変化は、アソシエーションの形態の変化を示している（Fundación FOESSA 2014：526-527）。

（2）社会運動

新たな参加形態の一部として社会運動が存在感を増す現象がみられた。発端は民主制移行後最大規模といわれた「一五Ｍ（キンセ・エメ）」運動（この呼称は開始された二〇一一年五月一五日のスペイン語表記による）である。これは不動産バブルから経済危機までの経緯、政治家と銀行による支配に対する抗議活動であり、若者のグループが Facebook 上で「今こそ真の民主主義を！」と選挙制度改革を訴え、全国五八都市の広場に動員を呼びかけたのがきっかけであった。象徴となった首都マドリードのソル広場の占拠は偶発的に野外キャンプに転化し、政策分野別の部会での交流などを通して多数の個人や集団に出会いの場を提供することになった。一五Ｍ運動から派生して生まれた集団やプロジェクト、運動は数多く、一五Ｍ運動はこれらのルーツとして言及されることになった。

一五Ｍ運動と関連する動きは多様な政策分野にわたる。住宅ローン被害者の会（ＰＡＨ）は以前から活動していたが、一五Ｍ運動参加者との出会い以降「立ち退きストップ」キャンペーンを活発化させた。差し押さえ現場に近隣住民を動員して押しかけ、物理的に立ち退きを阻止する、立ち退

きで住まいを失った人々に空き建物を避難所として割り当てるなどの活動である。こうしたＰＡＨの活動は批判を受ける一方、スペイン抵当法の構造的な問題を国内外に認知させる効果をもった（中島 二〇一三ａ）。また、ＰＡＨの支援で立ち退きを免れた住民が、同じ境遇の近隣住民を助けようと「立ち退きストップ」に加わるといった、ボランティアの連鎖が生じた。

一五Ｍとの関連で知られるその他の運動として、マドリード州の医療民営化に反対する医療従事者による「白い波」、公教育予算の削減に反対する教員や生徒、保護者たちによる「緑の波」がある。「白い波」は、白衣の医師たちが街頭を行進する様子から名づけられたもので、公立病院の民営化に反対する医療現場のストライキである。患者や利用者側からも支持を得て繰り返され、民営化計画は撤回された。「緑の波」は、参加者が着たスローガン入りシャツの色にちなんで名づけられたストライキとデモで、マドリード州の中学校代用教員の契約打ち切りと正教員の労働時間増の決定がきっかけであったが、公教育の存在と質そのものの問題と捉えられ、全教育レベルから教員が反応し、全国の中高生や保護者もデモに加わっていった（中島 二〇一五）。

（3）新たな参加形態の進展とソーシャル・キャピタル

こうした運動型の活動は本来の目的からすれば部分的な成果しかあげていないものの、新たな市民参加形態の広がりの一部をなしている点に注目したい。すなわち、ボランティアの急増、互酬性に基づいた多くの新しい試みの増加である。しばしば公式化されないままソーシャル・メディアでつながり、コミュニティレベルの自治組織によって運営されている。物々交換、時間銀行（時間とサービスを交換しあう）から、マイクロファイナンス、地域通貨、社会的経済に融資する倫理銀行などの広まりもこの流れの一環である（Fundación FOESSA 2014）。教区やサードセクター組織のイニシアチブで市町村や民間企業と連携し、食糧配給、就労促進と生活支援を組み合わせたプロジェクトなど、新しい発想の協力関係がみられた（中島 二〇一三ａ）。

サードセクター内部でも動きがある。自己変革の試みとして組織間協力による影響力の強化や経費削減、協同組合方式の採用、民間企業との協力がある。協同組合は経済危機の影響による雇用喪失が株式会社や有限会社と比べて少なかったという調査結果があり、期待が集まっている。二〇一一年にはスペイン経済団体連合会他の提案を受け、社会的経済に関する法律も制定された。社会的活動の分野は営利企業の参入、サードセクターとの協力や競争など、ハイブリッド化が進んでいる。

経済危機を経て、従来から高かった政治的不信はさらに高まった。対照的に市民運動が危機の影響に取り組むために意味のある方法とみられるようになり、二〇一三年の調査では市民運動の活発化で社会が変化しうるとの回答が五二・三％を占めた。ただし過去一年間に何らかの運動に参加したとの答えは二二・九％であった。そして回答者の半分以上が、政治社会的状況の悪化は改善できるという希望をもち、物事は変わりうると答えた（Fundación FOESSA 2014：516, 527）。こうした傾向は、一五Ｍ運動をルーツとする新党への支持からもうかがわれた。一五Ｍ運動を支持した学者らを中心に立ち上げられた新党ポデモス（スペイン語の「We can」の意）は、結党わずか四カ月後の二〇一四年五月欧州議会選挙で、二大政党（与党国民党と社会労働党）、共産党に次ぐ第四位に食い込み、一躍脚光を浴びた。ポデモスの支持率はその後さらに上昇し、二大政党に並ぶ勢いを見せており、一九八〇年代以来の政党配置を大きく塗り替える可能性も出てきたのである（中島 二〇一五）。

5　スペインからみたソーシャル・キャピタル

（1）スペインの事例との関係

上にみたスペインのアソシエーションの歴史、市民社会の動態は、初期のパットナム理論の前提とは、うまく適合しない。それは今日の米国では市民社会の弱体化に問題の根源があり、改善のために市民社会を取り戻すことが重要である、というものであった。そのためにあるべき態度や習慣が「市民社会度（civicness）」と呼ばれる尺度であり、数量化の便宜上、公式のアソシエーションに焦点を合わせる流れが主流になった。

スペインのアソシエーションの発展は一九世紀から政治的に規定されてきており、「アソシエーション」という言葉は異なる現実を指している。こうしたスペインにおいて市民社会は「取り戻す」ものではない。家族を中心とする非公式なネットワークは個人と市民社会を媒介する存在であり、共同体とアソシエーションの境界は非常にあいまいである。

アソシエーションとの関係で社会運動をどう扱うかも論点である。パットナムは社会運動とソーシャル・キャピタルの密接な関係性を認めながら、抗議活動など運動型の政治活動は否定的に評価した。スペインでは長らくアソシエーションの発展と利益政治の制度化が政策的に妨げられ、市民社会の主な勢力はカトリック教会と労働運動（および都市中間層の運動）であった。近年の現象にもみられるように、政党、労働組合のような組織が弱体である分、意思表明は運動に向かったのであり、社会運動の意味はそれぞれの国の歴史的文脈や時代状況により異なっている。

カトリック教会は、今もアソシエーションとの関係で検討を要する存在である。かつての影響力を失ったとはいえ、スペイン国民の七割はカトリック教徒と自認している。貧困や社会的排除の状況にある人々ほどアソシエーション参加率は低く、種別では宗教的アソシエーションに最も参加する傾向にある（Fundación FOESSA 2014：500-503）。アソシエーションでの活動には、時間やお金、労力などのコストをともなうため、その余裕がない社会層は参加しないか、教会に向かうものと考えられる。この点、経済水準がアソシエーションの活発さと社会的ネットワークの傾向を規定するともいえるのである。

（2）ソーシャル・キャピタルの規範性

ソーシャル・キャピタルの理論には、社会秩序の規範的モデルを選択するという含みがある。社会的ネットワークを通じた相互作用の効果を社会の資本とみなし、規範性と結びつけて論じるのは魅力的な考え方ではあるが、社会秩序のモデルは現に存在しうるのか、また普遍的に優れているのかは自明ではない。かつて米国市民社会を基準に、日本、フランス、スペインの市民社会の発育阻害を指摘する素朴な傾向があったことも想起されよう（Carothers 1999）。

ソーシャル・キャピタルの概念は家族や隣人なども含む包括的なものと捉えればスペインの文脈に合わせて援用しやすい。一方、ソーシャル・キャピタル概念の有用性を支持するしないにかかわらず、市民社会の発達の形状は政治と文化により決定されてきたという結論に大きな相違はなく、社会の動態把握のためには意識調査の手法がとられるのであり、ソーシャル・キャピタルという概念を用いて議論する必然性はないように思われる。

ソーシャル・キャピタルの意義はその説明能力よりもむしろ、その概念と理論の取り上げられ方に当該社会の特性が現れるところにあるのかもしれない。社会の対立の側面に触れない議論はしばしば現状擁護の性格を帯びる。望ましい市民社会のデザインが語られるとき、誰が語り、どのように取り上げられるのか、その意味をはかろうとする態度こそ社会の側に必要なものであろう。

【参考文献】

中島晶子『南欧福祉国家スペインの形成と変容――家族主義という福祉レジーム』ミネルヴァ書房、二〇一二年。

中島晶子「欧州経済危機のなかのスペイン市民社会――一五-M運動による新しい空気」『生活経済政策』八月号（No.199）、二〇一三a年。

中島晶子「スペイン――歴史的制度論から見た南欧福祉国家」鎮目真人・近藤正基編著『比較福祉国家――理論・計量・各国事例』ミネルヴァ書房、二〇一三b年。

中島晶子「転換期のスペイン――経済危機と合意の終焉」『生活協同組合研究』二月号（Vol.469）、二〇一五年。

ハーバーマス、ユルゲン／細谷貞雄・山田正行訳『公共性の構造転換――市民社会の一カテゴリーについての探求（第2版）』未來社、一九九四年。

ペレス＝ディアス、ヴィクトル「スペイン――内戦《シビル・ウォー》から市民社会《シビル・ソサエティ》へ」ロバート・パットナム編著／猪口孝訳『流動化する民主主義――先進八カ国におけるソーシャル・キャピタル』ミネルヴァ書房、二〇一三年（Víctor Pérez-Díaz, "From Civil War to Civil Society: Social Capital in Spain from the 1930s to the 1990s," Robert D. Putnam (ed.), *Democracies in Flux: The Evolution of Social Capital in Contemporary Society*, Oxford University Press, 2002）。

山口定『市民社会論――歴史的遺産と新展開』有斐閣、二〇〇四年。

Bonet, Eduard, Irene Martín y José Ramón Montero, "Las actitudes políticas de los españoles," en Montero, Font y Torcal, 2006, pp.105-132.

Carothers, Thomas, "Think Again: Civil Society," *Foreign Policy*, Winter 1999-2000, pp.18-19.

Font, Joan, José Ramón Montero y Mariano Torcal, "Perfiles, tendencias e implicaciones de la participación en España," en Motero, Font y Torcal, 2006, pp. 325-345.

Fundación BBVA, *International Study: Values and Worldviews, Political and Economic Values and the Economic Crisis*, April 2013. http://www.fbbva.es/TLFU/dat/Ndpwordandvalues_ing.pdf

Fundación FOESSA, *VII Informe sobre exclusión y desarrollo social en España 2014*, Madrid: Cáritas Española: Fundación FOESSA, 2014.

Méndez, Mónica y Fabiola Mota, "Las características organizativas de las asociaciones en España," en Montero, Font y Torcal, 2006, pp.203-222.

Montero, José Ramón, Joan Font y Mariano Torcal (eds.), *Ciudadanos, asociaciones y participación en España*, Madrid: Centro de Investigaciones Sociologicas, 2006.

Morales, Laura y Fabiola Mota, "El asociacionismo en Espana," en Montero, Font y Torcal, 2006, pp.77-104.

Mota, Fabiola, *Capital social y governabilidad: El rendimiento político de las Comunidades Autónomas*, Madrid: Centro de Estudios Políticos y Constitucionales, 2008.

Navarro, Vicente "A Critique of Social Capital," *International Journal of Health Services*, Vol. 32, Num 3, 2002, pp.423-432.

Pérez-Díaz, Víctor y Juan Carlos Rodríguez et al., *Capital Social e Innovación en Europa y España. Informes sobre el sistema español de innovación*, Madrid: Fundación Cotec para la Innovación Tecnológica, 2013.

Putnam, Robert D., *Making Democracy Work: Civic Traditions in Modern Italy*, Princeton: Princeton University Press, 1993.

Putnam, Robert D., *Bowling Alone: The Collapse and Revival of American Community*, New York: Simon & Schuster, 2000.

Putnam, Robert D. (ed.), *Democracies in Flux: The Evolution of Social Capital in Contemporary Society*, New York: Oxford Univerity Press, 2002.

Rodríguez Cabrero, Gregorio, "Tendencias en el desarrollo de las organizaiones sociovoluntarias: inercias, retos y ejes de cambio," en Rodriguez Cabrero (coord.) *Las entidades voluntarias de accón social en España: informe general*, Madrid: Fundación FOESSA, 2003.

Salamon, Lester M. and Helmut K. Anheier, *The Emerging Nonprofit Sector: An Overview* (Johns Hopkins Non-Profit Sector Series: 1), Manchester: Manchester University Press, 1996.

Torcal, Mariano and José Ramón Montero "Facets of Social Capital in New Democracies: The Formation and Consequences of Social Capital in Spain," in Jan Van Deth, Marco Maraffi, Kenneth Newton and Paul F. Whiteley (eds.), *Social Capital and European Democracy*, Abington and New York: Routledge, 1999, pp.167-191.

第16章 EUの市民社会政策とソーシャル・キャピタル

小川有美

EUは、「民主主義の赤字」批判や、「ユーロ危機」の衝撃を受け、市民からの信頼を得られるかどうかが大きな問題となっている。それに対しヨーロッパ・レベルで市民社会を強化しようとするアプローチは有効であったのだろうか。欧州委員会は市民社会組織と協働する政策を進めてきたが、それは真に「強い社会」を生み出してきたとはいい難い。ソーシャル・キャピタル論がEUにとって意味があるとすれば、その視点を広げなければならないだろう。

1 EUにとってのソーシャル・キャピタルの意味

（1）「前例なき政体」

欧州連合（EU）は、世界に類をみない域内市場統合を推し進めてきたのみならず、法・行政・通貨、さらには政治・安全保障の分野まで統合を進めている。EUはこれまでの国家にとって代わるものではなく、現在二八カ国を数える大小の加盟国からなり、歴史的な多様性をもつ国民国家や、その下のサブナショナルな地域／地方とともに、多層《マルチレベル》のガバナンスをなしているという複雑さをもつ。国家とは異なるが市民に大きな影響力をもつEUは「前例なき政体」（中村 二〇〇五）と呼ばれる。そのような政体にとって、ソーシャル・キャピタルを論じることは、どのような意味があるのだろうか。EUには、その統合の深化・拡大とともに、市民からの距離が遠く、「民主主義の赤字」をもたらしているという懸念がつきまとってきた。二〇一〇年のギリシアの財政粉飾問題に端を発する「ユーロ危機」は、経済統合への期待が生む「結果志向の正統性」に疑いをもたらし、EU統合と共通通貨ユーロへの信頼そのものを揺るがした（遠藤 二〇一三：Scharpf 2012）。パットナムは『デモクラシーを作動させる（*Making Democracy Work*）』において、「なぜ市民の参画のネットワークに体現されるソーシャル・キャピタルが政体と経済のパフォーマンスを強化する（逆でなく）のか」、言い換えればなぜ「強い社会」が「強い経済」、「強い国家」を生み出すのか説明しようとした（Putnam 1993：176）。そうであるならば、ヨーロッパ大で市民の参画やネットワークを強くすることによって、「強いEU」を生み出せるかもしれない。実際に、EUについてソーシャル・キャピタルを論じる研究も現れ始めている（Matiaske 2007；Zimmer and Freise 2008）。

（2）制度と社会の相互作用

ただしパットナムは、南北イタリアを例にとり、中世以来の歴史的な市民的伝統の違いが現代の政治・行政のパフォーマンスと信頼性にもつながっていると説明している。また自国アメリカを取り上げるなかで、教会、労働組合、PTAのような古典的組織を通じた人的交流の育む「社会的つながり」が重要であったと論じている（Putnam 1993；1995）。したがって多くの国民国家や地域よりはるかに歴史の浅く、総人口五億人を超える規模のEUについてソーシャル・キャピタルを論じることには無理があるようにも思われる。

これに対し、ロートスティン、ストッレらの制度的アプローチによれば、ソーシャル・キャピタルは歴史的社会に根ざした市民的伝統によって決定されるだけでなく、現在の国家や制度のあり方によって大きく左右される。つまり制度が公正・公平であると認知されるならば、制度の信頼性は高まり、逆に制度が不公正ならば制度への不信を生む。その制度への信頼が波及することで、市民社会の一般的な信頼が形づくられ、維持される（Rothstein and Stolle 2003）。

この見方を取り入れるならば、EUは制度としてのあり方次第で、市民によるEUへの信頼、また市民間の信頼を促進できると考えられる。EUとソーシャル・キャピタルの関係を論じるときには、制度と市民社会の相互作用に目を向けるべきであろう。

2　創られるヨーロッパ社会？

（1）サッカー・メディア・教育

そもそもヨーロッパ大の社会というものは存在するのか。また、それはEUの制度や政策とどのような関係をもっているのだろうか。そのことを観察する身近な例として、欧州サッカーがある。ワールドカップのテレビ中継が開始された一九五四年に、ヨーロッパ二五カ国にまたがる協会組織としてUEFAが設立され、翌年からヨーロッパ・チャンピオンズ・クラブ・カップ（のちUEFAチャンピオンズリーグ）、一九六〇年からヨーロッパ・ネイションズ・カップ決勝ラウンド（のちUEFA欧州選手権：EURO）、一九七一―七二年からUEFAカップ（のちUEFAヨーロッパ・リーグに拡大）が開催されている。このようにヨーロッパ大に組織されるようになったサッカーの世界にEUは関与を始める。一九九五年、欧州司法裁判所は選手の移籍をめぐる有名な判決（ボスマン判決）を下し、「移動の自由」を促進しようとした。欧州委員会はのちに移籍金を全廃することを主張した。従来のローカル、ナショナルなサッカー文化により近い立場のUEFA（及びFIFA）は、自らの意見をEU各国の政府に訴え、アムステルダム条約にはスポーツを特例と位置づける条項が挿入された。こうしてヨーロッパのサッカーの国際化と市場拡大は、それまでのナショナルなクラブ・リーグの秩序やテレビ放送網を徐々に変えていったのである。

しかし、サッカー中継のようなメディア空間が

表16－1　ソーシャル・キャピタルの指標

（％）

	「人々は一般に信頼できる」	「積極的に組織参加*，ボランティア活動する」
デンマーク	76	42
スウェーデン	64	50
フィンランド	61	46
オランダ	61	49
イギリス	36	33
スペイン	36	15
ドイツ	35	35
エストニア	33	28
アイルランド	32	41
オーストリア	32	43
ルクセンブルク	31	47
EU25カ国(2004年)	30	29
ベルギー	29	38
ハンガリー	25	16
スロヴェニア	24	33
ポルトガル	24	11
フランス	22	36
マルタ	22	28
イタリア	21	23
キプロス	18	23
ギリシア	18	22
チェコ	17	23
ルーマニア	17	データ無
ブルガリア	17	データ無
スロヴァキア	16	27
ラトヴィア	15	22
リトアニア	14	16
ポーランド	10	20

注：＊はスポーツ，文化，労組，経済，消費者，国際，環境，慈善，余暇，宗教，高齢者・障害者・女性・性的権利擁護，宗教等の組織への参加。

出所：European Commission, Special Eurobarometer 223: *Social Capital* (Fieldwork12/04, Publication 02/05), p.43, 66より抜粋して筆者作成。

ソーシャル・キャピタルを育てるかどうかについては論争がある。さらに、ＥＵがヨーロッパ共通のメディア政策や文化政策を謳っているとしても、欧州各国に輸入されるテレビ番組や映画の生産国は圧倒的にアメリカが多い。つまり、ポピュラーカルチャーの面でヨーロッパの一体化が進んできているとはいっても、それはアメリカ産のコンテンツの共有による部分が大きい。

他方、教育の分野においては、学生の留学を通じた「ヨーロッパ化」が進められてきた。一九八七年から学生・教員交換と教育者交流のプログラムが複数立ち上げられ、そのうちエラスムス・プログラムでは三―九カ月の自国外留学への支援が行われた。その結果としてアメリカ留学より欧州内留学が増えることが期待された。留学の長期的効果についての調査では、プログラムの経験者にはヨーロッパ人意識、ＥＵへの肯定的認識、国際的就業志向などがより高くみられることが報告されている（Fligstein 2008：180-187）。このプログラムに登録された学生は当初全学生の一％程度にとどまったが、その後参加学生数は着実に増加し、二〇〇二―〇三年には一〇〇万人、二〇〇九―一〇年には二〇〇万人を突破した。学生の送出数としてはスペインが一位（三・四万人：二〇一〇―一一年）であり、次いでドイツ（二・八万人）、フランス（二・六万人）が続く（European Commission 2013）。

「ヨーロッパ社会」の出現について考察するフリグステインは、ヨーロッパとは（エリートによる）啓蒙のプロジェクトにほかならないという。彼は、「多元性、差別撤廃、寛容、正義、連帯、男女平等の優越する欧州社会」の共有価値が謳われた欧州憲法条約（二〇〇四年署名。発効せず）前文を引きつつ、次のように述べる。「高学歴の人々と彼らの理念がＥＵのモラル・エンジンだという強い主張が成り立ちうる。彼らは欧州を単一市場へと開放することに経済的利点をみているだけでなく、欧州の結束がイマヌエル・カントの啓蒙された欧州の夢に突き進む空間の創出に役立つとも考えているのだ」（Fligstein 2008：178）。

フリグステインのいうように、教育の専門家・エリートは、「ヨーロッパ社会」を創り出す企ての最前線にあった。その一方で、高い学歴や高度付加価値スキルをもつ比較的若い階層を別として、市民一般がアイデンティティや文化や職業選択の面で「ヨーロッパ」化しているとまでは言い難い。

(2) ヨーロッパ内の異質性

欧州委員会による世論調査ユーロバロメーターの特集223は、ソーシャル・キャピタルを取り上げ、当時の二五加盟国と加盟予定のルーマニア、ブルガリアの市民の社会的信頼、ネットワーク、制度への信頼、市民の参画などを比較調査した。このユーロバロメーターでは、以下のように結論づけられた。第一に、表16-1のようにEU内でも加盟国間のソーシャル・キャピタルの差異は決して小さくない。第二にその差異は、北欧―南欧間でとりわけ顕著にみられる。福祉国家は市民間の関与を妨げると考えられがちであるが、北欧ではむしろ市民は活発であった。逆に、南欧では家族関係が強すぎ、福祉国家が問題を抱えているため、「架橋」やネットワークを生み出すことが難しいと分析された。

このようなヨーロッパ内の異質性の発見は研究としては新しいものではないが、EUとしての調査であったことは、特筆に値する。その一方、ソーシャル・キャピタルを評価する様々な指標とデータが、EUの多層にわたる制度への信頼や市民間の信頼、ネットワークなどと連関づけて分析されていないことは、EUによる調査としては物足りないといえよう。

さらに現実のヨーロッパの諸社会は移民・難民を受け入れるとともに、それをめぐる亀裂をも内包している。ユーロバロメーター「差別」特集（Special Eurobarometer 393, Discrimination in the EU in 2012）によると、ヨーロッパ諸国間で差異はあるが、エスニックな背景に基づく差別が広範に認識されている（エスニックな背景に基づく差別があるとの認識は当時の二七加盟国平均五六％、ジェンダーに基づく差別があるとの認識は平均三一％であった）。この二〇一二年の調査は二〇〇九年より差別状況が改善されていると指摘しているが、二〇一四年五月の欧州議会選挙では、外国人排斥的な政策を掲げるとともに単一通貨ユーロやEUの統合強化に反発する右翼政党が多くの加盟国で躍進した。

3　EUの市民社会へのアプローチ

(1) キー・アクターとしての欧州委員会

EUによる市民社会やソーシャル・キャピタルに関する政策は、どのようなものであったのだろう。EUの機関は、市民社会やソーシャル・キャピタルについて無関心であったわけではない。欧州の市場統合の進展とともに、経済アクターや市民社会の側では、多くの分野の組織の「ヨーロッパ化」が徐々に進んだ。EUの諸機関のなかでも、政府間交渉の場である理事会は外部に閉じた決定・利害調整機関であり続けたが、欧州議会と欧州委員会は「開放への転換」を指向した。

欧州議会は、欧州議員ガルによるロビーイング手続きに関する報告（一九九二年）、フォードによる報告（一九九五年）、ノードマンによる報告（一九九六年）、特定利益代表行動規則（一九九七年）のように、ブリュッセルを中心とするロビーイングの行き過ぎ――またそれに伴う議員やスタッフをめぐる利益供与や利益相反の拡大――に対する規制や透明性確保に重点をおいた。これに対して欧州委員会は、むしろ諸組織からのインプットの重視と、組織との協議や資金配分の合理化・効率化という、より積極的な改革を推し進めたのである（Balme and Chabanet 2008：212-219）。

欧州委員会の一九九七年の答申（コミュニケーション）「ヨーロッパの自発的組織・財団の役割を促進する」は、市民社会組織の役割を万能ともいえるような表現で位置づけている。「それらは雇用創出、積極的市民権、デモクラシーに寄与し、幅広いサービスを提供し、スポーツ活動に大きな役割を果し、様々な公的機関に対して市民の利益を代表し、人権の促進と保障に大きな役割を果たし、また開発政策にも決定的な役割をもっている」(Commission of the European Communities 1997：1)。その一方で、この答申は「自発的組織は市民と政府機関のインターフェイスとしてきわめて重要な役割を果たしている。だが多くの場合、この役割は適切に認められていない」と指摘し、続いて「それら（自発的組織：筆者注）は個々のロビーイングの役割にはもはや飽き足らず、行う業務にかかわりうるあらゆる問題、決定について、体系的かつ定期的に、欧州共同体の諸機関と協議することを求めている」と市民社会組織との関係強化を促す(Ibid.：12-13)。こうして欧州委員会は、市民社会組織を巻き込んで、「参加型協議体制《レジーム》」(Kohler-Koch 2012)をつくり出そうとした。

二〇〇一年に欧州委員会は、有名な「欧州ガバナンス白書」を発表する。この白書がつくられた背景には、「人々がますます制度や政治を信じなくなるか、単に無関心になる」状況、言い換えれば、「欧州連合とそれが奉仕する人々の間に広がる裂け目」への懸念があった。半世紀の平和と経済的繁栄の誇るべき成果「にもかかわらず」、市民を代表しているはずの欧州議会選挙（一九九九年）の投票率が一貫して低下し、EUの改正基本条約（ニース条約）批准に関するアイルランドの国民投票の結果は「否決」となった（二〇〇一年。翌年の再投票で批准）。これらの市民の反応が、EUを推進するエリートを失望させる事態となっていたのである(Commission of the European Communities 2001：4-5)。

「欧州ガバナンス白書」の提案は、参画の向上、政策の質の向上、グローバル・ガバナンスとEU、制度改革からなっていた。このうち第一の参画の向上は、公開性、地域／ローカル・デモクラシーへの接近、市民社会の参画、政策形成における協議、ネットワークとのつながりのサブセクションに分かれている。地域／ローカル・デモクラシーへの接近のためには欧州委員会と地域委員会、加盟国政府が拠点となって、自治体やその連合体との対話を強化することが謳われ、市民社会の参画のためには欧州委員会と社会経済委員会、および加盟国政府、理事会、欧州議会が拠点となって、市民社会組織に基準や行動規則を示しパートナーシップ関係を構築するとされた。またネットワークについては、欧州委員会が拠点となって、各地のビジネス、コミュニティ、自治体、研究など様々なネットワークがトランスナショナルな協力を実現し、政策形成の協議に寄与できるよう、プロアクティブなアプローチが求められていた。いずれにおいても、欧州委員会は市民社会とEUの関係構築のキー・アクターとして自らを位置づけていたといってよい(Commission of the European Communities 2001：8-15)。

その先行例として、ウルグアイ・ラウンドのちのWTOの交渉のために欧州委員会の通商担当総局が進めた民間経済団体やNGOとの協議体制づくりがあった。通商担当総局は「市民ダイアログ」を掲げ、貿易交渉にかかわる市民社会の代表的組織を「コンタクト・グループ」に包摂し、年二回以上開催されるNGOとの一般会合、インターネット・チャットを設けた（明田 二〇〇五）。その後、保健・消費者担当総局はじめ様々な総局が市民社会組織との協働を進めた。

だが二〇〇五年には、欧州憲法条約が政府間合意にもかかわらずフランス、オランダの国民投票の反対多数によって事実上発効不能となった。このことはEUと市民の「ギャップ」の大きさを改めて露呈させた。欧州委員会は、「プランD―デモクラシー、ダイアログ、ディベート」と「欧州コミュニケーション白書」を発表し、政党や市民社会組織との協議、腐敗防止などとともにビデオなどのメディアやITの活用を盛り込み、「市民と市民をつなぐ」「市民と公的制度をつなぐ」「ヨーロッパに人間の顔を与える」諸提案を打ち出した（Commission of the European Communities 2005：2006）。

しかしその後、欧州委員会のソーシャル・キャピタルへの関心は、ＥＵの民主的正統性（インプット）の拡大よりも、手段的・アウトプット志向になってきたこともうかがわれる。二〇一〇年の答申では、職業教育・訓練がソーシャル・キャピタルや信頼、社会への統合に寄与する、という表現でソーシャル・キャピタルについてふれられている（European Commission 2010：9）。また二〇一一年の答申では、ソーシャル・キャピタルについて「ボランティアは人的資本・ソーシャル・キャピタルの重要な創り手であり、統合と雇用につながる道であり、社会的格差是正の改善のための鍵となる要素である」（European Commission 2011：11）と述べられたのち、具体的取り組みとして、「移動する若者」「ＥＵ青年戦略」「欧州スキル・パスポート」「欧州ボランティア人道支援隊」などが列挙されている。これらは有り体にいえば、青年層をはじめとする就業促進（もしくはそれに代わる社会参加）の「施策」という位置づけであるといえよう。

（2）協働の限界

このような欧州委員会と市民社会組織の協働関係の限界は何だろうか。

第一の問題は、ＥＵと市民社会の関係に偏りがみられるということである。ＮＧＯ、市民社会組織との協働に積極的な総局はいくつか存在する。社会政策、雇用、保健、環境などにかかわる総局である。その一方で、域内市場、競争、経済通貨政策――つまりＥＵにおける最も有力な部門――の総局は、市民社会とのコミュニケーションには関心が薄い。そればかりでなく、「草の根」からかけ離れたヨーロッパ大の組織の実体は、ローカルやナショナルな組織とは大きく異なっている。欧州委員会との「市民社会コンタクト・グループ」に加えられているヨーロッパ大の市民社会組織に直接所属するメンバーの数は微々たるものである（例えば環境グループでは一〇人程度）。それらの実体はしばしばナショナルなもしくはサブナショナルなグループのネットワークにとどまる。例外的に、国境を越える活動の協調を実現しているのが、欧州女性ロビーであり、この団体はＥＵレベルの市民社会の数少ないサクセスストーリーとしてつねに取り上げられる。

第二に、より本質的な問題として、市民社会の役割をめぐるジレンマがある。市民社会組織は、ステークホルダー（利害関係者）の見解を表明し、専門的な知識と熟議を促し、監視と評価を通じて社会的アカウンタビリティを高める役割を期待される。しかし欧州委員会と関係をもつ組織はそれに必要な距離感を保つことには成功していない。従来の市民社会組織が果たしているのは、信頼ある批判的パートナーというよりは単に情報提供者としての役割であり、鳴り物入りで導入されたオンラインの協議も、一年ごとのミーティングも、欧州委員会に実質的な説明責任を果たさせるほどの内容を伴っていない。また、ヨーロッパ・レベルの市民社会組織は少人数のスタッフによって（つまり非民主的に）決定を行っており、「草の根」のサポーターはどのような活動がなされているのか認識していない。そのため、こうした組織は市民社会のヨーロッパ化の触媒にはなりえないでいる（Warleigh 2001）。

4　中東欧の市民社会の支援とローカルな現実

その一方、新しく民主化した中東欧諸国に、ＥＵが市民社会支援を含む援助の手を差し伸べた政策も無視してはならないだろう。共産主義時代には市民社会は国家と対抗し抑圧される対象でもあったが，同時にユートピアのように語られる対象でもあった。これに対し，脱共産主義化した社会の安定のためには，公的制度と市民社会の両方の再建が必要であると西側の対外政策においては考えられたのである。

中東欧諸国に対する支援プログラムＰＨＡＲＥの枠組みには，ＰＨＡＲＥ民主主義プログラムや，各国毎の市民社会プログラム，ＬＩＥＮプログラムとＡＣＣＥＳＳのように，ＮＧＯ，消費者や社会的少数派の人々の市民活動の強化が盛り込まれていた。それらはやがて，ＥＵへの正式加盟を申請する中東欧諸国の加盟に向けた支援と指導の枠組みとなっていった。

こうしたＥＵの市民社会強化プログラムでは，中央・地方政府を介さず，直接ＮＧＯに資金援助を与えることが重視され，アメリカの援助と比べて「草の根」的であると評価された（ただしそのことは，大規模でＥＵと関係の深いＮＧＯへの援助の偏りももたらした）(Stewart 2008)。

ところが，現実の中東欧の社会にみられるソーシャル・キャピタルが，ＥＵへの信頼を高めてきたとは必ずしもいえない。ラジシェフスキはポーランドについて計量的・事例的な分析を行い，親ＥＵ／反ＥＵの意見が，社会経済的条件や全国メディアによる「コンセンサス」だけではなく，身近な議論相手との交流によってかなりの程度左右されることを確認した。旧共産主義社会では「公共圏」よりも家族や知人とのインフォーマルな「井戸端会議（キッチン・トーク）」が信頼されてきた。とくに，事例調査で取り上げられたパジィヌフ地方と隣接する二村落では，ローカルなコミュニティのリーダーの影響により，ＥＵ加盟を問うレファレンダムで反対票が賛成票を上回った。ローカルなリーダーは，村民に欧州懐疑的な見解を説いて「学習」させただけではなく，普段直接つながりのない人々の情報が行き交う人的ネットワークの「架橋」の役割を果たしていた。そのため，反ＥＵの意見が，リーダーを通じて雪崩を打って増幅される（「カスケード」効果）結果となったのである（Radziszewski 2013）。

5　ソーシャル・キャピタル論からＥＵ危機への示唆

（1）多層的な制度的信頼へ

ＥＵでは欧州委員会を中心に，市民社会を活性化させ，協働する政策を進めてきた。しかしその政策に限界があることはみてきたとおりである。ＥＵの市民社会政策とソーシャル・キャピタルをめぐり，どのような展望やレッスンが得られるだろうか。

今日のＥＵにとっての大きな問題は，ヨーロッパ内部のソーシャル・キャピタル，制度的信頼，ＥＵ法実施のパフォーマンスなどの違いが，国民間の不信にもつながっている，ということである。そのことが，ユーロ危機への対応をめぐる政治的困難に現れている。ＥＵでは財政危機に陥った加盟国への救済のスキームを取り入れる一方，加盟各国が経済・財政の規律を遵守するよう，監視，制裁を強化する制度化を進めようとしている。しかしそのことは，南欧対ドイツという図式でしばしば語られる国民間の感情的対立を生んでいる。それではＥＵが財政的統合能力を強めたとしても，政体としての正統性にはつながらないだろう。

また，ポーランドの事例から示唆されたように，ソーシャル・キャピタルは小さなコミュニティにおいて強い影響を与えることがある。その意味ではパットナムが強調したように，直接的な人的交流の範囲が重要であることがうかがわれる。それに対し，ヨーロッパ・レベルでソーシャル・キャピタルを捉えようとすることには理論的，実証的に不十分な基礎づけしか存在しないといえよう。

このようにEUについてソーシャル・キャピタルを考えることには限界がある。そのような限界を認識した上で、どのような政策の再考の可能性があるだろうか。ここでは制度的アプローチを採り入れたソーシャル・キャピタルの議論と、ソーシャル・キャピタルよりも社会的平等・公正を重視する議論の両方が参考になる。

第一に、EUの正統性とパフォーマンスを高めるためには、各国や各地域レベルにおける公的制度の信頼をも高めることが不可欠であるといえよう。EU法上の制度的パフォーマンスは、それを実施する各国、各地域のソーシャル・キャピタルや制度的信頼に依存する。表16‐2のように、EU法の国内法化の遅滞その他の「違反」には、最多のイタリアから最少のラトヴィアまで、数倍の差異があることがわかる。ドゥジアの研究は二〇〇四年以降の中東欧への拡大以前のデータに基づくものであるが、EU法の指令（Directives）の遵守／違反について、社会的なソーシャル・キャピタルの要因（市民間の信頼やアソシエーションへの加入など）と制度的な信頼の要因（官僚的効率性や政治的信頼など）の両方が説明力をもつことを計量的に示している。ただし、制度的な要因の方が説明力において優っている（Dudzia 2011）。

表16‐2　EU法実施違反数（2012年12月31日）

イタリア	99	ハンガリー	42
ベルギー	92	オランダ	41
スペイン	91	スロヴェニア	39
ポーランド	82	アイルランド	39
ギリシア	81	スウェーデン	36
ポルトガル	67	チェコ	36
フランス	63	ルクセンブルク	34
イギリス	61	スロヴァキア	33
ドイツ	61	デンマーク	27
オーストリア	51	マルタ	26
ブルガリア	46	エストニア	24
ルーマニア	44	リトアニア	22
フィンランド	43	ラトヴィア	20
キプロス	43		

出所：European Commission, *Report from the Commission, 30th Annual Report on Monitoring the Application of EU Law* (2012), COM (2013) 726 final, Brussel, 22.10.2013, p.8から抜粋。

EUは超国家レベルだけで「作動」しているのではなく、各加盟国政府にその実施の多くが委ねられている多層の政体である。それゆえ、市民社会組織をEUと結びつけることは（とくに欧州委員会の影響力強化にとって）意味のないことではないが、すべての政治・行政レベルにわたり市民からの制度への信頼を高めることは、親EUか反EUかという対立を超えた、別の有効な目標となりうる。

(2) 社会的平等の観点

第二に、ソーシャル・キャピタルという次元だけではなく、社会的平等・公正という次元に立った政策的視点が求められる。オコンネル(O'Connell 2003)は、ソーシャル・キャピタル論には市民性を高めれば問題は解決するという「即効」の発想があるのではないかと指摘する。オコンネルはソーシャル・キャピタルを出発点とする計量分析モデルと経済的平等を出発点とするモデルを比較して、経済的平等の方がより直接かつ有効に社会的満足の差異を説明すると結論づける。それゆえ、不平等や既得権益という原因を扱わず、スポーツ・クラブやバードウォッチングやロータリー・クラブなどの市民性にもっぱら注目することは、多くの社会科学研究が取り組んできた問題を軽視することになる、との批判が与えられる。

市民間の社会的平等／不平等が重要な意味をもつ、というのは決して新しい観点ではないが、重要な指摘であろう。とりわけEUのような広域の政体においては、各国内の不平等とともに、地理的な不平等が政治的な問題となりうる。筆者を含む共同研究プロジェクトが専門家アンケート調査を実施した結果、回答数は統計としては不十分であったが、表16‐3のように加盟国間や地域間の

表16－3　EU 加盟国間・国内地域間の格差の認識

2009年以降について	加盟国間の政治力の格差拡大した	加盟国間の経済力の格差拡大した	国内地域間の政治力の格差拡大した	国内地域間の経済力の格差拡大した
完全に同意／同意	38	41	31	17
現状維持	3	1	7	15
強く反対／反対	2	1	4	11
わからない	1	2	1	1
		＊二重回答 1	＊無回答 1	

注：この調査の回答者の内訳は，EU・欧州政治研究者29名，EU の地域委員会（Committee of the Regions）および欧州経済社会委員会（European Economic and Social Committee）の議員15名の計44であり，回答された所属国または地域は，オーストリア，ベルギー，フランス，ドイツ，ギリシア，ハンガリー，アイルランド，ポルトガル，スペイン，スウェーデン，イギリス，クロアチア，セルビア，アメリカ，アミアン，アントヴェルペン，バーデン＝ビュルテンブルク，ボルドー，ケルンテン，カタルーニャ，フランデレン，ヨーテボリ，リスボン，北東イングランド，ザクセン，スコットランド，ピカルディ／ソンム，ヴェストラ・ヨータランドであった。研究者向けアンケートは2012年10―12月，EU 機関議員向けアンケートは2014年１―３月に行われた。

出所：科学研究費基盤研究（B）「マルチレベル・ガバナンス化するヨーロッパの民主的構造変化の研究（2011年度～2013年度・研究代表者小川有美・研究課題番号23402019）」ウェブサイト SURVEY ON EUROPEAN TRENDS OF MULTI-LEVEL GOVERNANCE, 26th March, 2014, http://www.nuis.ac.jp/~usui/Survey_Results_May2014.pdf（研究分担者・新潟国際情報大学臼井陽一郎教授による集計・公開）。

政治・経済的格差が拡大したという認識が明瞭に現われた。今後ＥＵ統合が経済統合のみならず社会的平等・公正の問題にどのように取り組んでいくかは、政体としてのＥＵの正統性に大きくかかわっていくであろう。

ＥＵのエラスムス・プログラムは、二〇一三年にエラスムス＋（プラス）に発展改組されることが発表されたが、それはスペイン、ギリシアをはじめとする六〇〇万人に上るヨーロッパの若年失業数の増大を背景とする政策であり、「受益者」には、アカデミックな教育に参画する学生・教職者のみならず、職業訓練、学生ローン、ボランティア、成人教育を受ける者までが含まれている（European Commission 2013）。そうした政策的取り組みの成果は、ＥＵにおいてソーシャル・キャピタルにプラスして社会的公正を論じることの意味を証明していくであろう。

【参考文献】

遠藤乾『統合の終焉――ＥＵの実像と論理』岩波書店、二〇一三年。
中村民雄編『ＥＵ研究の新地平――前例なき政体への接近』ミネルヴァ書房、二〇〇五年。
明田ゆかり「ＥＵ通商政策ダイアログとＥＵ市民社会の形成」田中俊郎・庄司克宏編『ＥＵと市民〔叢書21COE-CCC 多文化世界における市民意識の動態13〕』慶應義塾大学出版会、二〇〇五年。
Balme, Richard and Didier Chabanet, *European Governance and Democracy: Power and Protest in the EU*, Lanham: Rowman & Littlefield, 2008.
Commission of the European Communities, "Communication from the Commission on Promoting the Role of Voluntary Organizations and Foundations in Europe, COM (97) final," Brussels, 06.06.1997.
Commission of the European Communities, "European Governance: A White Paper, COM (2001) 428 final," Brussels, 2001.
Commission of the European Communities, "The Commission's Contribution to the Period of Reflection and beyond: Plan-D for Democracy, Dialogue, and Debate," COM (2005) 494 final, Brussels, 13.10.2005.
Commission of the European Communities, "White Paper on a European Communication Policy," COM (2006) 35 final, Brussels, 1.2.2006.
Dudzia, Meike, *In Capacity We Trust: Social Capital and Non-compliance in the European Union*, Baden-Baden: Nomos, 2011.
European Commission, "A New Impetus for European Cooperation in Vocational Education and Training to Support the Europe 2020 Strategy, COM (2010) 296 final," Brussels, 9.6.2010.
European Commission, "Communication on EU Policies and Volunteering: Recognising and Promoting Cross-border Voluntary Activities in the EU, COM (2011) 568 final," Brussels, 20.9.2011.

European Commission, "Erasmus Programme in 2011-12: The Figures Explained," Brussels, 8 July 2013.

European Commission, "MEMO," Brussels, 8 July 2013.

European Commission, *Press Release, Green light for Erasmus+: More than 4 million to get EU grants for skills and employabiliy*, Strasbourg/Brussels, 19 November, 2013.

Fligstein, Neil, *Euro-clash: The EU, European Identity, and the Future of Europe*, Oxford: Oxford University Press, 2008.

Kohler-Koch, Beate, "How to Put Matters Right?: Assessing the Role of Civil Society in EU Accountability," in Curtin Deirdre, Peter Mair and Yannis Papadopoulos (eds.), *Accountability and European Governance*, London: Routledge, 2012.

Matiaske, Wenzel, "The European Union's Social Capital," in Wenzel Matiaske et al., *The European Union as a Model for the Development of Mercosur?: Transnational Orders between Economic Efficiency and Political Legitimacy*, Munchen: Rainer Hampp, 2007.

O'Connell, Michael, "Anti 'Social Capital': Civic Values versus Economic Equality in the EU," *European Sociological Review*, 19, no. 3, 2003, pp.241-248.

Putnam, Robert D., *Making Democracy Work: Civic Tradition in Modern Italy*, Princeton: Princeton University Press, 1993（河田潤一訳『哲学する民主主義——伝統と改革の市民的構造』NTT出版，二〇〇一年）.

Putnam, Robert D., "Bowling Alone: America's Declining Social Capital," *Journal of Democracy*, 6, No. 1, 1995, pp.65-78.

Radziszewski, Elizabeth, *Social Networks and Public a Support for the European Union*, London: Routledge, 2013.

Rothstein, Bo and Dietlind Stolle, "Social Capital, Impartiality and the Welfare State: An Institutional Approach," in Marc Hooghe and Dietlind Stolle (eds.), *Generating Social Capital: Civil Society and Institutions in Comparative Perspective*, Basingstoke: Palgrave Macmillan, 2003.

Scharpf, Fritz W., "Legitimacy Intermediation in the Multilevel European Polity and Its Collapse in the Euro Crisis," *MPIfG Discussion Paper*, Max-Planck-Institut für Gesellschaftsforschung, 12/6, 2012.

Stewart, Susan, "European Union Support for Civil Society in the Baltic State," in William A. Maloney and Jan W. van Deth (eds.), *Civil Society and Governance in Europe: From National to International Linkages*, Cheltenham: Edward Elgar, 2008.

Warleigh, Alex, "'Europeanizing' Civil Society: NGOs as Agents of Political Socialization," *Journal of Common Market Studies*, 39, No. 4, 2001, pp.619-639.

Zimmer, Annett and Mattias Freise, "Bringing Society back in: Civil Society, Social Capital and the Third Sector," in William A. Maloney and Jan W. van Deth (eds.), *Civil Society and Governance in Europe: From National to International Linkages*, Cheltenham: Edward Elgar, 2008.

文献案内

序論

① ロバート・パットナム／柴内康文訳（二〇〇六）『孤独なボウリング——米国コミュニティの崩壊と再生』柏書房、（原著二〇〇〇年）。

アメリカ合衆国におけるコミュニティの衰退と再生を論じ、ソーシャル・キャピタルの議論に大きなインパクトを与えた問題提起の書である。コミュニティの衰退の原因を論じ、その再生のための課題（若者と学校、職場、都会と都市デザイン、宗教、芸術と文化、政治と政府）を提起している。

② ロバート・パットナム編著／猪口孝訳（二〇一三）『流動化する民主主義——先進八カ国におけるソーシャル・キャピタル』ミネルヴァ書房（原著二〇〇一年／二〇〇二年）。

イギリス、アメリカ合衆国、フランス、ドイツ、スペイン、スウェーデン、オーストラリア、日本の八カ国を取り上げて、主に第二次世界大戦後のそれぞれの市民社会、ソーシャル・キャピタルがどのように変化しつつあるのかについて定量的、定性的な検証を行っている。この事例研究では、むしろ政府の役割の重要性について言及している。

③ 坪郷實・中村圭介編著（二〇一一）『新しい公共と市民活動・労働運動』明石書店。

日本における市民活動・市民社会の現状とその評価についての研究者と実践者による論集。市民活動の課題とともに、地域における新しい労働運動の事例を取り上げ、その可能性を論じる。

④ 山口定（二〇〇四）『市民社会論——歴史的遺産と新展開』有斐閣。

一九九〇年代の世界的規模での新しい市民社会に関する研究動向を丹念に検討し、日本における課題としての市民社会を提起する労作である。市民社会を、理念（平等・公正）、場（共存・共生の場）、行為（自律的行為）、ルール（公共性のルール）という四要件から捉える。

第1章

① ジェーン・ジェイコブズ／山形浩生訳（二〇一〇）『アメリカ大都市の死と生』鹿島出版会（Jane Jacobs, *The Death of Great American Cities*, New York: Random House, 1961）。

Village lefty-radical と呼ばれた「トンボメガネをかけた闘うおばさん」が、個別事象から一般性を引き出す天性の方法論によって、「哲学する都市」の人間の条件の一つがソーシャル・キャピタルにあることを発見した大ベストセラー。

② シーダ・スコッチポル／河田潤一訳（二〇〇七）『失われた民主主義——メンバーシップからマネージメントへ』慶應義塾大学出版会（Theda Skocpol, *Diminished Democracy: From Membership to Management of American Civic Life*, Norman: University of Oklahoma Press, 2003）。

一九世紀初頭から現在までの二世紀に及ぶ米国における市民世界の変貌を、メンバーシップからマネジメントへの変化として読み解き、米国の「失われた民主主義」の再生の可能性を政治・公共政策との関連で展望した刺激的な一書。

③ ロバート・パットナム／河田潤一訳（二〇〇一）『哲学する民主主義――伝統と改革の市民的構造』ＮＴＴ出版（Robert D. Putnam, *Making Democracy Work: Civic Traditions in Modern Italy*, Princeton, NJ: Princeton University Press, 1993）。

イタリアで一九七〇年に実現した地方制度改革が、各州政府の制度パフォーマンスに与えた影響を分析し、歴史的に蓄積された社会的な関係資本の出来映えが民主主義の応答性と実効性に多大な影響を及ぼすことを見とどけた記念碑的大作。

第2章

① ロバート・パットナム／河田潤一訳（二〇〇一）『哲学する民主主義――伝統と改革の市民的構造』ＮＴＴ出版。

イタリア州政府改革の成功と失敗にソーシャル・キャピタルが深くかかわっていることを論証し、ソーシャル・キャピタルの重要性を認識させるうえで決定的な意義をもつ書。

② ロバート・パットナム／柴内康文訳（二〇〇六）『孤独なボウリング』柏書房。

近年のアメリカにおけるソーシャル・キャピタルの衰退状況を論じた書。アメリカ民主主義の深刻な問題的状況が指摘され、ユニークなタイトルもあいまって大きな反響をよんだ。

③ ロバート・パットナム編著／猪口孝訳（二〇一三）『流動化する民主主義――先進八カ国におけるソーシャル・キャピタル』ミネルヴァ書房。

日本をふくむ先進八カ国におけるソーシャル・キャピタルの状況を実証的に解明した書。各国の状況や比較をするうえで有益である。

④ マンサー・オルソン／依田博・森脇俊雅訳（一九九六）『集合行為論』ミネルヴァ書房。

サミュエルソンの公共財の理論から着想をえて集団活動におけるフリー・ライダーの発生を論じ、集団理論のみならず社会科学諸分野に大きな影響を与えた。

⑤ マンサー・オルソン／加藤寛監訳（一九九一）『国家興亡論』ＰＨＰ研究所。

経済発展と集合行為問題を関連づけて論ずる。国家の興隆と衰退に集合行為問題が深くかかわっていることが論証される。

第3章

① ロバート・パットナム／河田潤一訳（二〇〇一）『哲学する民主主義――伝統と改革の市民的構造』ＮＴＴ出版。

この本の刊行によって「ソーシャル・キャピタル」概念は広く知られることとなった。政治学に限っても、この本以降、ソーシャル・キャピタルと民主主義との関係についての研究が飛躍的に増大した。その意味で、まずは読んでおくべき本。

② 坂本治也（二〇一〇）『ソーシャル・キャピタルと活動する市民――新時代日本の市民政治』有斐閣。

日本人政治学者によるソーシャル・キャピタルと政治・民主主義との関係についての研究書。ソーシャル・キャピタルに代えて、「シビック・パワー」概念の有効性を主張する。ロバート・パットナムの本以外で、政治学でのソーシャル・キャピタル研究を学ぶならば、この本から。

③ ジェイムズ・S・フィシュキン／曽根泰教監修、岩木貴子訳（二〇一一）『人々の声が響き合うとき——熟議空間と民主主義』早川書房。

「討論型世論調査」の発案者として有名な政治哲学者が熟議民主主義について包括的に論じた本。難しいところもあるだろうが、「熟議」と「熟議ではないもの」とを明確に区別して論じようとするところが参考になるはず。

④ 田村哲樹（二〇〇八）『熟議の理由——民主主義の政治理論』勁草書房。

熟議民主主義論について、それが現代社会においてなぜ、どのように重要なのかを論じた本。本章で取り上げたマーク・ウォーレンの議論もしばしば参照されているので、その点でも参考になるだろう。

第4章

① ロバート・パットナム編著／猪口孝訳（二〇一三）『流動化する民主主義——先進八カ国におけるソーシャル・キャピタル』ミネルヴァ書房（原著二〇〇一年／二〇〇二年）。

イギリス、アメリカ合衆国、フランス、ドイツ、スペイン、スウェーデン、オーストラリア、日本の八カ国を取り上げて、主に第二次世界大戦後のそれぞれの市民社会、ソーシャル・キャピタルがどのように変化しつつあるのかについて定量的、定性的な検証を行っている。この事例研究では、むしろ政府の役割の重要性について言及している。

② シーダ・スコッチポル／河田潤一訳（二〇〇七）『失われた民主主義——メンバーシップからマネージメントへ』慶應義塾大学出版会（原著二〇〇三年）。

パットナムのソーシャル・キャピタル論の批判的検討を行う。アメリカ合衆国における市民社会の変容を、市民のメンバーシップから会員のマネジメントへの変化としてとらえる。市民団体の公共政策へのかかわり、その政策提言活動の重要性に注目する。

③ ユルゲン・コッカ／松葉正文・山井敏章訳（二〇一一）『市民社会と独裁制——ドイツ近現代史の経験』岩波書店。

ドイツの代表的歴史家による市民文化と市民社会についての論集。市民社会と二つの独裁制（ナチス・ドイツと東ドイツの独裁制）との対抗関係を軸として、ドイツ近現代史の特質と問題性を明らかにする。

④ 坪郷實・中村圭介編著（二〇一一）『新しい公共と市民活動・労働運動』明石書店。

日本における市民活動・市民社会の現状とその評価についての研究者と実践者による論集。市民活動の課題とともに、地域における新しい労働運動の事例を取り上げ、その可能性を論じる。

⑤ 坪郷實（二〇〇七）『ドイツの市民自治体——市民社会を強くする方法』生活社。

ドイツと日本における市民社会の現状と市民社会の強化の課題を論じる。分権改革と自治体における多様な市民参加の実践を通じて、自治体再構築による市民自治体の形成への道について検討する。

第5章

① ジークムント・バウマン／森田典正訳（二〇〇一）『リキッド・モダニティ——液状化する社会』大月書店。

安定的なソーシャル・キャピタルではなく、常に変化する現代における人間や社会運動のあり方を語った書。体系的な理論提示を行っているわけではないが、現在そして将来の社会を考えるうえで多くのヒントを与えてくれる。

② 大畑裕嗣ほか編著（二〇〇四）『社会運動の社会学』有斐閣。

社会運動論を網羅的かつコンパクトに紹介した入門書。資源動員、フレーム、政治的機会構造といった基礎概念の解説と応用、水俣病や緑の党といった特定のトピックに焦点を当てた章などからなる。

③ キャス・サンスティーン／石川幸憲訳（二〇〇三）『インターネットは民主主義の敵か』毎日新聞社。

インターネットという基盤から、極端な政治的主張を掲げるコミュニティが生まれるメカニズムを、学術的でありながらわかりやすく示す。インターネットと社会運動を考えるうえで基本的な考え方を提示している。

④ シドニー・タロー／大畑裕嗣監訳（二〇〇六）『社会運動の力――集合行為の比較社会学』彩流社。

社会運動研究の代表的論者が既存の学説を網羅的に整理したもので、原書は第三版を数えるほど広く読まれている（翻訳は第二版に基づく）。著者は政治学者であるため、政治と社会運動の関係の分析がとくに優れている。

⑤ チャールズ・ティリー／堀江湛ほか訳（一九八四）『政治変動論』芦書房。

フランスやイギリスにおける社会運動の長期的な変化の研究で名高い著者が、その分析枠組みを体系的に提示したもの。四〇年近く前に書かれた本だが、今でも使える枠組みが多く、具体的な社会運動の分析に重宝する。

第6章

① ロバート・パットナム／河田潤一訳（二〇〇一）『哲学する民主主義――伝統と改革の市民的構造』ＮＴＴ出版（Robert. D. Putnam, *Making Democracy Work: Civic Tradition in Modern Italy,* Princeton, NJ: Princeton University Press, 1993）。

ソーシャル・キャピタル論の古典。信頼、規範、ネットワークというソーシャル・キャピタルが地域の開発やパフォーマンスに大きな影響を及ぼすことを、南北イタリアを比較した実証研究に基づいて提示した画期的な書物。

② パーサ・ダスグプタ／植田和弘監訳（二〇〇七）『サステイナビリティの経済学――人間の福祉と自然環境』岩波書店（P. Dasgupta, *Human Well-Being and the Natural Environment,* Oxford: Oxford University Press, 2001/2004）。

持続可能な発展をめぐる論点を包括的に取り上げ詳細に検討した、持続可能な発展に関する体系的な書物。幸福研究にも言及されており、持続可能な発展とソーシャル・キャピタルの関係について多くのヒントが得られる。

③ 植田和弘・山口臨太郎訳、武内和彦監修（二〇一四）『国連大学　包括的「富」報告書　自然資本・人工資本・人的資本の国際比較』明石書店（UNU-IHDP, *Inclusive Wealth Report 2012: Measuring progress towards sustainability,* Cambridge: Cambridge University Press, 2012）。

福祉の決定要因である福祉の生産的基盤を、包括的富として定量的な評価を試みた報告書。自然資本の評価をここまで定量的に試みたのは初めてである。ソーシャル・キャピタルの機能や位置づけは論者によって多少異なる。

第7章

① パーサ・ダスグプタ／植田和弘・山口臨太郎・中村裕子訳（二〇〇八）『一冊でわかる経済学』岩波書店（P. Dasgupta, *Economics: A Very Short Introduction*, Oxford: Oxford University Press, 2006）。

フォーマルおよびインフォーマルな制度がいかに経済発展、持続可能な発展の実現に影響を及ぼすかを、実証分析をふまえて理論的に論じた入門書。

② ムハマド・ユヌス、アラン・ジョリ／猪熊弘子訳（一九九八）『ムハマド・ユヌス自伝――貧困なき世界をめざす銀行家』早川書房。

わずかな無担保の融資により、貧しい人々の経済的自立を助ける「マイクロクレジット」の手法は、世界中で実践され、大きな成果をあげている。この手法を構築したユヌスの半生と信念を語った初の自伝である。ユヌスがどのような道程を経てマイクロクレジットを世界に広めていったかを伝える、数少ない書であり、マイクロファイナンスの理念の本質を学べる。

③ 佐藤寛（二〇〇二）『援助と社会関係資本――ソーシャルキャピタル論の可能性』日本貿易振興会アジア経済研究所。

社会制度のあり様と経済・社会発展との対応メカニズムを明らかにする「社会関係資本」の議論に注目し、途上国における開発の諸問題との関係について、途上国で実施された国際協力事業などの事例を紹介しながら、具体的に検討している。

第8章

本章が取り上げたソーシャル・キャピタルと産業転換、ソーシャル・キャピタルと環境政策、あるいは「エコロジー的近代化」、「エコロジー的構造転換」、「緑の産業革命」については、日本ではまだ十分な研究が進められていないが、以下の文献が手掛かりになる。

① 「緑の産業革命」について

マルティン・イェーニッケ、ミランダ・シュラーズ、クラウス・ヤコブ、長尾伸一編（二〇一二）『緑の産業革命』昭和堂。

「エコロジー的近代化」、「エコロジー的構造転換」、「緑の産業革命」の提唱者たちによるこの考え方の理論的な総括と、それに関する各国の現状を検討したまとまった研究。ドイツ、日本、アメリカ合衆国（グリーン・ニューディール）、中国の分析を含む。

加藤里紗（二〇一四）「韓国における『低炭素緑色成長』――エコロジー的近代化論の観点から」『経済科学』六二巻一号（一）、二〇一四年六月、八五―九九ページ。

韓国の「緑色成長論」の実証的検討。

吉田文和（二〇一一）『グリーン・エコノミー――脱原発と温暖化対策の経済学』中公新書。

ドイツやデンマークの事例を参考にしながら、環境政策を通じた新しい経済成長のあり方を解説している。

長岡延孝（二〇一四）『「緑の成長」の社会的ガバナンス――北欧と日本における地域・企業の挑戦』ミネルヴァ書房。

北欧と日本での実地調査に基づいて、「緑の成長」を支える社会的ガバナンスのあり方を解明した研究。

② 産業転換と「社会の力」について

マイケル・J・ピオリ、チャールズ・F・セーブル／山之内靖・永易浩一・石田あつみ訳（一九九三）『第二の産業分水嶺』筑摩書房。

現代産業の大量生産社会からの変化を、小企業と地域の役割を中心に分析した古典。


ロジャー・ホリングスワースほか／長尾伸一・長岡延孝監訳（二〇〇〇）『制度の政治経済学』木鐸社。

主に欧米の政治学者による、「市場メカニズム」以外の調整方法に注目した、二〇世紀後半の先進工業国経済の実証的分析。

③ 環境政策の歴史、現状と、それが成功する条件について

マルティン・イェーニッケ、ヘルムート・ヴァイトナー／長尾伸一・長岡延孝監訳（一九九八）『成功した環境政策——エコロジー的成長の条件』有斐閣。

環境政策が成功する条件を、各国の実例の分析を通じて政治学的に明らかにしている。


M・シュラーズ／長尾伸一・長岡延孝監訳（二〇〇七）『地球環境問題の比較政治学——日本・ドイツ・アメリカ』岩波書店。

日本、アメリカ合衆国、ドイツを取り上げ、第二次世界大戦後から現在までの環境政策の展開を比較しながら分析する環境政治学の実証研究。それぞれの国の歴史的な展開を詳細に紹介しながら、環境政策における国家、政党、市民社会、民主主義の役割を明らかにしている。


坪郷實（二〇〇九）『環境政策の政治学——ドイツと日本』早稲田大学出版部。

ドイツ環境政策と環境政治の第一人者による政策の実証的な研究。現在までをカバーしている。

第9章

この章では、この間の自治体の分権改革や市町村合併の課題に触れる余裕がなかった。以下は、分権改革と市町村合併に関する文献である。

① 島田恵司（二〇〇七）『分権改革の地平』コモンズ。
二〇〇〇年分権改革はどこまで達成されたのか。地方分権推進委員会のスタッフとして関わった著者が、地方分権のあり方についての議論を整理し、二〇〇〇年分権改革の成果と限界を提示している。

② 岩崎忠（二〇一二）『「地域主権」改革——第三次一括法までの全容と自治体の対応』学陽書房。
民主党政権下で行われた「地域主権改革」。現在はまだその総括的な著書は少ないが、本書は義務付け・枠付けや条例制定権の拡大、基礎自治体への権限移譲などを網羅的にまとめたものである。

③ 今井照（二〇〇八）『「平成の大合併」の政治学』公人社。
大規模化すれば効率化するという「素朴な誤解」が繰り返された「平成の大合併」を、政治的、市民自治的側面から検証する。著者には『自治体再建——原発避難と「移動する村」』（ちくま新書、二〇一四）もある。

④ 室崎益輝・幸田雅春編著（二〇一三）『市町村合併による防災力空洞化——東日本大震災で露呈した弊害』ミネルヴァ書房。
編著者ら防災や行政、財政などの研究者が、市町村合併によって生じた防災力、災害対応力の空洞化を、「防災の原点としての自治と連携」「地域住民の連帯」などキーワードに論じたものである。

第10章

① 現代生協論編集委員会編『現代生協論の探究』コープ出版、〈現状分

析編〉二〇〇五年、同〈理論編〉二〇〇六年。

日本生協連がバックアップしている生協総合研究所が中心になって、幅広い論者が執筆した現代生協をめぐる論文集。なお、二〇一〇年に『新たなステップをめざして』と題した続編が刊行されている。

② 谷本寛治編著（二〇〇六）『ソーシャル・エンタープライズ――社会的企業の台頭』中央経済社。

③ 米澤旦（二〇一一）『労働統合型社会的企業の可能性――障害者就労における社会的包摂へのアプローチ』ミネルヴァ書房。

④ 藤井敦史・原田晃樹・大高研道編著（二〇一三）『闘う社会的企業――コミュニティ・エンパワーメントの担い手』勁草書房。

②～④は、いずれも社会的企業について概括的に論じている。それぞれの特徴については、本章第10章第4節（一三三ページ）を参照。

第11章

① 石平春彦（二〇一〇）『都市内分権の動態と展望――民主的正統性の視点から』公人の友社。

地域自治区制度とその上越市の事例を論じた一冊。上越市議会議員でもある著者は上越市における地域自治区の設置にいたる過程を詳細に描き出しており、市議会での論戦の様子などがわかり興味深い。

② 岡部一明（二〇〇九）『市民団体としての自治体』御茶の水書房。

本章で引用したポートランド市の事例も含め、比喩ではなく実際に市民がつくるものとして自治体を捉え、世界各地の事例を紹介している。地域自治のあり方を考えるうえで、非常に参考になる。

③ 名和田是彦編著（二〇〇九）『コミュニティの自治』日本評論社。

都市内分権あるいは自治体内分権とも呼ばれる地域自治を「コミュニティの自治」として捉え、その理論と世界各国の事例を紹介した一冊。時系列的、水平的に比較しながら地域自治を考えることができる。

第12章

① 内橋克人（二〇一一）『大震災のなかで――私たちは何をすべきか』岩波書店。

東日本大震災の直後の混乱のなかで、被災後に現地で活動した専門家、ボランティア、研究者ら三三人が復興支援のあり方を述べたものをまとめた論説集。ソーシャル・キャピタル、コミュニティ再生をベースとしている。

② アンドリュー・ゾッリ、アン・マリー・ヒーリー／須川綾子訳（二〇一三）『レジリエンス：復活力――あらゆるシステムの破綻と回復を分けるものは何か』ダイヤモンド社。

レジリエンスの概念を解説した基本書。衝撃的な打撃を受けた社会システムが崩壊せずにしなやかに復活する組織やシステムはどこが違うのか、その決め手となる要素について論じている。事例も豊富である。

③ 鎌田薫監修、早田宰ほか編（二〇一五）『震災後に考える――東日本大震災と向きあう九二の分析と提言』早稲田大学震災復興研究論集編集委員会、早稲田大学出版部。

東日本大震災後、多様な研究者、実務家が何を考えどう動いたかの論文集。図版が豊富。外部支援、ボランティア、NPOが復興、ソーシャル・キャピタルに果たした役割や意義についても論じている。

第13章

① ロバート・パットナム編著／猪口孝訳（二〇一三）『流動化する民主主義――先進八カ国におけるソーシャル・キャピタル』ミネルヴァ書房。

　スウェーデンの状況について、ロートステインが二〇〇〇年代以降の状況についても補足的に説明している。

② 岡沢憲芙・中間真一編著（二〇〇六）『スウェーデン――自律社会を生きる人びと』早稲田大学出版部。

　「4　社会と関わる　NPO論」において、スウェーデンの自発的結社の状況について、いきいきと描かれている。北欧諸国のボランタリー・セクターのイメージをつかむための初めての文献にふさわしい。

③ 神野直彦・澤井安勇編著（二〇〇四）『ソーシャル・ガバナンス――新しい分権・市民社会の構図』東洋経済新報社。

　スウェーデンにおける九〇年代の民営化以降の福祉分野の変容を、非営利セクターでの事例を取り上げている。当事者の協同組合方式による保育所の運営について詳細を知ることができる。

④ 『生活経済政策』編集委員会編（二〇一四）『生活経済政策』二〇一四年七月号、第二一〇号、二〇一四年六月。

　普遍主義と選別主義について、最新の議論をわかりやすくコンパクトにまとめてある。

⑤ 高田実・中野智世編著（二〇一二）『近代ヨーロッパの探究⑮　福祉』ミネルヴァ書房。

　福祉の多元的構成が、国家と市民社会の境界線と福祉そのものの規模と全体構成を変えながら歴史的に展開してきたことを、ヨーロッパの事例を基に説明する。社会福祉の領域における国家と市民社会の関係の多様性をつかむことができる。

第14章

① アジット・S・バラ、フレデリック・ラペール／福原宏幸・中村健吾訳（二〇〇五）『グローバル化と社会的排除――貧困と社会問題への新しいアプローチ』昭和堂（Ajit S. Bhalla and Frederic Lapeyre, *Poverty and Exclusion in a Global World, 2nd edition*, Palgrave Macmillan, 2004）。

　社会的排除の概念を、「分配上の（＝経済的な）」問題と「関係上の（＝社会的な）」問題とを中心に整理する。そのうえで、社会的排除が生じる過程を重視し、社会政策として、社会構造への対応とともに、個人へのエンパワメントの重要性を指摘する。

② アンソニー・ギデンズ／佐和隆光訳（一九九九）『第三の道――効率と公正の新たな同盟』日本経済新聞社（Anthony Giddens, *The Third Way: The Renewal of Social Democracy*, Polity Press, 1998）。

　社会的公正を重視する立場から、平等を包含、不平等を排除と定義する「第三の道」。グローバル化の進展のなかで、国家と市民社会との関係を問い直す。市民一人ひとりの主体的な活動を支援し、コミュニティの再生のための方策を説く。

③ 福原宏幸編著（二〇〇七）『社会的排除／包摂と社会政策（シリーズ・新しい社会政策の課題と挑戦　第一巻）』法律文化社。

　社会的排除／包摂についてイギリスを含む欧州についての議論から、異なる政策パラダイムの整理や具体的な展開を明らかにする。そのうえで、日本における社会的排除／包摂政策の現状と課題について実証分析を試みる。

④ 岡村東洋光・高田実・金澤周作編著（二〇一二）『英国福祉ボランタリズムの起源――資本・コミュニティ・国家』ミネルヴァ書房。

一九世紀後半から二〇世紀にかけてのイギリスにおける多様な福祉ボランタリズムを、国家との関係のなかで描き出す。現代にも通じる「格差」「貧困」「社会的排除」など社会的課題への取組みを歴史的な視点から理解しようとする。

⑤永田祐（二〇一一）『ローカル・ガバナンスと参加――イギリスにおける市民主体の地域再生』中央法規出版。

ブレア労働党以降のイギリスにおける近隣再生政策を題材に、豊富な実証研究に基づいて、市民やボランタリー団体の地域政策過程への参加を分析する。社会的排除への対応やソーシャル・キャピタルの醸成の具体的展開として捉えることもできる。

第15章

①ヴィクトル・ペレス＝ディアス（二〇一三）「スペイン――内戦《シビル・ウォー》から市民社会《シビル・ソサエティ》へ」ロバート・パットナム編著／猪口孝訳『流動化する民主主義――先進八カ国におけるソーシャル・キャピタル』ミネルヴァ書房。

パットナム編著に所収の、スペイン市民社会とソーシャル・キャピタルに関する代表的な論稿。社会学の理論的枠組みに立脚して、スペインの二〇世紀の歴史と社会の特質をあますことなく分析している。

②石塚秀雄（二〇一二）「助け合いの精神――モンドラゴン協同組合」、コラム「ファゴール」およびフィールドノート「モンドラゴンに学ぶ」萩尾生・吉田浩美編著『現代バスクを知るための50章』明石書店。

スペインのアソシエーションの歴史のなかでは例外的事例として、世界最大の協同組合企業に成長したモンドラゴン協同組合に関し、専門的な見地からコンパクトに紹介されている。

③ビセンテ・ナバロ、ホアン・トーレス・ロペス、アルベルト・ガルソン・エスピノサ／吾郷健二・海老原弘子・廣田裕之訳（二〇一三）『もうひとつの道はある――スペインで雇用と社会福祉を創出するための提案』つげ書房新社。

一五M運動を支持した経済学者による、スペインが経済危機に陥った構造に関する批判的な分析と、新しい経済社会モデルの提言。訳者あとがきと合わせて、一五M運動の解説になっている。

第16章

①安江則子（二〇〇七）『欧州公共圏――EUデモクラシーの制度デザイン』慶應義塾大学出版会。

EUを「欧州公共圏」として捉え直し、市民にとっての正統性と民主主義という観点から重要なテーマ――補完性原理、代議制、政党の欧州化、欧州市民権、オンブズマン、多言語主義、参加型民主主義――を幅広く論じる。

②遠藤乾（二〇一三）『統合の終焉――EUの実像と論理』岩波書店。

東西冷戦の終焉、ユーロ危機を迎え、大文字の「統合」の物語が失われたEUが「どっこい生きている」実像を理解するために、「方法論的ナショナリズム」という「メガネ」を疑い、歴史・思想からポスト統合の試行錯誤まで縦横に考察する。

③臼井陽一郎（二〇一三）『環境のEU、規範のEU』ナカニシヤ出版。

環境政策に焦点をおきながら、EUの統治の独自性を解明しようとする本書は、EUのほか国民国家、サブナショナル（地域・地方）な単位、社会的なアクターが参画するマルチレベル・ガバナンスという側面、そして軍事力とは違う「規範パワー」という側面に注目する。

索　　引

か　行

さ　行

た　行

な　行

は　行

ま　行

や　行

ら　行

わ　行

三浦一浩（みうら・かずひろ）**第11章**

1981年　生まれ。
2012年　早稲田大学大学院政治学研究科博士後期課程単位取得退学。
現　在　一般財団法人地域生活研究所研究員。
主　著　「上越市の地域協議会は『岐路』に立っているのか」『月刊自治研』第631号，2012年。
「生協で私たちができること――東京の生協運動史から読み解く」饗庭伸・東京自治研究センター編『東京の制度地層』公人社，2015年。

早田　宰（そうだ・おさむ）**第12章**

1966年　生まれ。
1993年　早稲田大学大学院理工学研究科博士後期課程単位取得退学。博士（工学）。
現　在　早稲田大学社会科学総合学術院教授。
主　著　『地域協働の科学』（共編著）成文堂，2005年。
『世界の NPO ――人と人の新しいつながり』（共著）早稲田大学出版部，2006年。
『震災後に考える――東日本大震災と向きあう92の分析と提言』（共編著）早稲田大学震災復興研究論集編集委員会，早稲田大学出版部，2015年。

藪長千乃（やぶなが・ちの）**第13章**

2003年　早稲田大学大学院社会科学研究科単位取得退学。
現　在　東洋大学国際地域学部教授。
主　著　『世界の保育保障』（共編著）法律文化社，2012年。
「生活公共と地域福祉」住沢博紀・生活経済研究所編『組合――その力を地域社会の資源へ』イマジン出版，2013年。
「フィンランド・カイヌー行政実験における政策形成・決定過程の考察」日本法政学会『法政論叢』第48巻第2号，2011年。
「フィンランドにおける中央―地方関係の新たな展開」日本比較政治学会編『都市と政治的イノベーション』年報第12号，2010年。

中島智人（なかじま・ともひと）**第14章**

1967年　生まれ。
2002年　ロンドン・スクール・オブ・エコノミクス修士課程修了（ボランタリー・セクター組織修士）。
現　在　産業能率大学経営学部准教授。
主　著　『社会を変える公益ビジネス――地方都市の再生をめざして』（共著）ぎょうせい，2010年。
「社会的企業研究に関する一考察――ビジネス・モデルの視点から」『産業能率大学紀要』第31巻第2号，2011年。
『英国福祉ボランタリズムの起源――資本・コミュニティ・国家』（共著）ミネルヴァ書房，2012年。
「イギリスの非営利法人制度」『生協総研レポート』第77号，2014年。

中島晶子（なかじま・あきこ）**第15章**

2008年　早稲田大学大学院社会科学研究科博士後期課程単位取得退学。博士（学術）。
現　在　東洋大学国際地域学部准教授。
主　著　『南欧福祉国家スペインの形成と変容――家族主義という福祉レジーム』ミネルヴァ書房，2012年。
『比較福祉国家――理論・計量・各国事例』（共著）ミネルヴァ書房，2013年。
『ヨーロッパのデモクラシー（改訂第2版）』（共著）ナカニシヤ出版，2014年。

小川有美（おがわ・ありよし）**第16章**

1964年　生まれ。
1992年　東京大学大学院法学政治学研究科博士課程単位取得退学。
現　在　立教大学法学部教授。
主　著　『市民社会民主主義への挑戦――ポスト「第三の道」のヨーロッパ政治』（共編著）日本経済評論社，2005年。
『ポスト代表制の比較政治――熟議と参加のデモクラシー』（編著）早稲田大学出版部，2007年。
『脱原発の比較政治学』（共著）法政大学出版局，2014年。

「ベトナム――環境行政の始まりと環境政策の課題」森晶寿編『東アジアの環境政策』(共著) 昭和堂, 2012年。

「持続可能な地域づくりのための住民主体型環境まちづくりに関する一考察――西宮エココミュニティ事業を事例に」『都市計画論文集』Vol.48, No.3, 2013年11月。

Sustainable Community Resilience in Hue, Vietnam, "Traditional Architecture and Community," Thuan Hoa publishing house (共著), 2015.

森　晶寿 (もり・あきひさ) **第7章**

現　在　京都大学地球環境学堂・准教授, 東アジア環境資源経済学会 (EAAERE) 理事・事務局長。
主　著　『環境援助論――持続可能な発展目標実現の論理・戦略・評価』有斐閣, 2009年。
『環境政策論』(共著) ミネルヴァ書房, 2013年。
『環境政策統合――日欧政策決定過程の改革と交通部門の実践』(編著) ミネルヴァ書房, 2013年。
The Green Fiscal Mechanism and Reform for Low Carbon Development: East Asia and Europe, Routledge (共編著), 2013.
Environmental Governance for Sustainable development: An East Asian Perspective, United Nations Press (編著), 2013.

長尾伸一 (ながお・しんいち) **第8章**

1955年　生まれ。

1984年　京都大学大学院経済学研究科博士課程単位取得退学。経済学博士。

現　在　名古屋大学大学院経済学研究科教授。

主　著　『EC 経済統合とヨーロッパ政治の変容』(編著) 河合出版, 1992年。

『成功した環境政策――エコロジー的成長の条件』(監訳) 有斐閣, 1998年。

『制度の政治経済学』(監訳) 木鐸社, 2000年。

『東アジア資本主義の政治経済学』(監訳) 同文舘出版, 2000年。

『EU 経済統合の地域的次元――クロスボーダー・コーペレーションの最前線』(編著) ミネルヴァ書房, 2007年。

『地球環境問題の比較政治学――日本・ドイツ・アメリカ』(監訳) 岩波書店, 2007年。

『緑の産業革命』(編著) 昭和堂, 2011年, その他。

伊藤久雄 (いとう・ひさお) **第9章**

1947年　生まれ。
1970年　中央大学経済学部卒業。
現　在　公益社団法人東京自治研究センター特別研究員, 認定 NPO 法人まちぽっと理事, 早稲田大学非常勤講師。
主　著　『原発を終わらせる』(共著) 岩波新書, 2011年。
「双葉郡町村の人々を『棄民』にしないために」『市民セクター政策機構・社会運動』393～395号, 2012～13年。
『公共サービス改革の本質――比較の視点から』(共著) 自治総研叢書, 敬文堂, 2014年。

林　和孝 (はやし・かずたか) **第10章**

1948年　生まれ。
1973年　武蔵工業大学建築学科卒業。
参議院議員秘書, 生活クラブ生活協同組合 (東京), 東京都生活協同組合連合会などを経て, 地域生活研究所事務局長 (2011年退任)。この間,「市民活動を支える制度をつくる会 (シーズ)」などに参加。
現　在　NPO 法人「ストライドクラブ」理事 (同会は精神障害者の就労を支援)。早稲田大学非常勤講師。
主　著　『新しい公共空間をつくる――市民活動の営みから』(共著) 日本評論社, 2003年。
「市民活動推進法の展望」『月刊自治研』第414号, 1994年。
「パリッシュ創設運動とまちづくり――日本のコミュニティ自治に示唆するもの」『社会運動』第393号, 2012年。
「ベンコム――イギリスのコミュニティ利益組合について」『社会運動』第411号, 2014年。

執筆者紹介

坪郷　實（つぼごう・みのる）**序論・第4章**

奥付編著者紹介参照。

河田潤一（かわた・じゅんいち）**第1章**

1948年　生まれ。
1976年　神戸大学大学院法学研究科博士課程単位取得退学。
現　在　神戸学院大学法学部教授。
主　著　『比較政治と政治文化』ミネルヴァ書房，1989年。
『現代政治学入門』（編著）ミネルヴァ書房，1992年。
『政党派閥』（共編著）ミネルヴァ書房，1996年。
『ハンドブック政治心理学』（共編著）北樹出版，2003年。
『汚職・腐敗・クライエンテリズムの政治学』（編著）ミネルヴァ書房，2008年。

森脇俊雅（もりわき・としまさ）**第2章**

1945年　生まれ。
1977年　関西学院大学大学院法学研究科博士課程単位取得退学。
関西学院大学法学部助手，助教授，教授を経て，
現　在　関西学院大学名誉教授，博士（法学）。
主　著　『小選挙区制と区割り――制度と実態の国際比較』芦書房，1998年。
『集団・組織』東京大学出版会，2000年。
『アメリカ女性議員の誕生』ミネルヴァ書房，2001年。
『現代政治学――展開と課題』芦書房，2006年。
『政策過程』ミネルヴァ書房，2010年。
『日本の地方政治――展開と課題』芦書房，2013年。

田村哲樹（たむら・てつき）**第3章**

1970年　生まれ。
1999年　名古屋大学大学院法学研究科博士後期課程修了，博士（法学）。
現　在　名古屋大学大学院法学研究科教授。
主　著　『政治理論とフェミニズムの間――国家・社会・家族』昭和堂，2009年。
『語る――熟議／対話の政治学』（編著）風行社，2010年。
『政治理論とは何か』（共編著）風行社，2014年。

樋口直人（ひぐち・なおと）**第5章**

1969年　生まれ。
1999年　一橋大学大学院社会学研究科博士課程中退。
現　在　徳島大学総合科学部准教授。
主　著　『社会運動という公共空間』（共編著）成文堂，2004年。
『顔の見えない定住化』（共著）名古屋大学出版会，2005年。
『再帰的近代の政治社会学』（共編著）ミネルヴァ書房，2008年。
『日本のエスニック・ビジネス』（編著）世界思想社，2012年。
『日本型排外主義』名古屋大学出版会，2014年。

植田和弘（うえた・かずひろ）**第6章**

1952年　生まれ。
1983年　大阪大学大学院工学研究科博士後期課程修了。
現　在　京都大学大学院経済学研究科教授，経済学博士（京都大学），工学博士（大阪大学）。
主　著　『国際財政論』（共編著）有斐閣，2010年。
『国民のためのエネルギー原論』（共編著）日本経済新聞出版社，2011年。
『有機物循環論』（共編著）昭和堂，2012年。
『地方財政論』（共編著）有斐閣，2013年。
『緑のエネルギー原論』岩波書店，2013年，ほか多数。

吉積巳貴（よしづみ・みき）**第7章**

1976年　生まれ。
2005年　京都大学大学院地球環境学舎博士後期課程指導認定退学。
2006年　博士（地球環境学）京都大学。
現　在　京都大学学際融合教育研究推進センター森里海連環学教育ユニット特定准教授。
主　著　「サスティナブル・シティ実現のガバナンス」松下和夫編『環境ガバナンス――持続可能な社会に向けての戦略』京都大学出版会，2007年。

《編著者紹介》

坪郷　實（つぼごう・みのる）

1948年　生まれ。

1978年　大阪市立大学大学院法学研究科後期博士課程単位取得退学。北九州大学法学部教授を経て，
現　在　早稲田大学社会科学総合学術院教授，博士（法学）。

主　著　『新しい社会運動と緑の党――福祉国家のゆらぎの中で』九州大学出版会，1989年。

『統一ドイツのゆくえ』岩波新書，1991年。

『新しい公共空間をつくる――市民活動の営みから』（編著）日本評論社，2003年。

『参加ガバナンス――社会と組織の運営革新』（編著）日本評論社，2006年。

『ドイツの市民自治体――市民社会を強くする方法』生活社，2007年。

『環境政策の政治学――ドイツと日本』早稲田大学出版部，2009年。

『比較・政治参加』（編著）ミネルヴァ書房，2009年。

『新しい公共と市民活動・労働運動』（共編著）明石書店，2011年。

『脱原発とエネルギー政策の転換――ドイツの事例から』明石書店，2013年。

福祉＋α⑦
ソーシャル・キャピタル

2015年8月10日　初版第1刷発行　〈検印省略〉

定価はカバーに
表示しています

編著者　坪　郷　　實
発行者　杉　田　啓　三
印刷者　中　村　勝　弘

発行所　株式会社　ミネルヴァ書房
607-8494 京都市山科区日ノ岡堤谷町1
電話代表（075）581-5191
振替口座 01020-0-8076

中村印刷・新生製本

ISBN978-4-623-07386-3
Printed in Japan